教育部人文社会科学重点研究基地
重庆工商大学长江上游经济研究中心

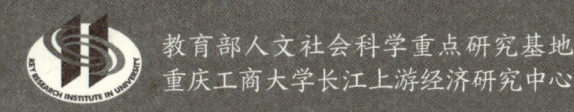

教育部人文社会科学重点研究基地重庆工商大学长江上游经济研究中心
"三峡库区百万移民安稳致富国家战略"服务国家特殊需求博士人才培养项目

"双碳目标"下我国能源结构调整与绿色能源发展研究

"SHUANGTAN MUBIAO"XIA
WOGUO NENGYUAN JIEGOU TIAOZHENG YU
LÜSE NENGYUAN FAZHAN YANJIU

曾胜 靳景玉 张明龙 著

中国财经出版传媒集团
经济科学出版社
Economic Science Press

本书的出版受到以下项目的共同资助

国家社会科学基金重大招标项目"长江上游生态大保护政策可持续性与机制构建研究"（20&ZD095）

国家社科一般项目"我国能源结构调整与绿色能源发展研究"（15BJL045）

国家社科一般项目"我国能源消费总量控制与对策研究"（11BJY058）

重庆市社科规划项目"重庆碳排放交易定价策略研究"（2019WT52）

"重庆银行股份有限公司金融硕士研究生联合培养基地"（SJD1903）

重庆市教委社科规划项目"双碳目标下成渝地区双城经济圈碳达峰预测及差异化减排路径研究"

重庆工商大学长江上游经济研究中心项目"成渝地区双城经济圈碳达峰路径研究"（KFJJ2022045）

"重庆工商大学人口资源环境经济可持续发展"学科团队

"重庆市智能金融研究生导师团队"

"重庆市金融科技与科技金融协调创新研究团队"

"国家一流专业建设"

前　言

能源是国民经济的基础产业和战略性资源，又是保障和促进经济增长与社会发展的重要物质基础。能源的总量不足和结构偏差已经成为中国经济持续发展的瓶颈制约，同时《京都协定书》《哥本哈根协议》以及我国提出的"双碳"目标皆要求减少碳排放，这都对我国能源结构调整与绿色能源发展提出了要求。对我国能源结构调整与绿色能源发展的研究，将是保证经济发展和保护环境的双重需要，也将为我国能源发展战略提供理论指导，以及对实现人与自然和谐共生的中国式现代化提供实践指导。

从我国能源供需现状出发，结合现有文献研究，分析能源结构影响因素与路径，运用格兰杰因果检验、Copula 函数等方法从中寻找影响能源结构的相关因素。利用能源结构影响因素，建立能源消费结构高级化指数多因素动态支持向量机预测模型，通过结构预测结果，验证是否可以满足或支持对能源结构的要求。利用灰色模型、趋势外推方法、变权重法等建立组合预测模型，预测能源供需总量及缺口，验证能源结构是否可以满足未来经济发展对能源的需求，以预测为基础探寻碳达峰、碳中和路径。以影响能源结构因素为基础，探寻能源结构调整路径，从而提出相应对策建议。以绿色能源替代效应作为发展绿色能源理论依据，进化博弈论为代表的机制设计理论为指导，分析绿色能源开发机制，提出绿色能源开发体系以及发展策略。其总体思路是在不影响我国经济发展的前提下，调整能源结构，发展绿色能源，实现低碳经济正常化，践行生态文明，如期实现"碳达峰"与"碳中和"。

研究分为三个层次。第一个层次为研究基础。主要是进行文献分析、现状分析等，从而确定能源结构影响的主要因素。第二个层次为研究核心。分析能源结构的影响因素机理，利用影响因素构建预测模型以及建立组合预测模型，以预测为基础分析碳达峰、碳中和路径，运用脉冲响应函数分析绿色能源的替代效应以及多维进化博弈模型分析水电开发机制。以寻找能源结构调整和绿色能源开发路径。第三个层次为研究结论。为中国能源结构调整和绿色能源发展提出相关建议。

我国能源结构调整对策建议：第一，持续降低能源结构中煤炭占比，优化能源结构。第二，加大对新能源技术研发投入，促进能源多元化发展。第三，加大高新技术产业的发展，促进经济结构转型升级。第四，逐步推进能源价格市场化进程，改善能源结构。第五，提高石油供应保障能力，防范能源安全风险。第六，加强低碳宣传，促进能源结构改善。

我国绿色能源发展分别从宏观、中观、微观层面给出对策建议。第一，宏观层面发展策略：基于政策制度机制保障的开发策略、基于资金支持的开发策略。第二，中观层面发展策略：基于产业化的开发策略、基于价格机制的开发策略。第三，微观层面发展策略：基于技术研发创新的开发策略、基于融资需求的开发策略。应倡导绿色消费和生态文明理念，促进绿色能源的使用和推广。

本书创新之处在于：第一，理论视角。(1) 在扬弃传统方法的基础上，将影响能源结构的动态特征用四个维度来表征，从而遴选影响因素，运用格兰杰因果检验、Copula 函数甄选关联性较高的影响因素，构建多因素动态支持向量机模型（multiple factors dynamic-support vector regression，MFD-SVR）预测能源结构高级化指数。(2) 以实现经济、社会与环境协调可持续发展为基础，构建水电开发投资者、移民与生态环境三方进化博弈模型，得到水电开发参与多方稳定均衡点。(3) 以经济机制设计理论为基础，分层次、分重点，以生态环境、战略规划为绿色能源开发指导，宏观层面作为开发保障、中观层面作为开发支撑、微观层面作为开发能力，从六个维度提出绿色能源开发体系与发展策略。第二，研究视角。(1) 厘清能源结构的影响因素，分析其影响机理，选用相关性较高的影响因素作为预测的影响因子，从而进行能源消费结构高级化指数的预测；(2) 通过能源消费结构的预测，分析影响能源消费结构的因素，从而寻求能源结构调整的路径和策略。第三，对策规范。(1) 在构建能源结构预测模型的基础上，寻求能源结构调整路径，以影响因素为依据提出调整策略，中央政府和地方政府对能源调整进行战略决策时就可以避免主观随意性和盲目性。(2) 以绿色能源替代效应、开发机制为基础，提出绿色能源开发体系与发展策略，就可为政府部门制定绿色能源发展战略时提供理论与实践指导。从总体上看，利用本项目提供的预测模型、"碳达峰"与"碳中和"路径以及能源替代效应和开发机制进行战略决策和长期规划至少有以下优越性：界定了决策因素和影响因素的范围区间（上确界和下确界）；揭示了能源供需总量、结构及其动态变化的规律性特征；为能源结构调整与绿色能源发展的决策建议提供了科学依据。

目　　录

第 1 章　绪论 ··· 1
　　1.1　研究背景和意义 ·· 1
　　1.2　国内外研究现状 ·· 4
　　1.3　研究内容与方法 ·· 10
　　1.4　研究的逻辑框架 ·· 12

第 2 章　我国能源供需状况分析 ······································ 13
　　2.1　我国能源生产状况分析 ·· 13
　　2.2　我国能源消费状况分析 ·· 25
　　2.3　我国能源供需平衡分析 ·· 31
　　2.4　本章小结 ·· 46

第 3 章　能源结构影响因素与路径分析 ···························· 48
　　3.1　能源消费结构影响因素与路径分析 ························· 48
　　3.2　能源供给结构影响因素与路径分析 ························· 70
　　3.3　本章小结 ·· 74

第 4 章　我国能源消费结构影响因素相关性分析 ··············· 76
　　4.1　Copula 函数模型简述 ··· 76
　　4.2　影响因素的相关性分析 ·· 79
　　4.3　本章小结 ·· 95

第 5 章　我国能源供需预测 · · · · · · 97

5.1　能源消费预测 · · · · · · 97
5.2　能源产量预测 · · · · · · 120
5.3　我国能源总量供需缺口分析 · · · · · · 135
5.4　本章小结 · · · · · · 139

第 6 章　我国碳排放达峰路径分析 · · · · · · 141

6.1　人类能源变革及我国"碳达峰"目标 · · · · · · 141
6.2　我国碳排放达峰现状及存在的问题 · · · · · · 145
6.3　我国碳排放趋势分析 · · · · · · 152
6.4　我国碳排放达峰路径分析 · · · · · · 174
6.5　本章小结 · · · · · · 188

第 7 章　我国"碳中和"路径分析 · · · · · · 189

7.1　"碳中和"概述与相关理论 · · · · · · 189
7.2　我国"碳中和"现状及存在的问题 · · · · · · 194
7.3　我国"碳中和"趋势分析 · · · · · · 205
7.4　"碳中和"背景下的能源技术路径 · · · · · · 231
7.5　本章小结 · · · · · · 241

第 8 章　我国能源结构调整策略 · · · · · · 243

8.1　我国能源结构现状及存在的问题 · · · · · · 243
8.2　我国能源结构调整策略 · · · · · · 249

第 9 章　绿色能源的替代效应 · · · · · · 254

9.1　我国绿色能源现状 · · · · · · 254
9.2　替代效应模型构建 · · · · · · 263
9.3　实证分析 · · · · · · 268
9.4　本章小结 · · · · · · 279

第 10 章 绿色能源开发机制分析 ········· 280

10.1 水能开发机制分析 ········· 280
10.2 风电开发机制分析 ········· 304
10.3 太阳能开发机制分析 ········· 309
10.4 我国海洋能开发机制分析 ········· 314
10.5 我国生物质能开发机制分析 ········· 320
10.6 我国地热能开发机制分析 ········· 324
10.7 本章小结 ········· 328

第 11 章 绿色能源发展对策建议 ········· 329

11.1 绿色能源开发体系 ········· 329
11.2 绿色能源开发策略 ········· 331

参考文献 ········· 336
后记 ········· 349

第 1 章

绪 论

1.1 研究背景和意义

1.1.1 研究背景

能源是社会进步和经济发展的重要物质资源，能源消费结构事关国计民生，既影响经济的转型发展，又与人们生活环境和质量密切相关。进入 21 世纪，随着国际能源形势的不断恶化和低碳经济的兴起，世界各国越来越重视与人们息息相关的能源问题，不断致力于提高能源效率、降低能源强度、发展绿色能源、改善和调整能源结构。

发达国家通过工业化的快速发展，经历了经济快速发展阶段，正在进入后工业化时期，逐步完成产业结构向高产出、低能耗的转型发展，其能源消费总量得到有效控制，能源消费结构正在加速优化。自 20 世纪 80 年代以来，中国用年均增长 4% 的能源消费，完成了年均 9% 的经济增长，从而实现了以低增长的能源消费支撑经济的高速增长。伴随经济快速增长的同时，对能源的需求也不断增加，作为处在社会主义初级阶段发展中的中国，城市化和工业化还是经济发展的重要推动因素，与此相应，经济总规模的持续增加还将在一个阶段借助高耗能的重化工业的扩张，从而推动能源消费总量的不断增长。从能源资源总量来看，中国探明常规能源经济剩余可采总储量约 1 392 亿吨标准煤，约占比全球的 10%，如计算人均资源却很低，尤其是天然气和石油人均资源占有量分别约只占全球平均水平的 7.1% 和 7.7%。能源问题成为摆在中国面前的一个迫切又棘手的问题。

随着我国经济社会的快速发展，无论生产或者生活，人们对于能源的需求越来越旺盛，依赖程度也越来越高，能源的有效利用和合理开发越来越得到重视，能源可持续发展的相关问题研究也得到专家学者、政府、企业的高度重视。能源消费结构是否合理是衡量一个国家发展的重要指标之一。由于受能源价格、资金、科学技术等多方面因素的影响，中国的能源利用效率始终比发达国家低。在大力推进城市化和工业化的进程中，诸如有关不合理的能源结构、环境污染等经济发展中的制约问题日趋严峻。

高碳低效的化石能源煤炭是中国长期过分依赖的主要消费能源，这种能源消费结构明显具有不可持续性。以煤炭为主的中国能源消费结构，导致随着能源消费的递增，往往伴随着生态环境的破坏以及大气的严重污染。我们需要改变片面依赖煤炭等传统能源的能源消费结构现状，降低能源消费总量与调整能源结构已成为能源政策的重要任务，而大力发展绿色能源是实践能源结构调整的重要举措。加大对水电、风电、太阳能和其他绿色能源的开发使用力度，是中国经济实现可持续发展的战略选择。

1.1.2 研究意义

随着人类社会进步与经济发展，对能源需求也快速增长，由此不可再生的化石能源（如煤炭、石油）消费不断增加而储量不断减少，同时伴随着高排放的二氧化碳等吸热性强的温室气体，导致全球气候的温室效应加剧。为了应对气候变化，实施节能减排已经形成共识，《哥本哈根协议》中也明确了2020年、2050年世界各国的减排计划，《巴黎协定》提出21世纪全球平均气温上升幅度控制在2℃以内，并将全球气温上升控制在前工业化时期水平之上1.5℃以内。

中国作为发展中的大国，在经历经济高速发展以后，正经历着"三期叠加"重要的转型期。在新时代，中国经济由高速度转向并进入高质量发展，但距实现高质量发展还有很大差距，并处于经济结构、城市化水平、居民消费结构转型的关键时期，与此同时，也需要充足的能源作为保障，更是面临着能源总量短缺的瓶颈和环境污染的双重压力，调整能源结构进行能源供给侧改革，大力发展绿色低碳能源已成当务之急。

中国能源消费结构到底存在哪些问题？产生问题的原因何在？如何解决

这些问题？如何优化中国的能源消费结构？上述问题都是中国必须面对的迫切问题，针对这些问题研究，在研究深度、系统性和全面性等方面现有国内外研究成果都不够完善，继续深化研究势在必行。

改革开放以来，中国经济取得了巨大的成就，同时也伴随着能源资源的大量消耗，能源的短缺和以煤炭为主的能源结构越来越制约着经济的发展。美国次贷危机所带来的影响和危机还在持续蔓延，世界经济面临下行的风险，中国经济也在推进中国经济高质量发展的同时，伴随着中国能源大量消耗和环境持续污染，带来了巨大的环境压力。对此，能源消费政策将逐步转变为以总量控制和结构调整为主，强度控制为辅，能源消费控制力度逐步增大。既要确保经济持续高质量增长，又要有效实施能源消费总量的控制和结构调整，应当积极发展水电、风电，大力发展太阳能，积极开发利用生物质能、地热能等新能源，安全发展核电，构建绿色低碳、安全高效的现代能源体系，是当前面临的一项长期而艰巨的战略任务，也是非常重要的研究课题，助推绿色能源的持续发展，践行生态文明，有着重要的理论和实践意义。

理论意义。中国作为最大的发展中国家，正处在快速推进工业化和城市化进程中，无论是能源消费还是生产，在世界上的地位都是举足轻重的，而当前我们面临的重大问题是优化能源结构，特别是优化能源消费结构问题，无经验可借鉴，也无先例可遵循，因此相关理论的指导和研究工作亟须加强，以丰富能源经济学、资源经济学以及气候经济学的相关研究内容。

现实意义。在经济日趋全球一体化的新时代背景下，中国的能源状况和经济发展与世界其他国家有着紧密联系。目前，中国正处在经济快速增长向高质量发展转变之中，一时还难以摆脱粗放式增长模式，技术含量不高、高耗能、低产出、高投入的状况还将在一定时期存在，能源结构的不合理还较严重。考虑能源结构如何进行有效优化，就必须对其影响因素进行深入探讨。运用 Copula 模型与格兰杰因果检验模型从影响能源结构的众多因素中，寻找与能源结构相关的因素，并找出相关性较高的因素；建立能源结构多因素动态支持向量机预测模型，以及能源供需组合预测模型，预测能源供需总量和结构缺口；以能源结构预测为基础，影响能源结构的因素为途径，寻找能源结构调整路径。以能源结构调整为指导，替代效应为依据，绿色能源开发机制设计为基础，提出绿色能源发展策略。为决策部门制定能源政策和措施提供参考，以实现能源与经济的协调发展，经济、社会、生态环境的可持续发展，为我国绿色能源的开发提供指导，保持能源供需平衡、提供符合经济新常态发展所需能源,从而实现理论价值和实践价值的统一。

1.2 国内外研究现状

1.2.1 能源结构调整

(1) 世界各国或地区能源结构调整与对策建议。根据碳排放情况,有的学者分别对英国、美国、印度等国家提出了能源结构改进策略(Tol, 2007);有的学者针对我国和地方省市能源结构不合理的现状以及存在的问题,提出了我国能源结构调整的方法与战略路线(李强, 2014)。马丽梅等(2018)则根据模型演化结果及跨国经验分析探索中国能源转型路径。

(2) 能源结构调整与产业结构调整、技术进步之间的理论与实证研究。路正南建立回归模型,研究结论显示,具有较为明显节能效应的是第二产业内部结构的优化、提升第三产业结构占比(路正南, 1999)。苏小龙认为能源结构高碳型转向能源结构低碳型机制可以通过从价格、财税和产业结构等方面进行调整来实现(苏小龙, 2012)。赵昕等(2018)通过建立进化博弈模型,研究传统能源产业和新能源产业、能源产业和政府之间的博弈关系,讨论能源结构调整事宜是否政府应该参与,以及在政府参与情形下新能源和传统能源的竞合关系,研究显示,政府参与发展新能源和结构调整是均衡策略的最优选择。"节能减排"实现路径可以通过能源结构优化、技术进步和产业结构调整来实现(韩中合等, 2018)。

(3) 气候变化、环境恶化与能源结构调整。根据印度的现状,印度政府进行了能源结构调整,开展了可再生清洁能源技术和电力政策的研究(Bhide, 2011);我国学者认为实现节能减排的重要措施之一就是发展清洁能源与调整能源结构,也是治霾的关键措施,而调整能源结构的关键是推进能源体制改革(林伯强, 2010;向其凤, 2014;等)。

1.2.2 能源结构影响的主要因素

学术界认为对能源结构的影响大致有以下一些因素:①经济因素。包括宏观经济总量、全社会固定资产投资、能源价格、人均GDP、居民收入水平等相关因素。②结构因素。产业结构、居民消费结构、能源消耗结构。③技术因素。技术效率提升、科技水平（科技经费投入）、能源密集度、能源强度与碳排放强度、研究与实验经费比重、专利申请授权数、科技活动人员数量。④人口与政策因素。人口数量或增长、城市化水平、改革开放深化、市场化程度。⑤能源禀赋因素。能源自然资源因素。

（1）经济因素。

国内外学者基于经济对能源的供给、消费及结构的影响进行了分析。克拉夫特等（Kraft et al., 1978）利用美国1947~1974年的历史数据，研究发现美国的能源消费与国民经济之间的因果关系显著，如果采取不适宜的节能措施或政策就会给经济发展带来消极影响。斯登（Stern, 2000）运用协整模型，拓展研究范围，发现不仅美国能源消费促进经济发展作用显著，而且能源消费与劳动和资本投入之间也存在协整关系。阿奇（Akin, 2008）对非洲7国进行自相关分布滞后限制检验，研究表明7国的经济增长与能源消费之间存在协整关系，其中有4个国家存在正向的双向因果关系。黄飞（2001）运用灰色关联模型，分析了经济增长与各种能源之间的关联关系。研究显示，按关联度递增顺序依次排列为煤炭、天然气、电力、石油。从侧面印证了，为"以气代煤、以电代煤、以油代煤"的调整能源结构政策提供了理论指导。郭菊娥等（2008）通过通径分析法计算宏观经济因素对能源需求的影响程度，研究显示，能源消费结构、GDP增长分别为主要限制性因素与决策因素，政府采取政策措施调整能源结构需通过调控产业结构与能源价格来实现，强化技术研发力度，降低万元单位能耗，提升技术进步，使其尽可能在能源需求增长降低的情况下不影响经济的快速增长，也能保障国家的能源安全和可持续发展。

刘增明（2015）用LMDI方法对中国居民能源消费LMDI分解，结果表明在平均能源价格上涨时，能源消费强度效应对居民能源消费具有显著的正效应，而在平均能源价格下降时，这一效应值为负值。并得出结论，增长的能源价格能够抑制甚至减少中国居民能源消费，建议政府削减补贴、放松能源价格管制，推进生活能源价格市场化，有助于生活领域节能减排。此外笔者对中国城乡居民收入数据的分析，表明居民收入效应是能源消费增长的重要促进因素，随着我国居民收入的增加，中国能源的消费将继续保持高速增长。

苏文松等（2018）分析发现，在大多数城市人均碳排放量与经济增长同步增长。常春华（2018）基于世代交叠模型，从微观视角来研究能源消费与经济增长的理论模型，研究结果显示，虽然人均能源消费与人均 GDP 之间存在均衡、稳定的关系，但是从一个较长时期来看，人均能源消费的弹性系数却并没有显示出一种单向收敛的趋势。

（2）结构因素。

刘毅（1999）提出调整产业空间布局与结构将会对改善能源结构起推动作用。史丹（1999）运用统计回归和指数分析两种方法，利用我国历史数据，定量分析了能源消费结构和总量来自产业结构变动产生的影响，研究显示产业结构有着重要影响，同时还会导致能源消费结构的变化，促进由以煤为主的消费结构向以石油和电力为主消费转化；朱守先（2007）以北京市为例，运用结构演进基本模型分析了能源消费规律，研究结论显示，产业结构的演进和单位能耗以及一次能源消费总量之间关系紧密。

李玲玲（2015）分析认为居民能源消费分为两个方面，一方面是居民生活直接的能源消费，另一方面是通过居民消费对生产的拉动而产生的间接能源消费。通过对我国居民消费结构的分析，发现我国居民消费结构总体偏低，消费结构的升级受收入差距的制约，现有的生产方式与产业结构的结合，恰好成了高能耗行业发展的推动力。建议从缩小居民收入差距与合理引导农村居民的生活改善方式两个方面提高能源的消费效率。

杨林京等（2021）采用有调节的中介效应模型，研究结果表明绿色金融发展和结构调整（能源和产业）优化能够显著抑制碳排放。

（3）技术因素。

柴建等（2008）基于能源投入占用产出表，利用我国 30 个部门 1992～2004 年的历史数据，运用 SDA 方法分析能源消费变动原因，结论显示技术进步是其关键因素，且影响作用具有较大的波动性；揣小伟（2009）选用影响能源消费结构的科技活动人员数量、专利申请授权数、R&D 经费占比、批零售业产值占比、交通运输业产值占比、建筑业产值占比、第三产业产值占比、第二产业产值占比、人均 GDP 等 9 个主要影响因子进行主成分分析，结论显示，与产业结构、技术进步、经济发展水平相关的影响因素对能源消费结构的影响占据了主导地位。许士春（2016）以江苏省为例，运用结构分解方法分析化石能源消费的影响因素，研究发现，降低能源消费的最主要因素是能源强度。

(4) 人口与政策因素。

张晓平（2005）通过对 20 世纪 90 年代以来中国能源消费的时空特征的分析，表明城镇人均能耗远比乡村地区高，能源消费的主要区域是城镇，因此城市人口的快速增长将导致能源需求的相应增加。随着城市化的推进，城市配套公共服务体系和基础设施的大量建设，特别是道路、交通建设的快速发展，促进了能源消费的不断增加；史丹（2007）研究了各地区能源消费的差距，结论显示市场化程度与对外开放程度等因素决定了地区能效的不同；国娟（2009）认为市场化程度能提高能源利用效率，市场机制可以促进优化配置能源要素，经济发达投入产出高的地区是能源要素的流向地，同时有助于提升国家能源利用整体效率。杨振（2010）利用中国 1990 年以来的历史数据，通过改进主成分回归技术研究人口因素对化石能源消费的影响作用，结论显示人口数量的增长一定促进能源消费的增长，导致碳排放的增长。由于中国发展处于社会主义初级阶段，应以基本生存和发展权益的有效保障为碳排放限制的前提条件，因此，在未来一个阶段时间内，随着人口的增长，能源消费总量和碳排放总量将保持一定增长趋势；布兰特利·里多（Brantley Liddle，2014）通过总结来自跨国宏观层面关于人口因素和过程的研究证据，证据明确表示城市化与能源消费及碳排放呈正相关。

(5) 能源禀赋因素。

樊杰等（2003）认为中国能源供给不足的东部地区，将长期依赖于西部地区，西部地区的能源供给会严重影响东部区域的能源消费结构；姜巍等（2005）借助时空效应方法分析能源消费，结果显示，我国主要的制约因素是先天不足的能源消费空间分布与内部结构，开拓国际市场是中国解决能源供应问题的重要途径，其中对消费结构产生影响较大的是进口石油及化工产品；徐康宁（2006）通过对中国天然气、石油、煤炭的研究，认为能源资源的可获得性与细分行业的能源投入直接相关联；段海峰等（2007）研究显示，油气开发仍然是我国西部能源开发的重点，尽管煤炭资源是西部地区最为丰富的能源，这种供求不平衡状况使我国西部能源市场应该考虑怎样解决油气市场问题；罗斐（2010）认为我国能源资源赋存特点决定了以煤为主的能源消费结构和石油的对外高依存度。

1.2.3 能源供需预测

能源供需预测系统应分为能源供给层、能源消费层和能源管控层三层结构（Romanowski R, 2014）。(1) 能源供需结构预测模型。如投入/产出与能源系统优化模型（I/O-INEJ）、MEDEE-S、灰色系统方法、长期能源替代规划系统模型（LEAD）、等维信息 GM(1, 1) 模型（傅月泉, 1994）。(2) 能源需求预测方法。主要有因果分析法、外推法和类比法 3 种，实际应用中具体采用的有能源投入产出分析、部门分析法、技术分析法、能源强度法、人均能量消费法、ARMA（自回归移动平均模型）与回归分析、弹性系数法、综合分析方法以及能耗指数法等（翟辅东, 1995）。(3) 能源供需结构组合方法。即两种时间序列方法（确定性时间序列和随机性时间序列）的组合。由于两种时间序列分析方法优势各异，确定随机性时间序列组合模型综合了确定模型和随机性模型的优点（Bentzen, 1993；索瑞霞, 2010）。

上述预测方法具有一定的实用性和准确性，但这些模型和方法在实际应用中还有一定的局限性。例如能源供需结构预测模型采用的数据大多数是总量指标，无法反映能源供给与需求的结构性特征，能源需求预测方法忽略了与能源产品供给的关联性与均衡性。即使是能源供需结构的组合方法也仅考虑了两种时间序列方法的匹配。由于能源需求往往受到许多因素的制约，并且这些因素之间又保持着错综复杂的关系，因而运用因果模型或结构比例关系预测能源需求，往往由于相关因素未来值的不确定，使预测结果不够准确。而确定性趋势虽然控制了时间序列的基本样式，但毕竟不是时间序列变动的全貌，因而其预测结果往往不准确，随机性时间序列预测方法预测精度一般比较高，但它往往要求序列为平稳序列，对于非平稳序列，如果先通过差分等方法对其作平稳化处理，又会丢失原序列所包含的主要信息。

1.2.4 绿色能源发展

(1) 概念的定义。目前学术界对绿色能源的普遍定义为再生能源和清洁能源，狭义地讲，绿色能源是指燃料电池、海洋能、生物能、风能、太阳能、水能等可再生能源，从广义上讲，绿色能源还包括在开发利用过程中采用低污染的能源，如核能、清洁煤和天然气等（Manoranjan，2012；刘雷雷，2014）。

（2）我国各类绿色能源的开发利用情况。水能资源丰富但分布不均，水电技术较成熟且造价较低，发展前景广阔（Hino，2012）。风能主要集中在东部沿海且资源丰富，开发技术较先进，但相关技术问题也很突出，市场环境的封闭也限制了风电发展（刘梅娟，2013）。太阳能资源丰富，技术基本成熟，但利用装置效率低成本高（沈义，2014）。生物质能资源丰富分布广泛，但我国研发起步晚，技术不够成熟且缺乏资金支持（Lei，2010）。氢能，能量密度大、转化效率高、使用过程环境友好，是极具发展潜力的二次清洁能源（雷超，2021）。

（3）我国绿色能源的发展还存在以下问题。①对绿色能源的开发利用还不够成熟广泛；②我国对绿色能源消费增长速度过快；③技术落后，核心技术依赖国外（徐硕，2021）；④绿色能源发展的体制机制不够完善；⑤主要绿色资源远离经济中心，开发利用成本高（Jonathan，2012；郑艳婷，2012；郭朝先，2014）；⑥于洪丽（2017）在传统能源效率测度模型的基础上纳入非期望产出，构建包含经济效益和环境影响的绿色能源效率测度体系，通过数据分析，发现整体绿色能源效率有所提高，但各省市效率水平参差不齐。

1.2.5 文献述评

综上所述，依据相关学者对能源结构调整、影响因素、能源供需预测以及绿色能源发展等方面进行的研究来看，我国能源结构已出现不合理的情况，且影响因素较多，以至于我国能源的供需达不到均衡状态，而绿色能源处于起步阶段，促进其发展还需要很长的时间。

本书将绿色能源放在战略发展的地位，作为我国能源结构调整的路径，利用 Copula 函数和格兰杰因果检验甄选能源结构影响因素，建立能源结构预测与供需组合预测模型，预测能源供需总量和结构缺口，根据关键性的影响因素寻找能源结构调整路径，从而给出对策建议，以促进我国能源的供需均衡；以绿色能源替代效应为大力发展绿色能源的理论依据，绿色能源开发机制为基础，探索绿色能源开发体系和对策建议。

1.3 研究内容与方法

1.3.1 研究内容

本书以我国能源结构和绿色能源为研究对象。我国能源结构的研究主要体现在煤炭、石油、天然气、电力等能源的供需比例，结合我国实际情况，给出能源结构调整的依据。绿色能源具体包括水能、风能、太阳能、生物能、海洋能、地热能等可再生能源，天然气、页岩气、清洁煤等属于低碳能源，其中水能为主要的绿色能源。按叙述结构可以分为以下11章。

第1章，绪论。包括研究背景、研究目的和意义，国内外研究现状及评述，研究内容及方法，研究思路或逻辑框架。

第2章，我国能源供需状况分析。以现有文献为基础，对世界各国和我国能源供求总量和供求结构进行分析，其中主要对煤炭、石油、天然气以及各种绿色能源进行供求总量和结构进行定量分析。同时，依据经济学的供需理论对我国能源供求结构的现状进行定性分析，从而发现我国能源结构存在的问题。

第3章，能源结构影响因素与路径分析。其中，影响因素包括能源供需结构的影响因素，以现有文献为基础，从我国经济持续发展与人们生活水平持续提高出发，分析能源结构的影响因素与机制，比如经济因素、技术因素、结构因素、人口与政策因素以及环境因素等。

第4章，我国能源消费结构影响因素相关性分析。利用Copula函数和格兰杰因果检验甄选能源结构影响因素，对能源结构的影响因素进行相关性分析，发现与能源结构相关性比较强的因素，为下一步研究奠定基础，为提出解决我国能源结构问题的方法与路径提供依据。

第5章，我国能源供需预测。分别运用向量自回归模型、灰色预测、趋势外推预测及组合预测方法对我国能源供需进行预测，为后面研究我国能源结构的调整问题和绿色能源替代效应模型奠定基础。

第6章，我国碳排放达峰路径分析。以我国碳排放的现状为基础，分析目前我国实现碳排放达峰存在的问题，建立起能源消费结构高级化指数的支持向量机预测模型,结合该预测模型得出的结果,提出调整能源结构和发展绿色能源两条碳达峰路径。

第7章,我国"碳中和"路径分析。结合我国碳中和的现状和我国实现"碳中和"可能面临的问题,从能源消费量和能源消费结构两个方面分析我国"碳中和"的趋势,通过上述分析,最后提出建设节能减排体系、提升碳汇与固碳能力两条能源技术路径来实现我国"碳中和"。

第8章,我国能源结构调整策略。结合我国能源结构的现状和特点,以能源结构影响因素为基础,对我国能源结构存在的问题提供调整策略。

第9章,绿色能源的替代效应。利用脉冲响应函数分析绿色能源的替代效应,为绿色能源的开发对策提供依据。

第10章,绿色能源开发机制分析。根据已有的文献,对我国的绿色能源开发机制进行分类分析。以水电开发为例,通过运用多维动态进化博弈模型对其协调机制进行分析,研究水电开发者、生态环境与移民三者之间水电开发协调系统的三个主体要素进化博弈行为,得出其最佳稳定点。以博弈稳定点为基础,对生态环境与移民进行补偿,同时水电开发者的经济效益得到实现,便完成了在水电开发过程中经济、环境与社会的可持续发展,水电开发的协调机制实现良性循环。

第11章,绿色能源发展对策建议。提出本项目的研究结论和对策建议,以及绿色能源的开发机制为基础,提出我国绿色能源发展策略。

第1至第3章是本书研究的第一层次,即研究基础;第4章、第5章、第6章、第7章、第9章、第10章是本书研究的第二层次,即研究核心;第8章、第11章是本书研究的第三层次,即研究结论。

1.3.2 研究方法

(1)理论分析与实证分析相结合的方法。利用供求理论对我国能源供需状况进行分析;建立机制设计理论对绿色能源开发进行分析,其中建立进化博弈模型和利用脉冲响应函数分别对绿色能源的开发机制和替代效应进行理论与实证分析;对影响能源结构因素的甄选采用Copula模型与格兰杰检验方法进行实证分析。

(2)理论实证与经验实证相结合的方法。建立多维进化博弈模型进行理论实证,以水电开发为例,水电开发者、移民与生态环境三个博弈主体,构建博弈支付矩阵，得到博弈状态稳定点；以影响因素为基础，建立多因素动态支持向量机预测模型（multiple factors dynamic-support vector regression，MFD – SVR）预测能源消费结构进行经验实证，以及建立灰色预测模型、趋势外推预测模型与变权重预测的组合预测模型预测能源供需总量进行经验实证的分析方法。

1.4　研究的逻辑框架

本书以我国能源供需现状和结构问题为导向，作为研究的起点，运用 Copula 函数与格兰杰因果检验寻找影响能源结构的相关因素，利用多因素动态支持向量机以及组合预测模型进行能源消费结构和供需总量的预测，探寻我国能源结构调整路径。为改变我国煤炭高占比的能源结构，绿色能源开发理当是能源结构调整重点内容之一。运用脉冲响应函数分析绿色能源的替代效应，利用机制设计理论进行绿色能源开发机制的设计，从而提出相应的绿色能源发展的开发策略，以此来改善我国能源的供需结构，破解能源总量和结构瓶颈（见图 1.1）。

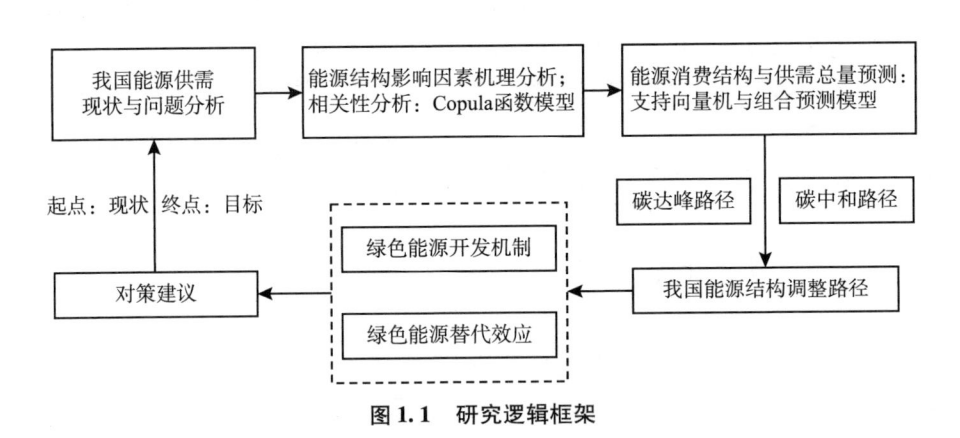

图 1.1　研究逻辑框架

第 2 章

我国能源供需状况分析

随着经济的快速发展，我国能源供需矛盾越来越突出。本章分析了我国能源生产和消费状况，以及能源供需平衡。长期以来，中国都保持着以煤和石油为主的能源消费结构，能源消费结构中煤炭 70% 左右，石油 20% 左右，这也成为中国大气污染的主要原因。据研究表明，中国排入大气中的 85% 的 SO_2、70% 的烟尘、85% 的 CO_2 和 60% 的 NO 来自煤的燃烧，大量燃煤对我国的大气环境造成了严重的破坏。

在我国，由于粗放型能源发展模式及以煤为主的能源结构和低效率的能源利用方式，能源消费造成的环境污染问题日趋严重。近年来，我国二氧化碳排放的增量占比超过世界增量的 90%，在控制二氧化碳排放量方面，中国政府不断受到国际社会的敦促，这也就使得政府面临的国际环境责任压力越来越大。我国电力装机容量中火电占比呈现下降趋势，但仍然超过了 60%，2018 年、2019 年、2020 年分别为 60.21%、59.18%、56.59%。

面对如此严峻的形势，我国未来的能源战略势必调整能源结构，大力发展可再生的清洁能源，来逐步改善以化石燃料为主的能源结构，实现能源、经济与环境的可持续发展。鉴于此，寻找煤炭、石油的替代能源已成当务之急。

2.1 我国能源生产状况分析

从表 2.1 可知，我国能源供给总量从 1990 年的 103 922 万吨标准煤，增加到 2020 年的 407 295 万吨标准煤，总量增长了 291.92%，年均增长速度为 9.73%。我国能源供给总量在一定时期曾有下降，但总体呈现出递增的态势。

20世纪90年代前期，我国能源供给以4%左右的速度稳步增长，由于受亚洲金融危机的影响，90年代后期呈现小幅下降。迈入21世纪后，我国能源供给总量得以快速递增，且增长势头强劲。

表2.1　　　1990~2020年我国能源供给总量增长变动情况

年份	能源供给总量（万吨标准煤）	能源供给总量增长率（%）	年份	能源供给总量（万吨标准煤）	能源供给总量增长率（%）
1990	103 922	—	2006	244 763	6.87
1991	104 844	0.89	2007	264 173	7.93
1992	107 256	2.30	2008	277 419	5.01
1993	111 059	3.55	2009	286 092	3.13
1994	118 729	6.91	2010	312 125	9.10
1995	129 034	8.68	2011	340 178	8.99
1996	133 032	3.10	2012	351 041	3.19
1997	133 460	0.32	2013	358 784	2.21
1998	129 834	-2.72	2014	361 866	0.86
1999	131 935	1.62	2015	361 476	-0.11
2000	138 570	5.03	2016	346 000	-4.28
2001	147 425	6.39	2017	358 867	3.72
2002	156 277	6.00	2018	378 859	5.57
2003	178 299	14.09	2019	397 317	4.87
2004	206 108	15.60	2020	407 295	2.51
2005	229 037	11.12			

资料来源：历年《中国能源统计年鉴》。

1990~1996年，我国能源供给总量增长相对稳定，大致保持在年均4%的增长水平。1997~2000年出现了能源供给总量增速的下降，到1999年时已经低于1996年的水平，仅为131 935万吨标准煤。特别是1998年下降幅度大，比1997年减少了3 626万吨标准煤，降幅达到了2.72%，这与1998年能源需求的大幅度下降有很大关系。在此期间，我国进行了大规模的能源供给结构调整，煤炭供给受到严格限制，而电力消费供给有所上升，这可能是导致统计内能源供给萎缩的主要原因。自2000年以后，我国能源供给总量呈现出较快的增长势头，增长速度逐年提高。从总量来看，2001~2010年增长了164 700万吨标准煤；从增长速度来看更是明显，2001年、2002年保持了6%以上的增长势头，2003年和2004年每年比上年增长都超过了14%，这段时期内能源经历了井喷式的增长。2004~2011年能源供给总量的增长速度也都保持高位运行，表明为支持我国经济的快速发展，促进了新能源的开采和能源新技术的运用与发展，能源供给不断增加。2012~2020年能源供给总量的增长速度明显快速下降，在不影响经济保持平稳运行的情况下，实现了逐步提高能源和资源利用效率。其趋势如图2.1所示。

图2.1 我国能源供给变化趋势

资料来源：历年《中国能源统计年鉴》。

从表2.2中可以看出，在1990~2020年间，我国原煤的供给在总量中所占的比重平均约为74.08%，原油约为12.66%，天然气约为3.40%，水电约为9.86%。可以看出，我国的能源供给主要是以煤炭为主，优质能源在能源供给总量中所占的比例非常低。

表2.2　　1990~2020年我国能源供给总量及各种能源构成比重

年份	能源供给总量（万吨标准煤）	占能源供给总量的比重（%）			
		原煤	原油	天然气	电力
1990	103 922	74.2	19.0	2.0	4.8
1991	104 844	74.1	19.2	2.0	4.7

续表

年份	能源供给总量（万吨标准煤）	占能源供给总量的比重（%）原煤	原油	天然气	电力
1992	107 256	74.3	18.9	2.0	4.8
1993	111 059	74.0	18.7	2.0	5.3
1994	118 729	74.6	17.6	1.9	5.9
1995	129 034	75.3	16.6	1.9	6.2
1996	133 032	75.0	16.9	2.0	6.1
1997	133 460	74.3	17.2	2.1	6.5
1998	129 834	73.3	17.7	2.2	6.8
1999	131 935	73.9	17.3	2.5	6.3
2000	138 570	72.9	16.8	2.6	7.7
2001	147 425	72.6	15.9	2.7	8.8
2002	156 277	73.1	15.3	2.8	8.8
2003	178 299	75.7	13.6	2.6	8.1
2004	206 108	76.7	12.2	2.7	8.4
2005	229 037	77.4	11.3	2.9	8.4
2006	244 763	77.5	10.8	3.2	8.5
2007	264 173	77.8	10.1	3.5	8.6
2008	277 419	76.8	9.8	3.9	9.5
2009	286 092	76.8	9.4	4.0	9.8
2010	312 125	76.2	9.3	4.1	10.4
2011	340 178	77.8	8.5	4.1	9.6
2012	351 041	76.2	8.5	4.1	11.2
2013	358 784	75.4	8.4	4.4	11.8
2014	361 866	73.6	8.4	4.7	13.3
2015	361 476	72.2	8.5	4.8	14.5
2016	346 000	69.8	8.2	5.2	16.8
2017	358 867	69.6	7.6	5.4	17.4
2018	378 859	69.2	7.2	5.4	18.2
2019	397 317	68.5	6.9	5.6	19.0
2020	407 295	67.6	6.8	6.0	19.6

资料来源：历年《中国能源统计年鉴》。

新中国成立50年以来，我国能源基本上是自给自足，能源供给与能源储量相适应，以煤为主的能源供给结构是理所当然的。从20世纪60年代开始，我国单一的由煤炭构成的能源结构，开始向多元化结构发展。从此，石油构成增长相当迅速，能源构成发生了显著的变化。改革开放以前，我国能源供需基本平衡，主要以煤炭为主。改革开放以后，石油消费增长迅速，我国能源供给由单一结构向多元化结构转化。虽然能源结构有了明显的改变，但煤炭仍然占比较大，这也是我国能源结构的显著特点。长期以来，我国能源需求受制于能源供给结构，煤炭是我国主要的能源资源，因此以煤为主的供给和消费结构"合情"——即符合国情和现状。但由于煤炭是一次性化石能源，一方面随着消费大幅增加，不可再生的化石能源逐渐减少；另一方面化石能源的消费排放了大量废气污物，对大气环境带来严重的污染，还造成温室效应等一些极端恶劣气候，这种模式又表现出"不合理"。对能源结构进行调整，对清洁可持续能源的渴求应运而生。

随着经济的发展，中国已愈加注重高质量发展，今日的快速发展不再以牺牲环境为代价，能源消费总量控制与结构调整已成为在满足国民经济发展所需资源之余关注环境保护的重要策略。显然，以煤为主的能源供给构成"合情"但"不合理"。

随着我国经济结构产生的根本性变化，天然气、石油、电力在能源供给结构中的比例太低，无法满足快速发展的市场需求。严重污染大气环境的根本原因之一是天然气、石油、电力在我国能源供给结构中占比低下。因此，改变能源供给结构是我国社会和经济发展的需要。

2.1.1　我国煤炭生产状况分析

2.1.1.1　我国煤炭资源情况

国土资源部2021年发布了《中国矿产资源报告》，截至2020年，我国煤炭探明15 980亿吨，新增查明资源储量606.8亿吨，主要分布在新疆、内蒙古、陕西和贵州等地区。

我国煤炭资源丰富，分布广泛，数量不等的煤炭资源遍布于除上海市外的其他省区市。截至2015年，在全国2 100多个县中，1 200多个有预测储量，已有煤矿进行开采的县就有1 100多个。按省区市计算，山西、内蒙古、陕西、新疆、贵州和宁夏6省区最多。华北区的山西、内蒙古自治区和西北的陕西分别占25.7%、22.4%和16.2%。中国各地区煤炭资源已探明保有储量比例结构见图2.2。

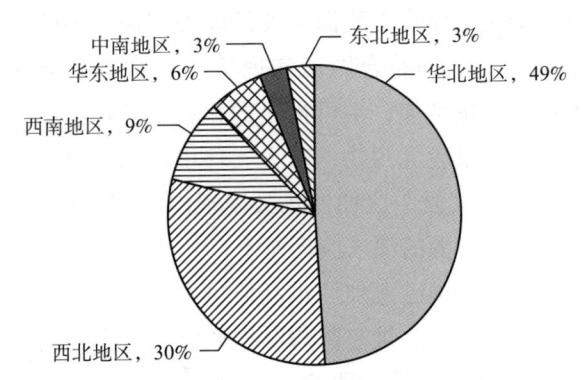

图2.2 中国煤炭资源的地区分布

资料来源：2016年《中国能源统计年鉴》。

中国煤炭资源相对而言比较丰富，分布较广，资源潜力大；煤种齐全，特别是低变质、中变质的煤占有较大比例。

2.1.1.2 中国煤炭生产情况

煤炭是中国重要的基础能源，在国民经济中具有重要的战略地位。在我国能源生产总量中，煤炭占据着绝对重要的地位。根据历年《中国统计年鉴》统计，我国1991~2020年中国煤炭生产情况见表2.3。1991年我国煤炭产量为77 689万吨标准煤，2020年为275 331万吨标准煤，涨幅达254.40%，其中2000年突破10亿吨标准煤，2007年突破20亿吨标准煤。

表 2.3　　　　　　　　1991～2020 年中国煤炭产量情况

年份	煤炭产量（万吨标准煤）	煤炭增长率（%）	年份	煤炭产量（万吨标准煤）	煤炭增长率（%）
1991	77 689	—	2006	189 691	7.0
1992	79 691	2.6	2007	205 527	8.3
1993	82 184	3.1	2008	213 058	3.7
1994	88 572	7.8	2009	219 719	3.1
1995	97 163	9.7	2010	237 839	8.2
1996	99 774	2.7	2011	264 659	11.3
1997	99 169	-0.6	2012	267 493	1.1
1998	95 168	-4.0	2013	270 623	1.1
1999	97 500	2.5	2014	266 333	-1.5
2000	101 018	3.6	2015	260 986	-2.0
2001	107 031	6.0	2016	240 816	-7.7
2002	114 239	6.7	2017	249 771	3.8
2003	134 972	18.1	2018	262 170	5.0
2004	158 085	17.1	2019	272 162	3.8
2005	177 275	12.1	2020	275 331	1.2

资料来源：历年《中国能源统计年鉴》。

我国煤炭生产趋势如图 2.3 所示。"八五"时期，我国煤炭生产快速递增，在 1995 年增速达到 9.7%。"九五"时期，先增后降又增，这与我国经济政策紧密相关，宏观调控政策经历由紧到松、经济结构调整和东南亚金融危机等主客观因素的影响造成煤炭需求不足，从而导致其产量下降，其中 1997 年与 1998 年一度出现负增长，1998 年的煤炭产量下降的幅度为 4%。从 1999 年开始，全世界经济复苏，中国经济也持续保持高速增长，对能源的需求量不断增加，再加上煤炭利用技术（特别是燃烧技术）的效率提高、成本的降低和污染物排放量的减少，大力发展了洁净煤技术，煤炭潜在的市场竞争力得以大力呈现，使其需求量和生产量快速膨胀，"十五"期间快速反弹，2003 年中国的煤炭生产量的增长速度超过了 18%，达到改革开放以来的最高增长率，随后增长率开始下降，但仍然保持两位数的增长率。

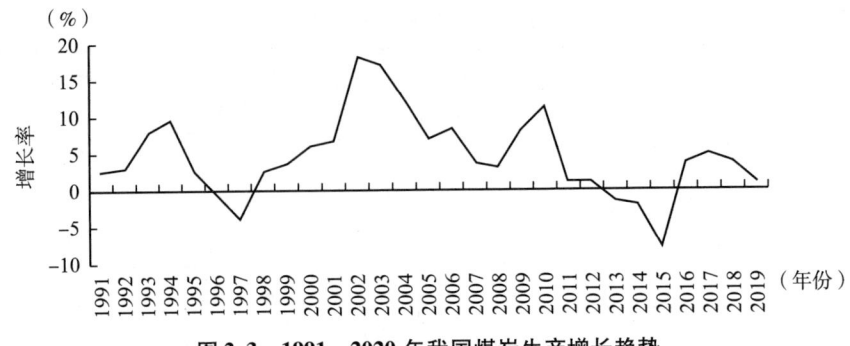

图 2.3　1991~2020 年我国煤炭生产增长趋势

"十一五"时期，煤炭工业改革发展取得了重大进展，在产业结构调整方面，全国煤矿数量由 2005 年的 2.48 万处减少到 2010 年的 1.44 万处，平均单井规模由 9.6 万吨提高到 2010 年的 20 万吨。在科技创新方面，煤层气开发与利用、煤制烯烃、煤炭液化、难采煤层的开采、环境协调开发等关键技术研发，以及重大煤矿灾害的防治技术取得了重大突破。由于受美国次贷危机的影响，面临国际国内复杂的形势，随着基础建设步伐的加快和社会经济的快速发展，能源需求快速增长，也拉动了煤炭供给的快速增长。"十二五"时期，随着减排和环保的要求，能源消费总量的控制和结构的进一步调整，煤炭供给也随之逐渐下降，直至出现负增长。"十三五"时期，非化石能源消费比重提高到 15% 以上，煤炭消费比重降低到 58% 以下，从年均增速看，"十三五"能源消费总量年均增长 2.5% 左右，比"十二五"低 1.1 个百分点，符合新常态下能源消费变化新趋势。

2.1.2　我国石油生产状况分析

2.1.2.1　我国石油资源情况

虽然我国是多煤少油的国家，石油资源相对贫乏，但在我国能源结构中石油的重要性以及占比仅次于煤炭。我国石油预测的潜在资源量 1 257 亿吨，可采资源量 301 亿吨。由表 2.4 可知，我国石油产量与煤炭相比增速较慢，截至 2006 年底，我国石油剩余技术可采储量为 27.6 亿吨。由于我国人口众多，若按人均计算石油资源量仅 10 吨左右，仅是世界平均水平的 17.1%。

·20·

2020年底，我国石油查明储量36.19亿吨。

表2.4　　　　2006~2020年我国石油剩余技术可采储量

年份	剩余技术可采储量（亿吨）	增长率（%）	年份	剩余技术可采储量（亿吨）	增长率（%）
2006	27.6	—	2014	34.3	1.78
2007	28.3	2.53	2015	35.0	2.04
2008	28.9	2.12	2016	35.0	0.10
2009	29.5	2.08	2017	35.4	1.20
2010	31.7	7.46	2018	35.7	0.90
2011	32.4	2.21	2019	35.6	-0.50
2012	33.3	2.78	2020	36.2	1.80
2013	33.7	1.20			

资料来源：根据2011~2021年《中国矿产资源报告》整理得出。

2.1.2.2　我国石油生产情况

我国石油资源匮乏，导致石油自给能力增长有限。近十多年来，我国石油产量增长缓慢。1995年我国石油产量约为1.5亿吨，2009年产量约为1.89亿吨，2012年产量同比增长1%，超过了2亿吨，约为2.07亿吨（见表2.5），但2016年生产又低于2亿吨，2017年与2018年有继续下降趋势。2019年后，我国石油产量呈继续上升的趋势，2020年达到19 491.8万吨。

我国石油产量发展，大致可以分为三个阶段：一是20世纪60年代中期至70年代末期，原油产量处于快速递增阶段，原油生产量快速递增超过1亿吨；二是80年代的十年时间，原油产量处于稳定递增阶段，生产总量稳定在1.4亿吨；三是1990年以来，原油产量处于平稳递增阶段，到2013年达到约2.1亿吨，其中1990~2008年年平均增长率在1.8%左右（中国能源中长期发展战略研究项目组，2011）。我国原油产量的三个阶段决定了我国石油供给的三个阶段，先是快速递增，再是稳定增长，后是平稳递增。随着经济社会发展，对石油需求快速增加，而我国石油供给增长缓慢，未来石油进口将快速增长，对外依存度将不断提高，我国石油供给风险也随之上升。

表 2.5　　　　　　　　1995~2020 年我国石油年度产量　　　　　单位：万吨

年份	产量	年份	产量	年份	产量
1995	15 004.4	2004	17 587.3	2013	20 991.9
1996	15 851.8	2005	18 135.3	2014	21 142.9
1997	16 219.8	2006	18 476.6	2015	21 455.6
1998	16 016.0	2007	18 631.8	2016	19 968.5
1999	16 600.0	2008	19 044.0	2017	19 160.6
2000	16 300.0	2009	18 949.0	2018	18 932.4
2001	16 395.9	2010	20 301.4	2019	19 101.4
2002	16 700.0	2011	20 287.6	2020	19 491.8
2003	16 960.0	2012	20 747.8		

资料来源：历年《中国能源统计年鉴》。

2.1.3　我国天然气生产状况

2.1.3.1　我国天然气资源概况

根据国家自然资源部《全国石油天然气资源勘查开采情况通报（2020年度）》发布的信息，截至2020年底，全国累计探明天然气地质储量16.88万亿立方米，剩余技术可采储量6.27万亿立方米。

新增探明地质储量大于1 000亿立方米的盆地有3个，分别为鄂尔多斯、塔里木和四川盆地。新增探明地质储量大于1 000亿立方米的气田有1个，为塔里木盆地的克拉苏气田。

我国煤层气资源也比较丰富。2020年，我国煤层气剩余探明技术可采储量为3 315.54亿立方米。煤层气新增探明地质储量673.13亿立方米，同比增长950.5%，新增探明储量来自沁水盆地和鄂尔多斯盆地东缘。

我国还有比较丰富的页岩气资源。2020年，我国页岩气剩余探明技术可采储量为4 026.17亿立方米。页岩气新增探明地质储量1 918.27亿立方米，同比下降74.9%，新增探明储量来自四川盆地涪陵页岩气田。

总体上说，我国天然气资源蕴藏丰富、可开发潜力大。

2.1.3.2 我国天然气生产情况

我国天然气生产情况如表 2.6 所示。我国天然气生产量在 2006 年突破 500 亿立方米，在 2011 年突破 1 000 亿立方米，2020 年达到 1 925 亿立方米。

表 2.6　　　　　　　　1980～2020 年我国天然气年度产量　　　　　单位：亿立方米

年份	产量	年份	产量	年份	产量
1980	142.7	2005	493.2	2014	1 301.6
1985	129.3	2006	585.5	2015	1 346.1
1990	153.0	2007	692.4	2016	1 368.7
1995	179.5	2008	803.0	2017	1 480.4
2000	272.0	2009	852.7	2018	1 601.6
2001	303.3	2010	957.9	2019	1 753.6
2002	326.6	2011	1 053.4	2020	1 925.0
2003	350.2	2012	1 106.1		
2004	414.6	2013	1 208.6		

资料来源：历年《中国能源统计年鉴》。

2.1.4 我国电力生产状况

2.1.4.1 我国电力资源情况

电力工业是国民经济发展的支柱性产业，它的持续健康发展是国民经济发展的保障和基础。我国目前比较成规模的电力资源，主要包括水电、火电、核电、风电。虽然火电仍是我国主要的电力来源，但受到环境气候等因素的影响，火电未来将受到很大的限制，低碳绿色的清洁能源将会得到大力发展。

根据国家统计局发布的中华人民共和国 2020 年国民经济和社会发展统计公报，公报中显示，2020 年末全国发电装机容量 220 058 万千瓦，比上年末增长 9.5%。其中，火电装机容量 124 517 万千瓦，增长 4.7%；水电装机容量 37 016 万千瓦，增长 3.4%；核电装机容量 4 989 万千瓦，增长 2.4%；并网风电装机容量 28 153 万千瓦，增长 34.6%；并网太阳能发电装机容量 25 343 万千瓦，增长 24.1%。

2020年，全国基建新增发电设备容量19 087万千瓦，同比增加8 587万千瓦，其中新增并网风电、太阳能发电装机容量分别为7 167万千瓦和4 820万千瓦，新增并网风电装机规模创历史新高。

我国水力资源储量位居全球之首。第三次全国水力资源普查结果显示，储藏水力超过1.0×10^7瓦的河流总数在3 000条以上，水资源理论蕴藏量是6.9×10^{11}瓦，超出水利大国苏联（4.5×10^{11}瓦）和美国（1.7×10^{11}瓦）两国总量之和。我国水电资源地域分布不均，其中西部12省占比81%，中部6省占比11%，东部13省占比8%。全国有十三大水电基地，还有西藏和新疆的水电开发。

2.1.4.2 我国电力生产情况

2020年，全国发电设备平均利用小时3 758小时，同比降低70小时，水电、核电设备利用小时同比提高。其中，水电设备利用小时3 827小时，历年来首次突破3 800小时，同比提高130小时；核电设备利用小时7 453小时，同比提高59小时；火电设备利用小时4 216小时，同比降低92小时，其中煤电4 340小时，同比降低89小时；并网风电设备利用小时为2 073小时，同比降低10小时；太阳能发电设备利用小时1 281小时，同比降低10小时。电力年度产量如表2.7所示。从1980年的3 006.3亿千瓦小时，增至2020年的77 790.6亿千瓦小时，提高了25倍以上。

表2.7　　　　　1980~2020年我国电力年度产量　　　　单位：亿kWh

年份	产量	年份	产量	年份	产量
1980	3 006.3	2005	25 002.6	2014	56 495.8
1985	4 106.9	2006	28 657.3	2015	58 145.7
1990	6 212.0	2007	32 815.5	2016	61 424.9
1995	10 023.4	2008	34 668.8	2017	66 044.5
2000	13 556.0	2009	37 146.5	2018	71 661.3
2001	14 808.0	2010	42 071.6	2019	75 034.3
2002	16 540.0	2011	47 130.2	2020	77 790.6
2003	19 105.8	2012	49 875.5		
2004	22 033.1	2013	54 316.4		

资料来源：历年《中国能源统计年鉴》。

2010～2020年我国电力生产结构如表2.8所示。2010年火电占比电力79.2%，水电占比17.17%，核电和风电占比7.33%；2020年火电占比68.52%，水电占比17.42%，核电和风电占比超过了10%。火电占比呈现下降趋势，核电和风电占比逐年小幅提升。

表2.8　　　　　2010～2020年我国电力生产结构　　　　单位：亿kWh

年份	电力	水电	火电	核电	风电
2010	42 071.6	7 221.7	33 319.3	738.8	446.2
2011	47 130.2	6 989.5	38 337.0	863.5	703.3
2012	49 875.5	8 721.1	38 928.1	973.9	959.8
2013	54 316.4	9 202.9	42 470.1	1 116.1	1 421.0
2014	56 495.8	10 643.4	42 686.5	1 325.4	1 560.8
2015	58 145.7	11 302.7	42 841.9	1 707.9	1 857.7
2016	61 424.9	11 933.7	44 370.7	2 132.9	2 370.7
2017	66 044.5	11 978.7	47 546.0	2 480.7	3 057.0
2018	71 661.3	12 317.9	50 963.2	2 943.6	3 660.0
2019	75 034.3	13 044.4	52 201.5	3 483.5	4 057.0
2020	77 790.6	13 552.1	53 302.5	3 662.5	4 665.0

资料来源：历年《中国能源统计年鉴》。

2.2　我国能源消费状况分析

1980年，我国能源消费总量为60 275万吨标准煤，随着我国经济持续快速的发展，来自民用、商业、工业等全方位对能源的需求增加加剧。我国2020年全年能源消费总量为498 314万吨标准煤，人均能源消费约3 531千克标准煤。

改革开放以来，我国能源消费阶段性增长的特征比较显著，后20年的增速比前20年明显要快，1980～1989年年均增长率为5.4%，1990～1999年年均增长率为4%，而2000～2013年年均增长率为8.16%，但随之出现明显的下降趋势，这表明，进入21世纪以后，我国能源消费总量呈现急速增长又急速下降的趋势，其中最为突出的是2003年和2004年，这两年的增速都超过了15%，而随后的下降是得益于我国加大节能减排的工作力度。如表2.9所示。

表2.9　　　　1990~2020年我国能源消费总量增长变动情况

年份	能源消费总量（万吨标准煤）	能源消费总量增长速度（%）	年份	能源消费总量（万吨标准煤）	能源消费总量增长速度（%）
1990	98 703	—	2006	286 467	9.60
1991	103 783	5.15	2007	311 442	8.72
1992	109 170	5.19	2008	320 611	2.94
1993	115 993	6.25	2009	336 126	4.84
1994	122 737	5.81	2010	360 648	7.30
1995	131 176	6.88	2011	387 043	7.32
1996	135 192	3.06	2012	402 138	3.90
1997	135 909	0.53	2013	416 913	3.67
1998	136 184	0.20	2014	425 806	2.13
1999	140 569	3.22	2015	429 905	0.96
2000	146 964	4.55	2016	435 819	1.38
2001	155 547	5.84	2017	455 827	4.59
2002	169 577	9.02	2018	471 925	3.53
2003	197 083	16.22	2019	487 488	3.30
2004	230 281	16.84	2020	498 314	2.22
2005	261 369	13.50			

资料来源：历年《中国能源统计年鉴》。

能源消费结构趋势变化如图2.4所示。从煤炭在总量消费中所占比重的趋势来看，1990年占比76.2%，达到阶段性的最高比例，随后逐渐下降，直至2001年阶段性低点的68%，随后逐渐上升，又在2007年达到阶段性高点的72.5%，随之在2011年出现反弹（70.2%）以外，逐年下降，直至2016年占比62%，为观察期的最低点。石油消费的占比趋势一直保持在18%上下。天然气、水电在能源总量消费中占比低于煤炭和石油，但一直保持较为平缓的上升趋势，尤其是电力消费占比逐渐向石油消费占比逼近，这得益于我国清洁能源的大力发展。

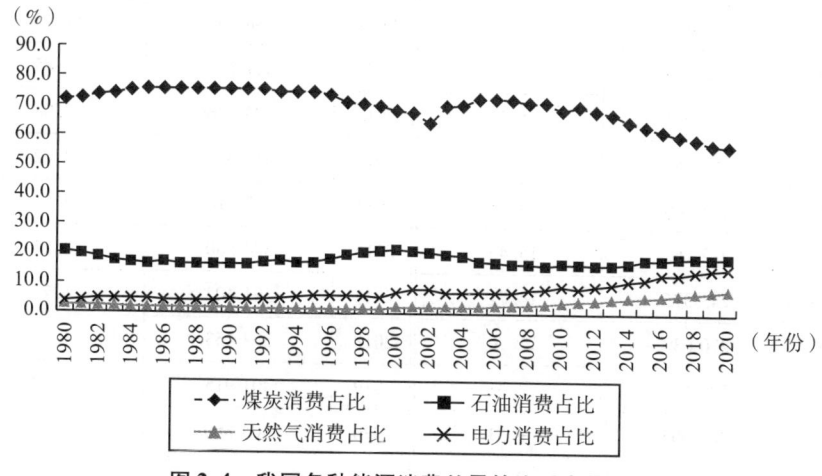

图 2.4　我国各种能源消费总量的比重变化趋势

2.2.1　我国煤炭消费状况

中国是世界上大的煤炭消费国。在 20 世纪 90 年代末期，曾一度出现煤炭消费量持续递减，这主要是国民经济结构在进行战略性和全局性的调整过程中，放慢了发展速度，减少了对煤炭的需求，产业结构出现新变化，煤炭消费量减少，大力提倡使用节能技术，煤炭使用效率得到提高，影响能源消费结构也随之发生改变。2013 年煤炭消费总量是 1990 年的近 5 倍，随着"十一五"时期关于节能减排的力度逐渐加大，煤炭消费增速开始趋缓（见表 2.10）。"十二五"开局第一年出现高速增长，随后一路下降，直至出现负增长。2017 年以来，中国煤炭消费量已恢复正增长，这一增长受强劲的电煤消费增长刺激所致。2020 年电煤消费仍增长，带动煤炭消费量继续增长。

表 2.10　　　　　　　　1990~2020 年我国煤炭年度消费量

年份	煤炭消费量（万吨）	比上年增长（%）	年份	煤炭消费量（万吨）	比上年增长（%）
1990	105 523	—	2010	349 008	7.39
1995	137 677	—	2011	388 961	11.45
2000	135 690	—	2012	411 727	5.85
2001	143 063	5.43	2013	424 426	3.08
2002	153 585	7.35	2014	411 613	-3.02
2003	183 760	19.65	2015	397 014	-3.55
2004	212 162	15.46	2016	384 560	-3.14
2005	243 375	14.71	2017	391 403	1.78
2006	270 639	11.20	2018	397 453	1.55
2007	290 410	7.31	2019	401 915	1.12
2008	300 605	3.51	2020	404 860	0.73
2009	325 003	8.12			

资料来源：历年《中国能源统计年鉴》。

2.2.2　我国石油消费状况

中国作为世界上能源消费增速快的大国，从 1993 年便开始进口大量的石油，目前已经是全球最大石油进口国。改革开放以来，我国石油需求越来越大，截至 2020 年，石油消费量达到 69 477.1 万吨。中国石油年度消费量情况如表 2.11 所示。

表 2.11　　　　　　　　1990~2020 年我国石油年度消费量

年份	石油消费量（万吨）	比上年增长（%）	年份	石油消费量（万吨）	比上年增长（%）
1990	11 485.6	—	2002	24 786.8	8.53
1995	16 064.9	—	2003	27 126.1	9.44
2000	22 495.9	—	2004	31 699.9	16.86
2001	22 838.3	1.52	2005	32 547.0	2.67

续表

年份	石油消费量（万吨）	比上年增长（%）	年份	石油消费量（万吨）	比上年增长（%）
2006	34 876.2	7.16	2014	51 814.4	3.69
2007	36 658.7	5.11	2015	55 160.2	6.46
2008	37 302.9	1.76	2016	56 402.9	2.25
2009	38 384.5	2.90	2017	59 402.2	5.05
2010	44 101.0	14.89	2018	63 004.3	6.06
2011	45 619.5	3.44	2019	67 268.3	6.77
2012	47 797.3	4.77	2020	69 477.1	3.28
2013	49 970.6	4.55			

资料来源：历年《中国能源统计年鉴》。

2.2.3 我国天然气消费状况

我国天然气消费从1990年的152.5亿立方米，到2020年的3 339.9亿立方米，增长了21.9倍，如表2.12所示。随着我国城镇化发展的不断推进，以及不断扩大的城镇人口规模，拉动了不断增长的天然气需求。天然气的大力发展，可以增加我国一次能源消费结构中天然气的占比，促进有效降低细颗粒物（PM2.5）和二氧化碳等温室气体污染物的排放，达到环境改善和节能减排的目的，这既是我国强化减排节能的迫切需要，也是实现能源结构优化调整的必然选择。

表2.12　　　　　　1990~2020年我国天然气年度消费量

年份	天然气消费量（亿立方米）	比上年增长（%）	年份	天然气消费量（亿立方米）	比上年增长（%）
1990	152.5	—	2003	339.1	16.21
1995	177.4	—	2004	396.7	16.99
2000	245.0	—	2005	466.1	17.49
2001	274.3	11.96	2006	561.4	20.45
2002	291.8	6.38	2007	705.2	25.61

续表

年份	天然气消费量（亿立方米）	比上年增长（%）	年份	天然气消费量（亿立方米）	比上年增长（%）
2008	812.9	15.27	2015	1 931.7	3.36
2009	895.2	10.12	2016	2 078.1	7.58
2010	1 080.2	20.67	2017	2 393.7	15.19
2011	1 341.1	24.15	2018	2 817.1	17.69
2012	1 497.0	11.62	2019	3 059.7	8.61
2013	1 705.4	13.92	2020	3 339.9	9.16
2014	1 868.9	9.59			

资料来源：历年《中国能源统计年鉴》。

2.2.4 我国电力消费状况

1990～2020年我国电力消费情况如表2.13所示。"十五"期间，我国电力消费呈现高速增长，年平均增长率超过10%。"十一五"期间与"十二五"初期，除了2008年、2009年受美国次贷危机影响外，电力消费保持了较高的增速，随之增速减缓。"十三五"以来，中国步入高质量发展阶段，经济增长动能变化使电力需求增加，同时加快打赢蓝天保卫战和建设生态文明等能源和电力发展提出新的要求，电力消费量增速逐渐增大。2019年和2020年，在疫情的冲击下，电力消费增速减缓。

表 2.13　　　　　　1990～2020年我国电力年度消费量

年份	电力消费量（亿kWh）	比上年增长（%）	年份	电力消费量（亿kWh）	比上年增长（%）
1990	6 230.4	—	2004	21 971.4	15.45
1995	10 023.4	—	2005	24 940.3	13.51
2000	13 472.4	—	2006	28 588.0	14.63
2001	14 723.5	9.29	2007	32 711.8	14.42
2002	16 465.5	11.83	2008	34 541.4	5.59
2003	19 031.6	15.58	2009	37 032.2	7.21

续表

年份	电力消费量（亿 kWh）	比上年增长（%）	年份	电力消费量（亿 kWh）	比上年增长（%）
2010	41 934.5	13.24	2016	61 297.1	5.65
2011	47 000.9	12.08	2017	65 914.0	7.53
2012	49 762.6	5.88	2018	71 508.2	8.49
2013	54 203.4	8.92	2019	74 866.1	4.70
2014	56 383.7	4.02	2020	77 620.2	3.68
2015	58 020.0	2.90			

资料来源：历年《中国能源统计年鉴》。

2.3 我国能源供需平衡分析

从表2.14可以看出，1991年及以前，我国能源供给大于需求，这是因为在1992年邓小平南方谈话以前我国还处在计划经济时期，改革还在部分地方试点，对外开放、工业化和城市化程度还相当低，所以我国能源供给能保证需求，并略有剩余。1992年以后，随着改革开放的深入，我国能源需求一直大于我国自身生产能力，能源自我供给已经满足不了经济高速发展的需要，能源进口成为必然。1992～2020年，供给和需求缺口总体呈现高速增长态势，特别是在2001年以后，能源供给和需求缺口进一步扩大，供给增长跟不上需求增长的速度，仅在2010～2011年和2018～2020年间稍有缓解。2017年能源缺口达到最大值96 960万吨标准煤。

表2.14　　1990～2020年我国能源需求总量与能源供给总量比较

年份	能源需求总量（万吨标准煤）	能源需求增长率（%）	能源供给总量（万吨标准煤）	能源供给增长率（%）	供需之差（万吨标准煤）
1990	98 703	—	103 922	—	5 219
1991	103 783	5.15	104 844	0.89	1 061
1992	109 170	5.19	107 256	2.30	-1 914
1993	115 993	6.25	111 059	3.55	-4 934

续表

年份	能源需求总量（万吨标准煤）	能源需求增长率（%）	能源供给总量（万吨标准煤）	能源供给增长率（%）	供需之差（万吨标准煤）
1994	122 737	5.81	118 729	6.91	-4 008
1995	131 176	6.88	129 034	8.68	-2 142
1996	135 192	3.06	133 032	3.10	-2 160
1997	135 909	0.53	133 460	0.32	-2 449
1998	136 184	0.20	129 834	-2.72	-6 350
1999	140 569	3.22	131 935	1.62	-8 634
2000	146 964	4.55	138 570	5.03	-8 394
2001	155 547	5.84	147 425	6.39	-8 122
2002	169 577	9.02	156 277	6.00	-13 300
2003	197 083	16.22	178 299	14.09	-18 784
2004	230 281	16.84	206 108	15.60	-24 173
2005	261 369	13.50	229 037	11.12	-32 332
2006	286 467	9.60	244 763	6.87	-41 704
2007	311 442	8.72	264 173	7.93	-47 269
2008	320 611	2.94	277 419	5.01	-43 192
2009	336 126	4.84	286 092	3.13	-50 034
2010	360 648	7.30	312 125	9.10	-48 523
2011	387 043	7.32	340 178	8.99	-46 865
2012	402 138	3.90	351 041	3.19	-51 097
2013	416 913	3.67	358 784	2.21	-58 129
2014	425 806	2.13	361 866	0.86	-63 940
2015	429 905	0.96	361 476	-0.11	-68 429
2016	435 819	1.38	346 037	-4.27	-8 9782
2017	455 827	4.59	358 867	3.72	-96 960
2018	471 925	3.53	378 859	5.57	-93 066
2019	487 488	3.30	397 317	4.87	-90 171
2020	498 314	2.22	407 295	2.51	-91 019

资料来源：历年《中国能源统计年鉴》。

第 2 章 | 我国能源供需状况分析

由于国际局势和经济形势的不确定性，伴随国际能源局势特别是原油供给的不稳定性，因此，我国能源紧张将是一种常态。国际金融危机以后，随着经济发展的恢复，能源供需缺口有逐步拉大的趋势（见图2.5）。

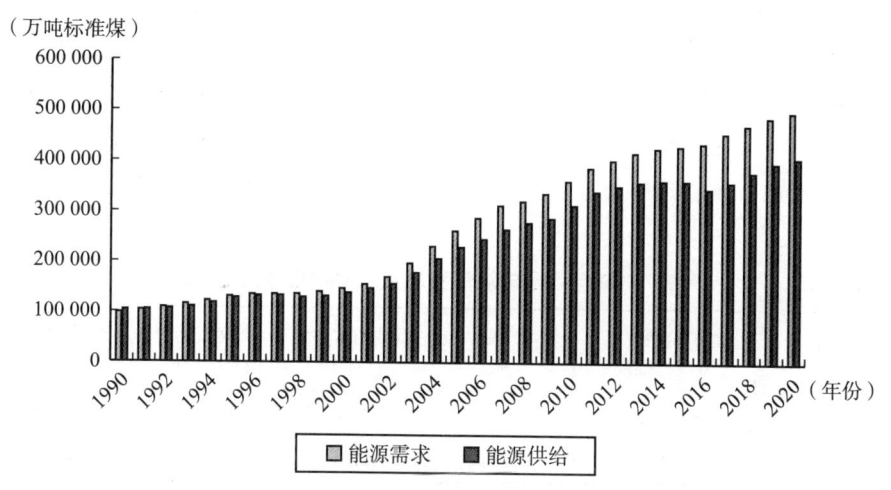

图 2.5 我国能源需求总量与能源供给总量变化趋势比较

从我国能源需求总量和能源供给总量的增长趋势和速度来看，两者大致是相同的（见图2.6）。能源供给与需求的变化基本上是同步的，供需总量同步上升，而需求与供给增长速度在 1998 年都为其阶段性最低点，2015 年、2016 年能源供给出现负增长，之后几年增速迅速回正，其中 2018～2020 年供给增速超过需求增速。

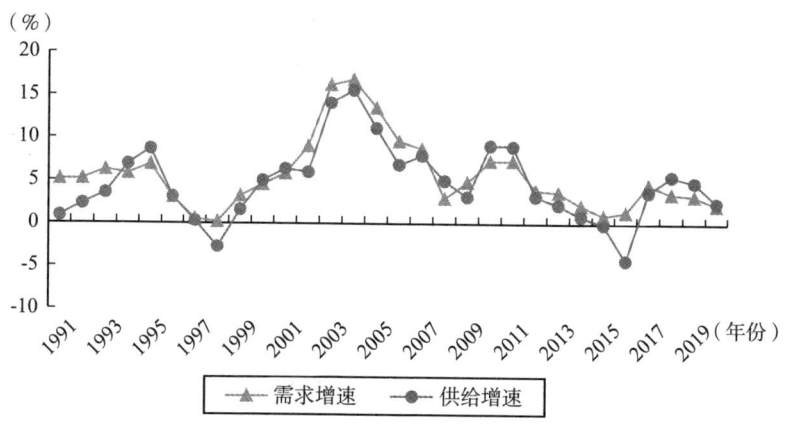

图 2.6 我国能源需求和供给增长速度的比较

1990~2011年，我国能源消费总量中煤炭消费所占比例在70%上下浮动，其中最大占比为76.2%，最低也有68%，2012年以后，随之一路下降，到2016年的62%，这是经济转型、环境和气候要求共同促进变化的结果。石油消费一直在17%、18%上下波动，最大比例为22%，最小也有16.4%。1998年以前，天然气消费占比在2%左右波动，随后占比小幅上升，2020年达到8.4%。电力消费占比一直呈现小幅攀升趋势，由1990年占比5.1%上升到2020年占比15.9%（见表2.15）。煤炭消费占比的下降，主要来自电力行业、钢铁行业、建材行业、化工行业等用煤需求的不同程度下降。

表2.15　1990~2020年我国能源消费总量及各种能源构成比例

年份	能源消费总量（万吨标准煤）	煤炭消费占比（%）	石油消费占比（%）	天然气消费占比（%）	电力消费占比（%）
1990	98 703	76.2	16.6	2.1	5.1
1991	103 783	76.1	17.1	2.0	4.8
1992	109 170	75.7	17.5	1.9	4.9
1993	115 993	74.7	18.2	1.9	5.2
1994	122 737	75.0	17.4	1.9	5.7
1995	131 176	74.6	17.5	1.8	6.1
1996	135 192	73.5	18.7	1.8	6.0
1997	135 909	71.4	20.4	1.8	6.4
1998	136 184	70.9	20.8	1.8	6.5
1999	140 569	70.6	21.5	2.0	5.9
2000	146 964	68.5	22.0	2.2	7.3
2001	155 547	68.0	21.2	2.4	8.4
2002	169 577	68.5	21.0	2.3	8.2
2003	197 083	70.2	20.1	2.3	7.4
2004	230 281	70.2	19.9	2.3	7.6
2005	261 369	72.4	17.8	2.4	7.4
2006	286 467	72.4	17.5	2.7	7.4
2007	311 442	72.5	17.0	3.0	7.5

续表

年份	能源消费总量（万吨标准煤）	煤炭消费占比（%）	石油消费占比（%）	天然气消费占比（%）	电力消费占比（%）
2008	320 611	71.5	16.7	3.4	8.4
2009	336 126	71.6	16.4	3.5	8.5
2010	360 648	69.2	17.4	4.0	9.4
2011	387 043	70.2	16.8	4.6	8.4
2012	402 138	68.5	17.0	4.8	9.7
2013	416 913	67.4	17.1	5.3	10.2
2014	425 806	65.6	17.4	5.7	11.3
2015	429 905	63.7	18.3	5.9	12.1
2016	435 819	62.0	18.5	6.2	13.3
2017	455 827	60.6	18.9	6.9	13.6
2018	471 925	59.0	18.9	7.6	14.5
2019	487 488	57.7	19.0	8.0	15.3
2020	498 314	56.9	18.8	8.4	15.9

资料来源：历年《中国能源统计年鉴》。

从长期的发展来看，天然气由于资源丰富、热效率高、低排放，有专家学者预测我国能源结构占比中天然气有可能达到第一位，可能在能源消费总量占比35%~40%，煤炭占比相应降至30%左右。正如前面所说，我国的消费结构与生产结构一样"合情"但"不合理"。

2.3.1 我国煤炭供需平衡分析

随着我国改革开放的全面推行与经济体制改革，计划经济体制逐渐向市场经济体制的转变，煤炭供给和需求总量一直持续增长（见表2.16），在1997年的亚洲金融危机期间以及2014~2016年期间出现回调。

表 2.16　　　　　　　1980~2020 年煤炭供需平衡情况

年份	煤炭需求总量（万吨标准煤）	煤炭需求增长率（%）	煤炭供给总量（万吨标准煤）	煤炭供给增长率（%）	供需之差（万吨标准煤）
1980	43 518.55	—	44 232.09	—	713.54
1981	43 217.97	-0.69	44 385.35	0.35	1 167.38
1982	45 743.38	5.84	47 612.71	7.27	1 869.33
1983	49 001.68	7.12	51 029.32	7.18	2 027.64
1984	53 390.71	8.96	56 367.02	10.46	2 976.31
1985	58 124.96	8.87	62 277.49	10.49	4 152.53
1986	61 284.30	5.44	63 801.78	2.45	2 517.48
1987	66 013.58	7.72	66 259.12	3.85	245.53
1988	70 863.71	7.35	70 030.53	5.69	-833.18
1989	73 766.77	4.10	75 314.50	7.55	1 547.73
1990	75 211.69	1.96	77 110.12	2.38	1 898.44
1991	78 978.86	5.01	77 689.40	0.75	-1 289.46
1992	82 641.69	4.64	79 691.21	2.58	-2 950.48
1993	86 646.77	4.85	82 183.66	3.13	-4 463.11
1994	92 052.75	6.24	88 571.83	7.77	-3 480.92
1995	97 857.30	6.31	97 162.60	9.70	-694.69
1996	99 366.12	1.54	99 774.00	2.69	407.88
1997	97 039.03	-2.34	99 160.78	-0.62	2 121.75
1998	96 554.46	-0.50	95 168.32	-4.03	-1 386.13
1999	99 241.71	2.78	97 499.97	2.45	-1 741.75
2000	100 670.34	1.44	101 017.53	3.61	347.19
2001	105 771.96	5.07	107 030.55	5.95	1 258.59
2002	110 225.05	4.21	114 238.49	6.73	4 013.44
2003	138 352.27	25.52	134 972.34	18.15	-3 379.92
2004	161 657.26	16.85	158 084.84	17.12	-3 572.43
2005	189 231.16	17.06	177 274.64	12.13	-11 956.52
2006	207 402.11	9.60	189 691.33	7.00	-17 710.78
2007	225 795.45	8.87	205 526.59	8.35	-20 268.86

续表

年份	煤炭需求总量（万吨标准煤）	煤炭需求增长率（%）	煤炭供给总量（万吨标准煤）	煤炭供给增长率（%）	供需之差（万吨标准煤）
2008	229 236.87	1.52	213 057.79	3.66	-16 179.07
2009	240 666.22	4.99	219 718.66	3.13	-20 947.56
2010	249 568.42	3.70	237 839.25	8.25	-11 729.17
2011	271 704.19	8.87	264 658.48	11.28	-7 045.70
2012	275 464.53	1.38	267 493.24	1.07	-7 971.29
2013	280 999.36	2.01	270 523.14	1.13	-10 476.23
2014	279 328.74	-0.60	266 333.38	-1.55	-12 995.36
2015	273 849.49	-1.96	260 985.67	-2.01	-12 863.81
2016	270 320.00	-1.29	240 816.00	-7.73	-29 504.00
2017	276 231.20	2.19	249 771.00	3.72	-26 460.20
2018	278 435.80	0.80	262 170.00	4.96	-16 265.30
2019	281 280.60	1.02	272 162.00	3.81	-9 118.43
2020	283 540.70	0.80	275 331.00	1.16	-8 209.25

资料来源：历年《中国能源统计年鉴》。

从表2.16可以看出，1991~1995年、1998~1999年以及2003~2020年我国煤炭供需存在缺口，其余年份略供给大于需求（说明：这里不包括煤炭库存量）。

从图2.7不难看出，煤炭的需求总量和生产总量基本上保持着相同的增长趋势。2001年以来，供需缺口又有增大的趋势，这从煤炭需求的下降幅度低于供给的下降幅度也可以看出，其原因可能在于：一是对小煤窑的关停并转及煤炭的限制性开采；二是环境和碳排放的要求使其对煤炭的需求下降，大力发展清洁替代能源。

着力减少污染物排放、降低成本和提高煤炭利用或燃烧技术效率，将有助于改善煤炭未来消费的限制。洁净煤技术的大力发展，显示其很强的市场竞争力。洁净煤技术在中国得以大力推广，对以煤为主的能源结构和日益严重的环境污染无疑具有重要意义，而且是对全球气候保护的重要贡献。

(万吨标准煤)

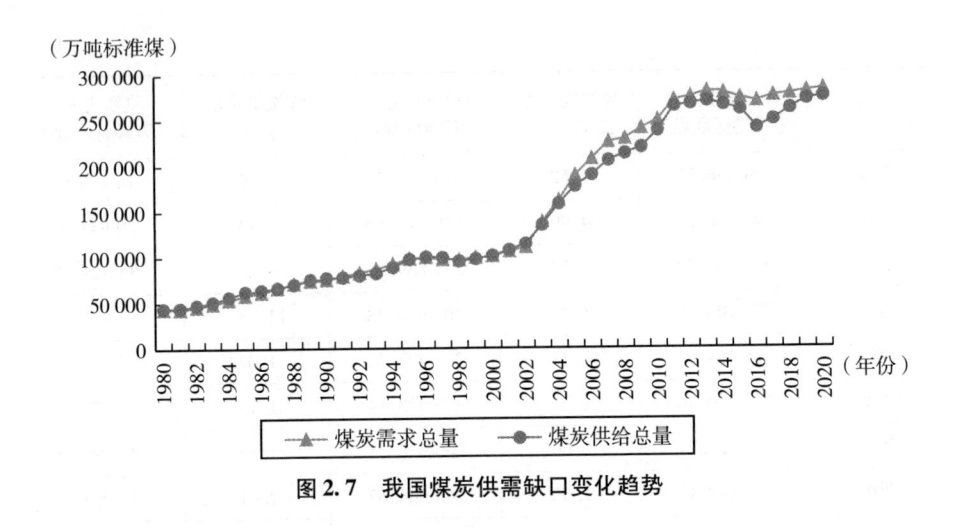

图 2.7　我国煤炭供需缺口变化趋势

2.3.2　我国石油供需平衡分析

从表 2.17 中可以看出，在 1993 年以前我国石油除了自给自足还略有盈余。进入"八五"中期，随着改革开放的全面展开，产业结构的调整，固定资产投资的快速增加，刺激了能源需求的急剧增长，石油需求同样快速增加，但石油供给由于受开采技术、自然资源的限制，增长缓慢，以至于在 1999 年、2009 年、2011 年、2016 年还出现负增长。1990～2020 年，石油消费需求总量年平均增长率为 5.82%，而供给总量年平均增长率只有 1.15%。从石油供需之差可知，我国石油供给缺口越来越大。从石油需求总量和供给总量的增长趋势来看（见图 2.8），需求增长势头强劲，而供给增长平缓，呈"剪刀差"形，所以供需之差势必越来越大。而对外依存度由 1993 年的 1.62%，到 2020 年增长到近 70.52%，随着依存度的越来越高，我国能源安全问题便更加凸显。

表 2.17　　　　　1980～2020 年石油供需平衡情况

年份	石油需求总量（万吨标准煤）	石油需求增长率（%）	石油供给总量（万吨标准煤）	石油供给增长率（%）	供需之差（万吨标准煤）	对外依存度（%）
1980	12 476.93	—	15 168.93	—	2 692.00	—
1981	11 889.40	-4.71	14 478.98	-4.55	2 589.58	—

续表

年份	石油需求总量（万吨标准煤）	石油需求增长率（%）	石油供给总量（万吨标准煤）	石油供给增长率（%）	供需之差（万吨标准煤）	对外依存度（%）
1982	11 730.66	−1.34	14 557.60	0.54	2 826.94	—
1983	11 953.24	1.90	15 180.51	4.28	3 227.27	—
1984	12 337.30	3.21	16 349.55	7.70	4 012.25	—
1985	13 112.62	6.28	17 879.11	9.36	4 766.49	—
1986	13 906.20	6.05	18 682.29	4.49	4 776.09	—
1987	14 727.44	5.91	19 165.86	2.59	4 438.42	—
1988	15 809.49	7.35	19 543.40	1.97	3 733.91	—
1989	16 575.71	4.85	19 616.33	0.37	3 040.62	—
1990	16 384.70	−1.15	19 745.18	0.66	3 360.48	—
1991	17 746.89	8.31	20 130.05	1.95	2 383.16	—
1992	19 104.75	7.65	20 271.38	0.70	1 166.63	—
1993	21 110.73	10.50	20 768.03	2.45	−342.69	1.62
1994	21 356.24	1.16	20 896.30	0.62	−459.93	2.15
1995	22 955.80	7.49	21 419.64	2.50	−1 536.16	6.69
1996	25 280.90	10.13	22 482.41	5.00	−2 798.50	11.07
1997	27 725.44	9.67	22 955.12	2.10	−4 770.32	17.21
1998	28 326.27	2.17	22 980.62	0.11	−5 345.65	18.87
1999	30 222.34	6.70	22 824.76	−0.68	−20 716.22	24.48
2000	32 332.08	7.00	23 279.76	1.99	−9 052.32	28.00
2001	32 975.96	1.99	23 440.58	0.69	−9 535.39	28.92
2002	35 611.17	7.99	23 910.38	2.00	−11 700.79	32.86
2003	39 613.68	11.24	24 248.66	1.41	−15 365.02	38.79
2004	45 825.92	15.68	25 145.18	3.70	−20 680.74	45.13
2005	46 523.68	1.52	25 881.18	2.93	−20 642.50	44.37
2006	50 131.73	7.76	26 434.40	2.14	−23 697.32	47.27
2007	52 945.14	5.61	26 681.47	0.93	−26 263.67	49.61
2008	53 542.04	1.13	27 187.06	1.89	−26 354.98	49.22
2009	55 124.66	2.96	26 892.65	−1.08	−28 232.02	51.22

续表

年份	石油需求总量（万吨标准煤）	石油需求增长率（%）	石油供给总量（万吨标准煤）	石油供给增长率（%）	供需之差（万吨标准煤）	对外依存度（%）
2010	62 752.75	13.84	29 027.63	7.94	-33 725.13	53.74
2011	65 023.22	3.62	28 915.13	-0.39	-36 108.09	55.53
2012	68 363.46	5.14	29 838.49	3.19	-38 524.98	56.35
2013	71 292.12	4.28	30 137.86	1.00	-41 154.27	57.73
2014	74 090.24	3.93	30 396.74	0.86	-43 693.50	58.97
2015	78 672.62	6.19	30 725.46	1.08	-47 947.16	60.95
2016	79 788.00	1.42	28 372.00	-7.66	-51 416.00	64.44
2017	86 151.30	7.98	27 273.89	-3.87	-58 877.40	68.34
2018	89 193.83	3.53	27 277.85	0.01	-61 916.00	69.42
2019	92 622.72	3.84	27 414.87	0.50	-65 207.80	70.44
2020	93 683.03	1.14	27 696.06	1.03	-65 987.00	70.52

资料来源：历年《中国能源统计年鉴》。

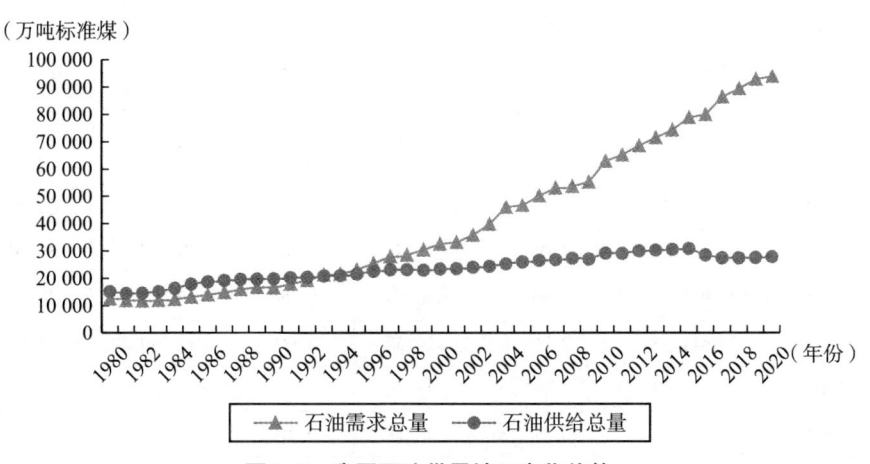

图 2.8 我国石油供需缺口变化趋势

从图 2.8 可以看出，1993 年以后我国石油供需出现缺口，随之越来越大，2020 年达到 65 987 万吨标准煤。虽然世界上并不缺油，石油储量还可以满足全球需求若干年，而且我国外汇储备十分充足，有足够的财力购买，但石油安全问题不仅仅是一个经济问题，更多地表现为一种复杂的政治问题，能否在世界范围内获得石油资源是对该国在政治、军事、外交、经济等多方面综合国力的考量。尤其是近些年来中国经济一枝独秀，世界经济增长缓慢，一些西方国家试图通过操纵石油供应及国际油价来达到遏制中国崛起的企图。

因此，我们应进一步挖掘国内产能、海外资源，向海外扩张，加紧进行战略储备；发展替代资源、建立需求管理体系；大力发展远洋运输能力。

2.3.3 我国天然气供需平衡分析

从表 2.18 中可以看出，天然气的需求总量在 20 世纪末开始持续增长，1999 年的年均增长率比 1998 年高出 14.49 个百分点。经历了 2002 年的增速突然下降以后，在 21 世纪初的头十年基本保持大于 10% 的增速增长。1990～1998 年天然气的需求总量年均增长仅为 2.15%。1999～2020 年天然气需求总量年均增长率达到 13.91%。天然气的供给总量从 1999 年以来，一直保持较高的增长趋势，1999～2020 年平均增长率达到了 10.37%，而从近三年的供需增长率来看，需求总量的增长率呈下降趋势，供给增长率呈上涨趋势，且在 2019、2020 年供给增长率大于需求增长率。这主要在于人们环保意识的提高，非化石能源越来越受重视，导致对天然气需求的增长乏力。

表 2.18　　　　　　　　1980～2020 年天然气供需平衡情况

年份	天然气需求总量（万吨标准煤）	天然气需求增长率（%）	天然气供给总量（万吨标准煤）	天然气供给增长率（%）	供给与需求之差（万吨标准煤）
1980	1 868.53	—	1 912.05	—	43.53
1981	1 664.52	-10.92	1 707.13	-10.72	42.61
1982	1 551.68	-6.78	1 602.67	-6.12	60.00
1983	1 584.96	2.15	1 639.21	2.28	54.25
1984	1 701.70	7.37	1 634.96	-0.26	-66.74
1985	1 687.00	-0.86	1 710.92	4.65	23.92
1986	1 859.55	10.23	1 850.60	8.16	-8.95
1987	1 819.27	-2.17	1 825.32	-1.37	6.05
1988	1 952.94	7.35	1 916.02	4.97	-36.92
1989	2 035.61	4.23	2 032.78	6.09	-2.83

续表

年份	天然气需求总量（万吨标准煤）	天然气需求增长率（%）	天然气供给总量（万吨标准煤）	天然气供给增长率（%）	供给与需求之差（万吨标准煤）
1990	2 072.76	2.25	2 078.44	1.82	5.68
1991	2 075.66	0.14	2 096.88	0.89	21.22
1992	2 074.23	-0.07	2 145.12	2.30	70.89
1993	2 203.87	6.25	2 221.18	3.55	17.31
1994	2 332.00	5.81	2 255.85	1.56	-76.15
1995	2 361.17	1.25	2 451.65	8.68	90.48
1996	2 433.46	3.06	2 660.64	8.53	227.18
1997	2 446.36	0.53	2 802.66	5.34	356.30
1998	2 451.31	0.20	2 856.35	1.92	405.04
1999	2 811.38	14.69	3 298.38	15.48	487.00
2000	3 233.21	15.00	3 602.82	9.23	369.61
2001	3 733.13	15.46	39 804.75	10.48	247.35
2002	3 900.27	4.48	4 375.76	9.93	475.49
2003	4 532.91	16.22	4 635.77	5.94	102.87
2004	5 296.46	16.84	5 564.92	20.04	268.45
2005	6 272.86	18.43	6 642.07	19.36	369.22
2006	7 734.61	23.30	7 832.42	17.92	97.81
2007	9 343.26	20.80	9 246.06	18.05	-97.20
2008	10 900.77	16.67	10 819.34	17.02	-81.43
2009	11 764.41	7.92	11 443.68	5.77	-320.73
2010	14 425.92	22.62	12 797.13	11.83	-1 628.80
2011	17 803.98	23.42	13 947.30	8.99	-3 856.68
2012	19 302.62	8.42	14 392.68	3.19	-4 909.94
2013	22 096.39	14.47	15 786.50	9.68	-6 309.89
2014	24 270.94	9.84	17 007.70	7.74	-7 263.24
2015	25 364.40	4.51	17 350.85	2.02	-8 013.55
2016	27 904.00	10.01	18 338.00	5.69	-9 566.00
2017	31 452.06	12.72	19 378.82	5.68	-12 073.20
2018	35 866.30	14.03	20 458.39	5.57	-15 407.90
2019	38 999.04	8.73	22 249.75	8.76	-16 749.30
2020	41 858.38	7.33	24 437.70	9.83	-17 420.7

资料来源：历年《中国能源统计年鉴》。

由于天然气的大量储存不能像石油或煤炭那样储存在人群集聚的地方，因此首先要确定天然气需求客户规模，其次从天然气的生产、运输、用户终端形成完整的产业链，即供给总量和需求总量基本保持同步增长（见图2.9），买卖双方相互依存。但由于石油对外依存度不断上升，煤炭价格的上扬，关键是人们环保意识的增强必将促进天然气需求规模的不断增长。资料显示，2007年开始我国天然气生产已经不能满足自身需求。虽然与澳大利亚、俄罗斯、哈萨克斯坦（管道已贯通）签订进口协议，实施"西气东送"工程，但天然气供需失衡的状况仍在加剧。

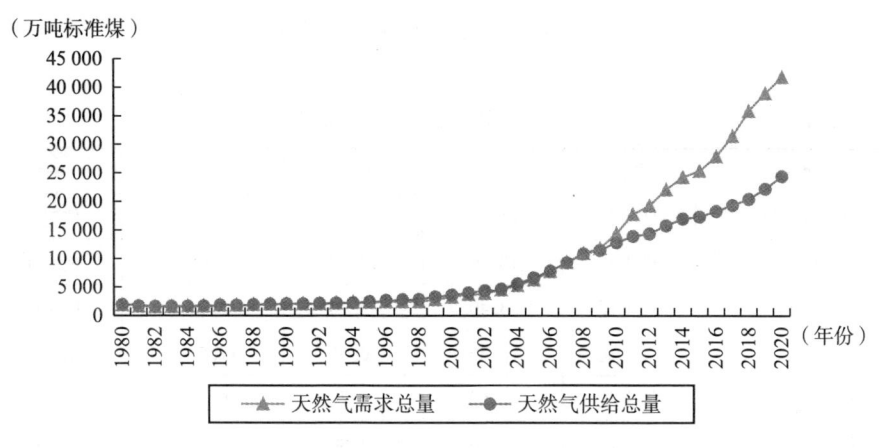

图2.9 我国天然气供需缺口变化趋势

由于其他甲烷气体和天然气与煤炭相比优越性明显。第一，开发利用氢或甲醇质子交换膜燃料电池、天然气，以满足快速发展的汽车市场，这样可以减少石油进口的订单。第二，结合已经进入市场的新的天然气动力技术，既是低成本又是高效的。第三，天然气可以减少对环境的影响。核电成本高、风险又高。因此，扩大天然气的需求，增加天然气的供给是大势所趋。

2.3.4 我国电力供需平衡分析

我国电力装机规模在2010年比2005年增长将近一倍，位居世界第二，达到9.7亿千瓦。2010年，中国水电装机规模位居世界第一，达到2.2亿千瓦；核电在建规模占比超过世界40%，达2 924万千瓦；"十一五"时期风电装机规模新增约 3 000 万千瓦，2010 年并网以后，规模居世界第二位；太阳能热水器集热面积继续位居世界第一名。由于"十一五"时期贯彻节能减排政策的力度加大，单位能耗降低 19.1%，"上大压小"政策在电力行业实施，使其火电供电单位煤耗下降 37g，持续增加脱硫机组比重，比 2010 年单位能耗下降 16%，用电量为 6.15 万亿千瓦时。炼油综合加工能耗下降到每吨 63 千克标准油，火电供电煤耗下降到每千瓦时 323 克，能源综合效率上升到 38%。2020 年末全国发电装机容量 220 058 万千瓦，比上年末增长 9.5%。其中，火电装机容量 124 517 万千瓦，水电装机容量 37 016 万千瓦，核电装机容量 4 989 万千瓦，并网风电装机容量 28 153 万千瓦，并网太阳能发电装机容量 25 343 万千瓦。"十四五"规划年电力发展指标如表 2.19 所示。

表 2.19　　　　　　"十四五"电力工业发展主要目标

指标	单位	2020 年	2025 年	年均增速	属性
电力装机容量	亿千瓦	21.43	27.50	5.1%	预期性
其中：煤电	亿千瓦	10.80	12.50	3.0%	预期性
常规水电	亿千瓦	3.40	3.70	2.2%	预期性
抽水蓄能	亿千瓦	0.36	0.65	12.5%	预期性
核电	亿千瓦	0.52	0.70	6.1%	预期性
风电	亿千瓦	2.40	3.80	9.6%	预期性
气电	亿千瓦	0.95	1.50	9.6%	预期性
太阳能发电	亿千瓦	3.10	5.00	21.2%	预期性
生物质能及其他	亿千瓦	0.60	0.65	1.6%	预期性

资料来源：中国电力企业联合会官网。

根据表 2.20 可以发现，因为电力能源的特殊性质，需求与供给基本呈相同趋势和速度增长，在个别年份有需求不足的情况，但整体来说，我国电力供应一直比较充分。国家能源"十四五"规划提出中国还要继续推进能源结构的转型，还要大力发展可再生能源，特别是光伏和风电，其中东南沿海的风电将成为新的重点，在总的电力需求增速放缓的前提下，要不断提升可再生能源发电比重。

表 2.20 1980～2020 年电力供需平衡情况

年份	电力需求总量（万吨标准煤）	电力需求增长率（%）	电力供给总量（万吨标准煤）	电力供给增长率（%）	供需之差（万吨标准煤）
1980	2 411.00	—	2 421.93	—	10.93
1981	2 675.12	10.95	2 655.53	9.65	-19.59
1982	3 041.28	13.69	3 005.01	13.16	-36.27
1983	3 500.12	15.09	3 420.96	13.84	-79.16
1984	3 474.30	-0.74	3 503.48	2.41	29.18
1985	3 757.42	8.15	3 678.48	5.00	-78.94
1986	3 799.95	1.13	3 789.33	3.01	-10.62
1987	4 071.70	7.15	4 015.70	5.97	-56.00
1988	4 370.86	7.35	4 311.05	7.35	-59.81
1989	4 555.90	4.23	4 675.39	8.45	119.49
1990	5 033.85	10.49	4 988.26	6.69	-45.60
1991	4 981.58	-1.04	4 927.67	-1.21	-53.92
1992	5 349.33	7.38	5 148.29	4.48	-201.04
1993	6 031.64	12.76	5 886.13	14.33	-145.51
1994	6 996.01	15.99	7 005.01	19.01	9.00
1995	8 001.74	14.38	8 000.11	14.21	-1.63
1996	8 111.52	1.37	8 114.95	1.44	3.43
1997	8 698.18	7.23	8 674.90	6.90	-23.28
1998	8 851.96	1.77	8 828.71	1.77	-23.25
1999	8 293.57	-6.31	8 311.91	-5.85	18.33
2000	10 728.37	29.36	10 669.89	28.37	-58.48
2001	13 065.95	21.79	12 973.40	21.59	-92.55
2002	13 905.31	6.42	13 752.38	6.00	-152.94
2003	14 584.14	4.88	14 442.22	5.02	-141.92
2004	17 501.36	20.00	17 313.07	19.88	-188.28
2005	19 341.31	10.51	19 239.11	11.12	-102.20
2006	21 198.56	9.60	20 804.86	8.14	-393.70
2007	23 358.15	10.19	22 718.88	9.20	-639.27

续表

年份	电力需求总量（万吨标准煤）	电力需求增长率（%）	电力供给总量（万吨标准煤）	电力供给增长率（%）	供需之差（万吨标准煤）
2008	26 931.32	15.30	26 354.81	16.00	-576.52
2009	28 570.71	6.09	28 037.02	6.38	-533.69
2010	33 900.91	18.66	32 461.00	15.78	-1 439.91
2011	32 511.61	-4.10	32 657.09	0.60	145.48
2012	39 007.39	19.98	39 316.59	20.39	309.21
2013	42 525.13	9.02	42 336.51	7.68	-188.61
2014	48 116.08	13.15	48 128.18	13.68	12.10
2015	52 018.51	8.11	52 414.02	8.91	395.51
2016	57 988.00	11.48	58 474.00	11.56	486.00
2017	61 992.47	6.91	62 442.86	6.79	450.39
2018	68 429.13	10.38	68 952.34	10.42	523.21
2019	74 585.66	9.00	75 490.23	9.48	904.57
2020	79 231.93	6.23	79 829.82	5.75	597.90

资料来源：历年《中国能源统计年鉴》。

2.4 本章小结

我国的能源生产自20世纪90年代以来经历了大幅、快速的增长。近年来，尤其是"十一五"期间，是我国能源发展最快的五年，供给和需求快速增长，能源保障能力显著增强，随后的"十一五""十二五"和"十三五"期间，供需总量持续向上增长，但是增速逐渐放缓。我国能源生产结构正在进一步改善，但还需继续调整，煤炭的比重虽然已降到67.6%左右，仍然偏高，而天然气、水电等清洁能源比重还有待提高。事实上是一方面受能源供给的约束，要想大幅度增加电力、天然气、石油的供给，在短时期很难实现；另一方面，保障能源持续增长是经济快速发展的需要，而能够提供这个保障的能源就是煤炭。简而言之，要想实施国民经济可持续发展战略以及发展循环经济，调整我国能源消费结构任重而道远。

根据我国能源供需分析，显现出以下的一些特点。

第一，能源总量的供需缺口在进一步扩大，其趋势与煤炭供需缺口类似。从表2.14、图2.5可以看出能源总量供给和需求的趋势。

第二，能源供需结构得到了一定的改善，尤其是需求结构改善快于供给结构，但还需进一步优化能源供需结构。能源需求结构中煤炭占比下降较快，2020年为56.9%，能源供给结构中煤炭占比67.6%。

第三，石油对外依存度偏高问题凸显，天然气供需缺口逐步增大。从表2.17可知，2020年我国石油对外依存度达到70.44%，从图2.8、图2.9看出石油和天然气供需缺口有逐渐扩大趋势。

第四，电力供需基本平衡，供给略高于需求。表2.20显示，我国电力供需基本保持平衡。

第五，由能源需求结构变化快于供给结构，本书理应重点研究能源需求（消费）结构。

根据中国能源研究会发布的《2021中国能源发展报告》，清洁低碳、安全高效已成为能源发展的总方向。从能源发展绩效指标来看，产能利用明显提升，能源清洁发展成为亮点。但我国依然存在着能源消费结构不合理，高耗能企业为保增长过度消耗能源，粗放型经济增长模式还未根本扭转等问题。按照能源规划发展要求，未来应该以提高非化石能源和清洁低碳化石能源的比重为着力点，以煤炭清洁高效技术推广为抓手，推行传统能源替代的科学策略，加快能源供需结构优化，确保能源供需平衡，以推动经济结构转型和健康平稳发展。

第 3 章

能源结构影响因素与路径分析

改革开放以来,随着我国经济快速发展的同时,能源需求急剧增长,碳排放量也不断增加,来自对能源结构的影响因素也是多方面的。本章主要是对能源消费结构和能源供给结构的影响因素与路径进行分析。

3.1 能源消费结构影响因素与路径分析

从经济因素、结构因素、技术因素、人口与政策四个维度对能源消费结构的影响进行分析。

3.1.1 经济因素

能源和经济因素之间是相互支撑相互影响的,能源是经济发展的物质资源,为经济提供增长的动力,与此同时,经济增长拉动能源消费,又有利于能源效率的提升和消费结构的优化。能源消费的变动往往受经济增长的拉动。随着我国人民收入水平提高和国民经济发展,能源消费呈现增长趋势是必然的。我国 GDP 在改革开放以来,得到大幅度的增加,在增加的同时,也伴随着能源消费的增长。

促使经济发展的三个动力源投资、消费和出口,而在我国经济发展的现实中投资是最重要的经济推动力。固定资产投资对经济增长有不可替代的作用,没有投资行为,经济就会失去持续增长的动力,在固定资产水平不断提高的过程中,伴随着经济的增长,同时能源消费也会受到影响。居民收入在逐渐增长的过程中,也会对能源消费产生一定的影响,伴随着经济状态的好转，人们对于物品消费的种类也会发生改变，从原来消费较多的必需品转变为增加了高科技产品的消费，而这些高科技产品的增加，会影响能源的消费。人们也会减少以前在生活上所使用的煤炭等耗能较多的能源，转而增加对天然气、电力等资源的消耗。能源价格在能源供需过程中也能影响能源消费。当能源价格高时，能源消费会减少；当能源价格低时，能源消费会增加。

在经济增长的过程中，能源工业市场也变得越来越广阔，能源需求逐渐上升。能源工业同其他行业一样，市场需求是其生产水平和规模提升的促进力量。人类经济发展史上几次飞跃式发展的标志是占主导地位能源的更替，而经济增长拉动的占主导地位能源需求的大幅度增加与这类主导能源存储量的稀有性之间的矛盾是推动每次占主导地位能源更替的动因。

经济因素主要包括宏观经济、固定资产投资水平、能源价格、人均GDP、居民收入水平等具体影响因素，这些因素可以促进能源需求的改变、能源技术水平的提升、拉动能源消费、能源供给的变化、能源消费习惯的改变等，从而影响能源消费结构的变化。其逻辑结构如图3.1所示。

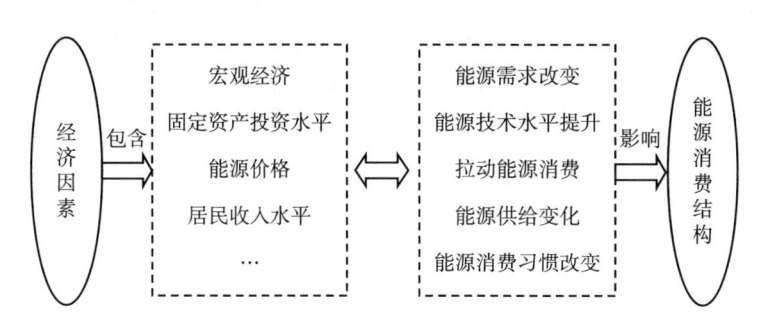

图3.1 经济因素影响能源消费结构逻辑框架

（1）宏观经济。

宏观经济主要选择总量和速度，即国民经济总值和GDP增速。

自从改革开放以来，在1978~2020年间，国内生产总值由3 678.7亿元增长到1 013 567亿元，人均国内生产总值由385元增长到71 828元，创造了"中国奇迹"，同时也付出了巨大的能源和环境代价。在2018~2020年三年间，GDP的增速在逐年下降，分别为6.75%、5.95%和2.24%，人均GDP增速在下降，分别为6.26%、5.60%和2%。在人类经济发展的历史长河中，能源消费量一般来讲是随着经济的增长而增加，且一般还保持着一定数量的比例关系。能源生产就如其他商品生产一样，也受市场需求的制约。

以占主导地位的能源更迭成为人类经济发展重要转折阶段的主要标志，而能源资源的相对有限与经济发展对能源需求的不断增长，便是导致占主导地位的能源形式更迭的客观原因。交通和工业领域广泛使用蒸汽机，煤炭工业的发展便受到极大地刺激，同样汽油发动机的大量运用和汽车工业的快速发展，相关利用石油产品做燃料的动力装置被各工业部门纷纷采用，极大地刺激了石油的需求以及推动了石油工业的发展。20世纪80年代以来，随着我国快速持续的经济增长，能源消费增长得到了极大的刺激，2020年能源消费总量达到了498 314万吨标准煤。

从国民经济发展过程来看，无论能源品质提升和品种扩大，还是能源总量的增加，经济增长对能源需求的拉动作用都不可小觑。若没有经济增长为其提供市场，能源产业也不能发展到今日的水平。经济及科技的发展丰富了能源利用途径。经济的快速发展与科学教育事业得以同步迅速发展，促进了科学技术水平迅速提升，新型能源也随着人们对能源利用技术和能源科学认知的不断提升与深入而逐渐进入能源供应系统，这是占主导地位能源更迭的主动依据。与此同时，教育科学技术水平的提高和经济发展培养了更多高层次的人才，投身到能源技术的研发中，以提高能源的利用效率和新能源的开发。另外，开发出来的能源资源，还必须具备对其进行利用的一定的物质载体。经济发展与技术进步为能源利用提供了物质载体。

因此，经济的发展程度制约着能源开发利用的规模和水平。经济增长为能源消费提供财力、物力保证。特别是随着大规模开发能源，能源工业便成了建设周期长、投资大的工业部门之一。

宏观经济对能源消费结构的影响路径如图3.2所示。

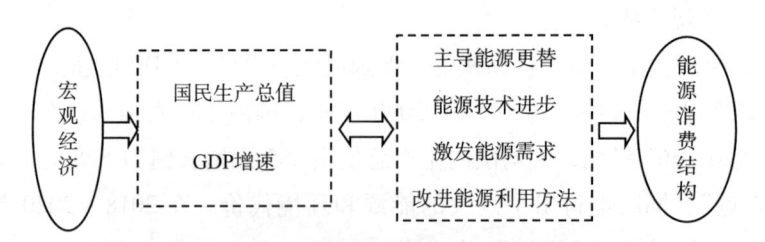

图3.2 宏观经济对能源消费结构的影响路径

第 3 章 | 能源结构影响因素与路径分析

（2）固定资产投资水平。

首先，固定资产投资直接拉动能源消费增长作用明显，也是影响能源消费最主要因素。固定资产在大规模的投资项目中，建设过程、建成投产以后以及日常正常的生产经营过程中都对能源有大量的需求，拉动能源消费投资的主要途径是投资用于扩大生产规模。另外，直接影响能源消费因素的还有非能源建设投资与能源建设投资之间的比例。当能源建设投资规模过大时，能源供给会大幅度增加，造成局部区域能源供给过剩；反之，当非能源建设投资规模过大时，能源需求会大幅度上升，从而导致能源供给短缺。

其次，固定资产投资也能够提高能源效率，降低能源需求的相对增长速度。固定资产投资也可以产生如下效应，一方面通过先进生产技术的引进，替代或改造落后生产技术，提升整个工业生产技术水平，促使能耗强度的下降；另一方面扩大投资规模可以形成规模效应，促进能源利用效率的提高。目前，与国外发达国家相比，我国许多工业产品能耗强度，工业产值能耗以及能耗均要高出许多。因此，通过固定资产投资改进技术和产生规模效应来提高能源效率，我国还有巨大的潜力。

此外，固定资产投资对能源消费还具有很强的间接作用。通过增加固定资产的全社会规模，使其生产规模得以扩大，推动了经济增长，参与生产的劳动者收入增加，这些将会刺激全社会能源需求的增加，使得能源消费总量的增加。能源需求增长通过固定资产投资活动得以快速提升，以应对快速旺盛的能源需求，针对能源生产或供给的投资建设势必大大增加，能源供给不断增加。

固定资产投资对能源消费结构的影响路径如图 3.3 所示。

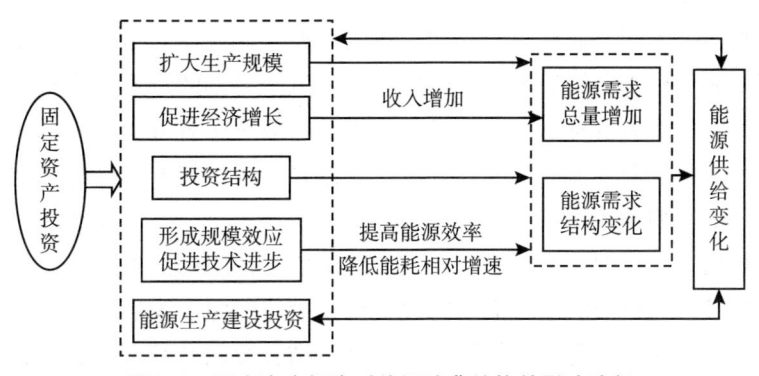

图 3.3 固定资产投资对能源消费结构的影响路径

(3) 能源价格。

能源价格与能源消费之间，一方面按照价格上升需求下降，反之需求上升的原理，能源消费直接受到能源价格变化产生的影响；另一方面能源价格的间接影响，通过作用于技术水平、能源结构、产业结构、经济发展等因素影响能源消费。

一般而言，决定一国能源消费量的因素有能源价格、能源转换效率、资源禀赋、产业结构和经济发展水平等。结合经济学原理分析可以看出，能源价格对能源消费的作用是间接的，能源价格通过作用于其他因素影响能源消费。由于我国能源禀赋以煤为主，能源消费结构在短期难以改变，而能源价格对能源结构的影响主要基于分类能源相对价格变动引起各品种能源消费替代实现。

第一，结合供给冲击理论，将能源作为生产要素，产品的单位成本因能源价格的上涨而上升，总供给曲线向左上方移动，在短期内难以充分调整工资水平的条件下，就只能在面临失业的条件下实现经济的均衡，从而引起经济总量的下降。而处于产业链上游的基础能源产品，上涨的能源价格将通过产业链的价格传导机制导致部分增加的成本向消费者转嫁，让产品的消费者为此买单，从而能源需求被有效抑制，为产业发展带来消极的影响。此外，能源作为物质基础作用于生产生活的各个层面，能源价格的传导范围更广，对于宏观的通胀水平有重要影响。能源价格上升可以推高物价，引起通货膨胀，从而推动利率水平上升，导致社会投资和公众消费下降，社会经济总量由此缩水，能源需求下降。

第二，将能源作为最终产品考虑在内。能源具有"一般均衡"特征，但不同部门中能源的属性不同，若能源价格变动，各产业部门产出及利润均会受到影响，但不同产业部门的存在产出方向差异。以能源为最终产品的产业部门因能源价格上升增加产出，而以能源为生产要素的产业部门则面临产出下降，此时，能源价格对产业总量的作用最终取决于各部门之间的博弈。不同行业生产中能源要素的必要投入量存在差异，因此能源价格波动对不同行业及部门的影响也各不相同。

一般而言，能源价格的上升会增加能源使用部门的成本，由此促使对能源消费量较多的行业的生产活动的投资将减少，能源需求量大的行业生产活动受到限制，调整优化经济结构得以实现。结合部门转移理论看到，在一个存在多部门的经济体中，能源价格冲击必然增加高能耗行业的投入成本，在

第3章 | 能源结构影响因素与路径分析

成本可转移条件下会降低消费者对高能耗产品的需求，在成本不可转移条件下会压缩企业产品利润，从而使该类行业减少要素投入，调整生产规模。与其他社会零售商品相比，能源相对价格上涨时，消费者的偏好会增加对低能源消耗产品的需求，而生产商对能耗需求较低的产品也更愿意增加投入。由此，由"高能耗、重工业"的产业结构就可以实现向"低能耗、轻工业"结构转型。影响路径如图3.4所示。

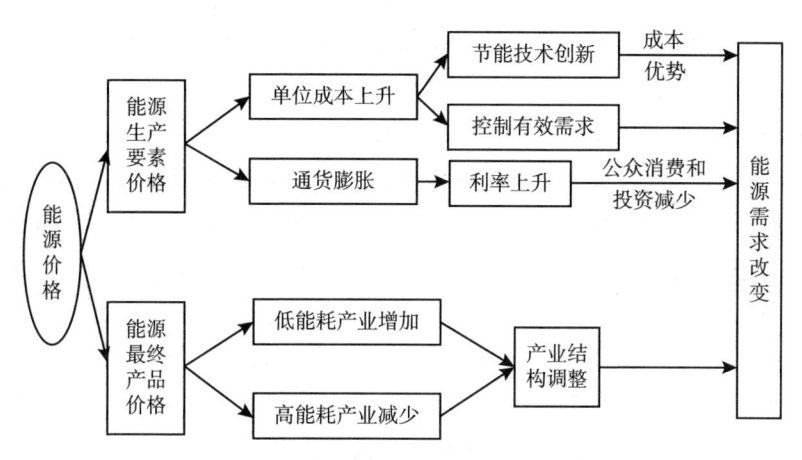

图3.4 能源价格对能源消费结构的影响路径

（4）居民收入水平。

居民收入水平包括农村和城镇居民收入水平，可用人均可支配收入表示。

我国改革开放40多年以来，随着经济快速发展和增长，我国居民也享受到了改革的成果，带来了收入水平的大幅增长。居民收入水平的提高直接导致增加了居民的消费支出，随之居民消费水平也得到快速提升。消费支出的增长很大程度上取决于收入水平的快速提升。

居民消费结构指作为最终消费主体的居民在各行各业消费支出的比例结构。某一阶段时期内，在居民消费总支出不改变的情况下，居民消费结构的变动就是居民消费在各行各业支出比例的变化。在低耗能与高耗能行业的支出，居民消费具有此消彼长的现象，如在低耗能行业的产品消费支出增加，那么必定在高能耗行业的产品消费支出将减少。经济运行系统中服务和产品最终需要居民消费，从而参与分配所有生产和流通环节的能源消耗。居民能源消耗取决于居民消费水平，而一定时期内居民的能源消耗在某种程度上受制于居民消费结构。

总体上来看，不管城镇还是农村地区，高收入家庭在各个方面的消费支出均大于低收入家庭，而在四个基本保障性方面的消费不同居民收入层次之间相差不大，交通、通信和文教娱乐的消费是不同收入层次之间消费相差最大的方面。导致这一现象可能的原因是：

第一，对于低收入水平的居民，关注程度较高的需求应该是基本生活保障的食品。在娱乐或者其他高层次消费方面，他们可能没有太多多余的资金，因此，最大限度地满足基本生活保障方面的消费可能是他们比较理智的选择。

第二，基本保障生活方面的消费也是居民家庭基本生存必不可少的消费，属于刚性消费需求，收入水平对此影响有限。

第三，当居民家庭收入水平突破满足基本生活保障消费，居民家庭消费将较大程度提升以满足自身需求的各个方面的消费支出。2020年，城镇居民人均可支配收入和农村居民人均可支配收入已分别增长到了4.38万元和1.71万元。尽管平均物价水平呈现上涨趋势，但是一些软件、数码和机电产品价格反而在下降，由于政策的扶持城镇公共交通价格也保持较低水平，导致城镇居民可以购买更多此类产品。

城镇居民收入的增加，引起消费需求的变化，趋向于消费高科技产品、大功率电器、高档消费品等，也由于节能意识的增强，增加节能产品的消费，从而导致能源消费的变化。农村居民收入的增加，引起消费需求的提升，趋向于消费高科技产品、日常家用电器以及一些其他的家用耗能产品，一般多属于附加值较低、技术含量不高、能耗较高的产品，但他们也在逐渐改变生活习惯，促进能源消费的变化。居民收入对能源消费结构的影响机制如图3.5所示。

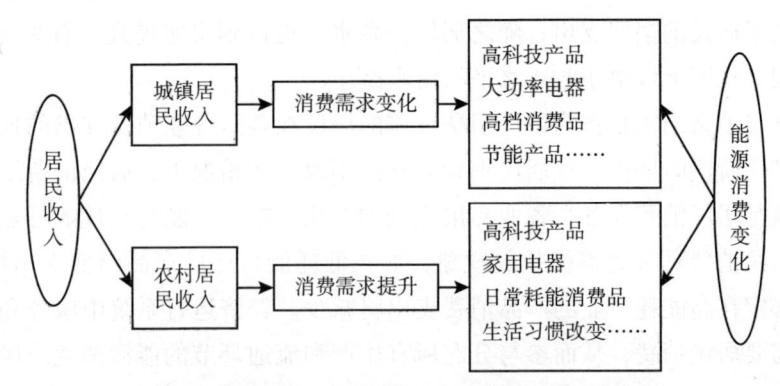

图3.5 居民收入水平对能源消费结构的影响路径

3.1.2 结构因素

结构因素包括产业结构、能源消耗结构、居民消费结构等。

(1) 产业结构。

产业结构是在一定时期内一个地区或国家各产业之间的比例关系。一个国家的产业结构对产出起决定性的作用,同时也就决定了其生产资料的消费模式。粗略划分,国内生产总值包括三大产业部门。第一产业为农业、林业、牧业及渔业,其产品直接取自自然界。第二产业包括工业和建筑业,为对初级产品进行再加工的部门。第三产业为服务业,包括的行业多,涉及范围广。研究显示,各个产业能耗指数在数量上具有很大的差别。因此,在进行能源消费量的分析时也需要考虑到来自三次产业结构改变带来的影响。居民消费结构的差异,也会很大程度上导致相应的消费活动产生能源需求差异。能源消耗结构很大程度上对能源消耗过程中的能源需求产生一定的影响。

不同的产业对不同能源的需求具有显著性的差别。研究显示,对能源总量以及能源消费影响最大的是交通运输、工业,影响比较小的是农业、建筑业和商业。工业的发展对能源消费总量及其煤炭、石油等主要能源品种的利用有着显著性的影响。工业、交通运输和其他部门三大行业对能源需求较大,从而导致能源消费也相应地增大。不同行业中对不同的能源消费的影响是不一样的,比如民用行业对电力能源的影响超过了以往交通运输业对电力的影响。影响能源消费的重要因素是产业结构,二三产业就业比例增加将分别增加和减少能源消费。随着工业化进程的推进将加速对能源的需求,第二产业单位产出耗能远远高于一三产业,增加第三产业比重可以有效减少能耗。我国还处于工业化发展时期,虽然实施了较为严格的控制和限制性措施,转型高质量发展,但高耗能产业还需继续发展,从而导致能源消费还会继续增长。

1978 年以来,随着工业化进程的不断推进,我国产业结构也随之而变。第一产业对能源消费需求较小,它的变动对能源消费的影响长期为负效应,表明该产业能耗较低。可能的原因在于,传统农业占比逐渐降低,农业生产技术得到显著改进,农产品品质结构不断优化,农业生产率和单位农产品产量逐步提高,现代化农业逐步替代传统农业。对能源消费影响最大的是以工业为代表的第二产业,是能源消费的主体。因此,第二产业的改进和优化也促进了能源消费结构的优化。研究显示,能源消费和第三产业之间因果关系不明显,换言之第三产业的大力发展不会带来能源消费的同比例快速增长。产业结构的影响路径如图3.6所示。

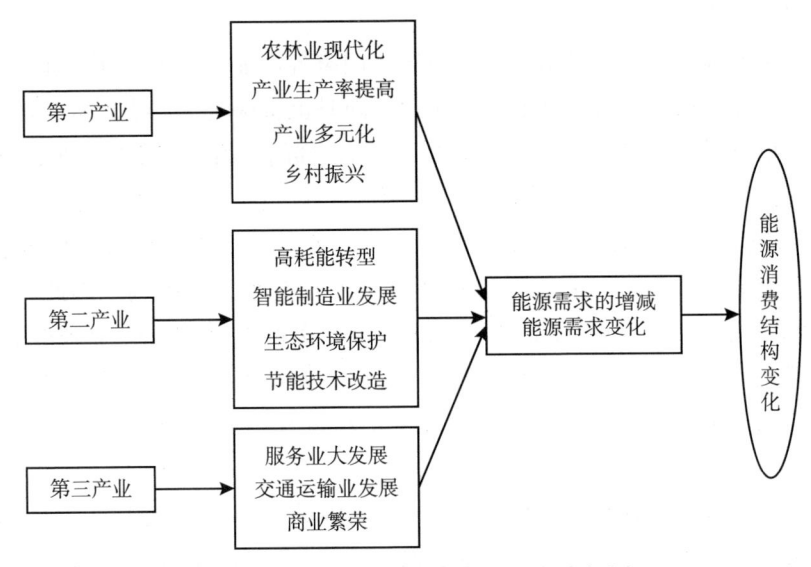

图3.6 产业结构对能源消费结构的影响路径

(2) 能源消耗结构。

能源消耗结构是指主要耗能产业所消耗的能源份额,本书所指能源消耗结构的产业包括农林牧渔、工业、建筑业、交通运输、仓储和邮政业、批发、零售业和住宿、餐饮业、其他行业、生活消费等,其中工业包括采掘业、制造业、电力、煤气及水生产和供应业。

能源消耗结构中构成占比的变化,直接影响到能源消费结构的改变。从表3.1可以看出,在能源消耗结构中,农林牧渔和建筑业能源消费占比保持较平稳趋势,但还不足2%;批发零售业住宿餐饮业和交通运输仓储邮政业能源消费呈现出递减趋势,占比低于10%;生活能源消费较为平稳且占比超过10%;工业能源消费占比最高,占比超过了60%,趋势递增。

第3章 | 能源结构影响因素与路径分析

表3.1　　　　　　　　能源消费行业消费情况表　　　　　单位：万吨标准煤

	2018年	2019年	2020年
能源消费总量	471 925	487 488	498 314
农林牧渔业能源消费量	8 781	9 018	9 263
占比能源消费总量（%）	1.86	1.85	1.86
工业能源消费量	311 151	322 503	332 625
占比能源消费总量（%）	65.93	66.16	66.75
采掘业能源消费量	18 981	19 233	17 451
占比工业能源消费量（%）	6.10	5.96	5.25
制造业能源消费量	258 604	268 426	279 651
占比工业能源消费量（%）	83.11	83.23	84.07
电力、煤气及水生产和供应业能源消费量	33 566	34 844	35 523
占比工业能源消费量（%）	10.79	10.80	10.68
建筑业能源消费量	8 685	9 142	9 320
占比能源消费总量（%）	1.84	1.88	1.87
交通运输、仓储和邮政业能源消费量	43 617	43 909	41 309
占比能源消费总量（%）	9.24	9.01	8.29
批发、零售业和住宿、餐饮业能源消费量	12 994	13 624	13 171
占比能源消费总量（%）	2.75	2.79	2.64
其他行业能源消费量	26 262	27 582	28 245
占比能源消费总量（%）	5.56	5.66	5.67
生活消费能源消费量	60 436	61 709	64 380
占比能源消费总量（%）	12.81	12.66	12.92

资料来源：历年《中国能源统计年鉴》。

如图3.7和图3.8显示，能源消费中工业能耗占比突出，在工业能耗中制造业能耗占比突出。

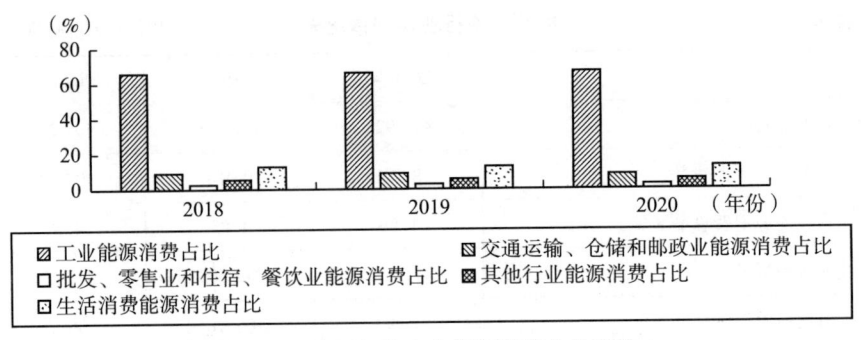

图 3.7 主要耗能产业能源消费占比结构

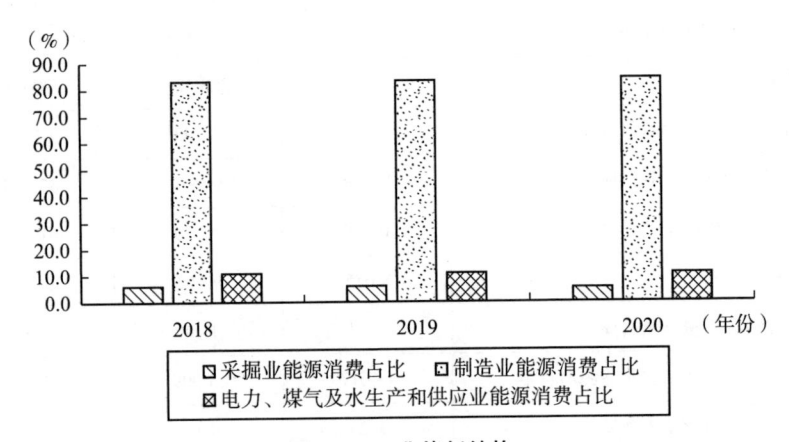

图 3.8 工业能耗结构

(3) 居民消费结构。

居民消费结构就是指居民在消费过程中,一定时期消费的各类消费资料(包括能源、劳务)的占比构成,可以表示居民的消费水平。居民消费结构分为城镇和农村居民消费结构,体现恩格尔系数水平,具体有价值和实物两种表现形式,此处以实物形式结构进行讨论。

一般来说,居民消费活动大致可以分为八个部分,即居民对于家庭设备及用品、居住、衣着、交通和通信、食品、文教娱乐、医疗设备以及其他消费品等诸方面的消费。其中,居民消费结构最基本部分是家庭设备、居住、衣着、食品等,即便经济发展相对落后,这些消费都是必不可少的。而医疗设备、文教娱乐、交通和通信是居民日常基本消费活动的延伸,这些消费有助于提升居民消费品质,在经济发达的国家或地区,这方面通常会有较高的消费投入。随着社会进步和经济发展水平的提高,中国城镇居民消费结构随之而变化。资料显示，中国城镇居民家庭消费结构发生了很明显的变化，例如，1990年，我国经济社会相对落后，城镇居民收入较低，而且主要用于满足最基本的生存性消费，其他方面的消费支出非常少，其中城镇居民家庭消费中80%以上是家庭设备、居住、衣着、食品等基础性消费，而53%左右是食品消费。

2000年以后，中国城镇居民家庭消费结构有了很显著的改变，基础性消费部分占比已经低于70%，而其他三个方面的消费占比有了较大程度的提升。2010年以后，中国城镇居民在食品方面的消费已降至40%以下水平，而基础性消费的另外三个方面的消费占比基本上没有改变，消费有较大的增长在交通通信方面，表明这个时期中国城镇居民已经解决了温饱问题，用于医疗保健、文教娱乐以及人际交往等方面的消费人们期望花费更多。具体物品消费中，大致可分为耐用品和"一次品"消费。通常，耐用品价格较高，居民需要花费的收入更多，同时能源消耗也更多。因此，在一段时期内，可以反映居民能耗以及收入水平情况就是对耐用品的消费情况。

近年来，经过一系列调整和改革，中国能源消费虽然还是以煤为主，但是，能源消费占比煤炭已经降低到60%左右。在北方地区，由于受经济和自然条件制约，居民日常生活（包括冬天的暖气）使用煤炭的时候还很多。同时，我国居民消费中使用的能源主要是电力，而电力的供给中又主要靠火电，2020年火电约占电力供给的69%，火电基本是电煤提供，因此，居民消费能源来源主要还是煤炭。随着城市化进程不断推进，天然气在城镇居民生活中的消费量大幅增长，1980年居民消费天然气仅为2.1亿立方米，2020年已经达到3 339.89亿立方米，天然气清洁高效，低碳生活能源，但是受制于储存、管道等设施设备，农村在天然气的使用方面还没有较好地普及。随着人们收入水平的提高，汽车消费已进入普通居民家庭并快速增长，促使居民能源消费增长最快的为石油。

居民消费结构对能源消费结构的影响路径如图3.9所示。

3.1.3 技术因素

技术因素主要是由技术进步引起或者促进技术进步的相关变化因素，主要有劳动生产率、能源强度、碳排放强度、研发投入、专利授权数、科技人员数量等。

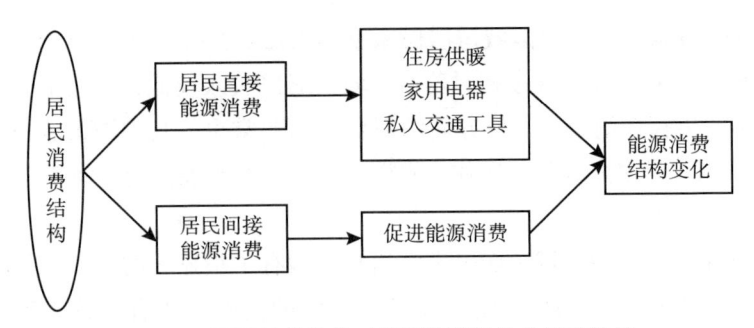

图 3.9　居民消费结构对能源消费结构的影响路径

科技的进步推动着经济的发展，同时，科技进步在能源消费和生产供应也都产生了一些影响。人类在科技发展的过程中不断经历着能源时代的变换。从过去到现在，能源消费的方式在手工作坊时代、蒸汽时代、电气时代和现在的信息时代中都相应地发生了一些变化。技术进步不断促进能源消费方式的发展，从而对能源消费量上产生一些变化。技术进步体现在国家对于专利申请授权数、科研人员的培养、研究与实验经费投入的支持，促进技术进步，从而影响能源消费。

产业部门效率的提高借助于科学技术的发展，一方面是提高设备的工作效率，直接降低单位产品能耗；另一方面，随着高新信息技术产业的快速发展，比如通信设备、电子商务和信息产业等，中间环节的成本得以降低并且交易过程被大大缩短，由此降低了能源强度，促使能源消费量下降。

我国创新驱动战略实施力度不断加强，不断凸显创新发展理念，使得快速提高了我国的产出水平与研发投入。1996年，中国的研发人员与研发支出分别为80.4万人、404.48亿元，迈入21世纪之后，得到了快速增长。其中研发支出在2020年增长到了24 393.1亿元，研发人员达到了509.2万人。我国不断增加的研发支出助推研发能力逐渐增强，创新清洁能源技术，替代化石能源，从而影响能源消费和能源强度。能源强度以单位GDP的耗能量来反映经济产出的能源效率。技术进步和产业结构调整是影响能源强度变化的主要因素，可以促进能源强度的降低。当然这是从微观经济层面分析得出能源效率的提升能带来同等层面能源消费的减少。从宏观经济或者整体层面上看，反而可能会增加能源消费，因为随着能源效率的提升会导致使用更多的能源，因与其他要素相比能源可能更廉价，另外技术进步助推经济高速增长可能会产生能源的额外需求或引致需求。因此，如果技术进步只是为了稳定或降低能耗，那么就只能解决部分问题。影响路径如图 3.10 所示。

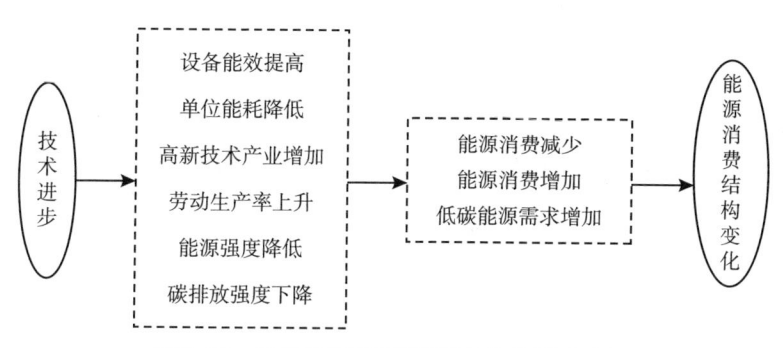

图 3.10　技术进步对能源消费结构的影响路径

3.1.4　人口与政策因素

人口与政策因素包括人口总量、城镇化水平、市场化程度等因素。

人口是社会系统中最基本的因素。能源是人类生活的物质基础，人口数量直接对能源消费总量产生影响，也会直接影响着能源资源的利用方式和人均占有量，人口数量的增长也会影响能源的消费。人口总量主要包含农村人口和城镇人口，对于这两种类型，他们在能源消费水平和利用方式有很大差别，人口与城镇化水平都能影响能源消费量的差异。改革开放后市场化程度也是影响着能源消费。

（1）人口因素。

人口因素是能源消费的重要因素。不同人口群体的生产和消费是不同的。人口因素中主要从家庭规模、人口年龄结构和人口总量三个方面对能源消费产生影响。人口总量是探讨能源消费最早的变量，人口的增长必然导致需求增加，能源消费规模增大。人口年龄结构对商品和资产的价格的反应程度不一样，在不同的年龄群体中，人们的投资、储蓄、消费行为模式是有所差异的，从而不同年龄或者年龄段的人对商品的兴趣和需要也不尽相同。青年人、成年人和老年人他们平时主要消费内容有很大的不同。例如，青少年是文化体育用品的消费者，他们易于接受新鲜事物，对于汽车、电脑等高科技产品在青年人群体的普及，由此拉动了生活能源消费。家庭户数的增加和家庭规模的小型化将加大对耐用消费品、住房的需求，增加生活性和生产性能源消费。家庭小型化可以减轻家庭抚养负担，提升家庭消费层次，由用、穿、吃等低层次向娱乐休闲、行、住等高层次转变，能源密集型产品的需求得到增加。

人口对能源消费的影响路径如图 3.11 所示。

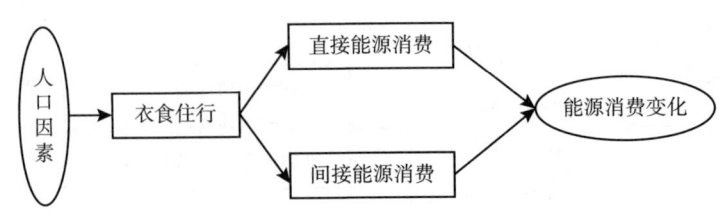

图 3.11 人口因素对能源消费的影响路径

(2) 城镇化水平。

城镇化主要通过技术进步、人力资本积累、投资拉动以及能源消费结构的改善等路径对能源消费产生影响。

第一，城镇化可以产生集聚效应，为资源在空间上重新配置提供便利。城镇化的推进可以将专业化人才、企业向城镇集中，为技术创新、信息交流等活动的顺畅流动提供了便利条件，促进技术进步的效率更高、成本更低。城镇化推进过程中，建立与完善相应的市场经济体制、法律制度，也能够充分发挥其激励功能，激励并诱发经济主体积极开展创新活动。而技术进步通过间接效应和直接效应影响能源消费。间接效应则是以经济发展为中介，即技术进步通过改变经济增长方式或规模，促进经济快速发展，拉动能源消费增长，即能源回弹效应；直接效应即提高能源利用效率是直接通过技术进步影响能源消费。

第二，生产资源通过区域空间向城镇转移集中的过程就是城镇化的本质，城镇规模的扩大和数量的增加是其必然趋势。毋庸置疑，城镇化进程中，将会刺激城市基础设施建设，如道路、交通、建筑等强烈的投资需求，同时汽车、能源、钢材、水泥等附属产业被拉动发展。城镇化过程中，固定资产、基础设施的大规模投资项目将会对能源有巨大的需求，这些项目建成、营运也会大量消费能源。

第三，城镇化进程是人力资本积累过程，是劳动者素质和人口质量提升过程，并非简单的区域迁移过程。其主要影响：①作为信息和知识的集聚地，城市可以提供丰富快捷的职业技术培训和提升广大劳动者的教育水平；②农村人口市民化，同是城市文明和生活的建设者，享受同等的先进医疗条件和

第3章 | 能源结构影响因素与路径分析

优质的文化教育;③城镇化进程的实施有利于促进城乡劳动力市场的统一建立,打破二元结构的劳动力市场,推动区域空间优化人力资本和劳动力资源的重新配置,促进劳动生产率的提高。简而言之,随着劳动力素质的提升和人力资本积累可以促进劳动生产率的提高,能够有助于劳动者先进技术理念的快速掌握,能源利用效率的新工艺、新技术的发明和创造得到极大的提升,以至于能源浪费现象的减少,能源消费强度的降低。

第四,城镇化推动传统化石能源向优质能源的转型即是优化能源消费结构。据测算,按照能源燃烧效率的不同,中国能源消费结构中煤炭占比下降1%,可以导致总量降低2 000万吨标准煤。而城镇化主要通过两种途径改善能源消费结构:一是随着城镇化的推进,城镇居民逐渐增多,导致不断扩大对天然气、电力等能源的需求规模,将会减少农村居民消费最主要的煤炭,由此改善能源消费结构;二是城镇化进程中,不断改进为天然气、电力提供便利的城市基础设施。

城市化进程对能源消费的增长有直接拉动作用。长期来看,虽然一些工业企业已经搬离城市,但在城镇还是聚集了主要生产活动的能源消费;伴随城镇化进程,居民生活方式不断改变和消费水平的提高,促进了对生活能源的消费需求;我国短时间很难改变以化石能源为主体的较为单一的能源结构。大量配套的城镇基础设施和居民住宅建设支撑了城镇化的发展,从而带动了钢铁、水泥行业的产品需求,推动不断增长的能源消费。随着不断提高城镇化水平,通过对产品、产业组织、技术结构的合理调整和优化配置,各种资源合理充分地利用,可以促进能源消耗呈现下降的趋势。城镇化对能源消费结构的影响路径如图3.12所示。

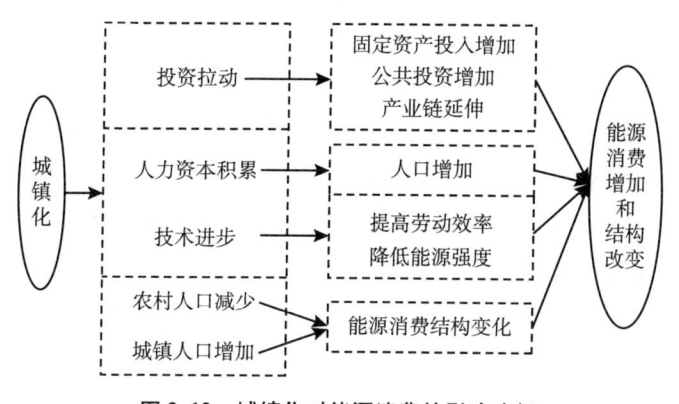

图3.12 城镇化对能源消费的影响路径

(3) 市场化程度。

市场化程度高低，也影响着能源消费的变化。市场化程度越高，行政干预越低，经济性、盈利性越强，对能源消费要求低成本；市场化程度越低，行政干预越强，环保、节能要求越高，兼顾能源消费成本。市场化程度影响能源消费路径如图3.13所示。

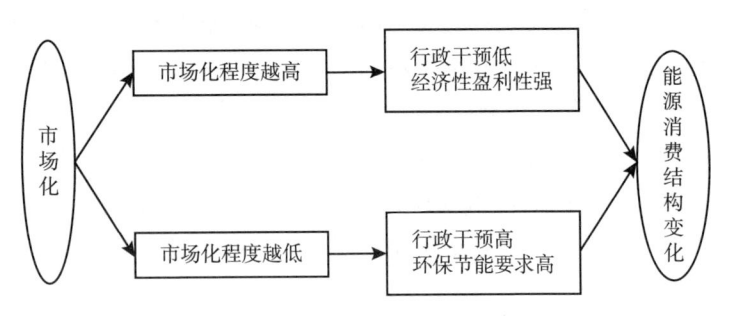

图3.13 市场化对能源消费的影响路径

3.1.5 其他因素

(1) 国际贸易。

以煤炭为主的能源消费结构，第二产业为主的生产结构所带来的能源消费的增加，更重要的是它可能很难在很短的时间内对中国其具备的能源禀赋调整为适合目前经济发展阶段。中国的对外贸易，包括贸易顺差扩大的增长，主要是市场经济体制最大限度地发挥比较优势的结果。中国经济不仅为世界提供了很多商品和服务，世界上的经济体通过中国出口需要的国家，同时也降低了全国生产化在发达国家的相对成本。中国的对外贸易一直扮演着世界经济发展的重要作用，由于其巨大的市场、稳定的政府体系和丰富的廉价劳动力能给世界带来很多便利，在此过程中，国际贸易是需要能源作为基础的，在此基础上，会对能源消费产生影响。出口贸易通过直接和间接影响能源消费，直接影响能源消费的主要是通过扩张出口、经济增长，间接影响能源消费的主要是通过技术水平提升、产业结构调整。

第一，出口贸易通过经济增长影响能源消费。按比较优势原则进行资源配置，专业化生产程度和劳动生产率得以提高，从而促进经济增长，这就是对外贸易对经济发展的影响。如果一个国家没有参与对外贸易，那么这个国家就只能在国内各区域之间体现比较劣势与比较优势，在国内按照"次优配置"进行资源需求分配，这就必定将使一些资源被错配进入劣势产业中去，带来资源的浪费与低效率。如果一个国家参与了对外贸易，按照比较优势原则，在对外贸易中就会对处于比较劣势的产品进行大量的进口，对处于比较优势的产品进行大量的生产和用于出口，以尽可能地发挥资源比较优势。充分利用国际市场进行资源配置，可以提高生产效率，促进经济增长。另外，对外贸易可以通过规模经济实现对经济增长的促进作用。随着经济全球化进一步深化，资源要素的禀赋差异已越来越被规模经济替代而成为重要的推动经济增长的因素。在很多产业的发展过程中，只有当规模达到一定程度，才能促进效率提高、成本降低。有限的国内市场通常很难实现经济规模的发展壮大。如果一个国家对外贸易大力发展，国际市场不断开拓，就可以为相关国内产业发展和形成经济规模创造有利条件。一个国家实施了对外贸易政策，促进了经济增长，但是经济增长又是一个非常重要的能源消费影响因素。通常而言，伴随一国工业规模的扩大、经济总量的不断增长，耗费的能源总量也随生产商品的增加而上升；经济发展和增长必定提升人均国内生产总值，人均能源消费量将随着人均国内生产总值的增加而增加。人民生活水平的不断提升，快速推进的城市化，使得居民消费不断升级，诸如家用电器越来越多，住房面积不断增加，汽车拥有数量不断攀升，促使能源消费不断增加。

第二，出口贸易通过产业结构调整影响能源消费。古典贸易理论中就曾有阐述，产业结构可以通过开展对外贸易来促进升级，也即是在满足国际比较优势的条件下，每当一个国家的经济与国外市场有联系时，必定会引起这个国家产业结构和自身资源配置效率明显发生变化，引起产业结构的升级和发展。国内产业结构通过对外贸易进行改变有两种形式，一种是开始进口某一产品，借助进口产品开拓国内市场，激发这类产品所属产业国内市场的发展，当国内市场规模发展到一定阶段，规模效应得以充分体现，便可以反过来通过出口该产品促进该产业国内市场的发展；另一种是将初级产品用制成品替代出口，提升出口产品价值含量，通过出口的扩大改变整个工业结构。出口贸易带来产业结构的改变，调整产业结构影响着能源消费，因不同产业对能源有不同的需求。如果是高耗能的产业快速上升且占比出口比重较大，将增加能源消费；如果是低能耗、高附加值的服务业以及高新技术产业等在出口中快速上升且占比较大，将会带动产业结构向高能效、低能耗方向转变。

第三，出口贸易通过技术进步影响能源消费。对外贸易对技术进步也存在着积极影响。一方面，出口企业根据收集的出口产品的反馈意见，改进产品工艺、增加产品功效、改善产品结构以适应市场需求，促进出口生产企业的技术进步；另一方面，出口厂商为了降低生产成本，促使通过积累生产技术、摸索经验、扩大生产规模来实现，从而促进出口厂商的技术进步。事实上，在我国的对外贸易中，不少参与进出口贸易的企业通过"干中学"获取了更多的技术和先进知识体系，也由此与发达国家缩小了技术差距。企业通过技术进步改进产品和生产线，促进企业能源消费的变化。

通过引进国外先进技术，促进能源消费降低的正效应显著。一是参与对外贸易的企业，通过技术的积累和技术水平的提高，逐步由劳动与资源密集型以及低附加值产品出口转向出口低能耗、高附加值以及资金密集型产品，从而逐步减少出口高能耗产品比例，降低能源消费量；二是企业通过自主研发以及引进大量先进节能设备与技术，借鉴国外先进管理水平，便会对出口企业能源利用效率进行大幅度提升，从而促进单位能耗的降低；三是随着可再生能源和新能源的开发可以通过技术进步来实现，这将为出口企业提供未来发展的可持续利用能源；四是随着不断增强的节能和环保意识，人们对于低能耗与清洁产品日益青睐，世界上许多国家还设立了众多能耗技术标准，为了扩大出口和开拓市场，促进相关企业必须加强节能环保产品的生产与研发力度，加快普及和推广，这也必将大幅降低能源消费量。出口贸易对能源消费的影响路径如图3.14所示。

随着加入WTO以后，我国进口贸易增长迅速，进口贸易可以促进经济的全面发展、带来产业结构的调整、突破现有供给结构，对能源消费产生直接或间接的影响。

第一，进口贸易通过突破供给约束影响能源消费。由于世界资源分布不均，按照"木桶短板原理"，一个国家总有受制于影响经济发展的短缺资源，这时必将出现突破供给约束，通过进口贸易弥补资源短缺。随着进口贸易的实施，大量产品的引进，导致能源消费的增长，与此同时，能源也是进口的重要资源，直接增加能源消费的增长。

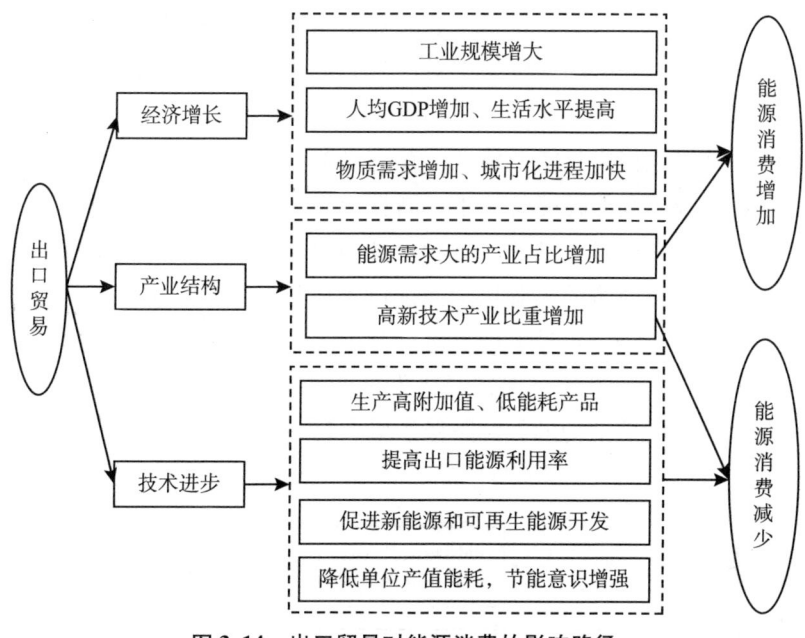

第 3 章 | 能源结构影响因素与路径分析

图 3.14　出口贸易对能源消费的影响路径

第二，进口贸易通过产业结构影响能源消费。一般来讲，以比较优势原理为依据，一国对相对稀缺的资源进行进口，出口相对丰富的资源，这也是我国对外贸易的特点。由于受我国资源丰富、地大物博等观念的影响，过去经济的快速发展一直以资源的高投入、高消耗、粗放式为发展模式，这也无形助推了高耗能产业的发展。当前我国经济正向高质量发展转型升级，其中通过进口贸易可以改善我们的产业结构，从而影响能源消费。以 19 世纪英国的纺织业为例，当时是优势发展产业，时过境迁，目前被认为是劣势产业。我国发展路径也有相似之处，未来发展必将受制于资源短缺，比如能源。

第三，高能耗产品的对外贸易影响能源消费。按照分类，高能耗行业主要包括化工、金属制品以及冶金行业。我们通过对化工和金属制品的初级产品进行进口并加工，尽管只是升级加工转化为成品形态的过程，不是直接进行化工和冶金生产，但仍将消耗大量能源。我国还未处在一个工业化的高级阶段，这类贸易还会在一段时间段内持续，影响我国能源的消费。

第四，加工贸易影响能源消费。我国加工贸易实际上就是"两头在外"

的贸易方式，即原材料从外进口、成品外销国外，其中包括对能源产品的进口，然后又出口国外。加工贸易中对产品的生产以及能源的进出口，影响能源的消费情况。

第五，技术条件影响能源消费。在进口贸易中，也包括技术的引进，其中有高耗能的技术和低耗能的技术。高耗能技术主要是盲目对一些国外被淘汰而在我国还没有或者先进的设备和产品的引进，这种先进产品或者技术的进口，将带来能源消费的大幅增长。进口贸易与出口贸易相比，更能产生技术外溢效应，通过进口贸易引进节能技术、高新技术产品以及先进研发成果，相当于低能耗技术的进口，促进经济发展的同时，也实现能源消费的节约。进口贸易对能源消费结构的影响路径如图 3.15 所示。

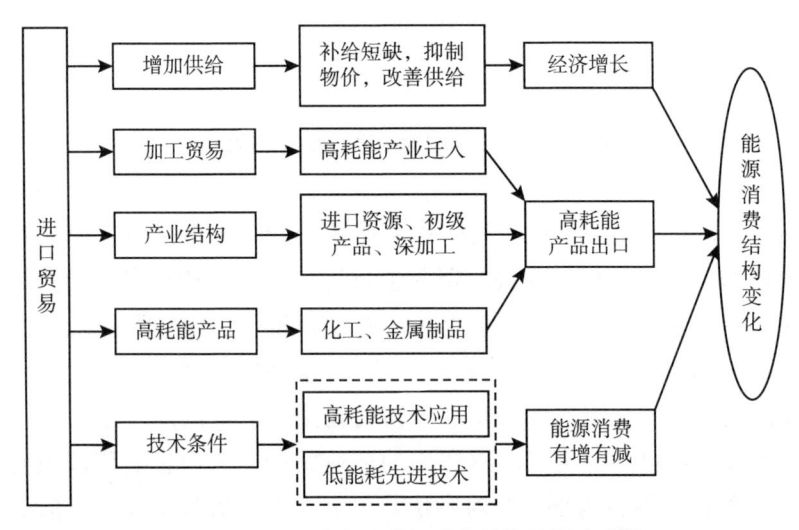

图 3.15 进口贸易对能源消费结构的影响路径

（2）国家宏观政策。

能源工业的发展水平及方向很大程度上取决于能源政策与发展战略。自新中国成立以来，国家就非常重视能源发展，与每个经济发展阶段相应地进行了短期、中期、长期的详细能源发展规划的制定，同时根据不同时期不同发展阶段而予以调整和改进。

随着经济的快速发展，能源与环境、经济等之间出现了消费与污染、结构与短缺的突出矛盾。特别是低碳经济的倡导，在能源政策和战略安排上亟须促进能源、经济与环境之间的协调发展，这无疑对能源消费都会产生一定的影响。

1949~1978年，新中国成立30年，改革开放启动之时，这个时期是我国实行物资消费和生产都由国家统一配置的计划经济时代。鉴于重要战略地位，国家对能源工业采取封闭式发展，由于缺乏淘汰和激励机制，导致能源效率低下、技术落后以及发展极其缓慢，实施的能源政策单一，即由能源生产决定能源消费。这个阶段，所采取的计划经济有其阶段性发展的需要，但随着经济的发展，这种过度依赖资源投入促进经济增长的粗放式发展方式，能源消耗巨大，必将难以持久，急需变革。

1979~2000年，改革开放22年，"九五"末期。自改革开放以来，我国开始高度重视能源工业，要求节约为先，开发并重，在1982年党的十二大就将能源确定为国家战略发展的重点。为了适应经济的发展和寻求自身变革，市场机制被引入我国能源工业之中，开始尝试市场化配置能源资源，一方面，在确保政府为主导的前提下，引入企业、地方等各种经济成分一起参与投资能源工业，促进我国能源工业的快速崛起和发展；另一方面能源价格不再是计划定价，而是由市场调节与宏观调控共同确定，逐步接轨国际价格。在这个阶段对能源消费有了一定的降低措施。

2001年以来，我国经济发展制定了由粗放型向集约型转变的发展战略，在制定能源政策与发展战略方面，逐步趋于制度化并不断完善。国家有了明确的五年发展规划，总体要求是以能源安全为前提，以注重环境保护、提升能源效率以及优化能源结构为指导思想，加强能源工业的"引进来"和"走出去"战略，推动能源工业健康稳定地发展。"十一五"时期，明确提出目标是单位能耗下降20%左右，强化节能减排责任目标，淘汰落后产能加大力度，严控高排放、高耗能行业增长过快，加快节能减排重点工程的实施，切实加强用能管理。"十二五"时期，明确提出控制能源消费增量，在保持经济平稳增长的情况下，要完成节能减排任务，对能源消费总量提出了明确的控制要求。"十三五"时期，提出到2020年单位碳排放比2005年降低40%~50%的承诺，并且在2030年碳排放达到峰值，中央向各省市下达了减排控制任务，明确目标责任的落实，相关部门的分工和进度要求进一步得到明确。此类措施对能源消费的减少起到了巨大作用，政策脉络和影响路径如图3.16所示。

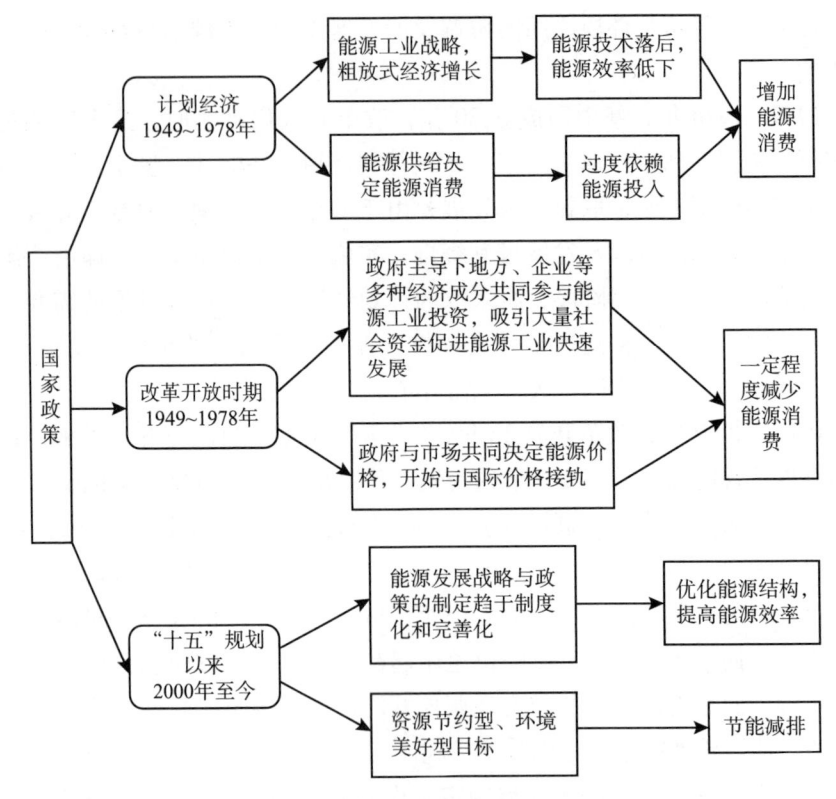

图 3.16 国家政策对能源消费影响路径

3.2 能源供给结构影响因素与路径分析

3.2.1 能源禀赋

3.2.1.1 能源禀赋对能源供给的影响

能源禀赋是对一个地区或国家自然资源拥有状况和质量的综合评价，既有对能源资源质量统计和评价的要求，又在于能源资源本身的扩充与发展。因此，能源禀赋就是为了一个地区或国家社会经济发展的需要而进行资源状况的综合评价，包括资源结构、种类、数量、质量等综合而成的总体评价。

能源禀赋对能源的供给有一定的影响。

3.2.1.2 能源禀赋对能源供给的影响机制分析

在新增长理论中,促进经济增长、提高生产率的主要因素是技术进步和资本积累,而非自然资源禀赋。作为经济发展的物质条件和基础的自然资源,对经济增长和生产率提高具有一定的正向效应。一个地区或者国家如果能够充分利用和开发拥有的丰富自然资源,对经济增长有很大的促进作用。我国东部沿海自然资源匮乏但有较高的资源利用效率,西部地区利用效率较低而自然资源丰富,其自然资源的利用效率及分布极具地域特色。

能源禀赋主要通过技术效应和结构效应对能源效率产生影响,进而对能源供给量产生影响。第一,通过技术效应对能源禀赋提高效率。当自然资源丰裕时,该地区对利用资源的技术创新会缺少动力,从而资源利用效率低下,但会不断增加能源资源的供给。当自然资源稀缺时:一是积极寻求新材料,进行技术创新,替代和弥补资源的短缺,将会增加新能源的供给;二是积极研发和推广能够节约资源的新技术;三是利用技术进步,探究节约型的生活方式和生产方式。此时,能源供给将受到一定的影响。

第二,通过结构效应对能源禀赋提高效率。产业结构就是国民经济体系中每类产业之间以及内部各要素的占比关系,影响产业结构的因素很多,其中能源禀赋的开发程度与分布是重要影响因素之一。与其他产业相比较而言,能源产业更能形成规模效应,在空间分布上集聚能源禀赋优势有利于能源产业集群的形成。具有能源禀赋的优势区域,可以借助自身资源优势调整产业结构,从而形成规模经济,促进能源产业效率的提高,以提高能源供给效率。

能源禀赋对能源供给结构的影响路径如图3.17所示。

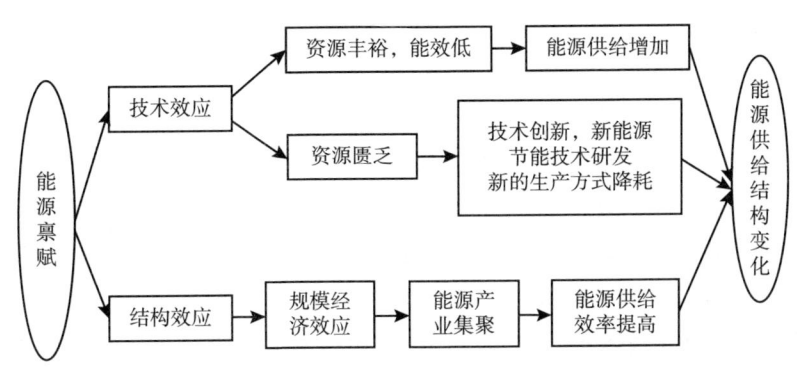

图3.17 能源禀赋对能源供给结构的影响路径

3.2.2 生产建设

3.2.2.1 生产建设对能源供给的影响

我国产业结构由一二三产业构成,其中第一产业以农林牧渔业为主,第二产业以建筑业和工业为主,第三产业以服务业为主。三个不同产业对能源的需求也不尽相同,由此能源供给对每个产业也不尽相同。随着经济的快速发展,产业结构也在不断变化和调整中,不同阶段不同时期能源供给来自不同产业生产建设的影响也就不同。

3.2.2.2 生产建设对能源供给的影响机制分析

发达国家的产业结构发展的一般过程是:轻工业为主—重工业为主—服务业为主;原材料工业为主—加工工业为主—技术密集为主;从能源密度视角分析发达国家产业结构发展路径为:经历了由能源密度较低的产业向较高的产业转变,再向更低的产业转化,螺旋式向前发展。与发达国家相比,我国自 1978 以来,产业结构的演变趋势为第一产业比重明显下降,第二产业比重先减后增,第三产业比重呈现逐步增加的趋势。我国产业结构中第二产业一直占主导地位,始终保持较高能源密度水平,据分析统计可知,1990~2012 年我国不同产业能源供给量的增长率:第一产业年均增长 1.67%,第二产业年均增长 12.25%,第三产业年均增长 5.93%,因此,我国能源供给量递增的主要影响因素是二三产业能源供给的增加。

由此可见,直接影响我国能源供给量是一二三产业的能源需求,这种需求间接对我国能源供给结构产生影响,其中,对能源供给影响程度较大的是二三产业。相对于以服务业和物流业为代表的第三产业而言,以工业为主的第二产业能源需求主要以煤炭为主,而大量煤炭燃烧产生二氧化碳是造成我国气候变暖的根本所在。因此,第二产业占比适当降低、第三产业占比增加进行产业结构的调整,我国以煤为主的能源供给状况可以得到有效缓解,从而促进我国能源供给结构低碳化的发展。

20 世纪 90 年代以来,中国二三产业快速发展,带动了经济持续快速增长和产业结构调整,产业结构调整显著。以建筑业和工业为主的能源消耗型和资金密集型的第二产业中的重工业,成为带动经济增长的主力军。中国城市化的快速推进、基础设施的建设、装备制造业的做大做强、农业的改造升级、轻工业的优化和消费结构的升级都需要快速发展重工业来予以支持。从产业发展中消费能源情况来看,我国用于发电消耗了约50%的煤炭供给,其余大部分被用于化工、建材、钢铁等重工业行业。除了直接大量消耗煤炭外,许多重工业还消耗了大量电力。根据资料显示,在全社会用电量中,2019年、2020年我国工业累计用电量分别占比67.08%、66.96%,表明工业耗能将导致中国能源强度和消费弹性上升,进而可能带来能源供给紧张。

能源生产建设对能源供给的影响路径如图3.18所示。

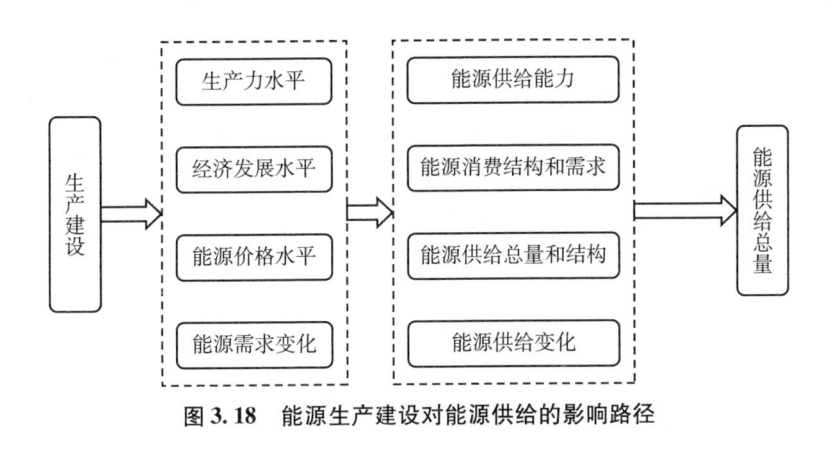

图3.18 能源生产建设对能源供给的影响路径

3.2.3 能源技术进步

3.2.3.1 能源技术进步对能源供给的影响

我国能源产业中运用的核心技术绝大部分都是从国外引进的,科技是第一生产力,加快科技成果的转化、技术升级,推进产学研的结合,采用高新技术替代传统工业,将大大推进我国能源供给结构低碳化进程。一方面,能源勘探、开发、加工和转换过程中技术水平的提高,可促进我国能源资源开采供给率和能源加工转化效率提高,减少我国二氧化碳为主的温室气体的排放;另一方面,加强新能源关键技术水平投入与研发,可推动清洁能源对化石能源的替代,改变能源资源高碳排放的供给格局,化解煤炭产能过剩的局面。因此，我国技术水平的提高将有效改善我国目前以煤为主的能源供给结构，从而实现我国能源供给结构的低碳化发展。

3.2.3.2 能源技术进步对能源供给的影响机制分析

根据低碳经济和经济高质量发展要求，技术创新是其关键因素之一，因技术进步能够促进能源结构优化。优化能源结构，需要通过建立技术创新平台、技术示范工程建设、装备设施研制、重大能源技术及改造研发，突破能源发展的重点技术瓶颈，构成比较完善的能源科技创新体系，并在新能源领域、发电与输配电、能源加工与转换以及勘探与开采所需要的关键技术达到国际先进水平。同时，大力发展绿色低碳能源，建立其技术创新体系，以形成比较完整的产业发展体系。但是，中国正处于经济发展转型的关键时期，一些对能源依赖较强的高耗能产业的发展，在一定时期将仍然是我国经济发展的主要力量，由此也显示我国未来一定时期还会处在能源消耗较高增长的时期。因此，我国经济发展进程中，密集型能源产业结构将很难在短时间得到改变，短期内能源供给状况也不会有大的变化。

能源技术创新对能源供给结构的影响路径如图3.19所示。

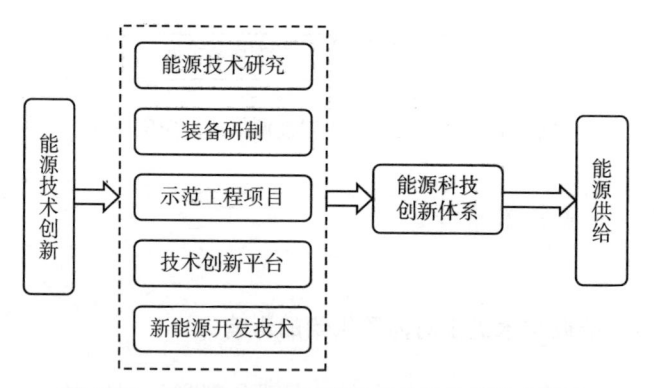

图3.19 能源技术创新对能源供给结构的影响路径

3.3 本章小结

本章从能源消费结构和供给结构对能源结构影响因素与路径进行了分析。

能源消费结构的影响因素有经济因素、结构因素、技术因素、人口与政策因素、其他因素（国际贸易、国家宏观政策）等，这些因素将会促进能源消费结构的改变。

能源供给结构的影响因素有能源禀赋、生产建设、能源技术进步等，这些因素促进能源供给结构的变化。

第 4 章

我国能源消费结构影响因素相关性分析

由第 3 章分析可知,能源供给结构虽然受到能源禀赋、生产力水平、能源技术进步等因素的影响,但由于受其气候变化、空气质量、环境污染等因素的制约,无论再多的影响因素,始终都会以生产提供更多的绿色低碳清洁能源为己任。因此,本章仅对能源消费结构的影响因素进行相关性分析,同理,后面结构预测也仅对能源消费结构高级化指数进行预测。

对影响能源消费结构因素的相关性分析按照以下步骤进行:首先,以第 3 章定性分析为基础,探寻对能源消费结构产生影响的因素;其次,对从定性分析中遴选的影响因素,与能源消费结构相关关系进行定量分析,检验是否存在格兰杰因果关系与协整关系;最后,运用 Copula 函数检验它们之间相关关系,并求出相关系数,从而比较其大小。

4.1 Copula 函数模型简述

4.1.1 Copula 函数的定义和 Sklar 定理

Copula 的函数 C 通常满足如下几个条件的:函数 C 的定义域 $I^n = [0, 1]^n$;C 是有基的(grounded),并且是 n 维递增的;C 的边际分布 C_k,满足 $C_k(u) = (1, \cdots, 1, u, 1, \cdots, 1) = u$,其中,$k = 1, \cdots, n$;$u \in I$。

4.1.2 常见的 Copula 函数

(1) 正态 Copula 函数,如式(4.1):

$$C(u,v) = \int_{-\infty}^{\Phi^{-1}(u)} \int_{-\infty}^{\Phi^{-1}(v)} \frac{1}{2\pi\sqrt{1-r^2}} \exp\left\{-\frac{x^2 - 2rxy + y^2}{2(1-r^2)}\right\} dxdy \tag{4.1}$$

其中，u、v 是进行比较的相关变量，r 是线性相关系数，$r \in [-1, 1]$，$\Phi^{-1}(\cdot)$ 是标准正态分布函数 $\Phi(\cdot)$ 的逆函数。

(2) t-Copula，如式 (4.2)：

$$C^{Ga}(u,v;\rho,k) = \int_{-\infty}^{k^{-1}(u)} \int_{-\infty}^{k^{-1}(v)} \frac{1}{2\pi\sqrt{1-\rho^2}} \exp\left(-\frac{s^2 - 2\rho st + t^2}{k(k(1-\rho^2))}\right)^{-(k+2)/2} dsdt \tag{4.2}$$

其中，变量间的线性相关系数为 $-1 \leq \rho \leq 1$，$k^{-1}(\cdot)$ 是一元 t 分布函数 $k(\cdot)$ 的逆函数，两者自由度为同为 k。

(3) Gumbel Copula，如式 (4.3)：

$$C(u,v) = \exp\{-[(-\ln u)^\delta + (-\ln v)^\delta]^{1/\delta}\} \tag{4.3}$$

其中 $\delta \geq 1$。

(4) Clayton Copula，如式 (4.4)：

$$C(u,v) = (u^{-\delta} + v^{-\delta} - 1)^{-1/\delta} \tag{4.4}$$

其中，参数 $\delta \in [0, \infty]$。

(5) Frank Copula，如式 (4.5)：

$$C(u,v) = -\frac{1}{\delta} \ln([\eta - (1-e^{-\delta v})(1-e^{-\delta v})]/\eta) \tag{4.5}$$

这里，参数 $\delta \in [0, \infty]$，$\eta = 1 - e^{-\delta}$。

4.1.3 相关性度量指标

尼尔森（Nelsen，2006）通过对前人的研究总结了 Copula 的一个特征：不管函数变量 $(x_1, x_2, \cdots, x_n)$ 是单调递减还是单调递增，其变量所对应的 Copula 函数值不会发生改变，并且相关性指标 Kendall 秩相关系数 τ、Spearman 秩相关系数 ρ、尾部相关系数也不会发生改变。基于 Copula 函数这一优点，很多学者将 Copula 函数作为研究数据之间相关性大小的工具来使用。

(1) Kendall 秩相关系数 τ。

Kendall 秩相关系数 τ 的关系式为 (4.6)：

$$\tau = P[(u_1 - u_2)(v_1 - v_2) > 0] - P[(u_1 - u_2)(v_1 - v_2) < 0] \tag{4.6}$$

关系式中，$\gamma \in [-1, 1]$，且 τ 是一种度量随机变量 V 与 U 之间相关性程度的指标：当 $\tau = 1$ 时，U 与 V 之间完全相关，且为正向；当 $\tau = 0$ 时，U 与 V 之间完全独立；当 $\tau = -1$ 时，U 与 V 之间完全相反，且为负向。

（2）Spearman 秩相关系数 ρ。

勒哈曼（Lerhamann，2003）给出了 ρ 的相关概念：勒哈曼认为随机向量 (U, V) 中任选 3 组样本值 (u_1, v_1)，(u_2, v_2)，(u_3, v_3)，且都满足独立同分布，则斯皮尔曼（Spearman）秩相关系数 ρ 的关系式为（4.7）：

$$\rho = 3\{P[(u_1 - u_2)(v_1 - v_3) > 0] - P[(u_1 - u_2)(v_1 - v_3) < 0]\} \quad (4.7)$$

其中，$\rho \in [-1, 1]$。我们可以得出下述结论：ρ 的大小正比于与随机向量 (u_1, v_1)，(u_2, v_3) 一致和随机向量 (u_1, v_1)，(u_2, v_3) 不一致概率作差的值。

（3）尾部相关系数。

通过对文献的总结：假设两个随机变量 U，V，它们所对应的边际分布函数记作 $F_1(U)$，$F_2(V)$。

那么所对应的上尾及下尾的相关系数为式（4.8）：

$$\lambda^U = \lim_{a \to 1_-} \Pr\left[V > F_2^{-1}(a) \mid U > F_1^{-1}(a) \right]$$
$$\lambda^L = \lim_{a \to 1_-} \Pr\left[V \leq F_2^{-1}(a) \mid U \leq F_1^{-1}(a) \right] \quad (4.8)$$

其中 $F_1^{-1}(a) = \inf(u \mid U \geq a)$，$F_2^{-1}(a) = \inf(v \mid V \geq a)$。

如果存在 $0 < \lambda^u$（或者 λ^L）< 1，则说明上尾（下尾）存在相关性，所对应的数值为上尾（下尾）的相关性的大小。

若存在 $\lambda^u = 0$（或者 $\lambda^L = 0$），或者 λ^u（或者 λ^L 不属于区间 $[0, 1]$ 的范围内，那么说明上述结果不存在尾部相关性且尾部相互独立。

4.1.4 模型评价

为了验证构建的 Copula 函数模型是否符合数据要求，本节引入拟合优度检验，常用的方法是平方欧式距离检验，下面对经验 Copula 函数进行概述如式（4.9）：

$$\hat{C}_n(u, v) = \frac{1}{n} \sum_{i=1}^{n} I_{[F_n(x_i) \leq u]} I_{[G_n(y_i) \leq v]}, \quad u, v \in [0, 1] \quad (4.9)$$

其中，假设 $(x_i, y_i)(i = 1, 2, \cdots, n)$ 是总体二维样本 (X, Y) 的随

机变量，那么 $F_n(x)$ 和 $G_n(y)$ 则是 X,Y 的经验分布函数，$I[\cdot]$ 代表示性函数，当且仅当 $F_n(x_i) \leq u$ 时 $I_{[F_n(x_i) \leq u]} = 1$，$I_{[F_n(x_i) \leq u]} = 0$，则选用的 Copula 函数与经验 Copula 之间的平方欧式距离表示为式（4.10）：

$$d^2 = \sum_{i=1}^{n} |\hat{C}_n(u_i, v_i) - \hat{C}(u_i, v_i)| \qquad (4.10)$$

所求得的平方欧式距离越短，Copula 函数所表达的效果越好，拟合程度也就越好。

Copula 的 Kendall 秩相关系数及 Spearman 秩相关系数与原始样本数据最为接近，并且通过平方欧式距离的检验与经验 Copula 的平方欧式距离最小，说明所选取的 Copula 越好；若所求的秩相关系数与原始数据最接近，但平方欧式距离不是最小，则选择最优 Copula 模型时应按照平方欧式距离最小来选择。

4.2 影响因素的相关性分析

4.2.1 能源消费结构的度量

本章对此指标的衡量借鉴干春晖（2011）衡量方法，采用电力消费总量与天然气消费总量之和与煤炭消费总量之比作为能源消费结构高级化指数的度量，简记为 NY，其计算公式如式（4.11）所示。

$$NY = \frac{D+T}{M} \qquad (4.11)$$

其中，D 表示电力消费总量，T 表示天然气消费总量，M 表示煤炭消费总量。如果 NY 值处于上升状态，则表明能源消费结构处于上升阶段，能源消费正从煤炭转向更加清洁的天然气与电力消费；反之，能源消费结构的推进并不合理。

4.2.2 变量选取与数据描述

对能源消费结构的影响因素，根据前面影响因素与机制分析部分为基础，本节以四个维度寻找影响因素,即四个一级评价指标经济因素、结构因素、技术因素、人口与政策因素,每个一级评价指标下设多个二级评价指标。具体指标情况见表4.1。

表 4.1　　　　　　　能源消费结构影响因素指标

一级指标	二级指标	表征指标	指标表示
经济因素	宏观经济	国内生产总值	G
		经济增长速度	GZ
	固定资产投资水平	全民固定资产投资水平	Z
	能源价格	原材料、燃料、动力购进价格指数	N
	人均GDP	人均GDP	RG
	居民收入水平	城镇居民人均可支配收入	CK
		农村居民人均可支配收入	NK
结构因素	产业结构	第三产业值/第二产业值	C
	居民消费结构	城镇居民恩格尔系数	CE
		农村居民恩格尔系数	NE
	能源消耗结构	农林牧渔能源消费比重	NX
		工业能源消费比重	GX
		制造业能源消费比重	ZX
		生活能源消费比重	SX
	能源效率	能源的投入产出	X
技术因素	劳动生产率	全员劳动生产率	LS
	能源强度	单位GDP能耗	NQ
	碳排放强度	单位GDP碳排放量	TQ
	研发投入	R&D经费支出	RDJ
		R&D占比GDP	RDG
		科研经费财政支出	K
	专利授权数	专利申请授权数	ZS
	科技人员数量	科技活动人员数量	RDR

续表

一级指标	二级指标	表征指标	指标表示
人口与政策	人口数量或增长量	总人口或过去三年总人口的增长	R
	城市化水平	城市化率	CL
	市场化程度	市场化指数	S

资料来源：《中国统计年鉴》《中国能源统计年鉴》。

衡量经济因素的二级评价指标有宏观经济（GDP、GDP 增长率）、固定资产投资水平（全社会固定资产投资）、能源价格（原材料、燃料、动力购进价格指数）、人均 GDP（人均 GDP、过去三年人均 GDP 的增速）、居民收入水平（城镇居民人均可支配收入、农村居民可支配收入）。

衡量结构因素的二级评价指标有产业结构（三次产业 GDP 占总实际 GDP 的比重）、居民消费结构（恩格尔系数）、能源消耗结构（产业消耗的能源占工业总能耗的比重）、能源效率（能源的投入产出效率）。

衡量技术因素的二级评价指标有劳动生产率（全员劳动生产率，工业增加价值/全部从业人员平均人数）、能源密集度/能源强度（单位 GDP 能源能耗）、碳排放强度（单位 GDP 碳排放量）、研究与实验经费比重（研究与实验经费比重）、专利申请授权数（专利申请授权数）、科技活动人员数量（科技活动人员数量）。

衡量人口与政策的因素的二级评价指标有人口数量或其增长量（总人口、过去三年总人口的增长量）、城市化水平（城市化率）、改革开放深化市场化程度（中国市场化指数）。

对所找出的二级指标取字母来表示：GDP（G）；GDP 增长率（GZ）；全社会固定资产投资（Z）；能源价格（N）；人均 GDP（RG）；城镇居民人均可支配收入（CK）；农村居民可支配收入（NK）；产业结构借鉴第三产业值/第二产业值来表示，比值增加表明产业结构趋于优化，用字母 C 表示；恩格尔系数包括城镇恩格尔系数（CE）；农村恩格尔系数（NE）；能源消耗结构包括农林牧渔能源消费比重（NX）；工业能源消费比重（GX）；制造业能源消费比重（ZX）；生活能源消费比重（SX）；能源效率（X）；劳动生产率（LS）；R&D 经费支出（RDJ）；R&D 占比 GDP（RDG）；科研经费财政支出（K）；能源强度（NQ）；碳排放强度（TQ）；专利申请授权数（ZS）；R&D

人员全时当量（RDR）；总人口（R）；城市化率（CL）；市场化指数（S）。

为了克服数据中的异方差和数据的剧烈波动，对上述数据取对数收益率序列，如式（4.12）：

$$r_t = \ln P_t - \ln P_{t-1} \qquad (4.12)$$

4.2.3 协整与格兰杰因果检验

针对实证部分对数据进行平稳性检验后才能进行协整检验，当数据为非平稳序列时，模型很可能出现伪（虚假）回归，因此，我们先对数据进行单位根检验，然后进行协整检验，验证两组数据是否存在长期的均衡关系。

ADF（单位根）法是检验数据是否平稳的一种方法，本节运用 EViews 8.0 软件来进行操作检验。各阶段数据的检验结果如表 4.2 所示。

表 4.2　　　　　　　　各指标的平稳性检验结果

变量名称	ADF 统计量	1%临界值	5%临界值	10%临界值	结论
NY	-4.482763	-3.615588	-2.941145	-2.609066	平稳
G	-6.150714	-3.615588	-2.941145	-2.609066	平稳
GZ	-4.437746	-3.653730	-2.957110	-2.617434	平稳
Z	-4.318153	-3.615588	-2.941145	-2.609066	平稳
N	-11.32862	-3.615588	-2.941145	-2.609066	平稳
RG	-9.403238	-3.661661	-2.960411	-2.619160	平稳
CK	-4.025030	-3.661661	-2.960411	-2.619160	平稳
NK	-9.454868	-3.661661	-2.960411	-2.619160	平稳
C	-3.719184	-3.615588	-2.941145	-2.609066	平稳
CE	-3.755827	-3.615588	-2.941145	-2.609066	平稳
NE	-5.567340	-3.615588	-2.941145	-2.609066	平稳
NX	-8.188085	-3.615588	-2.941145	-2.609066	平稳
GX	-7.546678	-3.615588	-2.941145	-2.609066	平稳
ZX	-4.431410	-3.615588	-2.941145	-2.609066	平稳
SX	-4.386164	-3.615588	-2.941145	-2.609066	平稳
X	-9.748257	-3.615588	-2.941145	-2.609066	平稳

续表

变量名称	ADF 统计量	1%临界值	5%临界值	10%临界值	结论
LS	-4.095356	-3.615588	-2.941145	-2.609066	平稳
RDJ	-9.748257	-3.615588	-2.941145	-2.609066	平稳
RDG	-4.312322	-3.615588	-2.941145	-2.609066	平稳
K	-7.104980	-3.615588	-2.941145	-2.609066	平稳
NQ	-4.495122	-3.615588	-2.941145	-2.609066	平稳
TQ	-3.998500	-3.615588	-2.941145	-2.609066	平稳
ZS	-4.426043	-3.615588	-2.941145	-2.609066	平稳
RDR	-4.105644	-3.615588	-2.941145	-2.609066	平稳
R	-7.772059	-3.679322	-2.967767	-2.622989	平稳
CL	-4.105644	-3.615588	-2.941145	-2.609066	平稳
S	-4.316111	-3.621023	-2.943427	-2.610263	平稳

由单位根的检验结果可以看出，每阶段数据均为平稳的时间序列，构成协整检验的条件。用能源消费结构优化指标与各影响因素做协整检验。各指标协整检验结果如表4.3所示。

表4.3　　　　　　　各指标的协整检验结果

各阶段变量	残差的 ADF	1%临界值	5%临界值	10%临界值	残差平稳性	结论
NY&G	-3.884405	-3.615588	-2.941145	-2.609066	平稳	存在
NY&GZ	-4.668960	-3.615588	-2.941145	-2.609066	平稳	存在
NY&Z	-4.476037	-3.615588	-2.941145	-2.609066	平稳	存在
NY&N	-4.005747	-3.615588	-2.941145	-2.609066	平稳	存在
NY&RG	-4.466598	-3.615588	-2.941145	-2.609066	平稳	存在
NY&CK	-5.628940	-3.615588	-2.941145	-2.609066	平稳	存在
NY&NK	-3.889210	-3.615588	-2.941145	-2.609066	平稳	存在
NY&C	-4.462075	-3.615588	-2.941145	-2.609066	平稳	存在
NY&CE	-4.348954	-3.615588	-2.941145	-2.609066	平稳	存在
NY&NE	-4.444004	-3.615588	-2.941145	-2.609066	平稳	存在

续表

各阶段变量	残差的 ADF	1% 临界值	5% 临界值	10% 临界值	残差平稳性	结论
NY&NX	-8.226634	-3.615588	-2.941145	-2.609066	平稳	存在
NY&GX	-7.637548	-3.615588	-2.941145	-2.609066	平稳	存在
NY&ZX	-5.565648	-3.615588	-2.941145	-2.609066	平稳	存在
NY&SX	-4.694054	-3.615588	-2.941145	-2.609066	平稳	存在
NY&X	-9.546650	-3.615588	-2.941145	-2.609066	平稳	存在
NY&LS	-11.45829	-3.615588	-2.941145	-2.609066	平稳	存在
NY&RDJ	-7.531464	-3.615588	-2.941145	-2.609066	平稳	存在
NY&RDG	-11.60439	-3.615588	-2.941145	-2.609066	平稳	存在
NY&K	-4.445475	-3.615588	-2.941145	-2.609066	平稳	存在
NY&NQ	-7.584824	-3.615588	-2.941145	-2.609066	平稳	存在
NY&TQ	-12.65652	-3.615588	-2.941145	-2.609066	平稳	存在
NY&ZS	-4.445575	-3.615588	-2.941145	-2.609066	平稳	存在
NY&RDR	-11.45829	-3.615588	-2.941145	-2.609066	平稳	存在
NY&R	-5.579264	-3.615588	-2.941145	-2.609066	平稳	存在
NY&CL	-4.476197	-3.615588	-2.941145	-2.609066	平稳	存在
NY&S	-4.732145	-3.615588	-2.941145	-2.609066	平稳	存在

通过数据的分析，能源消费结构 NY 与各影响因素均存在协整关系。表明以上变量之间存在长期均衡关系且满足格兰杰因果检验的条件。接下来引入格兰杰因果检验。

格兰杰因果关系检验是考察两个平稳序列变量间的因果关系最常用的一种计量经济学方法。假设两个变量序列 {X}、{Y}，如果加上变量 X 比单独使用变量 Y 对 {Y} 变量序列的预测效果更好，则认为 X 对 Y 存在格兰杰因果关系，否则 X 对 Y 不存在格兰杰因果关系。这里，我们对能源消费结构 NY 与各影响因素进行格兰杰因果检验，检验结果如表4.4 所示。

表 4.4　　　　　　　　各指标格兰杰因果检验结果

H0：假设	P 值	结果	H0：假设	P 值	结果
H0：NY 不是 G 的格兰杰原因	0.1004	接受	H0：G 不是 NY 的格兰杰原因	0.9846	接受
H0：NY 不是 GZ 的格兰杰原因	0.9952	接受	H0：GZ 不是 NY 的格兰杰原因	0.9627	接受
H0：NY 不是 Z 的格兰杰原因	0.6692	接受	H0：Z 不是 NY 的格兰杰原因	0.7076	接受
H0：NY 不是 N 的格兰杰原因	0.0471	拒绝	H0：N 不是 NY 的格兰杰原因	0.2288	接受
H0：NY 不是 RG 的格兰杰原因	0.0806	接受	H0：RG 不是 NY 的格兰杰原因	0.4259	接受
H0：NY 不是 CK 的格兰杰原因	0.22085	接受	H0：CK 不是 NY 的格兰杰原因	0.22085	接受
H0：NY 不是 NK 的格兰杰原因	0.2682	接受	H0：NK 不是 NY 的格兰杰原因	0.50285	接受
H0：NY 不是 C 的格兰杰原因	0.1790	接受	H0：C 不是 NY 的格兰杰原因	0.6092	接受
H0：NY 不是 CE 的格兰杰原因	0.1550	接受	H0：CE 不是 NY 的格兰杰原因	0.9849	接受
H0：NY 不是 NE 的格兰杰原因	0.4518	接受	H0：NE 不是 NY 的格兰杰原因	0.5480	接受
H0：NY 不是 NX 的格兰杰原因	0.0655	接受	H0：NX 不是 NY 的格兰杰原因	0.0040	拒绝
H0：NY 不是 GX 的格兰杰原因	0.0311	拒绝	H0：GX 不是 NY 的格兰杰原因	0.4155	接受
H0：NY 不是 ZX 的格兰杰原因	0.0737	接受	H0：ZX 不是 NY 的格兰杰原因	0.5087	接受
H0：NY 不是 SX 的格兰杰原因	0.7760	接受	H0：SX 不是 NY 的格兰杰原因	0.3174	接受
H0：NY 不是 X 的格兰杰原因	0.6829	接受	H0：X 不是 NY 的格兰杰原因	0.2921	接受
H0：NY 不是 LS 的格兰杰原因	0.2335	接受	H0：LS 不是 NY 的格兰杰原因	0.8178	接受
H0：NY 不是 RDJ 的格兰杰原因	0.6657	接受	H0：RDJ 不是 NY 的格兰杰原因	0.3456	接受
H0：NY 不是 RDG 的格兰杰原因	0.4712	接受	H0：RDG 不是 NY 的格兰杰原因	0.5692	接受
H0：NY 不是 K 的格兰杰原因	0.0530	接受	H0：K 不是 NY 的格兰杰原因	0.9258	接受
H0：NY 不是 NQ 的格兰杰原因	0.0406	拒绝	H0：NQ 不是 NY 的格兰杰原因	0.9768	接受
H0：NY 不是 TQ 的格兰杰原因	0.0418	拒绝	H0：TQ 不是 NY 的格兰杰原因	0.6987	接受
H0：NY 不是 ZS 的格兰杰原因	0.7358	接受	H0：ZS 不是 NY 的格兰杰原因	0.0317	拒绝
H0：NY 不是 RDR 的格兰杰原因	0.7358	接受	H0：RDR 不是 NY 的格兰杰原因	0.0317	拒绝
H0：NY 不是 R 的格兰杰原因	0.7496	接受	H0：R 不是 NY 的格兰杰原因	0.0390	拒绝
H0：NY 不是 CL 的格兰杰原因	0.7884	接受	H0：CL 不是 NY 的格兰杰原因	0.5396	接受
H0：NY 不是 S 的格兰杰原因	0.4384	接受	H0：NY 不是 NY 的格兰杰原因	0.2389	接受

经过检验，发现农林牧渔能源消费比重是能源消费结构波动的原因、能源消费结构是能源强度波动的原因、能源消费结构是碳排放结构波动的原因、

专利申请授权数是能源消费结构波动的原因、R&D 人员全时当量是能源消费结构波动的原因、总人口是能源消费结构波动的原因。但是其他各因素均与能源消费占比存在长期均衡关系，却不存在相互的因果关系，传统的计量方法只是定性分析两者的相互关系并不能准确分析两者的相依关系大小。因此，本节引入 Copula 函数来探究两者相依关系的大小，从而为探究各影响因素之间的关系提供借鉴。

4.2.4 基本统计量分析

下面将各指标的对数收益率序列进行基本统计量分析，如表 4.5 所示。

表 4.5　　　　　　　　　　基本统计量分析结果

变量	偏度	峰度	Jarque – Bera 检验 p 值	Kolmogorov – Smirnov 检验 p 值	Lilliefors 检验 p 值
NY	0.1304	3.6312	1.0000e – 03 ($h=1$)	0.4625 ($h=1$)	1.0000e – 03 ($h=1$)
G	0.9319	3.4007	1.0000e – 03 ($h=1$)	0.0012 ($h=1$)	1.0000e – 03 ($h=1$)
GZ	– 0.1212	5.8162	1.0000e – 03 ($h=1$)	0.0047 ($h=1$)	1.0000e – 03 ($h=1$)
Z	0.3051	3.7120	1.0000e – 03 ($h=1$)	0.0797 ($h=1$)	1.0000e – 03 ($h=1$)
N	– 0.2423	6.0114	1.0000e – 03 ($h=1$)	0.0048 ($h=1$)	1.0000e – 03 ($h=1$)
RG	– 5.9870	36.908	1.0000e – 03 ($h=1$)	0.0023 ($h=1$)	1.0000e – 03 ($h=1$)
CK	0.6120	4.8796	1.0000e – 03 ($h=1$)	0.0067 ($h=1$)	1.0000e – 03 ($h=1$)
NK	0.5870	6.0619	1.0000e – 03 ($h=1$)	0.0085 ($h=1$)	1.0000e – 03 ($h=1$)
C	0.1312	2.9101	1.0000e – 03 ($h=1$)	0.0047 ($h=1$)	1.0000e – 03 ($h=1$)

第4章 | 我国能源消费结构影响因素相关性分析

续表

变量	偏度	峰度	Jarque–Bera 检验 p 值	Kolmogorov–Smirnov 检验 p 值	Lilliefors 检验 p 值
CE	0.2175	5.2190	1.0000e–03 (h=1)	0.0022 (h=1)	1.0000e–03 (h=1)
NE	–0.1257	6.5294	1.0000e–03 (h=1)	0.0055 (h=1)	1.0000e–03 (h=1)
NX	0.1677	11.5507	1.0000e–03 (h=1)	0.0063 (h=1)	1.0000e–03 (h=1)
GX	0.0410	4.1304	1.0000e–03 (h=1)	0.0011 (h=1)	1.0000e–03 (h=1)
ZX	0.4135	3.6091	1.0000e–03 (h=1)	0.0016 (h=1)	1.0000e–03 (h=1)
SX	0.4476	3.6596	1.0000e–03 (h=1)	0.0035 (h=1)	1.0000e–03 (h=1)
X	0.9432	4.1304	1.0000e–03 (h=1)	0.0086 (h=1)	1.0000e–03 (h=1)
LS	0.0311	4.1304	1.0000e–03 (h=1)	0.0056 (h=1)	1.0000e–03 (h=1)
RDJ	–0.6177	3.6969	1.0000e–03 (h=1)	0.0029 (h=1)	1.0000e–03 (h=1)
RDG	–0.4286	3.5930	1.0000e–03 (h=1)	0.0035 (h=1)	1.0000e–03 (h=1)
K	0.6822	3.0844	1.0000e–03 (h=1)	0.0047 (h=1)	1.0000e–03 (h=1)
NQ	–0.5884	3.9297	1.0000e–03 (h=1)	0.0097 (h=1)	1.0000e–03 (h=1)
TQ	–0.4641	3.6213	1.0000e–03 (h=1)	0.0010 (h=1)	1.0000e–03 (h=1)
ZS	–0.4695	4.8005	1.0000e–03 (h=1)	0.0014 (h=1)	1.0000e–03 (h=1)
RDR	–0.4695	4.8005	1.0000e–03 (h=1)	0.0029 (h=1)	1.0000e–03 (h=1)

续表

变量	偏度	峰度	Jarque – Bera 检验 p 值	Kolmogorov – Smirnov 检验 p 值	Lilliefors 检验 p 值
R	0.1599	4.5018	1.0000e – 03 (h = 1)	0.0074 (h = 1)	1.0000e – 03 (h = 1)
CL	0.6171	3.8381	1.0000e – 03 (h = 1)	0.0041 (h = 1)	1.0000e – 03 (h = 1)
S	1.7633	6.1008	1.0000e – 03 (h = 1)	0.0035 (h = 1)	1.0000e – 03 (h = 1)

由表 4.5 可知，各指标对数收益率的峰度均明显大于 3，说明指数收益率序列均存在比较显著的尖峰厚尾效应；在偏度方面：GZ、N、RG、NE、RDJ、RDG、NQ、TQ、ZS、RDR 的偏度小于 0，呈左偏分布；NY、G、Z、CK、NK、C、CE、NX、GX、ZX、SX、X、LS、K、R、CL、S 的偏度大于 0，呈右偏分布。Jarque – Bera 检验、Kolmogorov – Smirnov 检验、Lilliefors 检验中 h 值均为 1 且 p 值都接近于 0，表明不服从正态分布。

4.2.5 能源消费占比中最优 Copula 函数的选取及模型评价

本部分探讨能源消费结构指标与各影响因素指标之间是否存在相关关系并求出相关关系的大小。对所选出的 26 种影响因素做相关性测度，结果见表 4.6。

表 4.6   相关性测度结果

指标	相关性测度	正态 Copula	t – Copula	Clayton	Frank	Gumbel	原始数据
NY&G	Kendall 秩 τ	– 0.0735	– 0.1028	7.23e – 07	– 0.1220	1.35e – 06	– 0.0973
	Spearman 秩 ρ	– 0.1101	– 0.1536	1.02e – 06	– 0.1823	2.05e – 06	– 0.1250
	欧式距离	0.0233	0.0224	0.0320	0.0209	0.0320	
NY&GZ	Kendall 秩 τ	– 0.1818	– 0.2164	1.09e – 06	– 0.2903	1.35e – 06	– 0.1474
	Spearman 秩 ρ	– 0.2699	– 0.3199	7.23e – 07	– 0.1956	2.05e – 06	– 0.2380
	欧式距离	0.0374	0.0435	0.0357	0.0401	0.0356	

第4章 | 我国能源消费结构影响因素相关性分析

续表

指标	相关性测度	正态Copula	t-Copula	Clayton	Frank	Gumbel	原始数据
NY&Z	Kendall 秩 τ	-0.1526	-0.1897	7.25e-07	-0.1995	1.35e-06	-0.1622
	Spearman 秩 ρ	-0.2273	-0.2814	1.02e-06	-0.2960	2.05e-06	-0.2870
	欧式距离	0.0265	0.0301	0.0343	0.0257	0.0343	
NY&N	Kendall 秩 τ	-0.0029	-0.0200	7.23e-07	-0.0251	0.0967	0.0027
	Spearman 秩 ρ	-0.0044	-0.0291	1.02e-06	-0.0377	0.1442	0.0033
	欧式距离	0.0232	0.0260	0.0230	0.0254	0.0203	
NY&RG	Kendall 秩 τ	-0.1579	-0.1304	7.25e-07	-0.1435	1.35e-06	-0.1270
	Spearman 秩 ρ	-0.1892	-0.1946	1.09e-06	-0.2141	2.00e-06	-0.1712
	欧式距离	0.0351	0.0339	0.0499	0.0316	0.0499	
NY&CK	Kendall 秩 τ	-0.1005	-0.1242	7.25e-07	-0.1316	1.35e-06	-0.1108
	Spearman 秩 ρ	-0.1503	-0.1854	1.09e-06	-0.1965	2.05e-06	-0.1951
	欧式距离	0.0167	0.0181	0.0203	0.0176	0.0103	
NY&NK	Kendall 秩 τ	0.0435	0.0190	7.25e-07	0.0246	0.1428	0.0125
	Spearman 秩 ρ	0.0653	0.0274	1.02e-06	0.0369	0.2114	0.0127
	欧式距离	0.0117	0.0209	0.0138	0.0118	0.0109	
NY&C	Kendall 秩 τ	0.0456	0.0599	7.25e-07	0.0636	0.0859	0.0189
	Spearman 秩 ρ	0.0683	0.0889	1.09e-06	0.0953	0.1282	0.0647
	欧式距离	0.0212	0.0211	0.0238	0.0209	0.0194	
NY&CE	Kendall 秩 τ	0.0325	0.0247	4.25e-07	0.0689	0.2544	0.0323
	Spearman 秩 ρ	0.0518	0.0169	1.82e-07	0.0612	0.2155	0.0222
	欧式距离	0.0164	0.0212	0.0178	0.0144	0.0104	
NY&NE	Kendall 秩 τ	0.0489	0.0152	0.0199	0.0256	0.1489	0.0136
	Spearman 秩 ρ	0.0456	0.0157	0.0124	0.0334	0.1456	0.0178
	欧式距离	0.0235	0.0142	0.0378	0.0215	0.0325	
NY&NX	Kendall 秩 τ	0.1044	0.0968	0.0700	0.0875	0.1351	0.0973
	Spearman 秩 ρ	0.1561	0.1416	0.1049	0.1310	0.2002	0.1216
	欧式距离	0.0156	0.0181	0.0201	0.0167	0.0149	

续表

指标	相关性测度	正态 Copula	t-Copula	Clayton	Frank	Gumbel	原始数据
NY&GX	Kendall 秩 τ	-0.0667	-0.0686	7.25e-07	-0.0756	1.75e-06	-0.0622
	Spearman 秩 ρ	-0.0999	-0.0991	1.02e-06	-0.1132	2.00e-06	-0.0833
	欧式距离	0.0194	0.0193	0.0178	0.0203	0.0179	
NY&ZX	Kendall 秩 τ	-0.1015	-0.1213	7.23e-07	-0.0984	1.35e-06	-0.1054
	Spearman 秩 ρ	-0.1517	-0.1808	1.09e-06	-0.1472	2.05e-06	-0.1503
	欧式距离	0.0373	0.0388	0.0391	0.0370	0.0391	
NY&SX	Kendall 秩 τ	0.1026	0.1313	0.0822	0.1178	0.0661	0.1162
	Spearman 秩 ρ	0.1534	0.1959	0.1231	0.1760	0.0990	0.1783
	欧式距离	0.0200	0.0178	0.0223	0.0184	0.0257	
NY&X	Kendall 秩 τ	0.1322	0.1568	0.1567	0.1426	0.0793	0.1486
	Spearman 秩 ρ	0.1972	0.2335	0.2327	0.2127	0.1185	0.2250
	欧式距离	0.0172	0.0159	0.0112	0.0168	0.0253	
NY&LS	Kendall 秩 τ	-0.0977	-0.1263	7.23e-07	-0.1352	1.35e-06	-0.0865
	Spearman 秩 ρ	-0.1461	-0.1886	1.02e-06	-0.2018	2.00e-06	-0.1278
	欧式距离	0.0273	0.0288	0.0231	0.0220	0.0251	
NY&RDJ	Kendall 秩 τ	0.1030	0.1459	0.0712	0.1150	0.1291	0.1324
	Spearman 秩 ρ	0.1540	0.2174	0.1067	0.1718	0.1914	0.2007
	欧式距离	0.0176	0.0149	0.0209	0.0171	0.0172	
NY&RDG	Kendall 秩 τ	0.1008	0.1258	0.1104	0.1214	0.0782	0.1149
	Spearman 秩 ρ	0.1507	0.1878	0.1649	0.1813	0.1169	0.1629
	欧式距离	0.0277	0.0254	0.0229	0.0253	0.0333	
NY&K	Kendall 秩 τ	-0.0211	-0.0293	7.25e-07	-0.0332	1.35e-06	-0.0270
	Spearman 秩 ρ	-0.0317	-0.0437	1.02e-06	-0.0497	2.00e-06	-0.0517
	欧式距离	0.0204	0.0183	0.0178	0.0214	0.0189	
NY&NQ	Kendall 秩 τ	-0.0120	0.0225	7.43e-07	0.0211	0.0437	0.0081
	Spearman 秩 ρ	-0.0180	0.0327	1.09e-06	0.0317	0.0656	0.0108
	欧式距离	0.0240	0.0181	0.0224	0.0201	0.0188	

续表

指标	相关性测度	正态 Copula	t-Copula	Clayton	Frank	Gumbel	原始数据
NY&TQ	Kendall 秩 τ	-0.1185	-0.1208	7.25e-07	-0.1141	1.35e-06	-0.0784
	Spearman 秩 ρ	-0.1770	-0.1770	1.02e-06	-0.1705	2.05e-06	-0.1086
	欧式距离	0.0289	0.0158	0.0223	0.0184	0.0107	
NY&ZS	Kendall 秩 τ	0.0403	0.0505	7.23e-07	0.0588	0.0619	0.0054
	Spearman 秩 ρ	0.0605	0.0757	1.02e-06	0.0881	0.0927	0.0179
	欧式距离	0.0235	0.0235	0.0252	0.0236	0.0224	
NY&RDR	Kendall 秩 τ	0.0403	0.0505	7.25e-07	0.0588	0.0619	0.0054
	Spearman 秩 ρ	0.0605	0.0757	1.22e-06	0.0881	0.0927	0.0179
	欧式距离	0.0240	0.0240	0.0259	0.0241	0.0228	
NY&R	Kendall 秩 τ	-0.2805	-0.3793	7.25e-07	-0.3393	1.35e-06	-0.3270
	Spearman 秩 ρ	-0.4104	-0.5388	1.02e-06	-0.4924	2.00e-06	-0.4550
	欧式距离	0.0259	0.0203	0.0999	0.0440	0.0999	
NY&CL	Kendall 秩 τ	-0.1388	-0.1868	7.25e-07	-0.1605	1.35e-06	-0.1459
	Spearman 秩 ρ	-0.2069	-0.2772	1.02e-06	-0.2391	2.00e-06	-0.2266
	欧式距离	0.0122	0.0171	0.0215	0.0120	0.0215	
NY&S	Kendall 秩 τ	-0.2676	-0.3081	7.43e-07	-0.3280	1.35e-06	-0.3128
	Spearman 秩 ρ	-0.3924	-0.4484	1.09e-06	-0.4771	2.00e-06	-0.4476
	欧式距离	0.0296	0.0289	0.1034	0.0280	0.1032	

从相关性测度整体看，能源消费结构与GDP、GDP增长率、全社会固定资产投资、人均GDP、城镇居民人均可支配收入、工业能源消费比重、制造业能源消费比重、劳动生产率、科研经费财政支出、碳排放强度、总人口、城市化率、市场化指数的相关性测度值均为负，表明能源消费结构与其存在负相关关系。

能源消费结构与能源价格、农村居民可支配收入、产业结构、城镇恩格尔系数、农村恩格尔系数、农林牧渔能源消费比重、生活能源消费比重、能源效率、R&D经费支出、R&D占比GDP、能源强度、专利申请授权数、R&D人员全时当量的相关性测度值均为正，表明能源消费结构与其存在正相关关系。

基于以上 26 种影响因素，运用 5 种 Copula 函数进行模型评价，基于平方欧式距离算法来检验模型的拟合优度，可求出 Copula 函数的经验分布函数的距离。距离最小者即为最优 Copula 函数。

通过计算各影响因素的尾部相关性值，有 26 个影响因素与能源消费结构高级化指数的相关性大小进行量化，具体如表 4.7 所示。

表 4.7　　　　能源消费结构与各影响因素的尾部相关系数

变量	最优函数	尾部相关性	最优 Copula 函数尾部相关系数（%）
NY&G	Frank Copula	尾部相互独立	0
NY&GZ	Gumbel Copula	上尾相关	0.01
NY&Z	Frank Copula	尾部相互独立	0
NY&N	Gumbel Copula	上尾相关	12.97
NY&RG	Frank Copula	尾部相互独立	0
NY&CK	Gumbel Copula	上尾相关	11.87
NY&NK	Gumbel Copula	上尾相关	9.45
NY&C	Gumbel Copula	上尾相关	11.57
NY&CE	Gumbel Copula	上尾相关	17.25
NY&NE	t–Copula	尾部对称	16.88
NY&NX	Gumbel Copula	上尾相关	17.87
NY&GX	Clayton Copula	下尾相关	0.12
NY&ZX	Frank Copula	尾部相互独立	0
NY&SX	t–Copula	尾部对称	7.63
NY&X	Clayton Copula	下尾相关	15.49
NY&LS	Frank Copula	尾部相互独立	0
NY&RDJ	t–Copula	尾部对称	12.13
NY&RDG	Clayton Copula	下尾相关	0.025
NY&K	Clayton Copula	下尾相关	12.69

续表

变量	最优函数	尾部相关性	最优 Copula 函数尾部相关系数（%）
NY&NQ	t – Copula	尾部对称	16.36
NY&TQ	Gumbel Copula	上尾相关	11.99
NY&ZS	Gumbel Copula	上尾相关	8.41
NY&RDR	Gumbel Copula	上尾相关	8.41
NY&R	t – Copula	尾部对称	16.77
NY&CL	Frank Copula	尾部相互独立	0
NY&S	Gumbel Copula	上尾相关	9.87

尾部相关性描述的是一个经济变量上升或者下降时，另一个经济变量上升或者下降的概率。

能源消费结构与 GDP（G）、GDP 增长率（GZ）、全社会固定资产投资（Z）、人均 GDP（RG）、制造业能源消费比重（ZX）、R&D 占比 GDP（RDG）、工业能源消费比重（GX）、劳动生产率（LS）、城市化率（CL）相关性为零或者相关性很小。

能源消费结构与能源价格（N）之间的相关系数为12.97%，说明能源价格的变化引起能源消费结构变化的概率有12.97%；能源消费结构与城镇居民人均可支配收入（CK）之间的尾部相关系数为11.87%，说明城镇居民人均可支配收入的变化引起能源消费结构变化的概率为11.87%；能源消费结构与农村居民可支配收入（NK）之间的尾部相关系数为9.45%，农村居民可支配收入的变化引起能源消费结构变化的概率为9.45%；能源消费结构与产业结构（C）之间的相关系数为11.57%，产业结构的变化引起能源消费结构变化的概率为11.57%；能源消费结构与城镇恩格尔系数（CE）之间的相关系数为17.25%，说明城镇恩格尔系数的变化引起能源消费结构变化的概率为17.25%；能源消费结构与农村恩格尔系数（NE）之间的尾部相关系数为16.88%，说明农村恩格尔系数的变化引起能源消费结构变化的概率为16.88%；能源消费结构与农林牧渔能源消费比重（NX）的尾部相关系数为17.87%，说明农林牧渔能源消费比重的变化引起能源消费结构变化的概率为17.87%；能源消费结构与生活能源消费比重（SX）的尾部相关系数为

7.63%，说明生活能源消费比重的变化引起能源消费结构变化的概率为 7.63%；能源消费结构与能源效率（X）的尾部相关系数为 15.49%，说明生活能源消费比重的变化引起能源消费结构变化的概率为 15.49%；能源消费结构与 R&D 经费支出（RDJ）的尾部相关系数为 12.13%，说明 R&D 经费支出（RDJ）的变化引起能源消费结构变化的概率为 12.13%；能源消费结构与科研经费财政支出（K）的尾部相关系数为 12.69%，说明科研经费财政支出（K）的变化引起能源消费结构变化的概率为 12.69%；能源消费结构与能源强度（NQ）的尾部相关系数为 16.36%，说明能源强度（NQ）的变化引起能源消费结构变化的概率为 16.36%；能源消费结构与碳排放强度（TQ）的尾部相关系数为 11.99%，说明碳排放强度（TQ）的变化引起能源消费结构变化的概率为 11.99%；能源消费结构与专利申请授权数（ZS）的尾部相关系数为 8.41%，说明专利申请授权数的变化引起能源消费结构变化的概率为 8.41%；能源消费结构与 R&D 人员全时当量（RDR）的尾部相关系数为 8.41%，说明 R&D 人员全时当量的变化引起能源消费结构变化的概率为 8.41%；能源消费结构与总人口（R）的尾部相关系数为 16.77%，说明总人口（R）的变化引起能源消费结构变化的概率为 16.77%；能源消费结构与市场化指数（S）的尾部相关系数为 9.87%，说明市场化指数的变化引起能源消费结构变化的概率为 9.87%。

能源结构高级化指数与相关影响因素的相关性情况见表 4.8。

表 4.8　　　　　　　　　与影响因素相关性情况

一级指标	二级指标	指标表示	正负相关性	相关性大小
经济因素	宏观经济	G	-	0 或者很小
		GZ	-	0 或者很小
	固定资产投资水平	Z	-	0 或者很小
	能源价格	N	+	12.97%
	人均 GDP	RG	-	0 或者很小
	居民收入水平	CK		11.87%
		NK	-	9.45%

第4章 我国能源消费结构影响因素相关性分析

续表

一级指标	二级指标	指标表示	正负相关性	相关性大小
结构因素	产业结构	C	+	11.57%
	居民消费结构	CE	+	17.25%
		NE	+	16.88%
	能源消耗结构	NX	+	17.87%
		GX	-	0 或者很小
		ZX	-	0 或者很小
		SX	+	7.63%
	能源效率	X	+	15.49%
技术因素	劳动生产率	LS	—	0 或者很小
	能源强度	NQ	+	16.36%
	碳排放强度	TQ	-	11.99%
	研发投入	RDJ	+	12.13%
		RDG	+	0 或者很小
		K	-	12.69%
	专利授权数	ZS	+	8.41%
	科技人员数量	RDR	+	8.41%
人口与政策	人口数量或增长量	R	-	16.77%
	城市化水平	CL	-	0 或者很小
	市场化程度	S	-	9.87%

4.3 本章小结

本章先对变量进行了平稳性检验与协整检验，结果证明变量之间存在着长期协整关系；接下来采用 Copula 函数模型定量分析变量与能源消费结构高级化指数之间的相依性。

实证表明：能源消费结构高级化指数与城镇居民人均可支配收入、科研经费财政支出、碳排放强度、总人口、市场化指数存在负相关关系。能源消费结构与能源价格、农村居民可支配收入、产业结构、城镇恩格尔系数、农村恩格尔系数、农林牧渔能源消费比重、生活能源消费比重、能源效率、R&D 经费支出、能源强度、专利申请授权数、R&D 人员全时当量存在正相关关系。能源消费结构与 GDP（G）、GDP 增长率（GZ）、全社会固定资产投资（Z）、人均 GDP（RG）、制造业能源消费比重（ZX）、R&D 占比 GDP（RDG）、工业能源消费比重（GX）、劳动生产率（LS）、城市化率（CL）相关性为零或者相关性很小。

在四个维度的影响因素中有 17 个指标与能源消费结构具有一定程度的相关性，并对其结构产生相应的影响。具体为，经济因素中的能源价格、居民收入水平，结构因素中的产业结构、居民消费结构、农林牧渔能源消费比重、生活能源消费比重、能源效率，技术因素中的能源强度、碳排放强度、R&D 经费支出、科研经费财政支出、专利授权数、科技人员数量，人口与政策中的人口数量、城市化水平、市场化程度。

第 5 章

我国能源供需预测

能源工业是国民经济的基础产业,能源是可持续发展的重要物质资源,能源供需和结构平衡是经济发展和社会进步的重要保障。

分别运用向量自回归模型、灰色预测、趋势外推预测及组合预测方法对我国能源供需进行预测,为后面研究我国能源结构的调整问题和绿色能源的替代效应奠定基础。

5.1 能源消费预测

能源需求预测是制定能源发展战略、规划的基础与前提。迄今为止,人们开发了许多能源需求预测模型,这些模型各具特色。本节根据能源需求的数据特点,分别采用适当的模型对能源需求总量、煤炭需求、石油需求、天然气需求和电力需求进行预测。

5.1.1 能源消费总量预测

首先采用灰色 GM(1, 1) 模型和趋势外推模型对能源需求总量进行预测,其次,为了有效地提高预测精度,采用组合预测模型的方式,将两个能源需求预测模型进行有机组合。

5.1.1.1 能源消费总量 GM(1, 1) 预测

(1) 灰色系统理论。

灰色系统理论自 1982 年问世以来,在理论和应用方面都取得了显著成

绩。灰色系统理论建模的主要任务就是根据社会、经济、技术等系统的行为特征数据，找出因素本身或因素之间的数学关系，从而了解系统的动态行为和发展趋势。

灰色系统理论认为：①任何随机过程都可看作是在一定时空区域变化的灰色过程，随机量可看作是灰色量；②无规的离散时空数列是潜在的有规序列的一种表现。因而，通过生成变换可将无序列变成有规序列。灰色预测是对本征性灰色系统，如军事系统、社会系统、经济系统、生态系统、商业系统等的预测。其特点是：

①预测模型不是唯一的；

②一般预测到一个区间，而不是一个点；

③预测区间的大小与预测精度成反比，而与预测成功率成正比。

灰色预测所用的模型一般为 GM(1, 1)，GM(0, h)，GM(1, h)，SCCM(1, h)，SCCM(1, 1) 模型以及一些非线性 GM 模型。GM(n, h)(n > 1) 模型一般不能用于预测。GM(0, h)，GM(1, h)(h > 1) 一般也不作为灰色预测模型，因为任何一个本征性灰色系统，其行为是受许多因素影响的，如果把所有的相关因子都列入模型中，就会得不出适用的模型，因而也就达不到预测的目的。但如果选择相关性较大的因子，则仍有可能使用。灰色预测可分为：灰色数列预测、年灾变预测、季节灾变预测、拓扑预测、残差辨识预测、一般非线性预测和系统综合预测。尤其是灰色动态模型 GM(1, 1)，它是一个关于变量数列的一阶微分方程的时间响应函数，由于可用于定量分析与预测，被看作是灰色系统中的核心模型。能源系统是一个复杂的系统，其影响因素有些是已知的，有些是未知的，因此，可以把能源系统作为灰色系统进行处理，灰色预测模型在能源预测中得到了广泛的应用。

(2) 灰色 GM(1, 1) 模型。

设有原始数据列 $x^{(0)} = (x^{(0)}(1), x^{(0)}(2), \cdots, x^{(0)}(n))$，$n$ 为数据个数。如果根据 $x^{(0)}$ 数据列建立 GM(1, 1) 来实现预测功能，则基本步骤如下：

①原始数据累加以便弱化随机序列的波动性和随机性，得到新数据序列式 (5.1)：

$$x^{(1)} = \{x^{(1)}(1), x^{(1)}(2), \cdots, x^{(1)}(n)\} \qquad (5.1)$$

其中，$x^{(1)}(t)$ 中各数据表示对应前几项数据的累加。

$$x^{(1)}(t) = \sum_{k=1}^{t} x^{(0)}(k) \quad t = 1, 2, 3, \cdots, n$$

②对 $x^{(1)}(t)$ 建立下述一阶线性微分方程：即 GM（1，1）模型，如式（5.2）：

$$\frac{\mathrm{d}x^{(1)}}{\mathrm{d}t} + ax^{(1)} = u \tag{5.2}$$

其中，a、u 为待定系数，分别称为发展系数和灰色作用量，a 的有效区间是（-2, 2），并记 a、u 构成的矩阵为灰参数 $\hat{a} = \begin{pmatrix} a \\ u \end{pmatrix}$。只要求出参数 a、u，就能求出 $x^{(1)}(t)$，进而求出 $x^{(0)}$ 的未来预测值。

③对累加生成数据做均值生成 B 与常数项向量 Yn，即式（5.3）

$$B = \begin{bmatrix} -\frac{1}{2}(X^{(1)}(1) + X^{(1)}(2)) & 1 \\ -\frac{1}{2}(X^{(1)}(2) + X^{(1)}(3)) & 1 \\ \cdots \\ -\frac{1}{2}(X^{(1)}(n-1) + X^{(1)}(n)) & 1 \end{bmatrix} \tag{5.3}$$

$$Y_n = \begin{pmatrix} x^{(0)}(2) \\ x^{(0)}(3) \\ \cdots \\ x^{(0)}(n) \end{pmatrix} \tag{5.4}$$

④用最小二乘法求解灰参数 $\hat{a}$，则

$$\hat{a} = (B^T B)^{-1} B^T Y_n \tag{5.5}$$

⑤将灰参数代入式（5.2），并进行求解，得式（5.6）

$$\hat{X}^{(1)}(t+1) = \left(X^{(0)}(1) - \frac{u}{a}\right)e^{-at} + \frac{u}{a} \tag{5.6}$$

由于 $\hat{a}$ 是通过最小二乘法求出的近似值，所以 $\hat{X}^{(1)}(t+1)$ 是一个近似表达式，为了与原序列 $x^{(1)}(t+1)$ 区分开来，故记为 $\hat{X}^{(1)}(t+1)$。式中 t 为时间序列，可取年、季或月。

⑥对函数表达式 $\hat{X}^{(1)}(t+1)$ 及 $\hat{X}^{(1)}(t)$ 进行离散，并将二者做差以便还原 $x^{(0)}$ 原序列，得到近似数据序列 $\hat{X}^{(0)}(t+1)$ 如式（5.7）：

$$\hat{X}^{(0)}(t+1) = \hat{X}^{(1)}(t+1) - \hat{X}^{(1)}(t) \tag{5.7}$$

⑦对建立的灰色模型进行检验，步骤如下：

计算 $x^{(0)}(t)$ 与 $\hat{x}^{(0)}(t)$ 之间的残差 $e^{(0)}(t)$ 和相对误差 $q^{(0)}(t)$：

$$e^{(0)}(t) = x^{(0)}(t) - \hat{x}^{(0)}(t)$$
$$q^{(0)}(t) = e^{(0)}(t)/x^{(0)}(t)$$

等。

⑧利用模型进行预测如式（5.8）：

$$\hat{X}^{(0)} = \{\hat{X}^{(0)}(1), \hat{X}^{(0)}(2), \cdots, \hat{X}^{(0)}(n), \hat{X}^{(0)}(n+1), \cdots, \hat{X}^{(0)}(n+m)\}$$
　　　　原数列的模拟　　　　　　未来数列的预测　　　　（5.8）

以《中国统计年鉴》1980～2020 年能源消费数据为原始序列，建立 GM(1, 1) 模型，进而对未来的能源需求总量进行预测。

原始数据列：$X^{(0)}$ = (60275，59447，62067，66040，70904，76682，80850，86632，92997，96934，98703，103783，109170，115993，122737，131176，135192，136184，136184，140569，146964，155547，169577，197083，230281，261369，286467，311442，320611，336126，360648，387043，402138，416913，425806，429905，435819，455827，471925，487488，498314)

对 $X^{(0)}$ 进行一次累加（1—AGO），生成数列：

$X^{(1)}$ = (60275，119722，181789，247829，318733，395415，476265，562897，655894，752828，851531，955314，1064484，1180477，1303214，1434390，1569582，1705491，1841675，1982244，2129208，2284755，2454332，2651415，2881696，3143065，3429532，3740974，4061585，4397711，4758359，5145402，5547540，5964453，6390259，6820164，7255983，7711810，8183735，8671223，9169537)

对累加生成数据做均值生成 B 与常数项向量 Y_n，用最小二乘法求解灰参数 $\hat{a}$，则式（5.9）经计算可得 $\hat{a} = [a, u]^T$

即 $a = -0.05576, u = 60\,681.90471$

对函数表达式 $\hat{x}^{(1)}(t+1)$ 及 $\hat{x}^{(1)}(t)$ 进行离散，并将二者做差以便还原 $x^{(0)}$ 原序列，得到近似数据序列 $\hat{x}^{(0)}(t+1)$。结果见表5.1。

表 5.1　　1980～2020 年能源需求总量 GM(1, 1) 模型预测

年份	实际值（万吨标准煤）	预测值（万吨标准煤）	残差	相对误差
1980	60 275	60 275.00	0	0
1981	59 447	65 861.87	6 414.87	0.11
1982	62 067	69 638.54	7 571.54	0.12

续表

年份	实际值（万吨标准煤）	预测值（万吨标准煤）	残差	相对误差
1983	66 040	73 631.78	7 591.78	0.11
1984	70 904	77 854.00	6 950.00	0.10
1985	76 682	82 318.33	5 636.33	0.07
1986	80 850	87 038.66	6 188.66	0.08
1987	86 632	92 029.66	5 397.66	0.06
1988	92 997	97 306.86	4 309.86	0.05
1989	96 934	102 886.66	5 952.66	0.06
1990	98 703	108 786.42	10 083.42	0.10
1991	103 783	115 024.49	11 241.49	0.11
1992	109 170	121 620.27	12 450.27	0.11
1993	115 993	128 594.26	12 601.26	0.11
1994	122 737	135 968.16	13 231.16	0.11
1995	131 176	143 764.89	12 588.89	0.10
1996	135 192	152 008.71	16 816.71	0.12
1997	135 909	160 725.25	24 816.25	0.18
1998	136 184	169 941.61	33 757.61	0.25
1999	140 569	179 686.46	39 117.46	0.28
2000	146 964	189 990.11	43 026.11	0.29
2001	155 547	200 884.59	45 337.59	0.29
2002	169 577	212 403.78	42 826.78	0.25
2003	197 083	224 583.51	27 500.51	0.14
2004	230 281	237 461.66	7 180.66	0.03
2005	261 369	251 078.27	−10 290.73	−0.04
2006	286 467	265 475.69	−20 991.31	−0.07
2007	311 442	280 698.69	−30 743.31	−0.10
2008	320 611	296 794.61	−23 816.39	−0.07
2009	336 126	313 813.51	−22 312.49	−0.07
2010	360 648	331 808.32	−28 839.68	−0.08
2011	387 043	350 834.99	−36 208.01	−0.09

续表

年份	实际值（万吨标准煤）	预测值（万吨标准煤）	残差	相对误差
2012	402 138	370 952.69	-31 185.31	-0.08
2013	416 913	392 223.99	-24 689.01	-0.06
2014	425 806	414 715.03	-11 090.97	-0.03
2015	429 905	438 495.77	8 590.77	0.02
2016	435 819	463 640.15	27 821.15	0.06
2017	455 827	490 226.37	34 399.37	0.08
2018	471 925	518 337.10	46 412.10	0.10
2019	487 488	548 059.77	60 571.77	0.12
2020	498 314	579 486.80	81 172.80	0.16

进行模型精度检验。从残差的相对误差来看，平均相对误差为 0.11，预测精度达到 89%。从后验差 $C = S2/S1 = 0.18$，其中 $S1$ 为实际数据的标准差，$S2$ 为预测数据残差的标准差。根据灰色系统理论评定预测精度的要求，指标 C 小于 0.35 表明所建立的预测模型拟合精度是好的。能客观地反映我国能源消耗的动态变化趋势，可以用该模型对能源消耗量进行预测。预测结果如表 5.2 所示。

表 5.2　　2021~2030 年能源需求总量 GM(1, 1) 预测结果

年份	预测值（万吨标准煤）
2021	612 715.94
2022	647 850.51
2023	684 999.78
2024	724 279.28
2025	765 811.16
2030	1 012 045.02

从预测结果可以看到，2021 年我国能源需求总量为 612 715.94 万吨标准煤，2025 年将达到 765 811.16 万吨标准煤，2030 年为 1 012 045.02 万吨标准煤。这一预测结果还是偏高，但灰色预测模型本身并没有问题，且本模型的预测误差比较小，预测精度比较高。原因还是在于本模型预测的基础数据是我国 1980～2020 年的能源需求总量数据，而这一阶段正是我国加快工业化进程建设的阶段，每年对能源的生产量与需求量均非常大，且每年以较快的速度增长，这对模型产生了重大影响，使模型预测数据的递增速度较快，这直接导致了模型的预测数据偏大。事实上，经济社会发展中的绝大多数问题都不可能单纯依靠哪一个或几个数学模型来精确描述，单纯运用数学模型的方法都会产生或大或小的偏差，这是不可避免的。

总的来说，本节构建的我国能源需求总量的 GM(1, 1) 预测模型是合理有效的，预测结果精度及置信度都较高，可以用于我国能源需求总量的预测。

5.1.1.2　能源需求总量趋势外推预测

通过掌握并利用事物的历史和现实数据，可以寻求事物随着时间推移而不断发展变化的内在规律，根据内在规律再推测出该事物的未来状况，这种预测方法便是趋势外推法。如果需要预测的对象随着时间的变化而呈现某种上升或下降的趋向时，并且这种变化不存在明显的季节波动时，就可以用一条合适的函数曲线来反映这种变化趋势，因此可以用时间作为自变量，时序数值作为因变量来建立一个趋势预测模型如式（5.9）。

$$y = f(t) = a_0 + b_1 t + b_2 t^2 + \cdots + b_n t^n \tag{5.9}$$

根据事物的发展规律，如果这种趋势能够延伸到未来的话，则赋予变量在未来某时刻的一个具体数值，就必然会得到对应这一时刻的序列未来的数值。也就是说，可以运用一个数学模型，来拟合一条趋势线，然后用这个趋势外推预测模型来外推预测未来某时刻该事物的发展状况，这就是趋势外推法的基本原理。

根据我国能源需求总量 1982～2020 年的时间序列图可以看出拟合二次型曲线比较合适，如图 5.1 所示。

图 5.1 能源需求时间序列图

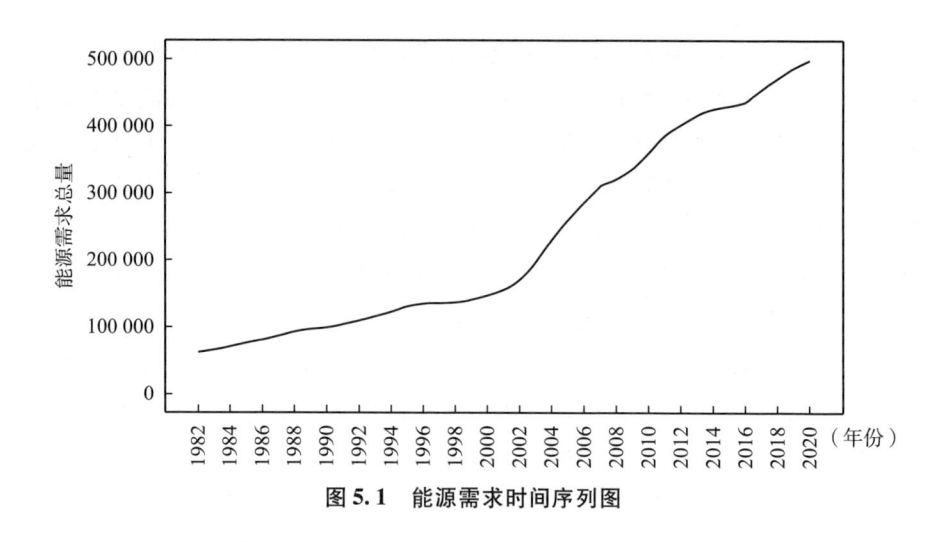

拟合曲线方程为：

$ED = 62\ 216.742 + 907.151 * T + 288.013 * (T^2)\ (T = 1,\ 2\cdots,\ n)$

利用所求模型对我国能源资源 1980～2020 年的需求总量进行预测，所得预测值与实际值所比较得到的结果如表 5.3 所示。

表 5.3　1982～2020 年能源消费总量趋势预测值与实际值比较

年份	实际值（万吨标准煤）	预测值（万吨标准煤）	绝对误差
1982	62 067	63 411.91	1 344.91
1983	66 040	65 183.10	856.90
1984	70 904	67 530.31	3 373.69
1985	76 682	70 453.55	6 228.45
1986	80 850	73 952.82	6 897.18
1987	86 632	78 028.11	8 603.89
1988	92 997	82 679.43	10 317.57
1989	96 934	87 906.77	9 027.23
1990	98 703	93 710.14	4 992.86
1991	103 783	100 089.54	3 693.46
1992	109 170	107 044.96	2 125.04
1993	115 993	114 576.41	1 416.59

续表

年份	实际值（万吨标准煤）	预测值（万吨标准煤）	绝对误差
1994	122 737	122 683.88	53.12
1995	131 176	131 367.38	191.38
1996	135 192	140 626.90	5 434.90
1997	135 909	150 462.45	14 553.45
1998	136 184	160 874.03	24 690.03
1999	140 569	171 861.63	31 292.63
2000	146 964	183 425.26	36 461.26
2001	155 547	195 564.91	40 017.91
2002	169 577	208 280.59	38 703.59
2003	197 083	221 572.29	24 489.29
2004	230 281	235 440.02	5 159.02
2005	261 369	249 883.78	11 485.22
2006	286 467	264 903.56	21 563.44
2007	311 442	280 499.37	30 942.63
2008	320 611	296 671.20	23 939.80
2009	336 126	313 419.06	22 706.94
2010	360 648	330 742.94	29 905.06
2011	387 043	348 642.85	38 400.15
2012	402 138	367 118.79	35 019.21
2013	416 913	386 170.75	30 742.25
2014	425 806	405 798.74	20 007.26
2015	429 905	426 002.75	3 902.25
2016	435 819	446 782.79	10 963.79
2017	455 827	468 138.85	12 311.85
2018	471 925	490 070.94	18 145.94
2019	487 488	512 579.06	25 091.06
2020	498 314	535 663.20	37 349.20

利用本模型进行预测的误差的平均相对误差为 0.0750，预测精度非常

高,可以用其对我国未来能源需求总量进行预测。那么,我国未来能源需求总量如表 5.4 所示。

表 5.4　　　　　　　2021~2030 年能源消费总量趋势预测

年份	预测值（万吨标准煤）
2021	559 323.37
2022	583 559.56
2023	608 371.78
2024	633 760.02
2025	659 724.29
2030	798 186.03

5.1.1.3　变权重组合预测模型

目前国内外学术界对于预测领域的热点之一是组合预测。组合预测研究的最大的优点是它可以充分利用各种预测方法的长处,可以充分发挥各种预测方法能够得到的有用信息,以提高整个预测方法的预测精度。确定各单个预测方法的权重组合是正确运用组合预测方法的重点与难点。

从目前国内外学术研究成果来看,组合权重通常分为两类,其中一类为固定权重,另一类为变动权重。这两种方法的区别在于:固定权重的研究时间较早,因此确定权重的方法也比较成熟,但这种组合预测方法的预测精度稍差一些;虽然变动权重的研究起步时间晚于固定权重的研究,权重的确定方法还处于探讨阶段,但变动权重的组合预测方法的预测精度要明显高于固定权重组合预测方法,因此学术界对此种方法也加大了研究力度。由于变动权重函数是时间的函数,所以这种方法中权重的确定比较困难。由于变权重组合预测模型在能源预测模型中很少应用,因此本书选取了一种变权重组合预测方法用于能源生产和需求的预测,以提高预测精度,使预测效果更加准确。

在运用组合预测法进行我国能源需求总量预测时,首先要建立各样本点的组合预测优化模型,求出各单项预测方法即灰色预测法和趋势外推法在各样本点的最优组合权系数,接着根据确定好的组合权系数确定各预测时点上各种预测方法的组合权重。下面对组合预测法的基本计算步骤进行简单介绍。

设对于某一经济管理类预测问题，我们有 n 种预测方法（或模型），$\hat{y}_1(t)$，$\hat{y}_2(t)$，…，$\hat{y}_n(t)$，并假设：

$y(t)$：第 t 期的实际观差值（$t=1,2,…,n$）；

$\hat{y}_i(t)$：第 i 个预测模型预测的第 t 期的值；

$\omega_i(t)$：第 i 个预测模型在第 t 期的加权值；

$$\sum_{i=1}^{n} \omega_i(t) = 1$$

满足　（$t=1,2,…,n$）

$\omega_i(t) \geq 0 (i=1,2,…,n)$

$\hat{y}(t) = \sum_{i=1}^{n} \omega_i(t)\hat{y}_i(t)$，变权组合预测模型预测的第 t 期的值。

基于最小二乘法的思想，我们求得的最优变权系数 $w_i(t)$ 应使式 (5.10)

$$Q = \sum_{t=1}^{N} |\hat{y}(t) - y(t)| \tag{5.10}$$

达到最小，其中 $\hat{y}(t) = \sum_{i=1}^{n} w_i(t)\hat{y}_i(t)$。

根据变权重组合预测模型理论，建立能源总消费灰色预测模型和趋势外推模型的组合预测模型，以提高预测精度。组合预测权重见表 5.5，组合预测误差见表 5.6。

表 5.5　　　　1982~2030 年能源需求总量组合预测权重

年份	灰色预测	趋势外推	年份	灰色预测	趋势外推
1982	0	1	1991	0.2473	0.7527
1983	0.1014	0.8986	1992	0.1458	0.8542
1984	0.3268	0.6732	1993	0.1011	0.8989
1985	0.525	0.475	1994	0.004	0.996
1986	0.5271	0.4729	1995	0	1
1987	0.5271	0.4729	1996	0	1
1988	0.7054	0.2946	1997	0	1
1989	0.6026	0.3974	1998	0	1
1990	0.3312	0.6688	1999	0	1

续表

年份	灰色预测	趋势外推	年份	灰色预测	趋势外推
2000	0	1	2016	0	1
2001	0	1	2017	0	1
2002	0	1	2018	0	1
2003	0	1	2019	0	1
2004	0	1	2020	0	1
2005	1	0	2021	0.370697	0.629303
2006	1	0	2022	0.380202	0.619798
2007	1	0	2023	0.387351	0.612649
2008	1	0	2024	0.388904	0.611096
2009	1	0	2025	0.385414	0.614586
2010	1	0	2026	0.381781	0.618219
2011	1	0	2027	0.378055	0.621945
2012	1	0	2028	0.369662	0.630338
2013	1	0	2029	0.363689	0.636311
2014	1	0	2030	0.364522	0.635478
2015	0.3124	0.6876			

表 5.6　　1982～2020 年能源总需求组合预测误差

年份	实际值（万吨标准煤）	预测值（万吨标准煤）	绝对误差	相对误差
1982	62 067	63 411.90638	1 344.9064	0.0217
1983	66 040	66 039.79275	-0.207252	0.0000
1984	70 904	70 904.09316	0.0931596	0.0000
1985	76 682	76 682.56197	0.5619684	0.0000
1986	80 850	80 850.36554	0.3655374	0.0000
1987	86 632	85 408.32824	-1 223.672	-0.0141
1988	92 997	92 997.61759	0.6175851	0.0000
1989	96 934	96 933.65449	-0.345507	0.0000
1990	98 703	98 703.40831	0.4083074	0.0000
1991	103 783	103 782.9539	-0.046099	0.0000

续表

年份	实际值（万吨标准煤）	预测值（万吨标准煤）	绝对误差	相对误差
1992	109 170	109 170.0408	0.0407828	0.0000
1993	115 993	115 993.6128	0.6127544	0.0000
1994	122 737	122 737.0175	0.0174943	0.0000
1995	131 176	131 367.3788	191.37876	0.0015
1996	135 192	140 626.9029	5 434.9029	0.0402
1997	135 909	150 462.4527	14 553.453	0.1071
1998	136 184	160 874.0282	24 690.028	0.1813
1999	140 569	171 861.6295	31 292.63	0.2226
2000	146 964	183 425.2565	36 461.257	0.2481
2001	155 547	195 564.9092	40 017.909	0.2573
2002	169 577	208 280.5877	38 703.588	0.2282
2003	197 083	221 572.2919	24 489.292	0.1243
2004	230 281	235 440.0218	5 159.0218	0.0224
2005	261 369	251 078.2696	−10 290.73	−0.0394
2006	286 467	265 475.6881	−20 991.31	−0.0733
2007	311 442	280 698.6883	−30 743.31	−0.0987
2008	320 611	296 794.6113	−23 816.39	−0.0743
2009	336 126	313 813.5122	−22 312.49	−0.0664
2010	360 648	331 808.317	−28 839.68	−0.0800
2011	387 043	350 834.9862	−36 208.01	−0.0936
2012	402 138	370 952.6894	−31 185.31	−0.0775
2013	416 913	392 223.989	−24 689.01	−0.0592
2014	425 806	414 715.0349	−11 090.97	−0.0260
2015	429 905	429 905.5685	0.5684948	0.0000
2016	435 819	446 782.7871	10 963.787	0.0252
2017	455 827	468 138.8514	12 311.851	0.0270
2018	471 925	490 070.9414	18 145.941	0.0385
2019	487 488	512 579.0572	25 091.057	0.0515
2020	498 314	535 663.1987	37 349.199	0.0750

灰色预测 GM(1, 1) 的平均相对误差为 0.1091, 趋势外推法的平均相对误差为 0.075, 而组合预测法的平均相对误差仅为 0.0609, 组合预测模型的平均相对误差小于任一单一模型, 预测精度达到了 93.91%, 预测精度很高, 可以进行预测, 预测结果如表 5.7 所示。

表 5.7　　　　　　2021~2030 年能源需求总量组合预测

年份	预测值（万吨标准煤）
2021	579 115.9
2022	608 003.1
2023	638 053.7
2024	668 963.3
2025	700 611.7
2026	733 399.3
2027	767 357.8
2028	801 763.1
2029	837 648.8
2030	876 142.3

5.1.2　向量自回归模型

用联立方程的形式建立模型在 20 世纪五六十年代风靡一时。这种方法的理论优点是对方程内有随机误差项与某些解释变量的相关所造成的回归参数估计量的偏倚给予了充分的注意与考虑，从而提出工具变量法、两阶段最小二乘法、有限信息极大似然估计法、完全信息极大似然估计法等估计方法。这种建模方法用来研究大型复杂的宏观经济问题，用来做政策分析和预测。在实际应用中，由于这些模型的预测效果并不令人满意，所以联立方程模型也招致一些批评。疑问主要集中在零约束的假定条件以及对变量进行内生与外生的划分上。为达到可识别的目的就要对变量实行零约束。当模型不可识别时，通常是加入一些额外的不同变量与不同的方程从而满足识别条件。这些新加入的解释能力有时是很弱的。如果变量是非平稳的，则违反了假定条件。这也是造成预测效果不佳的原因之一。

1980年西姆斯（Sims）提出向量自回归（VAR）模型。VAR模型是用模型中所有当期变量对所有变量的若干滞后变量进行回归。VAR模型用来估计联合内生变量的动态关系，而不带有任何事先的约束条件。这种模型目前已得到广泛应用。

以两个变量 $y_{1,t}$，$y_{2,t}$ 滞后1期的VAR模型为例，如式（5.11）

$$\begin{cases} y_{1,t} = c_1 + \pi_{11,1} y_{1,t-1} + \pi_{12,1} y_{2,t-1} + u_{1t} \\ y_{2,t} = c_2 + \pi_{21,1} y_{1,t-1} + \pi_{22,1} y_{2,t-1} + u_{2t} \end{cases} \quad (5.11)$$

其中，u_{1t}，$u_{2t} \sim IID(0, \sigma^2)$，$Cov(u_{1t}, u_{2t}) = 0$。写成矩阵形式（5.12）

$$\begin{bmatrix} y_{1t} \\ y_{2t} \end{bmatrix} = \begin{bmatrix} c_1 \\ c_2 \end{bmatrix} + \begin{bmatrix} \pi_{11,1} & \pi_{12,1} \\ \pi_{21,1} & \pi_{22,1} \end{bmatrix} \begin{bmatrix} y_{1,t-1} \\ y_{2,t-1} \end{bmatrix} + \begin{bmatrix} u_{1t} \\ u_{2t} \end{bmatrix} \quad (5.12)$$

设 $Y_t = \begin{bmatrix} y_{1t} \\ y_{2t} \end{bmatrix}$ $c = \begin{bmatrix} c_1 \\ c_2 \end{bmatrix}$ $\prod_1 = \begin{bmatrix} \pi_{11,1} & \pi_{12,1} \\ \pi_{21,1} & \pi_{22,1} \end{bmatrix}$ $u_t = \begin{bmatrix} u_{1t} \\ u_{2t} \end{bmatrix}$

则，$Y_t = c + \prod_1 Y_{t-1} + u_t$

那么，含有 N 个变量滞后 k 期的VAR模型表示如式（5.13）：

$$Y_t = c + \prod_1 Y_{t-1} + \prod_2 Y_{t-2} + \cdots + \prod_k Y_{t-k} + u_t,$$
$$u_t \sim IID(0, \Omega) \quad (5.13)$$

其中，

$$Y_t = (y_{1,t} \quad y_{2,t} \quad \cdots \quad y_{N,t})'$$
$$c = (c_1 \quad c_2 \quad \cdots \quad c_N)'$$
$$\prod_j = \begin{bmatrix} \pi_{11,j} & \pi_{12,j} & \cdots & \pi_{1N,j} \\ \pi_{21,j} & \pi_{22,j} & \cdots & \pi_{2N,j} \\ \vdots & \vdots & \ddots & \vdots \\ \pi_{N1,j} & \pi_{N2,j} & \cdots & \pi_{NN,j} \end{bmatrix}$$
$$j = 1, 2, \cdots, k \quad u_t = (u_{1,t} \quad u_{2,t} \quad \cdots \quad u_{N,t})'$$

Y_t 为 $N \times 1$ 阶时间序列向量。C 为 $N \times 1$ 阶常数项列向量。$\prod_1$，$\cdots$，$\prod_k$ 均为 $N \times N$ 阶参数矩阵，$u_t \sim IID(0, \Omega)$ 是 $N \times 1$ 阶随机误差列向量，其中每一个元素都是非自相关的，但这些元素，即不同方程对应的随机误差项之间可能存在相关性。

因VAR模型中每个方程的右侧只含有内生变量的滞后项，它们与 u_t 是渐近不相关的，所以可以用OLS法依次估计每一个方程，得到的参数估计量都具有一致性。

VAR 模型不以严格的经济理论为依据。在建模过程中只需明确两件事。一是共有哪些变量是相互有关系的，把有关系的变量包括在 VAR 模型中；二是确定滞后期，使模型能反映出变量间相互影响的绝大部分。

VAR 模型对参数不施加零约束。

VAR 模型的解释变量中不包括任何当期变量，所有与联立方程模型有关的问题在 VAR 模型中都不存在。

VAR 模型另一个特点是有相当多的参数需要估计。当样本容量较小时，多数的参数估计值很差。VAR 模型可通过假设检验提出那些零约束参数所对应的变量，缩小模型规模。

无约束 VAR 模型的应用之一是预测。由于在 VAR 模型中每个方程的右侧都不含有当期变量，这种模型用于预测的优点是不必对解释变量在预测期内的取值做任何预测。

建立 VAR 模型首先应确定滞后期。若滞后期太小，误差项的自相关有时很严重，并导致参数的非一致估计。如果适当加大滞后期，可以消除自相关，但从另一方面看，又会导致自由度的减少。一般来说有几种确定滞后期的方法：

一是根据 LR（似然比）统计量来确定，如式（5.14）。

$$LR = -2(\log L_{(k)} - \log L_{(k+1)}) \sim \chi^2(N^2) \quad (5.14)$$

其中 $\log L(k)$ 和 $\log L(k+1)$ 分别是 $VAR(k)$ 和 $VAR(k+1)$ 模型的极大似然估计值，k 表示 VAR 模型中滞后变量的最大滞后期。LR 统计量渐近服从分布 $\chi^2(N^2)$。显然当 VAR 模型滞后期的增加不会给极大似然函数值带来显著性增大时，即 LR 统计量的值小于临界值时，新增加的滞后变量对 VAR 模型毫无意义。应该注意，当样本容量与被估参数个数相比不够充分大时，LR 的有限样本分布与 LR 渐近分布存在很大差异。

二是用赤池（Akaike）信息准则（AIC）选择 k 值，见式（5.15）。

$$AIC = \log\left(\frac{\sum_{t=1}^{T} \hat{u}_t^2}{T}\right) + \frac{2k}{T} \quad (5.15)$$

其中 $\hat{u}_t$ 表示残差，T 表示样本容量，k 表示最大滞后期。选择 k 值的原则是在增加 k 值的过程中使 AIC 的值达到最小。

三是用施瓦茨（Schwartz）准则（SC）选择 k 值，见式（5.16）。

$$SC = \log\left(\frac{\sum_{t=1}^{T}\hat{u}_t^2}{T}\right) + \frac{k\log T}{T} \tag{5.16}$$

其中 $\hat{u}_t$ 表示残差，T 表示样本容量，k 表示最大滞后期。选择最佳 k 值的原则是在增加 k 值的过程中使 SC 值达到最小。

在建立 VAR 模型之前，应先检验变量的平稳性，因为 VAR 模型假设变量是平稳的。VAR 模型在能源需求预测中应用较少，因此，本节应用 VAR 模型对能源消费总量、煤炭、石油进行长期预测。

（1）数据说明。

一次能源总消费量（EC）、煤炭（MC）、石油（OC）均取自《中国统计年鉴》，单位是万吨标准煤。数据期间是 1980～2020 年。为了克服数据中的异方差和数据的剧烈波动，可以取自然对数并用 LEC，LMC，LOC 表示。DLEC，DLMC，DLOC，表示其一阶差分，DDLEC，DDLMC，DDLOC，表示其二阶差分，D 为差分算子。

（2）单位根检验。

多数的宏观经济时间序列都是不稳定的。一般来讲，当时间序列具有不平稳性时，会导致"伪回归"现象以及各项统计检验毫无意义。因此在建立计量模型之前要对所采用的时间序列进行单位根检验，以确定各序列的平稳性和单整阶数。检验的方法有 Phillips – Person（PP）和 Augment Dickey – Fuller（ADF）单位根检验，从而确定模型中各变量的平稳水平。本节采用 ADF 检验法，运用 EVIEWS 8.0 软件，单位根检验结果见表 5.8。

表 5.8　　　　　　　　　　单位根检验

变量	ADF 值	P 值	检验结果
LEC	1.250732	0.9430	非平稳
LMC	-2.795358	0.2077	非平稳
LOC	-3.588770	0.0436	平稳
DLEC	-2.798995	0.0679	非平稳
DLMC	-3.029441	0.0409	平稳
DLOC	-5.936841	0.0000	平稳

续表

变量	ADF 值	P 值	检验结果
DDLEC	-4.177954	0.0001	平稳
DDLMC	-8.344728	0.0000	平稳
DDLOC	-6.443167	0.0000	平稳

由表 5.8 可知，LEC、LMC、LOC 是二阶单整的，满足协整检验的前提条件。

(3) 协整检验。

协整（cointegration）分析理论是近年来处理非平稳经济时间序列之间长期均衡关系和短期波动的有力工具。两种最常用的检验方法是恩格尔和格兰杰（Engle & Granger, 1987）的 EG 两步法以及约翰森和朱瑟柳斯（Johansen & Juselius）的极大似然法。EG 两步法只能适合于单方程的协整检验，而 JJ 法不仅能检验变量之间是否存在协整关系，而且可准确确定出协整向量个数。由于本节涉及 3 个变量，故采用 JJ 法进行协整检验。

在进行检验之前，首先要确定模型的最优滞后期，这里根据无约束 VAR 模型的残差分析和 AIC 准则来确定其最优滞后期为 8。由于无约束 VAR 模型的最优滞后期为 8，因此协整检验的 VAR 模型滞后期确定为 7。用 Johansen 方法得到的协整检验结果，特征根迹检验结果如表 5.9 所示。

表 5.9 特征根迹检验

原假设 H_0	特征值	根轨迹值	5%临界值	P 值
None*	0.748984	81.30178	29.79707	0.0000
At most 1*	0.543588	35.68784	15.49471	0.0000
At most 2*	0.257023	9.803956	3.841466	0.0017

(4) VAR 模型的建立及预测。

由于 3 个变量之间存在协整关系，因此可以建立无约束的 VAR 模型。最优滞后期的确定根据 AIC 和 SC 准则确定为 7（见表 5.10、表 5.11）。

表 5.10　　　　　　　　　　VAR 模型整体检验结果

Determinantresidcovariance（dofadj.）	2.54E-11
Determinantresidcovariance	1.42E-12
Loglikelihood	319.0083
Akaikeinformationcriterion	-15.05931
Schwarzcriterion	-12.23106

表 5.11　　　　　　　　　　VAR 模型单方程检验结果

R-squared	0.999716	0.998820	0.998578
Adj. R-squared	0.999278	0.997005	0.996389
Sumsq. resids	0.003384	0.013898	0.013618
S. E. equation	0.016134	0.032697	0.032366
F-statistic	2 284.389	550.2287	456.3248
Loglikelihood	108.4114	84.39608	84.74192
AkaikeAIC	-5.141846	-3.729181	-3.749525
SchwarzSC	-4.199094	-2.786429	-2.806773
Meandependent	12.28453	10.58610	11.92052
S. D. dependent	0.600422	0.597440	0.538636

从模型的整体检验结果可以看出，模型的 AIC 和 SC 值都很低，拟合的效果都不错，可以进行预测，煤炭需求和石油需求的预测结果如表 5.12 所示。

表 5.12　　　　　　　　　　煤炭和石油需求预测值

年份	煤炭需求预测值（万吨标准煤）	石油需求预测值（万吨标准煤）
1987	65 182.85	14 646.19
1988	70 860.36	15 441.94
1989	74 695.98	16 469.79
1990	75 520.08	17 052.88
1991	76 067.17	17 829.4

续表

年份	煤炭需求预测值（万吨标准煤）	石油需求预测值（万吨标准煤）
1992	77 948.64	19 224.55
1993	79 298.66	20 335.63
1994	80 675.6	21 120.12
1995	83 482.06	22 616.44
1996	87 480.44	24 479.06
1997	91 228.86	25 885.81
1998	96 228.88	27 297.59
1999	102 744.3	29 291.12
2000	108 916.9	31 154.23
2001	114 512	32 455.64
2002	122 641.6	34 144.97
2003	133 137.6	36 598.19
2004	143 386.5	38 754.19
2005	153 153.6	40 461.97
2006	164 101.5	42 672.1
2007	174 020	45 090.97
2008	181 106.7	46 827.92
2009	187 652.3	48 569.19
2010	195 476.3	51 019.45
2011	202 463	53 312.06
2012	208 781.1	55 050.97
2013	217 033	57 305.03
2014	226 686.1	60 110.02
2015	234 911	62 220.34
2016	242 978.1	63 737.69
2017	253 199.3	65 739.89
2018	264 426.5	67 815.64
2019	275 843.6	69 169.52
2020	290 362.4	70 545.76

由表 5.13 可知，煤炭的消费量 2020 年为 290 362.4 万吨标准煤，2030 年为 311 863.2 万吨标准煤；石油的消费量 2020 年为 70 545.76 万吨标准煤，2030 年为 77 811.1 万吨标准煤。

表 5.13　　　　　2021~2030 年煤炭和石油需求预测值

年份	煤炭需求预测值（万吨标准煤）	石油需求预测值（万吨标准煤）
2021	308 599.8	72 489.4
2022	327 111.5	73 993.3
2023	344 777.4	74 710.0
2024	363 727.0	75 585.6
2025	382 757.0	76 615.6
2030	311 863.2	77 811.1

5.1.3　天然气需求 GM(1，1) 预测

以《中国统计年鉴》1992~2020 年天然气消耗数据为原始序列（1992~2020 年天然气需求量变化趋势明显，灰色预测效果较好），建立 GM(1，1) 模型，进而对未来的天然气需求量进行预测。

原始数据列：

$X^{(0)}$ = (2074.23，2203.867，2332.003，2361.168，2433.456，2446.362，2451，2811，3233，3733，3900，4533，5296，6273，7735，9343，10901，11764，14426，17804，19303，22096，24271，25364，27904，31452.06，35866.3，38999.04，41858.38)

对 $X^{(0)}$ 进行一次累加（1—AGO），生成数列：

$X^{(1)}$ = (2074.23，4278.1，6610.1，8971.27，11404.72，13851.09，16302.09，19113.09，22346.09，26079.09，29979.09，34512.09，39808.09，46081.09，53816.09，63159.09，74060.09，85824.09，100250.09，118054.09，137357.09，159453.09，183724.09，209088.09，236992.09，268444.15，304310.45，343309.49，385167.87)

对累加生成数据做均值生成 B 与常数项向量 Y_n，即式（5.17）

$$B = \begin{bmatrix} -\frac{1}{2}(X^{(1)}(1)+X^{(1)}(2)) & 1 \\ -\frac{1}{2}(X^{(1)}(2)+X^{(1)}(3)) & 1 \\ \cdots & 1 \\ -\frac{1}{2}(X^{(1)}(n-1)+X^{(1)}(n)) & 1 \end{bmatrix}$$

$$Y_n = \begin{pmatrix} x^{(0)}(2) \\ x^{(0)}(3) \\ \cdots \\ x^{(0)}(n) \end{pmatrix} \tag{5.17}$$

用最小二乘法求解灰参数 $\hat{a}$，则 $\hat{a} = (B^T B)^{-1} B^T Y_n$ 经计算可得

$$\hat{a} = [a, u]^T = \begin{bmatrix} -0.1308 \\ 1.1557e+03 \end{bmatrix}$$

即 $a = -0.11831$，$u = 1\,804.84665$。

对函数表达式 $\hat{X}^{(1)}(t+1)$ 及 $\hat{X}^{(1)}(t)$ 进行离散，并将二者做差以便还原 $x^{(0)}$ 原序列，得到近似数据序列 $\hat{X}^{(0)}(t+1)$。

进行模型精度检验。从残差的相对误差来看，平均相对误差为 0.28，预测精度达到 72%。后验差 $C = S2/S1 = 0.20$，其中 $S1$ 为实际数据的标准差，$S2$ 为预测数据残差的标准差。根据灰色系统理论评定预测精度的要求，指标 C 小于 0.35 表明所建立的预测模型拟合精度是好的。能客观地反映我国天然气消耗的动态变化趋势，可以用该模型对天然气消耗量进行预测，结果如表 5.14 所示。

表 5.14　　2021~2030 年 GM(1, 1) 模型天然气预测结果

年份	预测值（万吨标准煤）
2021	59 770.27
2022	67 277.29
2023	75 727.18
2024	85 238.36
2025	95 944.12
2030	173 354.35

由表 5.14 可知，我国天然气消费量 2021 年为 59 770.27 万吨标准煤。2030 年达到 173 354.35 万吨标准煤，年均增长 21.11%。

5.1.4 电力需求 GM(1, 1) 预测

以《中国统计年鉴》1980～2020 年电力消耗数据为原始序列，建立 GM(1, 1) 模型，进而对未来的电力需求量进行预测。

原始数据列：

$X^{(0)}$ = (2411, 2675.115, 3041.283, 3500.12, 3474.296, 3757, 3799.95, 4071.704, 4370.859, 4555.898, 5034, 4981.584, 5349.33, 6031.636, 6996.009, 8001.736, 8111.52, 8698.176, 8852, 8294, 10728, 13066, 13905, 14584, 17501, 19341, 21199, 23358, 26931, 28571, 33901, 32512, 39007, 42525, 48116, 52019, 57988, 61922.47, 68429.13, 74585.66, 79231)

对 $X^{(0)}$ 进行一次累加（1—AGO），生成数列：

$X^{(1)}$ = (2411, 5086.115, 8127.398, 11627.518, 15101.814, 18858.814, 22658.764, 26730.468, 31101.327, 35657.225, 40691.225, 45672.809, 51022.139, 57053.775, 64049.784, 72051.52, 80163.04, 88861.216, 97713.216, 106007.216, 116735.216, 129801.216, 143706.216, 158290.216, 175791.216, 195132.216, 216331.216, 239689.216, 266620.216, 295191.216, 329092.216, 361604.216, 400611.216, 443136.216, 491252.216, 543271.216, 601259.216, 663182, 731611.1, 806196.76, 885427.76)

按式（5.17）进行计算可得

$$\hat{a} = [a, u]^T = \begin{bmatrix} -0.0983 \\ 1.1032e+03 \end{bmatrix}$$

即 $a = -0.09571$ $u = 1\,424.274983$。

对函数表达式 $\hat{X}^{(1)}(t+1)$ 及 $\hat{X}^{(1)}(t)$ 进行离散，并将二者做差以便还原 $x^{(0)}$ 原序列，得到近似数据序列 $\hat{X}(t+1)$。

进行模型精度检验。从残差的相对误差来看，平均相对误差为 0.15，预测精度达到 85%。后验差 $C = S2/S1 = 0.13$，其中 $S1$ 为实际数据的标准差，$S2$ 为预测数据残差的标准差。根据灰色系统理论评定预测精度的要求，指标 C 小于 0.35 表明所建立的预测型拟合精度是好的。能客观地反映

我国电力消耗的动态变化趋势，可以用该模型对电力消耗量进行预测，其结果如表 5.15 所示。

表 5.15　2021~2030 年 GM(1, 1) 模型电力需求量预测结果

年份	预测值（万吨标准煤）
2021	79 876.24
2022	87 899.04
2023	96 727.66
2024	106 443.03
2025	117 134.22
2030	189 023.82

从预测结果可以看到，2021 年我国电力资源需求总量为 79 876.24 万吨标准煤，2025 年将达到 117 134.22 万吨标准煤，2030 年为 189 023.82 万吨标准煤。2021~2030 年间电力需求量年均增长 15.18%。可以看出随着经济的发展，我国电力资源需求量的增长速度还是比较快的。

总的来说，本节构建的我国电力资源需求总量的 GM(1, 1) 预测模型是合理有效的，预测结果精度及置信度都较高，可以用于我国电力资源需求总量的预测。

5.2　能源产量预测

5.2.1　能源生产总量预测

5.2.1.1　能源生总产量 GM(1, 1) 预测

以《中国统计年鉴》1980~2020 年能源生产总量数据为原始序列，建立 GM(1, 1) 模型，进而对未来的能源总产量进行预测。

原始序列：

第5章 我国能源供需预测

$X^{(0)}$ =（63735，63227，66778，71270，77855，85546，88124，91266，95801，101639，103922，104844，107256，111059，118729，129034，133032，133460，129834，131935，138570，147425，156277，178299，206108，229037，244763，264173，277419，286092，312125，340178，351041，358784，361866，361476，346000，358867，378859，397317，407295）

对 $X^{(0)}$ 进行一次累加（1—AGO），生成数列：

$X^{(1)}$ =（63735，126962，193740，265010，342865，428411，516535，607801，703602，805241，909163，1014007，1121263，1232322，1351051，1480085，1613117，1746577，1876411，2008346，2146916，2294341，2450618，2628917，2835025，3064062，3308825，3572998，3850417，4136509，4448634，4788812，5139853，5498637，5860503，6221979，6567979，6926846，7305705，7703022，8110317）

按式（5.17）进行计算，可得

$$\hat{a} = [a, u]^T$$

即 $a = -0.04858$ $u = 63\,715.7510$

对函数表达式 $\hat{X}^{(1)}(t+1)$ 及 $\hat{X}^{(1)}(t)$ 进行离散，并将二者做差以便还原 $x^{(0)}$ 原序列，得到近似数据序列 $\hat{X}^{(0)}(t+1)$。结果如表5.16所示。

表5.16　　1980～2020年能源总产量 GM(1, 1) 模型预测

年份	实际值（万吨标准煤）	预测值（万吨标准煤）	绝对误差	相对误差
1980	63 735	63 735.00	0	0
1981	63 227	68 461.16	5 234.16	0.08
1982	66 778	71 868.90	5 090.90	0.08
1983	71 270	75 446.26	4 176.26	0.06
1984	77 855	79 201.69	1 346.69	0.02
1985	85 546	83 144.05	-2 401.95	-0.03
1986	88 124	87 282.65	-841.35	-0.01
1987	91 266	91 627.25	361.25	0.00
1988	95 801	96 188.10	387.10	0.00

续表

年份	实际值（万吨标准煤）	预测值（万吨标准煤）	绝对误差	相对误差
1989	101 639	100 975.98	−663.02	−0.01
1990	103 922	106 002.18	2 080.18	0.02
1991	104 844	111 278.57	6 434.57	0.06
1992	107 256	116 817.59	9 561.59	0.09
1993	111 059	122 632.33	11 573.33	0.10
1994	118 729	128 736.50	10 007.50	0.08
1995	129 034	135 144.52	6 110.52	0.05
1996	133 032	141 871.50	8 839.50	0.07
1997	133 460	148 933.32	15 473.32	0.12
1998	129 834	156 346.66	26 512.66	0.20
1999	131 935	164 129.00	32 194.00	0.24
2000	138 570	172 298.72	33 728.72	0.24
2001	147 425	180 875.10	33 450.10	0.23
2002	156 277	189 878.38	33 601.38	0.22
2003	178 299	199 329.80	21 030.80	0.12
2004	206 108	209 251.68	3 143.68	0.02
2005	229 037	219 667.44	−9 369.56	−0.04
2006	244 763	230 601.65	−14 161.35	−0.06
2007	264 173	242 080.13	−22 092.87	−0.08
2008	277 419	254 129.96	−23 289.04	−0.08
2009	286 092	266 779.58	−19 312.42	−0.07
2010	312 125	280 058.86	−32 066.14	−0.10
2011	340 178	293 999.13	−46 178.87	−0.14
2012	351 041	308 633.29	−42 407.71	−0.12
2013	358 784	323 995.88	−34 788.12	−0.10
2014	361 866	340 123.17	−21 742.83	−0.06
2015	361 476	357 053.21	−4 422.79	−0.01

续表

年份	实际值（万吨标准煤）	预测值（万吨标准煤）	绝对误差	相对误差
2016	346 000	374 825.97	28 825.97	0.08
2017	358 867	393 483.38	34 616.38	0.10
2018	378 859	413 069.49	34 210.49	0.09
2019	397 317	433 630.52	36 313.52	0.09
2020	407 295	455 215.01	47 920.01	0.12

进行模型精度检验。从残差的相对误差来看，平均相对误差为0.09，预测精度达到91%。从后验差 $C = S2/S1 = 0.2$，其中 $S1$ 为实际数据的标准差，$S2$ 为预测数据残差的标准差。根据灰色系统理论评定预测精度的要求，指标 C 小于0.35表明所建立的预测模型拟合精度是好的。能客观地反映我国能源产量的动态变化趋势，可以用该模型对能源产量进行预测。预测结果如表5.17所示。

表5.17　2021~2030年 GM(1, 1) 模型能源总产量预测结果

年份	预测值（万吨标准煤）
2021	477 873.88
2022	501 660.63
2023	526 631.40
2024	552 845.11
2025	580 363.64
2030	739 918.40

5.2.1.2　能源生产量趋势外推预测

通过查阅《中国能源统计年鉴》、《中国统计年鉴》等资料查找到的相关数据来看1980~2020年我国能源资源的生产总量基本呈现不断上升趋势。根据我国能源生产1980~2020年的时间序列图如图5.2所示，可以看出拟合二次型曲线比较合适。因此，可用1980~2020年的拟合二次曲线方程法对我国未来的能源生产总量进行预测。

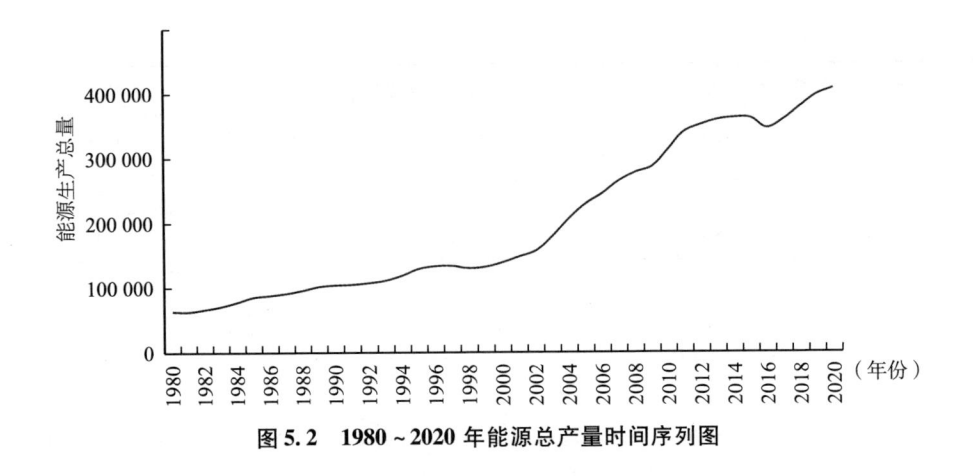

图 5.2　1980～2020 年能源总产量时间序列图

拟合曲线方程为：

$$EP = 63316.067 + 927.536 * T + 197.968 * (T^2) \quad (T = 1, 2, \cdots, n)$$

利用所求模型对我国能源资源 1980～2020 年的生产总量进行预测，所得预测值与实际值所比较得到的结果如表 5.18 所示。

表 5.18　1980～2020 年能源生产总量预测值与实际值比较

年份	实际值（万吨标准煤）	预测值（万吨标准煤）	绝对误差	相对误差
1980	63 735	64 441.57	706.5707	0.011086
1981	63 227	65 963.01	2 736.01	0.043273
1982	66 778	67 880.38	1 102.385	0.016508
1983	71 270	70 193.69	1 076.306	0.015102
1984	77 855	72 902.94	4 952.061	0.063606
1985	85 546	76 008.12	9 537.881	0.111494
1986	88 124	79 509.23	8 614.765	0.097757
1987	91 266	83 406.29	7 859.715	0.086119
1988	95 801	87 699.27	8 101.729	0.084568
1980	63 735	64 441.57	706.5707	0.011086
1989	101 639	92 388.19	9 250.808	0.091016
1990	103 922	97 473.05	6 448.952	0.062056
1991	104 844	102 953.8	1 890.16	0.018028

续表

年份	实际值（万吨标准煤）	预测值（万吨标准煤）	绝对误差	相对误差
1992	107 256	108 830.6	1 574.566	0.01468
1993	111 059	115 103.2	4 044.228	0.036415
1994	118 729	121 771.8	3 042.825	0.025628
1995	129 034	128 836.4	197.6423	0.001532
1996	133 032	136 296.8	3 264.825	0.024542
1997	133 460	144 153.2	10 693.23	0.080123
1998	129 834	152 405.6	22 571.57	0.173849
1999	131 935	161 053.8	29 118.84	0.220706
2000	138 570	170 098	31 528.05	0.227524
2001	147 425	179 538.2	32 113.19	0.217827
2002	156 277	189 374.3	33 097.27	0.211786
2003	178 299	199 606.3	21 307.28	0.119503
2004	206 108	210 234.2	4 126.233	0.02002
2005	229 037	221 258.1	7 778.883	0.033963
2006	244 763	232 677.9	12 085.06	0.049375
2007	264 173	244 493.7	19 679.31	0.074494
2008	277 419	256 705.4	20 713.62	0.074665
2009	286 092	269 313	16 778.99	0.058649
2010	312 125	282 316.6	29 808.43	0.095502
2011	340 178	295 716.1	44 461.94	0.130702
2012	351 041	309 511.5	41 529.51	0.118304
2013	358 784	323 702.9	35 081.14	0.097778
2014	361 866	338 290.2	23 575.84	0.065151
2015	361 476	353 273.4	8 202.602	0.022692
2016	346 037	368 652.6	22 615.57	0.065356
2017	358 867	384 427.7	25 560.68	0.071226
2018	378 859	400 598.7	21 739.72	0.057382
2019	397 317	417 165.7	19 848.7	0.049957
2020	407 295	434 128.6	26 833.61	0.065882

利用本模型进行预测的误差的平均相对误差为 0.0782，预测精度非常高，可以用其对我国未来能源生产总量进行预测。那么，我国未来能源资源生产总量预测如表 5.19 所示。

表 5.19　　　　　　2021~2030 年能源总产量趋势预测

年份	预测值（万吨标准煤）
2021	451 487.5
2022	469 242.2
2023	487 393
2024	505 939.6
2025	524 882.2
2030	625 534.2

5.2.1.3　变权重组合预测模型

利用灰色系统模型与趋势曲线模型对能源产量进行了长期预测，由于他们是从不同的侧面，不同的角度进行的预测。为了更全面地反映能源产量的信息，根据变权重组合预测模型理论，建立能源生产总量灰色预测模型和趋势外推模型的组合预测模型，以提高预测精度。组合预测权重如表 5.20 所示，组合预测误差如表 5.21 所示。

表 5.20　　　　　　1980~2030 年能源总产量组合预测权重

年份	灰色预测	趋势外推	年份	灰色预测	趋势外推
1980	0.9975	0.0025	1988	0.9544	0.0456
1981	0	1	1989	1	0
1982	0	1	1990	0.7561	0.2439
1983	0.2049	0.7951	1991	0.2271	0.7729
1984	0.7862	0.2138	1992	0	1
1985	1	0	1993	0	1
1986	1	0	1994	0	1
1987	0.9561	0.0439	1995	0.0313	0.9687

续表

年份	灰色预测	趋势外推	年份	灰色预测	趋势外推
1996	0	1	2014	1	0
1997	0	1	2015	1	0
1998	0	1	2016	0	1
1999	0	1	2017	0	1
2000	0	1	2018	0	1
2001	0	1	2019	0	1
2002	0	1	2020	0	1
2003	1	0	2021	0.314966	0.685034
2004	1	0	2022	0.298319	0.701681
2005	0	1	2023	0.305595	0.694405
2006	0	1	2024	0.313048	0.686952
2007	0	1	2025	0.315686	0.684314
2008	0	1	2026	0.30421	0.69579
2009	0	1	2027	0.28724	0.71276
2010	0	1	2028	0.269855	0.730145
2011	0	1	2029	0.253118	0.746882
2012	0	1	2030	0.236013	0.763987
2013	1	0			

表 5.21　　1980～2020 年能源生产总量组合预测误差

年份	实际值（万吨标准煤）	预测值（万吨标准煤）	绝对误差	相对误差
1980	63 735	63 736.76643	1.76642675	0.0000
1981	63 227	65 963.01001	2 736.01001	0.0433
1982	66 778	67 880.38453	1 102.38453	0.0165
1983	71 270	71 269.94541	-0.0545906	0.0000
1984	77 855	77 855.01778	0.01777646	0.0000
1985	85 546	83 144.05068	-2 401.9493	-0.0281
1986	88 124	87 282.64619	-841.35381	-0.0095
1987	91 266	91 266.34514	0.34514366	0.0000

续表

年份	实际值（万吨标准煤）	预测值（万吨标准煤）	绝对误差	相对误差
1988	95 801	95 801.01136	0.01136066	0.0000
1989	101 639	100 975.981	−663.01903	−0.0065
1990	103 922	103 921.9266	−0.0734381	0.0000
1991	104 844	104 844.3858	0.38578283	0.0000
1992	107 256	108 830.5664	1 574.56644	0.0147
1993	111 059	115 103.2283	4 044.2283	0.0364
1994	118 729	121 771.8254	3 042.82538	0.0256
1995	129 034	129 033.8031	−0.1969088	0.0000
1996	133 032	136 296.8252	3 264.82517	0.0245
1997	133 460	144 153.2279	10 693.2279	0.0801
1998	129 834	152 405.5658	22 571.5658	0.1738
1999	131 935	161 053.839	29 118.839	0.2207
2000	138 570	170 098.0473	31 528.0473	0.2275
2001	147 425	179 538.1909	32 113.1909	0.2178
2002	156 277	189 374.2696	33 097.2696	0.2118
2003	178 299	199 329.8032	21 030.8032	0.1180
2004	206 108	209 251.6848	3 143.68482	0.0153
2005	229 037	221 258.1173	−7 778.8827	−0.0340
2006	244 763	232 677.9369	−12 085.063	−0.0494
2007	264 173	244 493.6917	−19 679.308	−0.0745
2008	277 419	256 705.3818	−20 713.618	−0.0747
2009	286 092	269 313.007	−16 778.993	−0.0586
2010	312 125	282 316.5675	−29 808.432	−0.0955
2011	340 178	295 716.0632	−44 461.937	−0.1307
2012	351 041	309 511.4941	−41 529.506	−0.1183
2013	358 784	323 995.8839	−34 788.116	−0.0970
2014	361 866	340 123.1703	−21 742.83	−0.0601
2015	361 476	357 053.2117	−4 422.7883	−0.0122
2016	346 037	368 652.5699	22 615.5699	0.0654

续表

年份	实际值（万吨标准煤）	预测值（万吨标准煤）	绝对误差	相对误差
2017	358 867	384 427.6768	25 560.6768	0.0712
2018	378 859	400 598.719	21 739.719	0.0574
2019	397 317	417 165.6964	19 848.6964	0.0500
2020	407 295	434 128.609	26 833.609	0.0659

灰色预测 GM(1, 1) 的平均相对误差为 0.085，趋势外推法的平均相对误差为 0.0782，而组合预测法的平均相对误差仅为 0.063，组合预测模型的平均相对误差小于任一单一模型，预测精度达到了 93.7%，预测精度很高，可以进行预测，预测结果如表 5.22 所示。

表 5.22　　　　　2021~2030 年能源总产量组合预测值

年份	预测值（万吨标准煤）
2021	459 798.3
2022	478 913.3
2023	499 384
2024	520 623.3
2025	542 396.9
2026	564 003.9
2027	585 677.1
2028	607 651.6
2029	629 980
2030	652 530.3

5.2.2　煤炭产量 GM(1, 1) 预测

以中国统计年鉴 1980~2020 年煤炭产出数据为原始序列，建立 GM(1, 1) 模型，进而对未来的煤炭产量进行预测。

原始序列：

$X^{(0)}$ = (44232.09, 44385.35, 47612.71, 51029.32, 56367.02, 62277,

63801.78, 66259.12, 70030.53, 75314.5, 77110, 77689.4, 79691.21, 82183.66, 88571.83, 97162.6, 99760.35, 99107.67, 95168, 97500, 101017, 107031, 114238, 134972, 158085, 177274, 189691, 205526, 213058, 219719, 237839, 264658, 267493, 270523, 266333, 260986, 240816, 249771, 262170, 272162, 275331)

对 $X^{(0)}$ 进行一次累加（1 - AGO），生成数列：

$X^{(1)}$ = (44232.09, 88617.44, 136230.15, 187259.47, 243626.49, 305903.98, 369705.76, 435964.88, 505995.41, 581309.91, 658420.03, 736109.43, 815800.64, 897984.30, 986556.13, 1083718.73, 1183492.73, 1282653.51, 1377821.83, 1475321.80, 1576339.33, 1683369.88, 1797608.37, 1932580.71, 2090665.55, 2267940.19, 2457631.52, 2663158.11, 2876215.90, 3095934.56, 3333773.81, 3598432.29, 3865925.53, 4136448.67, 4402782.05, 4663767.72, 4904583.72, 5154354.72, 5416524.72, 5688686.72, 5964017.72)

按照式（5.17）进行计算，得到

$$\hat{a} = [a, u]^T$$

即 $a = -0.046$ $u = 51\,435.7416$

对函数表达式 $\hat{X}^{(1)}(t+1)$ 及 $\hat{X}^{(1)}(t)$ 进行离散，并将二者做差以便还原 $x^{(0)}$ 原序列，得到近似数据序列 $\hat{X}^{(0)}(t+1)$。

进行模型精度检验。从残差的相对误差来看，平均相对误差为 0.14，预测精度达到 86%。后验差 $C = S2/S1 = 0.27$，其中 $S1$ 为原始数据的标准差，$S2$ 为预测数据残差的标准差。根据灰色系统理论评定预测精度的要求，指标 C 小于 0.35 表明所建立的预测模型拟合精度是好的，能客观地反映我国煤炭产量的动态变化趋势，可以用该模型对煤炭产量进行预测，其结果如表 5.23 所示。

表 5.23　　2021~2030 年 GM(1, 1) 模型煤炭产量预测结果

年份	预测值（万吨标准煤）
2021	344 549.42
2022	360 769.06
2023	377 752.24

续表

年份	预测值（万吨标准煤）
2024	395 534.90
2025	414 154.68
2030	521 256.40

5.2.3 石油产量 GM(1, 1) 预测

以《中国统计年鉴》1980～2020 年石油产出数据为原始序列，建立 GM(1, 1) 模型，进而对未来的石油产量进行预测。

原始序列：

$X^{(0)}$ = (15169, 14478.98, 14557.6, 15180.51, 16349.55, 17879.11, 18682.29, 19165.86, 19543.4, 19616.33, 19745.18, 20130.05, 20271.38, 20768.03, 20896.3, 21419.64, 22482.41, 22955.12, 22980.62, 22824.76, 23279.76, 23910.38, 24248.66, 25145.18, 25881.18, 26434.4, 26681.47, 27187.06, 26892.65, 29027.63, 28915.13, 29838.49, 30137.86, 30396.74, 30725.46, 28372, 27273.89, 27277.85, 27414.87, 27696.06)

对 $X^{(0)}$ 进行一次累加（1—AGO），生成数列：

$X^{(1)}$ = (15169, 29647.98, 44205.58, 59386.09, 75735.64, 93614.75, 112297.04, 131462.9, 151006.3, 170622.63, 190367.81, 210497.86, 230769.24, 251537.27, 272433.57, 293853.21, 316335.62, 339290.74, 362271.36, 385096.12, 408375.88, 431816.46, 455726.84, 479975.70, 505120.68, 531001.86, 557436.26, 584117.73, 611304.79, 638197.44, 667225.07, 696140.2, 725978.69, 756116.55, 786513.29, 817238.75, 845610.75, 872884.64, 900162.49, 927577.36, 955273.42)

按照式（5.17）进行计算，得到

$$\hat{a} = [a, u]^T$$

即 $a = -0.01541$ $u = 16\ 796.93933$

对函数表达式 $\hat{X}^{(1)}(t+1)$ 及 $\hat{X}^{(1)}(t)$ 进行离散，并将二者做差以便还原 $x^{(0)}$ 原序列，得到近似数据序列 $\hat{X}^{(0)}(t+1)$。

进行模型精度检验。从残差的相对误差来看，平均相对误差为 0.05，预

测精度达到 95%。后验差 C = S2/S1 = 0.36，其中 S1 为原始数据的标准差，S2 为预测数据残差的标准差。根据灰色系统理论评定预测精度的要求，指标 C 小于 0.5 表明所建立的预测模型拟合精度是合格的。能客观地反映我国石油产量的动态变化趋势，可以用该模型对石油产量进行预测，其结果如表 5.24 所示。

表 5.24　　　　2021~2030 年 GM(1, 1) 模型石油产量预测结果

年份	预测值（万吨标准煤）
2021	31 791.53
2022	32 285.28
2023	32 786.71
2024	33 295.92
2025	33 813.04
2030	36 521.63

5.2.4　天然气产量 GM(1, 1) 预测

以《中国统计年鉴》1980~2020 年天然气产出数据为原始序列，建立 GM(1, 1) 模型，进而对未来的天然气产量进行预测。

原始序列：

$X^{(0)}$ = (1912, 1707.129, 1602.672, 1639.21, 1634.955, 1711, 1850.604, 1825.32, 1916.02, 2032.78, 2078, 2096.88, 2145.12, 2221.18, 2255.851, 2451.646, 2660.64, 2802.66, 2856, 3298, 3603, 3980, 4376, 4636, 5565, 6642, 7832, 9246, 10819, 11444, 12797, 13947, 14393, 15786, 17008, 17351, 18338, 19378.82, 20458.39, 22249.75, 24437.7)

对 $X^{(0)}$ 进行一次累加 (1—AGO)，生成数列：

$X^{(1)}$ = (1912, 3619.129, 5221.801, 6861.011, 8495.966, 10206.966, 12057.57, 13882.89, 15798.91, 17831.69, 19909.69, 22006.57, 24151.69, 26372.87, 28628.721, 31080.367, 33741.007, 36543.667, 39399.667, 42697.667, 46300.667, 50280.667, 54656.667, 59292.667, 64857.667, 71499.667, 79331.667, 88577.667, 99396.667, 110840.667, 123637.667,

137584.667，151977.667，167763.667，184771.667，202122.667，220460.667，239839.49，260297.88，282547.63，306985.33）

按照式（5.17）进行计算，得到

$$\hat{a} = [a, u]^T$$

即 $a = -0.08012$　$u = 2\,014.701219$

对函数表达式 $\hat{X}^{(1)}(t+1)$ 及 $\hat{X}^{(1)}(t)$ 进行离散，并将二者做差以便还原 $x^{(0)}$ 原序列，得到近似数据序列 $\hat{X}^{(0)}(t+1)$。

进行模型精度检验。从残差的相对误差来看，平均相对误差为 0.18，预测精度达到 82%。后验差 C = S2/S1 = 0.14，其中 S1 为实际数据的标准差，S2 为预测数据残差的标准差。根据灰色系统理论评定预测精度的要求，指标 C 小于 0.35 表明所建立的预测模型拟合精度是好的。能客观地反映我国天然气产量的动态变化趋势，可以用该模型对天然气产量进行预测，其结果如表 5.25 所示。

表 5.25　　　2021～2030 年 GM(1, 1) 模型天然气产量预测结果

年份	预测值（万吨标准煤）
2021	28 231.69
2022	30 723.67
2023	33 435.62
2024	36 386.95
2025	39 598.79
2030	60 445.40

5.2.5　电力产量 GM(1, 1) 预测

《以中国统计年鉴》1980～2020 年电力产出数据为原始序列，建立 GM(1, 1) 模型，进而对未来的电力进行预测。

原始序列：

$X^{(0)} = $ (2422，2655.534，3005.01，3420.96，3503.475，3678，3789.332，4015.704，4311.045，4675.394，4988，4927.668，5148.288，5886.127，7005.011，8000.108，8114.924，8634.886，8829，8312，10670，12973，

13752，14442，17313，19239，20805，22719，26355，28037，32461，32657，39317，42336，48128，52414，58474，61992.47，68429.13，74585.66，79231.93）

对 $X^{(0)}$ 进行一次累加（1—AGO），生成数列：

$X^{(1)}$ =（2422，5077.534，8082.544，11503.504，15006.979，18684.979，22474.311，26490.015，30801.06，35476.454，40464.454，45392.122，50540.41，56426.537，63431.548，71431.656，79546.58，88181.466，97010.466，105322.466，115992.466，128965.466，142717.47，157159.47，174472.47，193711.47，214516.47，237235.47，263590.47，291627.47，324088.47，396062.47，438398.47，486526.47，538940.47，597414.47，659406.94，727836.07，802421.73，881653.66）

按照式（5.17）进行计算，得到

$$\hat{a}=[a,u]^T$$

即 $a=-0.09648$　$u=1\,332.344062$

对函数表达式 $\hat{X}^{(1)}(t+1)$ 及 $\hat{X}^{(1)}(t)$ 进行离散，并将二者做差以便还原 $x^{(0)}$ 原序列，得到近似数据序列 $\hat{X}^{(0)}(t+1)$。

进行模型精度检验。从残差的相对误差来看，平均相对误差为0.17，预测精度达到83%。后验差 $C=S2/S1=0.15$，其中 $S1$ 为实际数据的标准差，$S2$ 为预测数据残差的标准差。根据灰色系统理论评定预测精度的要求，指标 C 小于0.35表明所建立的预测模型拟合精度是好的。能客观地反映我国电力的动态变化趋势，可以用该模型对电力进行预测，其结果如表5.26所示。

表5.26　　　2021~2030年GM(1,1)模型电力预测结果

年份	预测值（万吨标准煤）
2021	77 970.32
2022	85 867.68
2023	94 564.94
2024	104 143.11
2025	114 691.42
2030	185 794.55

5.3 我国能源总量供需缺口分析

根据我国能源消费量和能源产量的预测结果进行能源缺口分析,结果如表 5.27 所示。

表 5.27　　　　能源生产量和消费量的对比　　　　单位：万吨标准煤

项目		2021 年	2022 年	2023 年	2024 年	2025 年	2030 年
能源	消费	579 115.9	608 003.1	638 053.7	668 963.3	700 611.7	876 142.3
	生产	459 798.3	478 913.3	499 384.0	520 623.3	542 396.9	652 530.3
	缺口	−119 317.6	−129 089.9	−138 669.7	−148 340.0	−158 214.8	−223 612.0
煤炭	消费	308 599.8	327 111.5	344 777.4	363 727.0	382 757.0	311 863.2
	生产	344 549.4	360 769.1	377 752.2	395 534.9	414 154.7	521 256.4
	缺口	35 949.6	33 657.6	32 974.8	31 807.9	31 397.7	209 393.2
石油	消费	72 489.4	73 993.3	74 710.0	75 585.6	76 615.6	77 811.1
	生产	31 791.5	32 285.3	32 786.7	33 295.9	33 813.0	36 521.6
	缺口	−40 697.9	−41 708.0	−41 923.3	−42 289.7	−42 802.6	−41 289.5
天然气	消费	59 770.3	67 277.3	75 727.2	85 238.4	95 944.1	173 354.4
	生产	28 231.7	30 723.7	33 435.6	36 387.0	39 598.8	60 445.4
	缺口	−31 538.6	−36 553.6	−42 291.6	−48 851.4	−56 345.3	−112 909.0
电力	消费	79 876.2	87 899.0	96 727.7	106 443.0	117 134.2	189 023.8
	生产	77 970.3	85 867.7	94 564.9	104 143.1	114 691.4	185 794.6
	缺口	−1 905.9	−2 031.4	−2 162.7	−2 299.9	−2 442.8	−3 229.3

由表 5.27 可知,无论是短期还是中长期,我国能源供需的缺口随着能源消费量的增加而扩大。煤炭、电力、石油和天然气都出现了不同程度的供应缺口。

通过观察图5.3可知,2021年我国能源供给量将为459 798.3万吨标准煤,需求量为579 115.9万吨标准煤,能源供需缺口为119 317.6万吨标准煤。在未来年份的能源总量供求预测中供需缺口还在短期增加,2025年的供需缺口为158 214.8万吨。到2030年时,我国能源供给量将为652 530.3万吨标准煤,需求量为876 142.3万吨标准煤,供需缺口升至223 612万吨标准煤,此时的供需缺口已是2021年的1.88倍。虽然煤炭供给一直大于需求,但能源转型过程中,煤炭使用量需逐渐减少,同时石油、天然气和清洁能源因地质特征和资源禀赋等自然因素供不应求,因此能源供需缺口呈不断上升趋势。

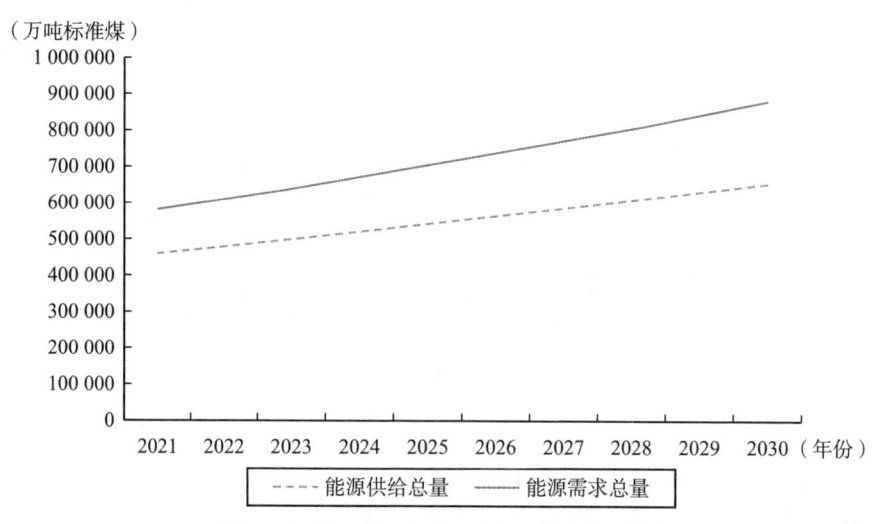

图5.3 我国能源供给与需求总量变化趋势

煤炭是我国的优势资源,有充足的资源保证,2020年我国煤炭供需缺口为15 031.4万吨标准煤,受我国节能减排、低碳经济等政策影响,煤炭的需求增速放缓。2021年到2030年煤炭供需缺口预测如图5.4所示。按照以往的能源发展规律来看,在现实生活中,煤炭供给受煤炭需求影响。所以生产中,煤炭的实际供给量会根据需求量调整。据本文能源生产量的预测结果,煤炭占有很大比重,煤炭一直是重要的能源基础,为了减少石油、天然气的进口依赖,应充分发挥我国煤炭资源丰富的优势,利用煤炭的液化和气化技术,来替代石油和天然气,不仅保证了能源供应,而且减少了对外依存度,增强了国家能源安全性。

(万吨标准煤)

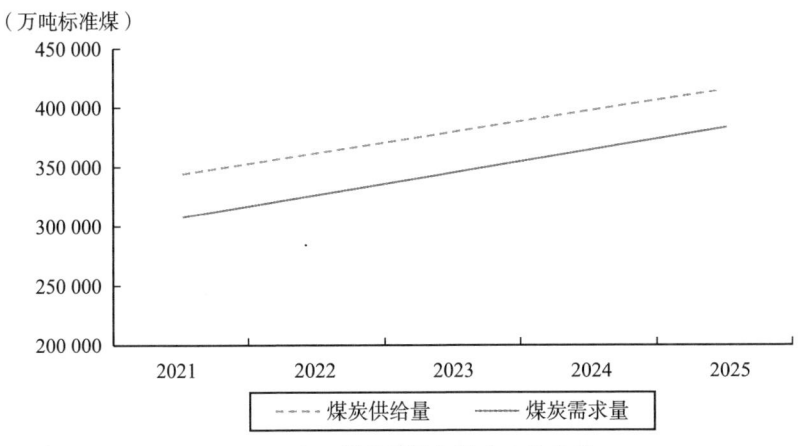

图 5.4 我国煤炭供给与需求变化趋势

如图 5.5 所示。目前石油的供需缺口很大，但是，我国已经明确提出要建设资源节约型与环境友好型社会，对石油的需求受国家发展低碳经济和节能减排的抑制，石油需求在达到峰值后会逐渐下降，石油供给缓慢增加，我国石油供需缺口呈慢慢减小趋势。

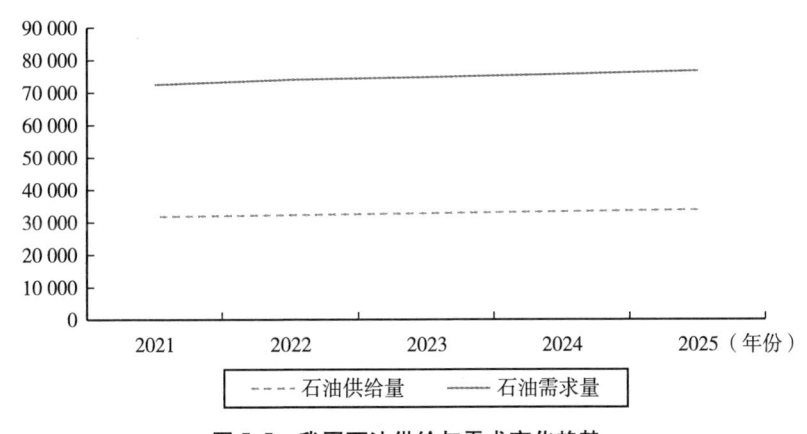

图 5.5 我国石油供给与需求变化趋势

天然气是一种清洁能源，国家鼓励发展天然气，近十年天然气需求增长迅速。从上图可以看到，我国未来天然气供给量与需求量均呈上升趋势，但供给量增速缓慢，需求量增长迅速，天然气需求的迅猛增长主要受经济发展和环境保护刚性拉动，特别是煤改气进程的加快，尽管我国天然气产量不断

· 137 ·

提高，但当前天然气产量仍然无法满足加速增长的天然气需求，因此我国天然气供需缺口呈逐年扩大趋势，如图5.6所示。

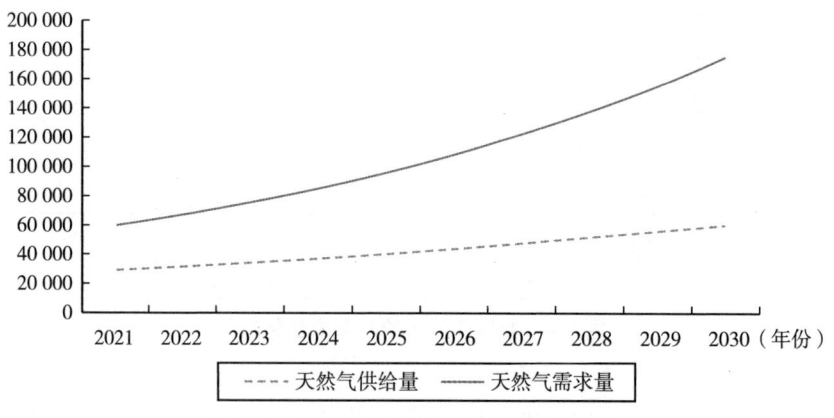

图5.6 我国天然气供给与需求变化趋势

根据图5.7可知，无论是短期还是中长期，我国未来电力装机容量与电力需求量均呈上升趋势，我国电力供需差额呈缓慢扩大趋势，但差额的规模不大，电力能满足需求量的增长。

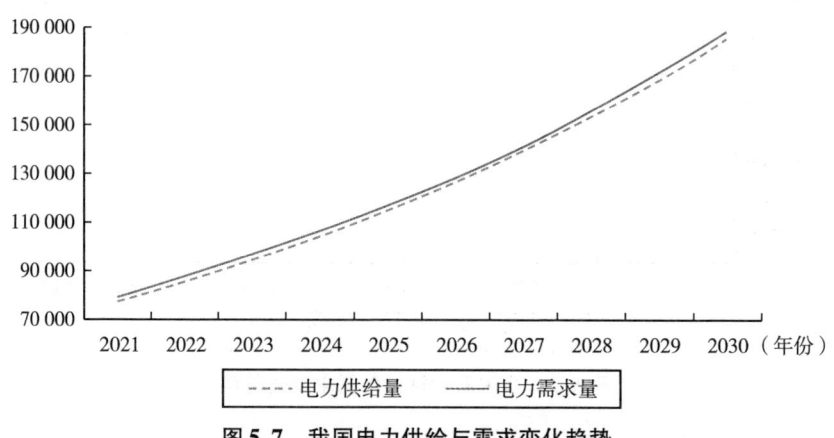

图5.7 我国电力供给与需求变化趋势

预测结果发现，我国能源供需总量的缺口随着能源消费量的增加而扩大，电力供需基本保持平衡，煤炭、石油和天然气出现了不同程度的供应缺口。按照以往的能源发展规律来看，在现实生活中能源供给的增长会受到限制。

因此我国要改变现有的生产模式，及早致力于研究我国能源产业的发展对策，促使现有能源消费结构早日改变。

随着全球经济的快速发展，能源在经济发展中显的越来越重要。影响能源需求的主要因素为经济增长和人口的增长，而影响能源供给的主要因素是能源需求。对于我国目前能源的特点：人均能源资源紧缺；需求量大，油气供需缺口大；能源分布不均衡；能耗强度高，利用效率低；能源结构不佳等，从而使得我国的能源供求关系处于相对紧张状态。就目前而言，中国能源的供需矛盾随着经济的发展而不断加剧。因此，如何处理好能源的供应和需求之间的相互关系就显得尤为重要。

5.4 本章小结

本章基于 1980～2020 年能源消费与需求总量和不同种类能源消费与需求量对我国 2021～2030 年的能源消费与需求量进行预测，并对我国能源总量供需缺口进行分析。

一是能源需求预测。首先，采用灰色 GM(1，1) 模型、趋势外推模型和变权重组合预测模型对能源需求总量进行预测。灰色预测 GM(1，1) 的平均相对误差为 0.1091，趋势外推法的平均相对误差为 0.075，而组合预测法的平均相对误差仅为 0.0609，组合预测模型的平均相对误差小于任一单一模型，因此以组合预测模型预测结果作为最终预测值。结果表明：2021 年我国能源需求总量将达到 579 115.9 万吨标准煤，到 2030 年达到 876 142.3 万吨标准煤，2021～2030 年间能源需求总量呈上升趋势，年平均增长率为 4.23%。其次，采用向量自回归模型预测煤炭和石油需求量，以及采用灰色 GM(1，1) 模型预测天然气和电力需求量。煤炭需求量 2021～2025 年煤炭需求量逐年增长，2025 年呈下降趋势，2030 年降至 311 863.2 万吨标准煤。石油需求量呈现上升趋势，增速较稳定。天然气需求量 2021 年为 59 770.27 万吨标准煤；2030 年达到 173 354.35 万吨标准煤，年均增长 21.11%。我国电力需总量呈增长趋势，2021 年为 79 876.24 万吨标准煤，2030 年为 189 023.82 万吨标准煤，年均增长 15.18%。

二是能源产量预测。首先，采用将灰色 GM(1，1) 模型、趋势外推模型和变权重组合预测模型对能源供给总量进行预测。由于组合预测法的平均相对误差仅为0.063，小于任一单一模型，因此以组合预测模型预测结果作为最终预测值。结果表明：2021~2030年我国能源总产量持续增长，年增长率为6.4%。其次，采用灰色GM(1，1)模型对煤炭、石油、天然气和电力产量进行预测。从预测结果可知，2021~2030年我国煤炭、石油、天然气和电力产量均呈现增长趋势，平均增长率分别为3.56%、4.23%、7.91%、9.07%。

　　三是能源供需总量缺口分析。从能源供需预测结果可知，2021年我国能源供需缺口为119 317.6万吨标准煤，到2030年时，供需缺口升至223 612万吨标准煤，已是2021年的1.88倍，能源供需的缺口不断增加，煤炭供给大于需求，电力、石油和天然气都出现了不同程度的供应缺口。我国正处于社会转型的关键期，充足的能源尤其是清洁能源供给是转型成功的前提条件，如何处理好能源的供应和需求之间的相互关系尤为重要。

第 6 章

我国碳排放达峰路径分析

随着全球气候变化对人类社会造成重大威胁，全球气温升高引起了广泛关注，为应对全球气候变暖，2020年中国宣布要在2030年实现碳达峰的目标愿景。中国现代能源体系的要求是"清洁、低碳、安全、高效"，其中能源安全与国家安全紧密相连，如何在经济增长和碳减排之间的矛盾下调整能源结构助力我国实现碳达峰目标将是亟待解决的现实问题。本章以我国碳排放现状为基础，分析目前我国实现碳排放达峰存在的问题，按照第5章中的步骤，建立起支持向量机模型预测能源消费结构高级化指数并分析碳达峰趋势，结合该预测模型得出的结果，提出了能源结构调整和发展绿色能源碳达峰路径。

6.1 人类能源变革及我国"碳达峰"目标

6.1.1 人类能源使用进程

能源革命和文明形态进步是同步发展的，人们对能源的利用经历了从前化石能源到化石能源再到非化石能源的时代。前化石能源时代追溯到16世纪以前，人类学会利用火结束了茹毛饮血、以采摘野果为主的生活；化石能源时代从16世纪开始使用煤炭、19世纪使用油气直到今天，极大地提高了劳动生产率，使人类由农耕文明进入了工业文明；未来人类将进入非化石能源时代，将推动人类由工业文明走向生态文明。而工业文明在带来巨大进步与便利的同时，也造成了严重的环境问题和不可持续性。人类文明形态不断进步是历史的必然，能源革命是其基础和动力。

世界能源利用是由煤炭为主向油气为主再向非化石能源为主过渡的阶段，而中国将经历以煤为主向多元发展再向非化石能源为主过渡的阶段。中国的能源使用进程正处于化石能源与非化石能源多元发展、协调互补、此消彼长、逐步转型的阶段，将向着绿色、低碳、安全、高效转型，实现电气化、智能化、网络化、低碳化，其核心是低碳能源革命。

如图6.1所示，18世纪70年代，英国的瓦特发明了以煤炭作燃料的蒸汽机。蒸汽机的广泛应用使煤炭迅速成为第二代主体能源，并在世界一次能源消费结构中所占的比重，从1860年的25%上升到了1920年的62%。19世纪末，人们发明了以汽油和柴油为燃料的内燃机，此后，汽车、飞机、柴油机轮船、内燃机车、石油发电等将人类飞速推进到现代文明时代，石油以及天然气的开采与消费开始大幅度增加，并以每年2亿吨的速度持续增长。虽然经历了多次石油危机，石油价格高涨，但石油的消费量却不见有丝毫减少的趋势。世界进入了"石油时代"，石油和天然气逐渐取代煤炭，在世界能源消费构成中占据主要地位。1965年，在世界能源消费结构中，石油首次超过煤炭占居首位，成为第三代主体能源。1979年，石油所占的比重已达54%，相当于煤炭的3倍。

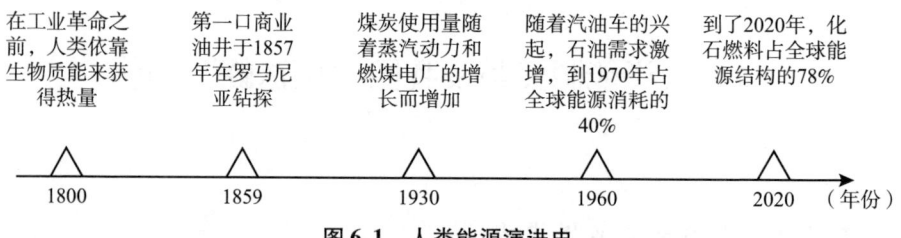

在工业革命之前，人类依靠生物质能来获得热量	第一口商业油井于1857年在罗马尼亚钻探	煤炭使用量随着蒸汽动力和燃煤电厂的增长而增加	随着汽油车的兴起，石油需求激增，到1970年占全球能源消耗的40%	到了2020年，化石燃料占全球能源结构的78%
△	△	△	△	△
1800	1859	1930	1960	2020 （年份）

图6.1 人类能源演进史

目前，化石燃料已经成为现代社会生活中不可或缺的一部分。但随之而来的对环境的影响也是我们人类不可以忽视的。人类在发现了化石燃料之后，需要加以开采并且进行加工，才使之被人类利用。但在开采这些化石燃料的同时还会对地下水造成污染，除此之外，开采时所释放的甲烷等气体以及粉尘在相当程度上破坏了大气环境。由于这些原因，人类开始学会减少化石燃料的使用，开发太阳能、电能、水能、风能等可持续、无污染的环保能源势在必行，能源危机的缓解和解决也理应从这些方面去着手。

6.1.2 我国"碳达峰"目标

6.1.2.1 碳达峰目标提出的背景

2016年4月国际社会共同签署《巴黎协定》，对2020年后全球应对气候变化做了统一安排，旨在督促各缔约方在已经确立的全球温控长期目标下，因地制宜地加快制订各国各地区的温室气体减排方案，努力实现碳排放峰值。2016年3月中国出台的"十三五"规划中，就已将低碳发展水平提升、碳排放总量得到有效控制列入总体规划目标当中，这也是在我国五年规划中第一次提出控制碳排放总量的要求。

《巴黎协定》签署5周年之际，2020年9月22日第75届联合国大会上，习近平主席向全世界宣告中国绿色低碳发展的全新理念与坚定决心，将提高世界碳排放领域的国家自主贡献力度，积极制定和实施行之有效的政策及措施，争取在2030年之前实现碳达峰。2021年3月第十三届全国人大四次会议通过的"十四五"规划中，明确要求制订2030年碳达峰行动方案，以降低碳强度为主、控制碳排放总量为辅的方针，积极应对气候变化，推进发展方式绿色转型。2021年3月15日的中央财经委员会第九次会议上，习近平总书记提出将碳达峰与碳中和目标纳入生态文明建设总体布局当中。

6.1.2.2 碳达峰目标的内涵

碳达峰是指一国年度CO_2排放量在一段时间内达到历史最高值，之后进入平台期并可能在一定范围内波动，然后进入持续缓慢或快速下降阶段，是CO_2排放量由增转降的拐点，标志着碳排放与经济发展实现脱钩（胡鞍钢，2021）。

第一，国家是碳达峰的责任主体。碳达峰的提出和发展是与温室气体排放在全球范围内对人类社会的生存和发展造成的威胁密不可分的，正是在国际社会关于应对全球气候变化所达成的多项协议的基础上，碳达峰才逐渐被人们提出和越来越多地得到各国政府的承认和认可的，从本质上来说，碳达峰是为了维持和保护全人类的共同利益而由各国政府承担的一种具有普遍约束力的义务或责任，即为了人类社会共同的未来，每个国家都应当在国家主权原则下主动减少其整体上 CO_2 的排放量,而不能无限制、无限量地进行碳排放。碳达峰作为一种国家义务或责任,就决定了各地的碳达峰工作应当服从国家的统一部署和安排,不拖延、不抢跑,一切以大局为重。

第二,碳达峰的具体表现是年度 CO_2 排放量达到历史最高值。碳达峰衡量的对象是一个国家的年度 CO_2 排放总量,即一个自然年度内在一国境内所有自然人、法人和非法人组织直接或间接产生的 CO_2 排放总量,而不单单是指某一行业、地区或活动所产生的 CO_2 排放总量。年度 CO_2 排放总量达到历史最高值,是指立足于当下,相比于过去是最高值,对比未来也应该是最高值,而不能仅仅是停留在与过去相比较。由于未来事项的不确定性,碳达峰值的认定原则上具有滞后性,要想准确判断当下碳排放量是否为碳达峰值,必须要建立一个科学、合理的标准体系,而不能简单地把当前碳排放绝对量的最大值直接认定为碳达峰值。

第三,碳达峰的实现是一个动态过程,而不是一个瞬时动作。实现碳达峰标志着 CO_2 排放量开始由增转降,但是并不意味着会是立即、持续、快速地下降。CO_2 的排放与经济社会的发展有着密切的关系,在没有革命性技术应用或其他重大变革出现的情况下,碳达峰后的一段时期内碳排放量一般会进入一个平台期并可能在一定范围内波动,然后随着经济、技术等客观因素的发展开始持续缓慢或快速下降,在此期间还有可能发生迂回反弹。碳达峰的动态性就决定了实现碳达峰目标是一个长期的、持续的工作。

第四,碳达峰标志着碳排放与经济发展实现脱钩。人类社会是一直不停地向前发展的,碳达峰的最终目的也是为了保证人们能够拥有一个共同美好的未来,经济发展是人类获得美好幸福生活的基本保障和最主要的体现。现阶段,从全球范围来看,绝大部分国家的经济发展都与碳排放密切相关,确切地说,都离不开对能源尤其是化石能源的巨量开采和利用。碳达峰后,能源消费方式和结构、产业结构和布局、人们日常生活方式等都将会发生重大变化,经济发展必将摆脱对能源尤其是化石能源巨量利用的依赖,实现与碳排放的脱钩,走向绿色、低碳和高质量的发展路径。碳达峰是一个国家年度 CO_2 排放量由增转降的拐点,是实现碳中和愿景的开端,实现碳达峰对一个国家来说有着重大的现实意义和标志性意义。实现碳达峰意味着一个国家在应对全球气候变化中开始做出贡献,也意味着其对相关国际性气候协议中的义务与责任实施了有效承担,同时还标志着一个国家的产业结构和能源结构得以调整优化，环境污染得到控制和改善，社会经济实现了高质量和可持续发展。实现碳达峰，对我国来说，既是一项重要的"政治任务"，也是一项重要的"环境任务"和"经济任务"，同时也是实现"两个一百年"和建设美丽中国奋斗目标的重要内容。

6.2 我国碳排放达峰现状及存在的问题

6.2.1 我国碳排放现状

6.2.1.1 碳排放总量及结构

中国目前的 CO_2 年排放总量及其占全球 CO_2 年排放总量的比例已跃居世界首位，2021 年的中国年 CO_2 排放总量约 120 亿吨 CO_2（含工业过程排放），更是达到了全球当年 CO_2 排放总量的 31%，如图 6.2 所示。

图 6.2 二氧化碳排放量（含工业过程排放）

资料来源：《BP 世界能源统计年鉴（2021 年）》。

据国际能源机构 2019 年提供的数据显示，2019 年中国煤炭资源碳排放量依然居高不下，达到近 7 863 百万吨二氧化碳，煤炭燃烧产生的二氧化碳占总二氧化碳排放 79.83%。如图 6.3 所示，煤炭资源的碳排放仍然是我国能源消费的主要来源。

"双碳目标"下我国能源结构调整与绿色能源发展研究

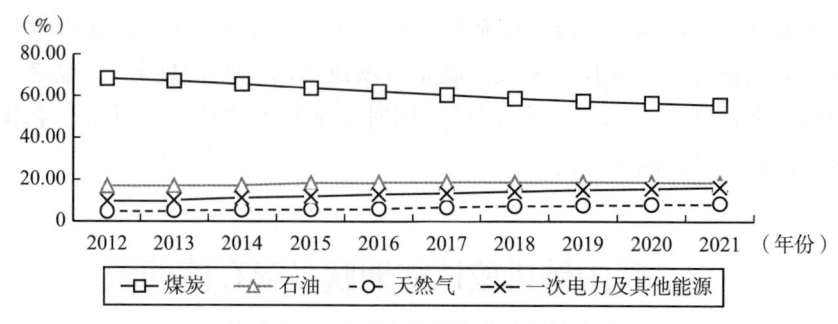

图 6.3 各能源占能源消费总量的比重

资料来源：国家统计局。

总体来说，从碳排放维度来看，我国仍然以煤炭、石油、天然气等易排放二氧化碳气体的能源结构为主；就高碳排放部门而言，我国正处于经济发展转型的关键阶段，以往的高消耗粗放型行业面临极大的减排压力，其未来转型重点应放在节能技术的提升和新能源替代的层面。

6.2.1.2 "碳达峰、碳中和"相关政策

作为《巴黎协定》的积极践行者，中国主动承担起碳减排责任，承诺到2030年，单位国内生产总值二氧化碳排放比2005年下降60%~65%，非化石能源占一次能源消费比重将达到20%。为实现这一目标，中国政府制定一系列降低碳强度和减少碳排放的措施，具体包括改善能源结构、优化经济结构等，并取得一定成效。然而，作为世界上最大的能源消费国和碳排放国，中国面临着非常严峻的碳减排压力。预计未来随着我国节能减排政策的进一步出台，我国碳排放情况将进一步改善。

由表6.1可见，目前国家出台的关于"碳达峰、碳中和"的政策围绕着各个地区、各个行业，可见目前国家对于建立健全"碳达峰、碳中和"相关法律政策这一方面十分重视。

表 6.1　　　　中国最新出台的"碳达峰"相关政策

时间	政策文件	重点内容
2020年12月	《新时代中国能源发展》	促进经济社会发展全面绿色转型，推进全球能源可持续发展道路

续表

时间	政策文件	重点内容
2021年2月	《关于加快建立健全绿色低碳循环发展经济体系的指导意见》	倡导绿色低碳生活方式
2021年5月	《银行业金融机构绿色金融评价方案》	进一步动员资金支持绿色发展,提升金融助力"双碳"质效
2021年9月	《国家人权行动计划(2021~2025年)》	实施可持续发展战略,落实减污降碳总要求,推动绿色生态文明体系
2021年10月	《2030年前碳达峰行动方案》	将碳达峰贯穿于经济社会发展全过程和各方面,重点实验"碳达峰十大行动"
2021年10月	《国家标准化发展纲要》	建立健全碳达峰、碳中和标准,加快节能标准更新升级
2021年10月	《黄河流域生态保护和高质量发展规划纲要》	着力推动中下游地区产业低碳发展,切实落实低碳排放强度的要求
2021年11月	《粮食节约行动方案》	可以通过节粮减损来保护生态,减排降碳,助力碳达峰碳中和,实现绿色可持续发展

6.2.2 国内外碳排放现状比较

本节从经济发展水平、碳中和过渡期、排放量基数、能源转型、碳中和成本等角度对全球主要国家及地区进行比对分析可以看出,我国碳达峰、碳中和工作面临着过渡期短、经济发展水平总体不高、碳排放基数大、资源禀赋不足、成本高昂等诸多挑战和困难。

6.2.2.1 碳排放总量和经济发展水平对比分析

根据世界资源研究所发布的报告,截至2017年,全世界共有49个国家的碳排放在2010年前实现达峰。其中,有19个国家早在1990年以前就实现了碳排放达峰,包括德国、匈牙利、挪威、俄罗斯等。在1990~2000年实现碳排放达峰的国家有14个,包括法国、英国、荷兰等。在2000~2010年实现碳排放达峰的国家有16个,包括巴西、澳大利亚、加拿大、意大利、美国等。根据各国的达峰承诺,预计还有4个国家(日本、新西兰等)碳排放在2020年前达到峰值,另外4个国家(中国、新加坡等)预计在2030年前达到峰值，已经达到峰值或承诺在 2030 年前达到峰值的国家总数达到 57 个。

研究一个国家的温室气体排放峰值，需要综合考虑其经济发展阶段、工业化、城镇化、能源发展、控制技术等因素，分析其在能源、建筑、交通、工业、农业、废弃物处理等各个领域的温室气体排放规律与特点。碳排放总量和经济发展水平有较大的相关性。碳排放总量随着经济发展呈现先上升后下降的趋势，但这一变动趋势在不同国家呈现不同特征。通过对主要发达国家和发展中国家温室气体排放源和温室气体构成的初步分析，这些国家温室气体排放峰值一般是在经济增长速度较低、人均 GDP 较高的条件下出现的。二氧化碳排放峰值出现时间一般比甲烷和氧化亚氮晚 10 年左右，二氧化碳排放量比重越高温室气体峰值越难出现。

6.2.2.2 "碳达峰"、"碳中和"及过渡期时间对比分析

虽然多数国家都将碳中和目标年定在 2050 年，但有 37~66 年的过渡期，平均约 50 年。比较起来，我国是 30 年的过渡期，过渡期大大缩短，意味着我国需要用 30 年的时间完成别的国家近 50 年的工作，实现"碳中和"目标所要面临的挑战和付出的努力远远大于其他国家。

目前，国际上尚无成熟而系统的"碳中和"经验可以借鉴，通过学习欧盟的"碳中和"行动规划可大致了解其任务的系统性、艰巨性、复杂性。2019 年 12 月发布的《欧洲绿色新政》制定了"碳中和"愿景下的长期减排战略规划，从能源、工业、建筑、交通、粮食、生态和环境 7 个重点领域规划了长期碳减排行动政策路径。该规划强调最大限度地部署可再生能源，并大幅提高能源效率；促进工业转型和循环经济，提出以资源可持续利用为重点的循环经济行动计划，要求对电子产品、纺织品、塑料制品等实现回收和多级循环利用，减少城市垃圾；促进建筑部门大力提高能源效率，通过翻新实现建筑节能；支持清洁、安全、互联的出行方式，并建设充足的智能网络基础设施；从生物经济中全面获益并建立基本的碳汇；充分利用碳捕获与封存技术等。此外，欧盟拟设立"气候银行"，计划拨付 400 亿欧元的"公平转型基金"用来补偿能源转型政策下受影响的欧盟成员国，保障能源的公平转型等。

6.2.2.3 碳排放量基数与年均减排量对比分析

欧盟 3 国、英国、日本、加拿大、巴西等国年均减排量绝对值较少，在

第6章 | 我国碳排放达峰路径分析

1 100万~3 600万吨CO_2当量的范围内。与中国具有可比性的美国和欧盟（27国），分别为1.81亿吨和1.1亿吨CO_2当量。而我国2030年碳达峰至2060年碳中和的30年间，年均减排量将高达4.33亿吨CO_2当量，比欧盟（27国）、美国、日本、英国、巴西、加拿大年均减排量的总和（约3.99亿吨CO_2当量）还要高出8.52%。因此，中国实现碳中和目标所承受的压力是其他国家及地区所无法比拟的（见图6.4）。

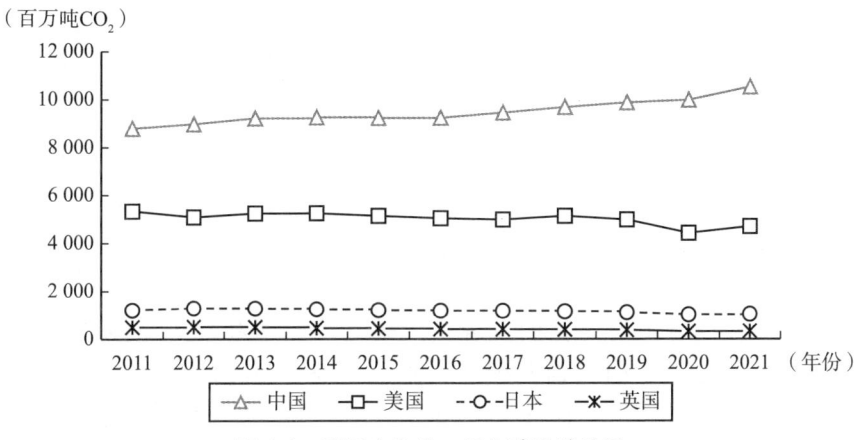

图6.4　能源产生的二氧化碳排放总量

资料来源：《BP世界能源统计年鉴（2021年）》。

6.2.2.4　能源结构对比分析

根据《BP世界能源统计年鉴（2021年）》统计数据，2020年中国和印度的煤炭消费占比降至60%以下，其余国家均低于30%。

从全球来看，2020年石油继续在一次能源消费中占比最大，占比为31.2%；煤炭作为第二大燃料，占比为27.2%，比上年略有上升；天然气和可再生能源（不含水电）的占比分别升至24.7%和5.7%的历史高点，可再生能源占比已经超过了核能（4.3%）；水电占比增加了0.4个百分点，达到6.9%，这是自2014年以来的首次增长。2020年全球前十大经济体一次能源消费结构，除中国、印度和日本外，其余7个国家清洁能源消费占比均超过50%。

从发达国家的经验来看，调整优化能源结构，削减甚至淘汰煤炭和石油的使用，增加碳排放强度较低的天然气能源；同时，大力发展可再生能源、水电、核电等，并最终实现以清洁能源为主导的能源体系，这些措施是实现碳达峰、碳中和目标的基本路线。

可再生能源的全面应用是可持续发展的关键，各国"碳中和"能源减排战略普遍以降低化石能源发电占比、减少煤炭消费为主，不断提高风电、水电、光伏、生物质能等清洁能源的发电占比，加快氢能布局和应用，让传统的国际石油能源格局逐渐发生转变。

6.2.3 我国实现"碳达峰"存在的问题

在现有经济社会发展目标、能源和产业结构条件下，要实现"碳达峰"目标，应在确保经济社会平稳发展的同时，尽快实现经济发展与碳排放的脱钩，这就需要实现经济社会发展模式及技术体系的巨大变革，须面对来自公民意识、生活方式、科学技术及社会管理体制等方面的严峻挑战。

6.2.3.1 碳达峰政策法规标准体系建设还不够完全

通过近年的政策对比我们发现实现碳达峰碳中和是一项涉及多领域、多部门的系统工程，但目前我国尚未形成全面、完善的碳达峰标准体系。第一，我国碳达峰碳中和标准体系缺乏统筹协调。因为碳达峰碳中和工作涉及范围广，其对应的标准体系的范围和边界需要动态调整，且各领域标准体系独立存在，缺乏彼此间的协同。第二，我国碳达峰碳中和不同层级标准之间容易产生交叉与矛盾。由于现阶段我国碳达峰碳中和标准体系的层级还是按照国家标准、行业标准、地方标准、团体标准、企业标准五个层级划分，标准层级多标准制定主体也不同，标准相关指标、内容等易出现重复、交叉或矛盾的问题。第三，我国碳达峰碳中和标准统计分析不全，无法分析我国现有碳达峰标准与国际上一些国家的差距和薄弱环节以及未来主攻方向。

6.2.3.2 能源转型困难

中国能源结构转型困难。20世纪以来，世界能源经历了从高碳到低碳转型，当前正经历向零碳转型。能源结构转型则由以煤炭为主到以油气为主再到非化石能源为主。能源生产结构的特征造就了能源消费，中国的能源转型路径不会按照全球能源转型的路径走，而是经过煤炭、石油、天然气、可再生能源和核能等多种能源并存的过渡，转型为以可再生能源为主。能源结构转型是历史的必然，也是当今时代发展之大势，要正视并克服能源转型的困难。

聚焦能源安全和能源自主可控的国家战略需求，多快好省推进低碳新能源替代传统能源是"双碳"行动的重点任务。然而，中国现在的能源多是高碳基的，化石能源占总能源消费的85%。即使2050年非化石燃料占总能源消费的比重达到理想的62.8%，但由于GDP翻两番时刚性能源需求量的增加，其化石能源消费的年排放仍将高达170亿吨CO_2以上。因此，如何平衡好发展与碳排放的关系，在更短时间内开发出绿色低碳的替代能源，尽快实现经济发展与碳排放的脱钩是最为严峻的挑战。

6.2.3.3 产业结构调整困难

产业结构调整是推进减污降碳协同增效的重要抓手，对实现"双碳"目标具有重要意义。2020年我国工业产值占GDP的30.8%，但工业能源消费占了65%的能源消费CO_2排放量。我国的制造业以重化工业为主，高耗能产业庞大，却又是国民经济的重要组成部分，其中相当一部分高耗能产品属于国家战略原材料，对市场供给稳定、产业体系完整和经济稳步增长具有重要支撑作用。科技创新是决定"双碳"目标实现的根本动力。目前，我国"双碳"技术尚处于发展的初级阶段，可以支撑"双碳"行动的科技创新储备不足，亟待开展问题和目标导向的颠覆性、变革性技术研发，尤其是在能源领域和产业结构调整方面。

6.2.3.4 碳达峰工作过渡期短

中国从碳达峰到碳中和的实现时间更短。我国"双碳"目标的实现间隔仅有30年时间。而且2030年前实现碳达峰本就是实现难度较大的目标，碳中和目标的实现要在此基础上，还要维持甚至加大原有的限制条件。当前，部分国家和地区提出2050年前实现碳中和。相较而言，中国目标实现时间虽晚但难度却更高。究其原因，是那些国家和地区基本上已经自然状态下发展至碳达峰，对他们来说，这两个目标之间的过渡时间通常是在40年、50年甚至更多。时间间隔足够长，就有更充足的时间以缓和渐进的方式来实现碳中和目标。更重要的是，碳排放在达峰后就会自然下降，实现碳中和就要容易得多。而与发达国家可以自然渐进地实现碳中和目标不同，中国实现这一目标需要克服减排和转型时间紧、任务重的难题，需要更大的改革力度。

6.2.3.5 自然生态系统碳汇功能有限

在以能源供应与消耗为主的"双碳"技术没有取得重大性突破及大规模应用之前,生态系统碳汇功能在维持经济发展和国家安全的基础性人为碳排量空间方面将发挥重要作用。尽管我国分布着广袤的高寒、荒漠、沙漠及盐碱地等自然生态系统,但其碳汇能力有限,且受限于国土空间、气候、水土资源和环境承载力等众多限制因素,想要短时间、高质量实现"双碳"目标可谓任重道远。

6.3 我国碳排放趋势分析

随着工业化和现代化的不断推进,我国二氧化碳排放总量不断攀升,在2007年我国就已成为世界上碳排放量最大的国家。根据英荷壳牌石油公司编撰的《世界能源统计年鉴》披露,我国2021年二氧化碳排放当量约为120.4亿吨,而由能源消费产生的二氧化碳排放量约为105.23亿吨,能源消费结构对碳排放量影响显著。所以要对我国碳排放趋势进行分析,就必须要对我国能源发展趋势进行分析。因此本节分为两个部分,第一个部分从能源供给、消费以及供需平衡三个方面对我国能源形势进行基本判断;第二个部分基于中国1980~2019年的历史数据,运用多因素动态支持向量机模型,对我国2020~2030年的能源消费结构高级化指数进行预测,根据预测结果对我国碳排放趋势进行判断。

6.3.1 我国能源形势的基本判断

能源是人类社会赖以生存和发展的物质基础,能源的开发利用事关国计民生,既能影响经济的高质量发展,又和人们日常生活息息相关。中国经过几十年的努力,已经初步形成了以煤炭为主体,电力为中心,石油、天然气和可再生能源全方面发展的能源供应格局,基本建立了较为完善的能源供应体系,成为世界上第一大能源生产国和消费国。我国能源消费的快速增长,不仅为国内经济增长提供了强有力的支撑,还为世界能源市场创造了广阔的发展空间。

近年来全球极端天气频频出现，气候变化成为全球关注的焦点之一，同时国际能源形势不断恶化，能源发展向低碳和可持续两个方面转型已经成为各国的一致行动。面对能源资源枯竭和生态环境污染严重等问题，我国在提高能源效率、降低能源强度、发展绿色能源和改善能源结构等方面做出切实努力。2014年6月，我国审时度势，创造性地提出"四个革命、一个合作"能源安全新战略，积极推动我国能源发展转型。第一，进行能源消费革命，抑制不合理能源消费；第二，进行能源供给革命，建立多元供应体系；第三，进行能源技术革命，带动产业升级；第四，进行能源体制革命，打通能源发展快车道；第五，全方位加强国际合作，实现开放下的能源安全。2020年9月，基于实现可持续发展的内在要求和推动构建人类命运共同体的责任担当，作为世界上最大的碳排放国家的中国在第七十五届联合国大会上，为切实履行《巴黎协定》做出庄严承诺，提高国家自主贡献力度，力争2030年前实现碳达峰、2060年前实现碳中和。2021年，为实现"双碳目标"，我国启动全国碳排放权交易市场，积极构建"1+N"政策体系，明确双碳工作时间表、路线图和施工图，提出到2025年非化石能源消费比重达到20%左右；到2030年，非化石能源消费比重达到25%左右，实现碳达峰；到2060年，非化石能源消费比重达到80%以上，实现碳中和。

在这一系列政策和战略的指引下，我国能源转型发展得到了有效推进，能源生产和利用方式发生重大变革，能源高质量发展迈出了有力步伐。

在能源供给方面，能源供给能力和质量显著提升，生产生活用能得到有效保障，能源绿色低碳转型稳步推进。2021年我国一次能源生产总量为433 000万吨标准煤，较上一年上涨6.31%，其中原煤占比67%，较上一年下降0.6个百分点；原油占比6.6%，较上一年下降0.2个百分点；天然气占比6.1%，较上一年下降0.1个百分点；非化石能源占比20.3%，较上一年上涨0.7个百分点。能源供给受制于能源资源储备，而中国能源资源的整体特点是总量丰富、品种齐全、分布不均，如图6.5所示，煤炭占据主导地位，所以我国的能源供给以煤炭为主，但是其占一次能源生产总量比重呈现逐年下降的趋势，较之十年前已下降9.2个百分点，而非化石能源的占比则呈现逐年上涨的趋势，较之十年前已上涨了9.1个百分点。

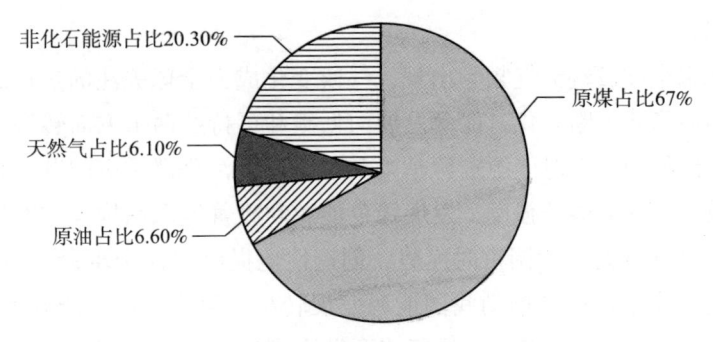

"双碳目标"下我国能源结构调整与绿色能源发展研究

图6.5 2021年我国一次能源生产结构

资料来源：国家统计局。

同时，煤炭产能结构持续优化，每年产煤120万吨及以上的大型煤矿的产量占80%以上。我国全年新增发电量超过7 500亿千瓦时，总发电量达85 342.5亿千瓦时，其中水力发电量为13 390亿千瓦时，占比15.69%；火力发电量为58 058.68亿千瓦时，占比68.03%；新能源发电量首次突破10 000亿千瓦时，占比11.71%。同时，我国全口径发电装机容量达到23.8亿千瓦，可再生能源发电装机容量突破10亿千瓦，风电、光伏发电、水电、生物质发电装机规模连续多年稳居世界第一，核能发电装机容量以7 600万千瓦位居世界第二。

在能源需求方面，能源消费结构持续优化，能源使用效率不断提升，能源绿色低碳转型稳步推进。2021年我国能源消费总量为524 000万吨标准煤，较上一年上涨5.15%，其中煤炭占比56%，较上一年下降0.8%；石油占比18.5%，较上一年下降0.4%；天然气占比8.9%，较上一年上涨0.5%；非化石能源占比16.6%，较上一年上涨0.7%（见图6.6）。能源需求受制于能源供给。我国以煤炭为主的能源供给结构导致了我国的能源消费结构也以煤炭为主。但是其占能源消费总量的比重呈现逐年下降的趋势，较之十年前已下降了12.5%；而非化石能源的占比则呈现逐年上涨的趋势，较之十年前已上涨了6.9%。2021年我国以8.1%的增速实现国内生产总值1 143 670亿元，单位国内生产总值能耗较之上一年下降2.7%。自党的十八大以来，该能耗已累计降低26.2%，相当于节约了14亿吨标准煤的能源消费，以能源消费年均约3.0%的增长支撑了国民经济年均6.5%的增长，能源使用效率不断提升。2021年我国全社会用电量达83 000亿千瓦时，较上一年上涨10.3%。全年能源消费弹性系数为0.64，而电力消费弹性系数为1.27，意味着我国终端能源消费中电力比重明显增长，终端用能电气化水平正不断提升。

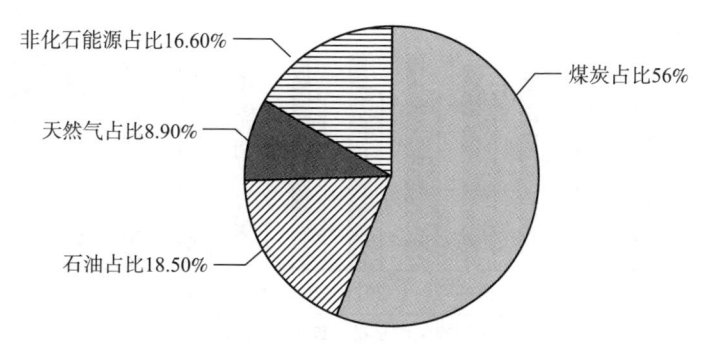

图 6.6 2021 年我国能源消费结构

资料来源：国家统计局。

从能源供需平衡来看，我国能源自主保障能力较为优良，供需关系总体平稳，但供需缺口有扩大的风险，区域性供需矛盾持续存在。随着国民经济和科学技术的不断发展，我国对能源的需求在不断扩张，同时能源供给能力也在持续提升，二者的增长趋势和速度大致是相同的，能源供需总量同步上升，能源自给率近几年始终保持在80%。但是，我国能源需求自1992年起一直大于能源自身生产能力，能源进口成为必然，并且供需缺口逐步扩大。如图6.7所示，自2016年起，缺口一直保持在90 000万吨标准煤以上，其中2017年达到最大值96 959.43万吨标准煤。我国煤炭、水能、油气资源主要集中于西部地区，风能、光能等新能源主要集中于"三北"地区，而能源需求主要集中于东部沿海地区，能源供需存在着明显的逆向分布特征。2021年，受疫情冲击的影响，部分能源产品的供给不足，无法满足市场需求，导致局部地区出现用能紧张的局面，其中湖南、四川、重庆等地缺电问题较为严重。

我国能源转型发展虽然目前取得了一些成绩，但是在未来仍然道阻且长，不仅面临着复杂的外部影响，还肩负着繁重的内部任务。外部方面，当今世界正经历百年未有之大变局，国际局势动荡不安，中美关系摩擦加深，新冠肺炎疫情肆虐全球，世界经济长期低迷，逆全球化思潮逐渐抬头，俄乌冲突等地缘事件爆发，国际能源市场波动幅度增大，能源供应格局愈发多极化，能源供需模式向低碳化、分散化和扁平化发展，能源体系面临全新变革。内

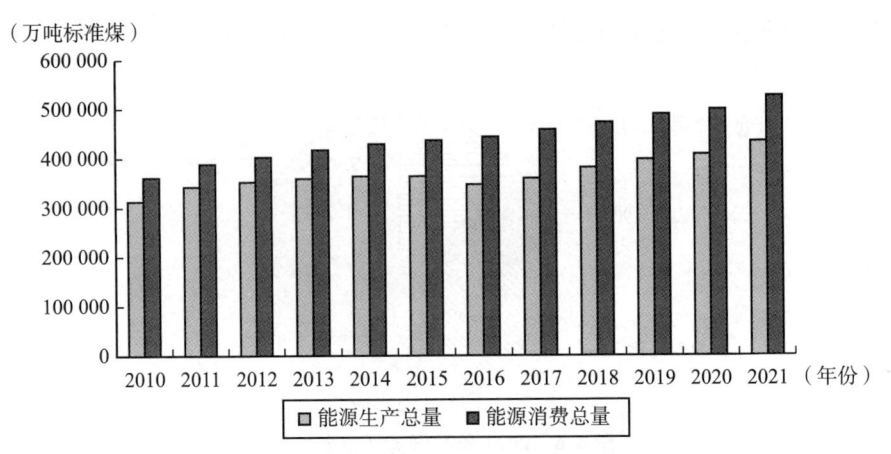

图 6.7　2010~2021 年我国能源供需情况

资料来源：国家统计局。

部方面，我国正处于中华民族伟大复兴的关键时期，如何建设现代能源体系，实现能源科技高水平自立自强；如何保障生产生活用能，维护国家能源安全；如何控制碳排放总量和强度，按期达成双碳承诺；如何支撑经济高质量发展，实现第一个百年奋斗目标，始终是我国能源发展必须回答的问题。

总的来看，"十四五"时期是我国能源发展的重要战略机遇期，必须深刻认识到能源转型发展道路上可能面临的新情况、新问题和新挑战，不断增强机遇意识和忧患意识，准确识变、科学应变和主动求变，全面统筹好发展与安全两个方面，在把握规律的基础上实现能源转型发展。

6.3.2　能源结构高级化指数与碳达峰趋势

我国以煤为主的能源消费结构，不仅不合理，使实现中国节能减排目标面临严峻挑战，还会危及能源安全。优化能源消费结构是实现节能减排目标的关键举措，而能源消费结构的优化调整受到众多外部因素的影响，因此通过影响因素对能源消费结构变动趋势进行有效预测，将对中国节能减排目标的实现和能源消费结构优化具有重要的意义。

基于第 4 章中所述的能源消费结构高级化指数的计算公式（4.11），再根据 Coupla 函数从经济、结构、技术和人口与政策等四个维度筛选出的与能源消费结构相关度较高的 17 个影响因素，利用 1980~2019 年的数据，建立

17个影响因素和能源消费结构高级化指数的支持向量回归模型，预测我国2020~2030年的能源消费结构高级化指数数值。模型运用采用python2.7和libsvm3.22工具包分析软件。

6.3.2.1 支持向量机模型

支持向量回归机（Support Vector Regression，SVR）是针对经典的二分类问题提出的，是在函数回归领域的应用。非线性SVR的基本思想是通过事先确定的非线性映射将输入向量映射到一个高维特征空间（Hilbert空间）中，然后在此高维空间中再进行线性回归，从而取得在原空间非线性回归的效果。

首先将输入量 x 通过映射 $\Phi: R^n \to H$ 映射到高维特征空间 H 中用函数 $f(x) = \omega \cdot \Phi(x) + b$ 拟合数据 (x_i, y_i)，$i = 1, 2, \cdots, n$。则二次规划目标函数变为式（6.1）：

$$W(\alpha, \alpha^*) = -\frac{1}{2}\sum_{i=1,j=1}^{n}(\alpha_i - \alpha_i^*)(\alpha_j - \alpha_j^*) \cdot (\Phi(x_i) \cdot \Phi(x_j))$$

$$+ \sum_{i=1}^{n}(\alpha_i - \alpha_i^*)y_i - \sum_{i=1}^{n}(\alpha_i + \alpha_i^*)\varepsilon \quad (6.1)$$

式（6.1）涉及高维特征空间点积运算 $\Phi(x_i) \cdot \Phi(x_j)$，而且函数 Φ 是未知的，高维的。支持向量机理论只考虑高维特征空间的点积运算 $K(x_i, x_j) = \Phi(x_i) \cdot \Phi(x_j)$，而不直接使用函数 Φ。称 $K(x_i, x_j)$ 为核函数，核函数的选取应使其为高维特征空间的一个点积，核函数的类型有多种，常用的核函数有：

多项式核：$k(x, x') = (\langle x, x' \rangle + d)^p$，$p \in N$，$d \geq 0$；

高斯核：$k(x, x') = \exp\left(-\frac{\|x - x'\|^2}{2\sigma^2}\right)$；

RBF核：$k(x, x') = \exp\left(-\frac{\|x - x'\|}{2\sigma^2}\right)$；

因此式（6.1）变成式（6.2）：

$$W(\alpha, \alpha^*) = -\frac{1}{2}\sum_{i=1,j=1}^{n}(\alpha_i - \alpha_i^*)(\alpha_j - \alpha_j^*) \cdot K(x \cdot x_i)$$

$$+ \sum_{i=1}^{n}(\alpha_i - \alpha_i^*)y_i - \sum_{i=1}^{n}(\alpha_i + \alpha_i^*)\varepsilon \quad (6.2)$$

可求的非线性拟合函数的表示式为（6.3）：

$$f(x) = \omega \cdot \Phi(x) + b$$
$$= \sum_{i=1}^{n}(\alpha_i - \alpha_i^*)K(x, x_i) + b \qquad (6.3)$$

x_i 是输入数据向量，$f(x)$ 是输出向量集合。通过式（6.3）得到预测参数 a 和 b，并估计出预测模型。

支持向量机建模基本步骤：

（1）数据归一化处理。

（2）得到优化参数 C，σ^2，以获取最佳支持向量机模型。

（3）模型精度检验。

（4）对影响因素的预测。

（5）利用模型对能源消费结构高级化指数预测。

6.3.2.2 变量选取与数据描述

能源消费结构高级化指数的度量采用式（4.11）所述方法，能源消费结构的影响因素，则根据第5章的结论，选取对能源消费结构高级化指数影响比较显著的17个因素，有能源价格、城镇居民人均可支配收入、农村居民可支配收入、产业结构、城镇恩格尔系数、农村恩格尔系数、农林牧渔能源消费比重、生活能源消费比重、能源效率、R&D经费支出、科研经费财政支出、能源强度、碳排放强度、专利申请授权数、R&D人员全时当量、总人口、市场化指数，数据取自《中国能源统计年鉴》、《中国统计年鉴》和EPS数据库。本文采用SVR模型来构建能源需求系统中输入（影响因素）与输出（能源消费结构高级化指数）的关系，即基于样本期间中国能源消费结构高级化指数以及影响因素中遴选的17个指标的历史数据，构造一个多输入、单输出的多因素动态支持向量机预测模型（MFD‑SVR）。

6.3.2.3 构建模型

6.3.2.3.1 归一化处理

已确定的输入和输出数据共包含18个方面的内容。由于指标的量纲不同，数据在数量上差异性很大，如果直接用原始数据进行运算，则很可能出现较大范围的变化，使预测结果准确性降低。因此，需要对各指标的数据进行归一化处理，通过式（6.4），可以把全部数据都归一化到 [0，1] 之间。

$$x_i^* = \frac{x_i - x_{\min}}{x_{\max} - x_{\min}} \tag{6.4}$$

6.3.2.3.2 参数寻优

学习参数包括核函数、不敏感损失函数和误差检验标准三个参数，本文通过10折交叉验证法对训练样本的数据进行学习、模拟，逐渐调整不敏感损失函数 C 和核函数的参数值，以获取最佳的支持向量机模型。

首先将能源消费结构影响因素作为 SVR 的输入，相应的把中国能源消费结构高级化指数作为输出，利用1980～2019年的历史数据进行模拟与仿真。这里的核函数选择的是 RBF 核函数，最终选出来的超参数 $C = 4.0$，$\sigma^2 = 0.0078125$。

6.3.2.3.3 模型精度检验

将选出来的最优参数，代入1980～2019年的数据中对模型进行训练，获得最佳的支持向量机模型。建立好模型之后，便验证模型的有效性，将所构建的模型对中国1980～2019年能源消费数据进行预测，得出我国1980～2019年的能源消费结构高级化指数预测值。将预测值和实际值进行比较，结果如表6.2和图6.8所示。

表6.2　1980～2019年能源消费结构高级化指数实际值和预测值比较

年份	实际值	拟合值	绝对误差	相对误差
1980	0.098338	0.099574	0.001236	0.012569
1981	0.100413	0.101441	0.001028	0.010238
1982	0.100407	0.102228	0.001821	0.018136
1983	0.103774	0.098292	-0.00548	-0.05282
1984	0.096946	0.094368	-0.00258	-0.02659
1985	0.093668	0.09349	-0.00018	-0.0019
1986	0.092348	0.091658	-0.00069	-0.00747
1987	0.089239	0.091225	0.001986	0.02225
1988	0.089239	0.091088	0.001849	0.020721
1989	0.090789	0.09126	0.000471	0.005186
1990	0.094488	0.092282	-0.00221	-0.02335
1991	0.089356	0.092014	0.002658	0.029743

续表

年份	实际值	拟合值	绝对误差	相对误差
1992	0.089828	0.092434	0.002606	0.029014
1993	0.095047	0.096902	0.001855	0.019517
1994	0.101333	0.100808	-0.00053	-0.00518
1995	0.105898	0.103712	-0.00219	-0.02064
1996	0.106122	0.099928	-0.00619	-0.05836
1997	0.114846	0.115817	0.000971	0.008455
1998	0.117066	0.117778	0.000712	0.006082
1999	0.111898	0.121204	0.009306	0.083165
2000	0.124277	0.111502	-0.01278	-0.10279
2001	0.144949	0.12767	-0.01728	-0.11921
2002	0.142647	0.13379	-0.00886	-0.06209
2003	0.12894	0.130644	0.001704	0.013215
2004	0.132374	0.130231	-0.00214	-0.01619
2005	0.132768	0.131035	-0.00173	-0.01305
2006	0.135021	0.137786	0.002765	0.020478
2007	0.142053	0.143963	0.00191	0.013446
2008	0.162162	0.160049	-0.00211	-0.01303
2009	0.166193	0.165579	-0.00061	-0.00369
2010	0.191176	0.188074	-0.0031	-0.01623
2011	0.190058	0.199712	0.009654	0.050795
2012	0.211679	0.21445	0.002771	0.013091
2013	0.22997	0.242515	0.012545	0.054551
2014	0.259146	0.257226	-0.00192	-0.00741
2015	0.282575	0.284739	0.002164	0.007658
2016	0.317742	0.307535	-0.01021	-0.03212
2017	0.338284	0.336533	-0.00175	-0.00518
2018	0.374576	0.372893	-0.00168	-0.00449
2019	0.405546	0.404313	-0.00123	-0.00304

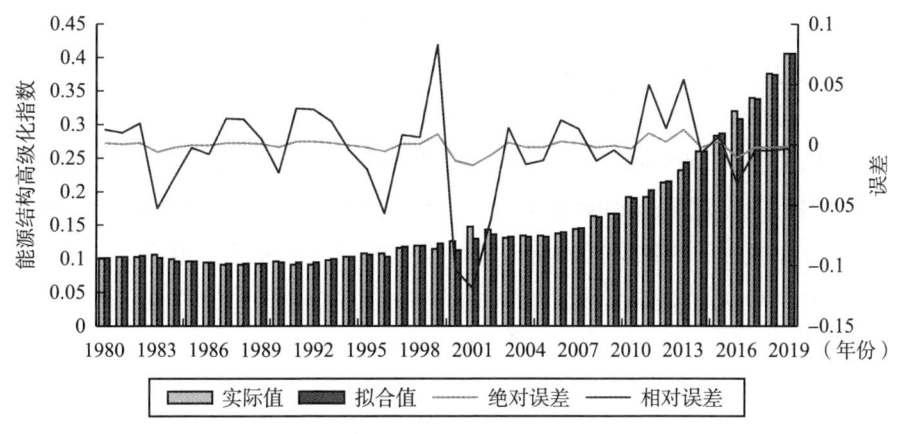

图 6.8 能源结构高级化预测值与实际值

由表 6.2 可知，采用支持向量机模型预测中国 1980~2019 年能源消费结构高级化指标，预测误差都比较小，平均误差 0.36%，实际值与预测值的相关系数达到 0.9979，说明预测结果非常接近能源消费的真实值，即预测模型对中国能源消结构高级化指数的预测效果优异、预测能力或推广能力突出，可以作为预测中国能源消费结构高级化指数的有效方法。

6.3.2.3.4 对影响因素的预测

在对能源消费结构高级化指数预测之前，先要预测自变量的值，即对 2020~2030 年的 17 个影响因素进行预测，根据历年数据指标，利用时间序列模型，对能源消费结构高级化指数预测的各影响指标进行预测，再利用预测的自变量指标数值对未来能源消费结构高级化指数进行预测。

在经济因素中，能源价格（N）、城镇居民收入（CK）和农村居民收入（NK）与能源消费结构存在显著的相关性，三个影响因素的变化趋势如图 6.9 所示。

能源价格与能源消费结构高级化指数的相关性为 12.97%，这与曾胜（2014）的研究结果是一致的。采用时间序列模型对能源价格进行预测，结果发现 R^2 为 0.3770，平均相对误差为 0.0527，如图 6.10 所示，模型拟合趋势较理想，但拟合优度不高。主要原因在于，奇异值的存在导致整体波动幅度较大。奇异值分别出现在 1993 年、1998 年、2008~2010 年三个阶段。其原因在于，1992年，邓小平发表南方谈话，改革开放进入新阶段，国内对于能源需求急剧上升，而供给未能同步增长，进而导致1993年能源价格飙升；1998年，受亚洲金融风暴影响，我国能源消费呈负增长，导致该年价格指数为十年内最低；2008~2010年，次贷危机的出现以及政府为了稳定经济环境而相继出台的宏观政策和刺激手段，导致此阶段的能源价格波动较为剧烈。而剔除奇异值后，再次对能源价格进行模拟发现，R^2提升为0.5172，平均相对误差降至0.0256，说明拟合结果良好。

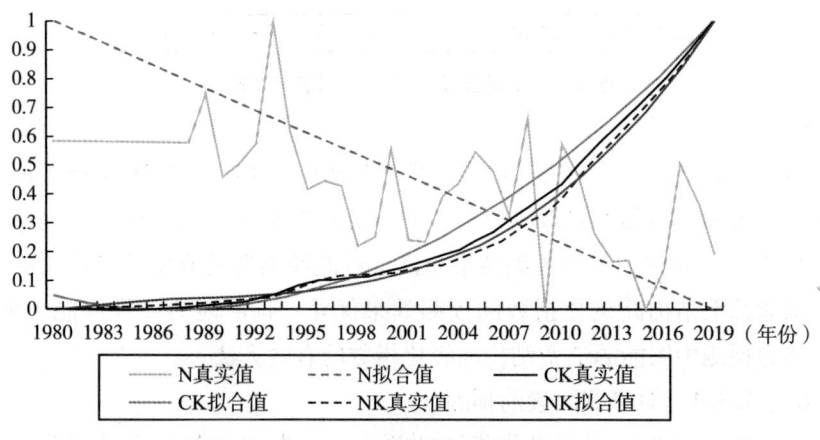

图6.9 经济因素的趋势图

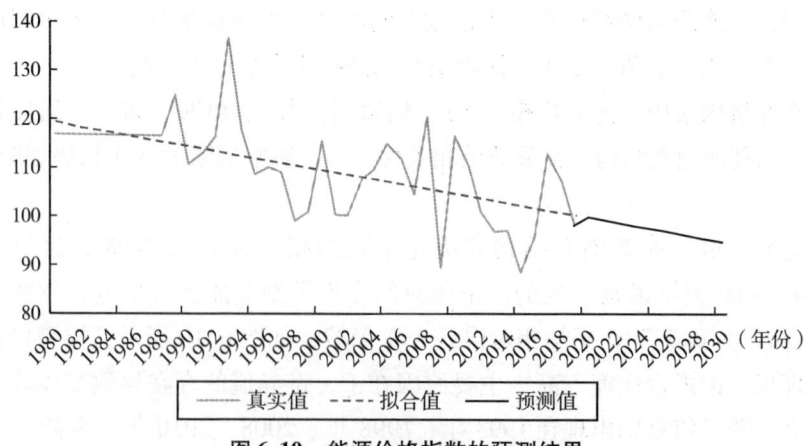

图6.10 能源价格指数的预测结果

而居民收入与能源结构之间存在相反的相关性,即城镇居民收入的相关性为 -11.87%,农村居民收入为 9.45%。其原因可能是,城镇人均可支配收入不断增加,居民购买的能耗产品越来越多。更重要的是,中国居民的节能意愿不够强烈,这导致了与能源消费结构呈现负相关。农村居民可支配收入增加,居民会购买与农业生产相关的绿色产品进行再生产,导致了能源结构的调整。根据多项式回归模型分别对城镇和农村人均可支配收入进行预测,其结果如图 6.11 所示,回归模型的 R^2 分别为 0.9867 和 0.9956,平均相对误差分别为 0.4181 和 0.1831,表明拟合效果良好。

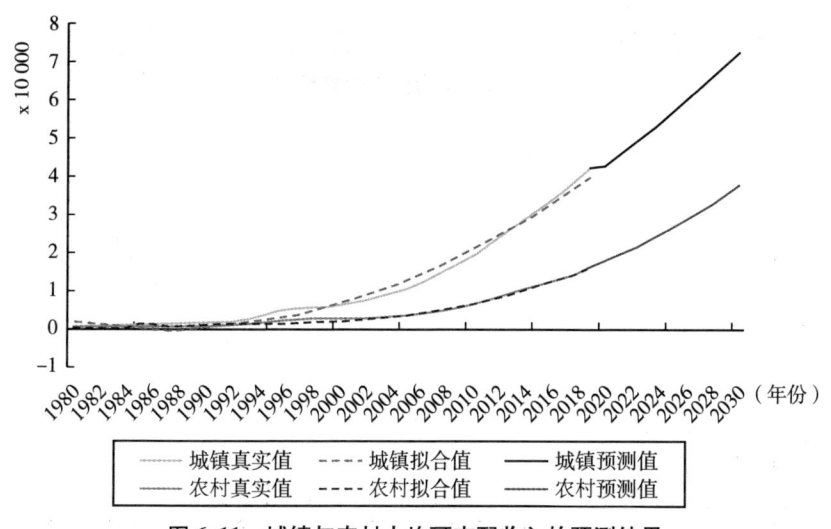

图 6.11 城镇与农村人均可支配收入的预测结果

在结构因素中,产业结构、居民消费结构、能源消耗结构、能源效率与能源消费结构高级化指数存在显著的相关性,具体影响因素的变化趋势如图 6.12 所示。

产业结构与能源消费结构高级化指数的相关性为 11.57%,与邓等(Deng et al., 2014)的研究成果相似。根据多项式回归模型对产业结构进行预测,其结果如图 6.13 所示,回归模型的 $R^2 = 0.9551$,平均相对误差为 0.0644,表明拟合效果良好,可用来进行预测。

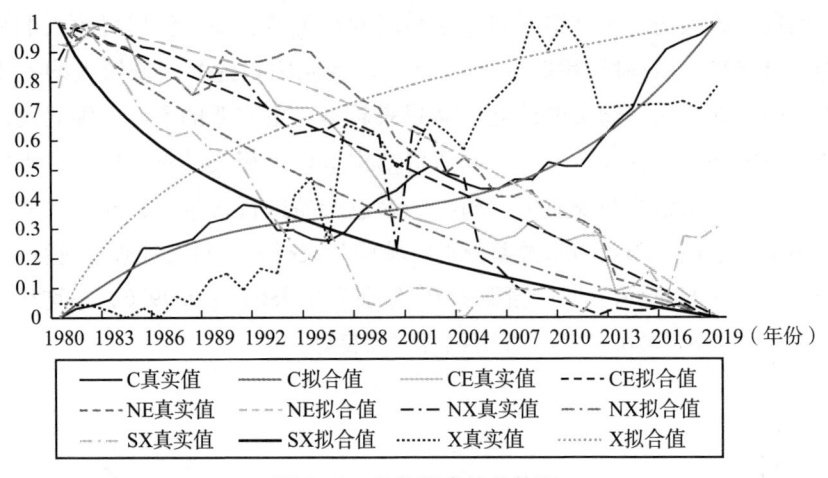

图 6.12 结构因素的趋势图

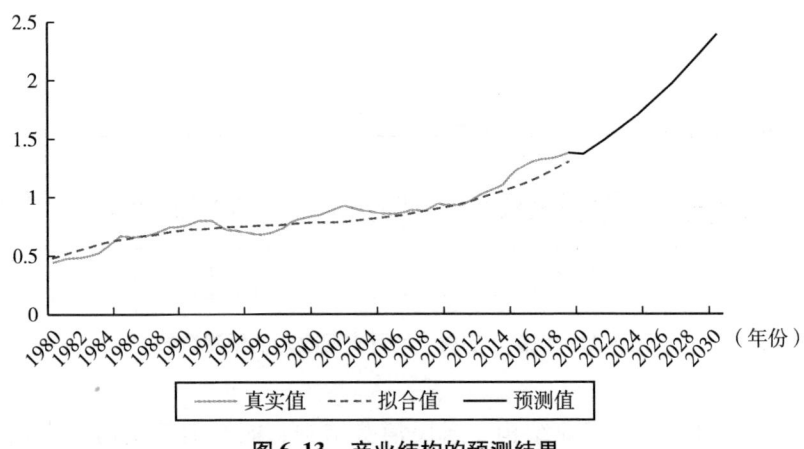

图 6.13 产业结构的预测结果

居民消费结构与能源结构均呈现显著的正相关性,随着居民恩格尔系数越低,表明居民消费的产品种类越丰富,就越能促进能源消费的结构调整。根据多项式回归模型分别对城镇和农村恩格尔系数进行预测,其结果如图 6.14 所示,回归模型的 R^2 分别为 0.9535 和 0.9574,平均相对误差分别为 0.0445 和 0.0332,表明拟合效果良好。

第6章 我国碳排放达峰路径分析

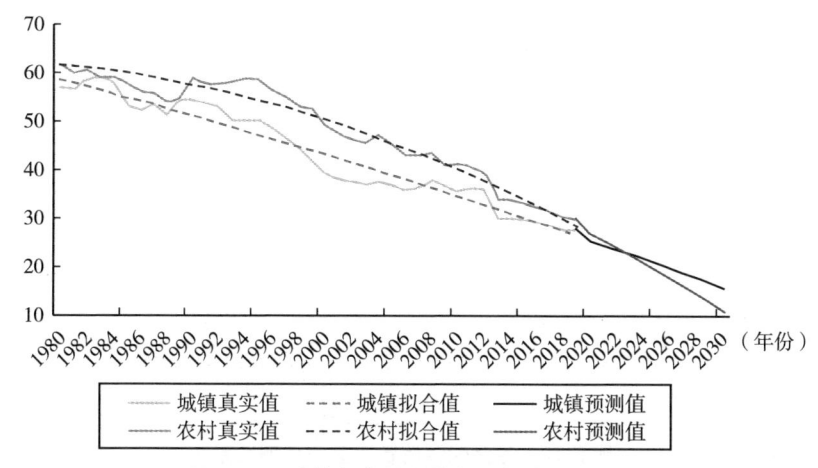

图 6.14 城镇与农村恩格尔系数的预测结果

从能源消耗结构来看，主要是农林牧渔和生活能源的消耗对能源消费结构具有显著的正相关性，说明第一产业和服务业的能耗增加可以优化能源消费结构。根据指数模型对农林牧渔能源消费比重进行预测，其结果如图 6.15 所示，回归模型的 $R^2 = 0.8667$，平均相对误差为 0.1132，表明预测效果良好。

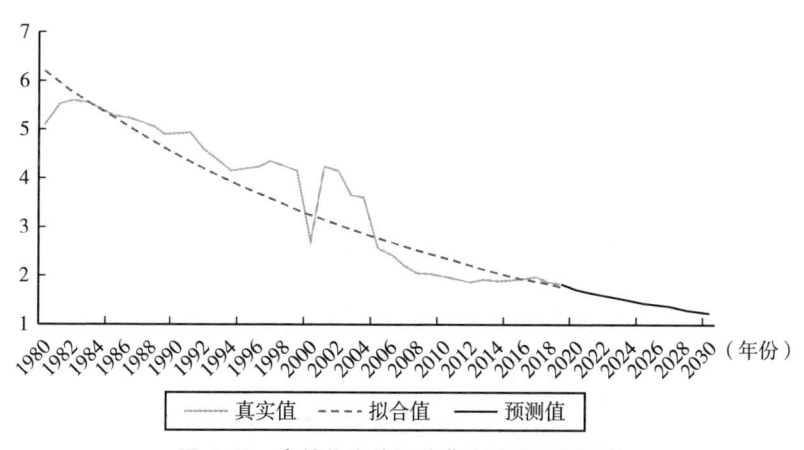

图 6.15 农林牧渔能源消费比重的预测结果

根据对数模型对生活能源消费比重进行预测，其结果如图 6.16 所示，回归模型的 $R^2 = 0.6125$，平均相对误差为 0.1031，表明拟合效果良好。

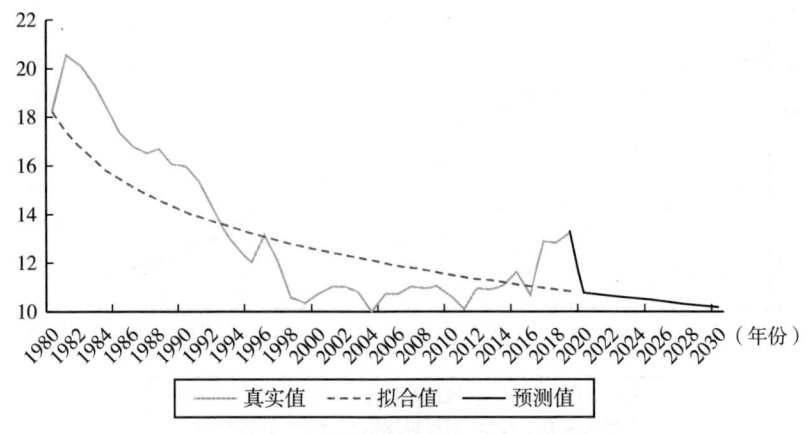

图 6.16　生活能源消费比重的预测结果

能源效率的相关性为 15.49%，说明充分利用有限的能源，发挥能源的最大效益，对调节能源消费结构有极大推动作用。根据对数模型对能源效率进行预测，其结果如图 6.17 所示，回归模型的 $R^2 = 0.6809$，平均相对误差为 0.6544，表明拟合效果良好，可用来进行预测。

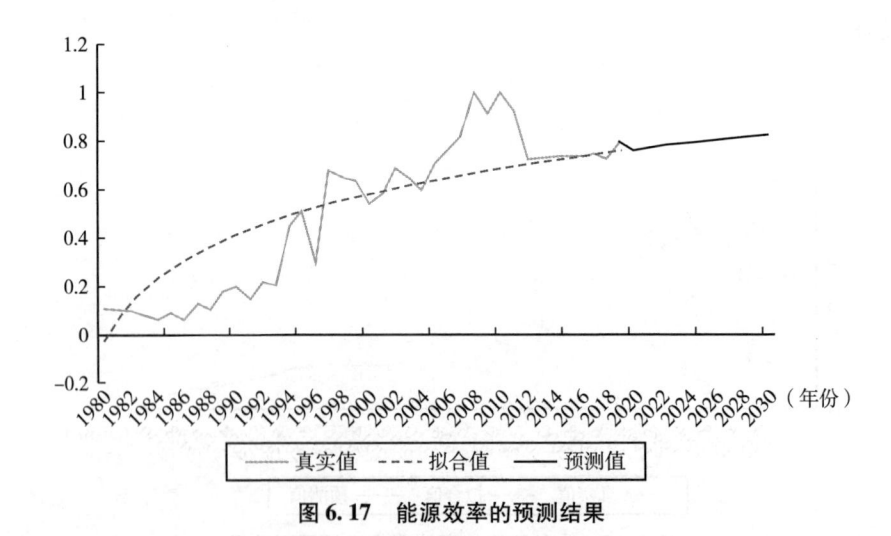

图 6.17　能源效率的预测结果

在技术因素中，能源强度、碳强度、研发投入、专利授权数以及科研人员与能源消费结构高级化指数存在显著的相关性，具体影响因素的变化趋势如图 6.18 所示。

第 6 章 | 我国碳排放达峰路径分析

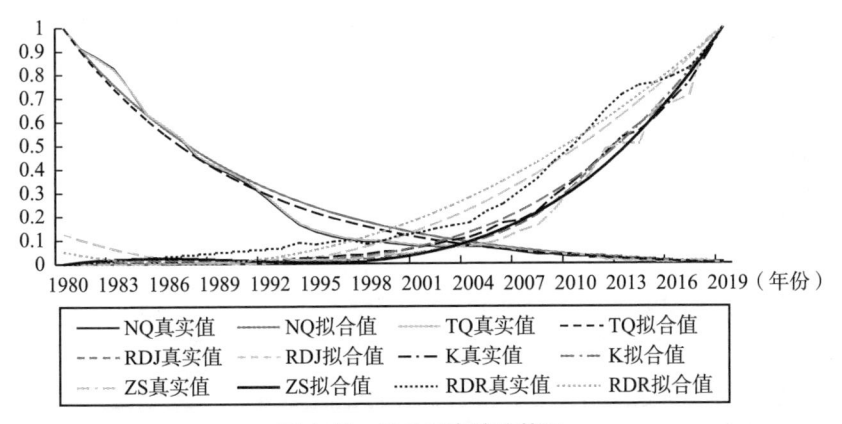

图 6.18 技术因素的趋势图

能源强度的相关性为 16.36%，说明能源消费强度越大，能源消耗量越大，即意味着能源消费强度的降低能减少煤炭在能源总量中的消耗，改善能源结构。根据指数模型对能源消费强度进行预测，其结果如图 6.19 所示，回归模型的 $R^2 = 0.9693$，平均相对误差为 0.1657，表明拟合效果良好。

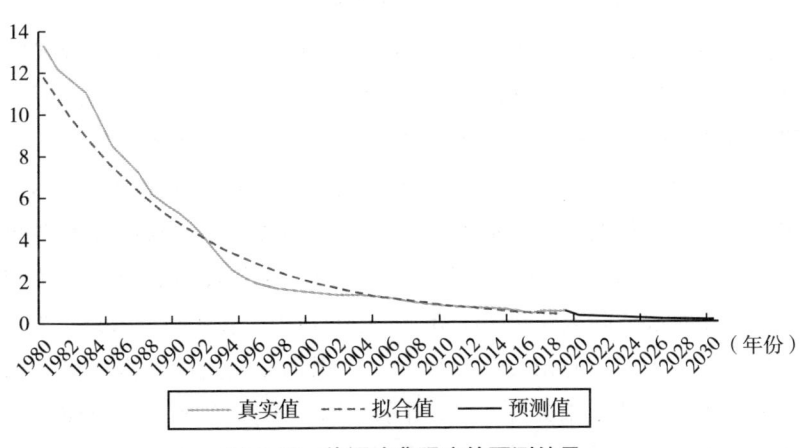

图 6.19 能源消费强度的预测结果

碳排放强度的相关性为 -11.99%。近年来，随着中国政府对产业结构的调整，一方面，水电等可再生能源越来越受到重视，另一方面，以煤炭为主要的化石能源受到了限制，导致减少了二氧化碳的排放，进一步优化中国的能源消费结构。根据指数模型对碳强度进行预测，其结果如图 6.20 所示，回

归模型的 $R^2 = 0.9796$，平均相对误差为 0.1509，表明拟合效果良好。

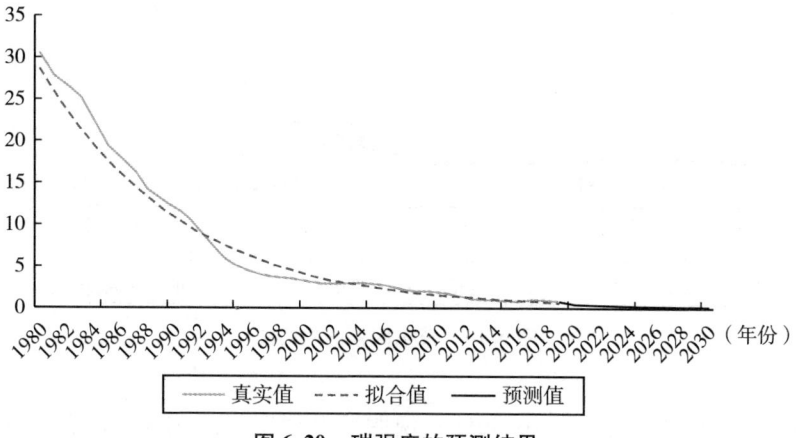

图 6.20 碳强度的预测结果

在技术创新方面，研发投入（包括 R&D 经费和科研经费财政支出）越多、专利发明越多、科研人员的增加都对能源消费结构调整起到了正向作用，这与阿米尔等（Amir et al.，2014）的结论相一致。

需要指出的是，R&D 经费支出的相关性为 12.13%，根据多项式回归模型对 R&D 经费支出进行预测，其结果如图 6.21 所示，回归模型的 $R^2 = 0.9578$，从拟合曲线和拟合优度可以看出，模型拟合趋势较为理想，但平均相对误差为 3.4887，导致误差较大的原因可能是，1992 年以前的 R&D 经费支出数据因统计口径的不一致而无法获取，因而我们采用科研经费财政支出进行替代。而当我们以 1992 年为起点，重新对 R&D 经费支出进行预测，结果发现平均相对误差降至 0.4975，R^2 升至 0.9919，表明拟合效果良好。

另外，专利授权数的相关性为 8.41%，根据多项式回归模型对专利申请授权数进行预测，其结果如图 6.22 所示，回归模型的 $R^2 = 0.9888$，从拟合曲线和拟合优度可以看出，模型拟合趋势十分理想，但平均相对误差却高达 42.09，主要原因为 1988 年以前专利申请状况发展不均衡。在 1985~1988 年阶段，专利申请授权数出现跳跃式增长，在剔除 1998 年以前的数据的情况下，平均相对误差仅为 0.38。因此，表明拟合效果良好。

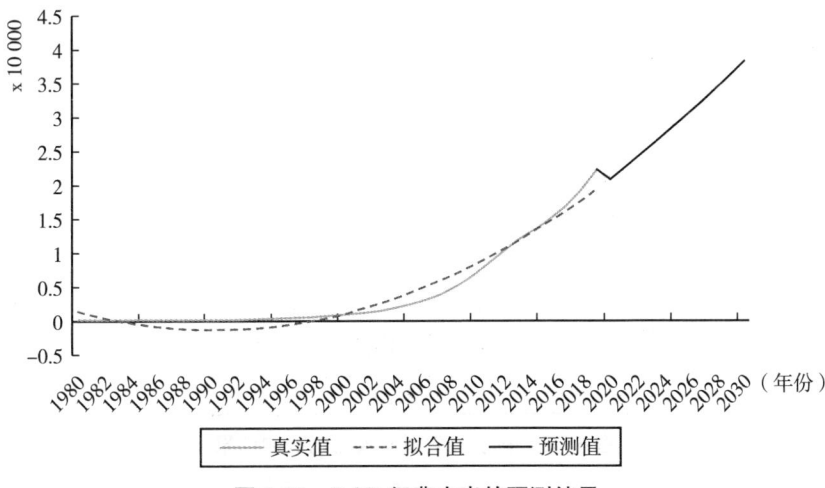

图 6.21　R&D 经费支出的预测结果

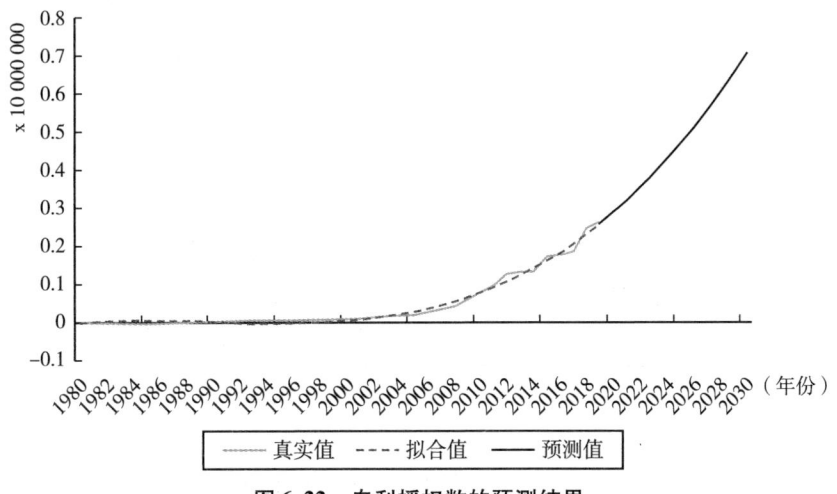

图 6.22　专利授权数的预测结果

科研经费财政支出和 R&D 人员全时当量的相关性分别为 12.69% 和 8.41%，根据多项式模型的预测结果显示，如图 6.23 和图 6.24 所示，R^2 分别为 0.9970 和 0.9737，平均相对误差分别为 0.2514 和 0.1890，表明拟合效果良好。

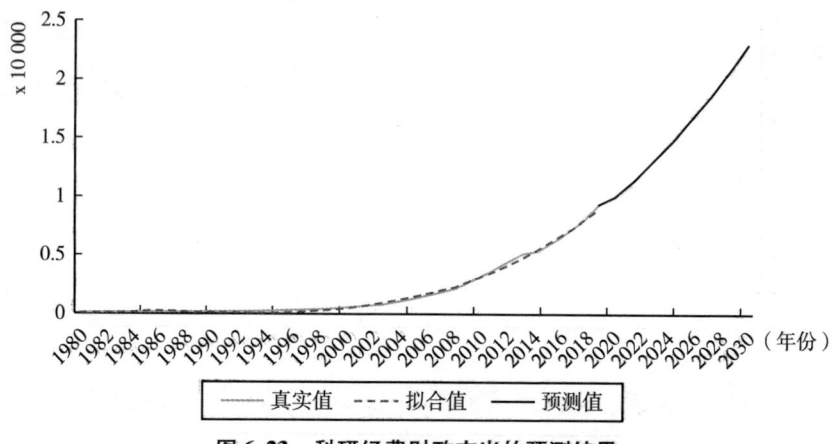

图 6.23　科研经费财政支出的预测结果

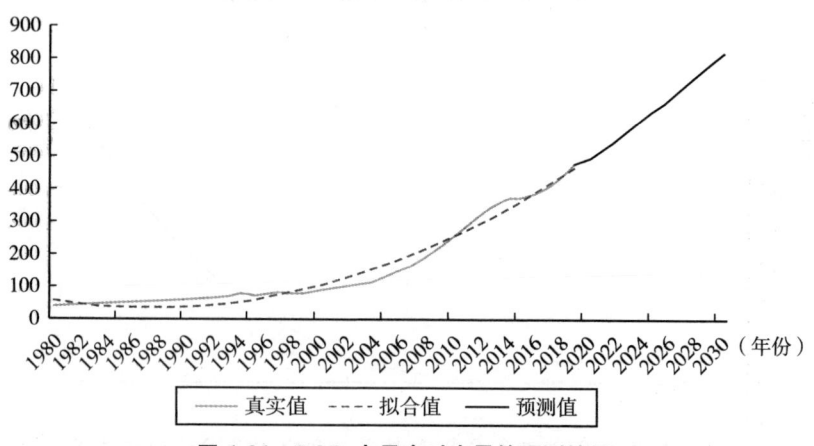

图 6.24　R&D 人员全时当量的预测结果

在人口与政策因素中，人口增长与市场化程度与能源结构存在显著的相关性，两个影响因素的变化趋势如图 6.25 所示。

人口增长与市场化程度与能源结构的相关性分别为 -16.77% 和 -9.87%。中国是拥有 14 亿人口的大国，随着经济不断发展，对能源消耗也在不断扩大，因此对于能源结构的调整也绝非易事，导致人口因素对能源消费结构呈现负相关性。根据多项式回归模型对总人口进行预测，其结果如图 6.26 所示，回归模型的 $R^2=0.9991$，平均相对误差为 0.0034，表明拟合效果良好。

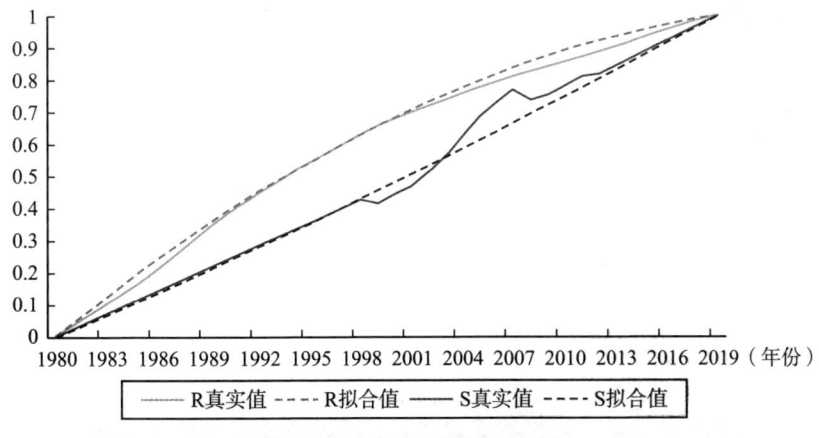

图 6.25 人口与政策的趋势图

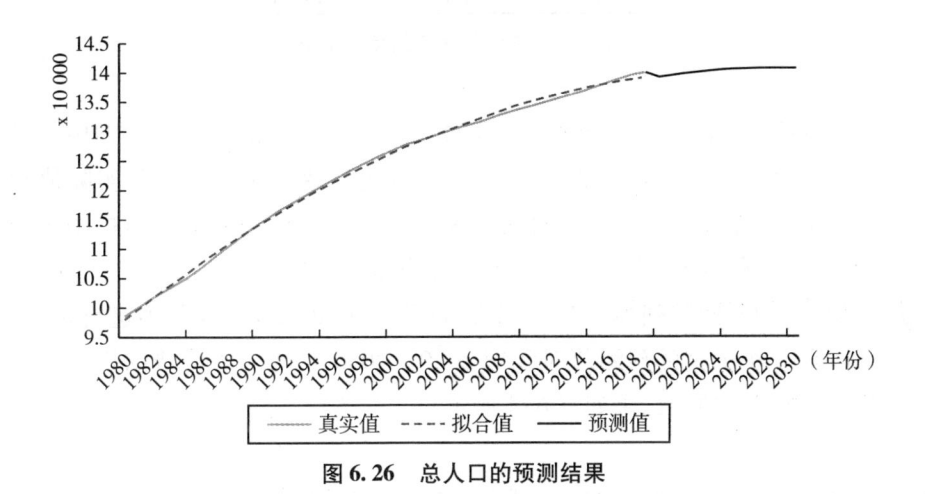

图 6.26 总人口的预测结果

而市场化程度呈现负相关性,说明中国的市场化还不够完善,各个区域之间还存在保护壁垒,导致资源与要素不能在区域之间实现完全的流动,也就造成能源结构得不到有效改善。根据多项式回归模型对市场化程度进行预测,其结果如图 6.27 所示,回归模型的 $R^2 = 0.9926$,平均相对误差为 0.0296,表明拟合效果良好。

从上述分析来看,17 个影响因素与能源消费结构高级化指数具有显著的相关性,为了对中国能源结构进行准确地预测,首先需要对影响因素的未来趋势进行预测。根据 1980~2019 年间各影响因素的历史数据及发展趋势,对这些因素的2020~2030年的走势进行预测，采用多项式、指数、对数模型等对其进行拟合。

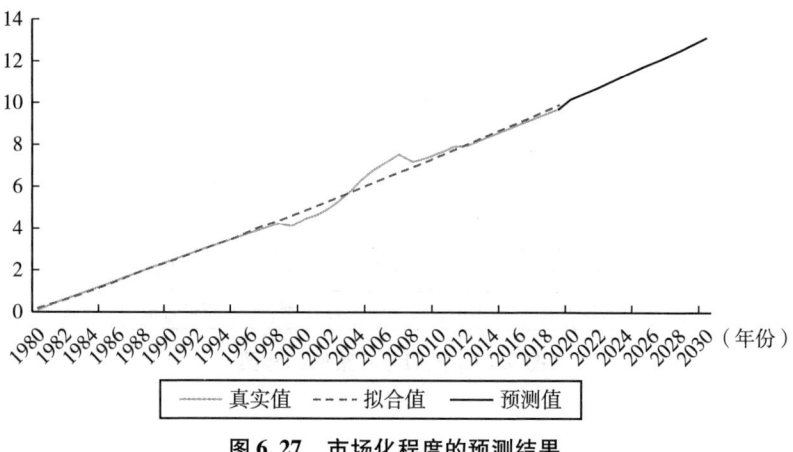

图 6.27 市场化程度的预测结果

将1980~2019年17个影响因素的实际值代入支持向量机模型中，得到我国1980~2019年的能源消费结构高级化指数的预测值。与实际值相比，预测的误差较小，平均绝对误差为0.0149，说明建立的预测模型预测效果优异，可作为预测2020~2030年能源消费结构高级化指数的有效方法。然后利用时间序列模型对17个影响因素2020~2030年的值进行预测，最后根据17个因素的预测值对我国2020~2030年的能源消费结构高级化指数进行预测。预测结果如表6.3所示。

表 6.3　　2020~2030年能源消费结构高级化指数预测值

年份	预测值	年份	预测值
2020	0.418349	2026	0.626343
2021	0.452436	2027	0.656240
2022	0.487615	2028	0.682206
2023	0.523338	2029	0.703204
2024	0.558925	2030	0.718283
2025	0.593568		

将 1980～2019 年的能源消费结构高级化指数实际数据同 2020～2030 年的预测数据一起绘制成能源消费结构高级化指数曲线，如图 6.28 所示。

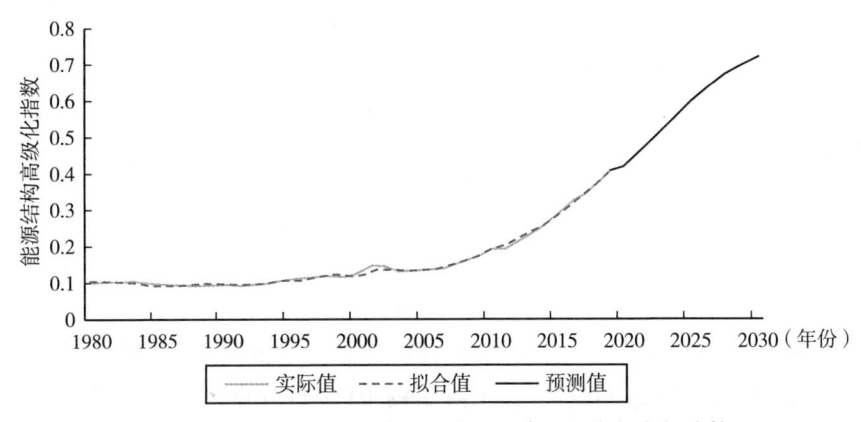

图 6.28　1980～2030 年能源消费结构高级化指数变化趋势

从图 6.28 可以看出，在 1980～2019 年期间，我国的能源消费结构高级化指数呈现上升趋势，特别自 2006 年以来这种上升趋势尤为明显，从 2006 年 0.135021 上涨到 2019 年的 0.403813，增长幅度接近 200%。据预测，在 2020～2030 期间，我国的能源消费结构高级化指数将继续保持上升的趋势，从 2020 年的 0.418349 上涨到 2030 年的 0.718283，增长幅度为 71.69%。以上数据表明未来我国能源结构将不断优化，以煤炭为首的化石能源消费占能源消费总量的比重将逐步下降，非化石能源消费占比将逐步上升。

为了更加清晰地认识到未来我国能源消费中煤炭的具体比重，首先根据国家统计局披露的历年石油占能源消费总量的比重，结合中石油发布的报告（报告中显示我国"十四五"期间石油消费增速预计降为 2%，显露达峰迹象），给出未来我国石油消费占比的假定值（如表 6.4 所示），再依据表 6.3 对我国能源消费结构高级化指数的预测值，计算出我国煤炭消费占比的预测值。结果如表 6.4 所示。

表 6.4　　　　　　　2020~2030 年我国煤炭消费占比预测

年份	石油消费占比假定值	煤炭消费占比预测值	年份	石油消费占比假定值	煤炭消费占比假定值
2020	19	57.11	2026	19.4	49.56
2021	19.1	55.70	2027	19.3	48.72
2022	19.2	54.32	2028	19.2	48.03
2023	19.3	52.98	2029	19.1	47.50
2024	19.4	51.70	2030	19	47.14
2025	19.4	50.58			

根据以上预测数据，在 2020~2030 期间，我国煤炭占能源消费总量的比重将由 57.11% 下降到 47.14%，下降了约 10 个百分点，能够消费结构优化明显，为我国的碳减排工作提供了有力支撑。在 2025 年，我国预计煤炭消费占比 50.58%，清洁能源消费占比 30.02%。根据我国目前天然气消费的发展趋势，预计在未来一段时间内它的占比将达到 10% 左右。因此，我国非化石能源消费占比在 2025 年预计将达到 20% 以上，实现了《2030 年前碳达峰行动方案》中要求 2025 年非化石能源消费比重达到 20% 左右的目标，确保了我国 2030 年前实现碳达峰目标的可行性。在能源结构优化过程中，同时持续推进产业结构调整，加快降低高耗能产业比重，着力提升产业能效水平，大力支持节能环保和绿色低碳产业的发展，那么我国未来二氧化碳排放量在 2030 年左右达到峰值或提前达到峰值是可以实现的。

6.4　我国碳排放达峰路径分析

6.4.1　能源结构调整与碳达峰路径

当今世界正经历百年未有之大变局，我国正处于重要战略机遇期。作为社会主义初级阶段的中国仍需要发展，这意味着投资生产将会继续扩大、消费将不断增加，但传统生产模式高度依赖能源的投入，消费者过度依赖有形物质的消费，以往粗放式能源发展模式、以煤炭为主的能源结构、低效率的能源利用，使得环境污染问题日趋严重，这无疑将对后代的生存与发展带来严峻挑战。新时代中国经济由高速发展转变为高质量发展，能源作为经济发展的保障，现阶段面临着能源总量短缺及环境污染严重的压力。作为世界碳排放大国及全球第二大经济体，碳排放达到峰值是中国为应对全球气候挑战所作出的承诺。确保经济持续高质量增长以及生态环境得到改善，确保中国在2030年前实现碳达峰，加快碳减排行动刻不容缓，调整能源结构，大力发展绿色能源也成了当务之急。

经济增长需要能源消费，能源消费又是导致碳排放量增加的主要原因，因此调整能源消费结构是解决这一矛盾的关键。长期以来，我国都保持着以煤为主的能源消费结构，过分依赖化石能源，并且其利用效率低，释放大量的二氧化碳造成生态环境及大气层被严重污染。目前我国能源消费结构具有不合理性、不可持续性，能源供需也不平衡，因此改变化石能源在能源结构中的高占比，调整能源结构，是实现碳达峰也是实现能源、经济、环境可持续发展的关键。

中国的能源结构影响因素较多，本节以影响能源结构的经济因素、技术因素、结构因素、人口政策因素及前文对能源的预测结果为基础，调整能源消费结构，进而寻求碳达峰路径。

6.4.1.1 优化资源配置，推动能源价格市场化

从经济因素角度而言，能源和经济是相互影响的，经济的发展拉动着能源消费，能源消费的增长促进着经济的发展。经济增长为能源提供了市场，为能源消费提供财力、人力、物力保证，能源及其相关产业才能发展壮大。经济因素主要包含了宏观经济、固定投资水平、能源价格、人均GDP、居民收入水平等。这些因素的变动会改变能源的供需、能源消费习惯、能源技术的研发等，进而改变能源消费结构，影响碳达峰目标的完成。

实现能源价格市场化是一条可行的碳达峰路径。市场在资源配置中起决定性作用，促进资源配置，因此要逐步加快能源价格市场化进程。能源价格市场化以后，能源成本的传递效应才能发挥出作用，真实地反映企业生产成本的变动。随着低碳政策、绿色能源激励政策大量出台，能源市场上煤炭、石油等化石能源的成本将逐步提高，绿色能源成本随之降低。而化石能源成本的提高会促使企业改进生产技术提高能源利用率或是寻找其他非化石能源

的替代，进而减少化石能源的消耗，减少碳排放，能源消费结构也将逐步从以化石能源消费为主转变为以绿色能源消费为主。同时化石能源的高成本限制了高耗能企业的发展，促使高耗能、重工业的产业结构实现向低耗能、轻工业产业结构的转变，能源产业结构也得到调整，使得碳达峰能够尽早实现。

6.4.1.2 提升技术水平，推动能源低碳化进程

从技术因素而言，科技是第一生产力，科技进步可以通过间接效应和直接效应影响能源消费。科学技术直接影响到能源，技术进步促进了能源消费方式的转变，对不同类型的能源消费量产生影响。技术的发展促进了产业部门效率的提升，降低单位产品能耗及成本，间接促使能源消费量的下降。

（1）提高以煤炭为主的化石能源利用率及清洁技术。目前国内煤炭效率较低，煤炭发电率仍有巨大的提高空间，利用先进技术可将煤炭发电率从现有的35%提升到50%以上。煤炭利用率的提高将进一步减少煤炭消费量。创新清洁能源技术，替代传统化石能源，如洁净煤技术在中国的运用，着力减少污染物的排放，使二氧化碳排放能够尽早达峰。

（2）提高新能源开发技术，增加能够替代煤炭等化石能源的能源供给。现阶段的技术并不能满足新能源的需求，如在新能量收集转换方面就面临着难题，据估计太阳每秒能给地球带来的即时能量流相当于870万个三峡电力产生的能量，但由于技术限制导致能量不断流失。目前我国新能源面临着生产技术落后且成本高的难题。如何突破新能源现有技术，提高新能源转化利用效率，提高新能源在能源结构中的占比至关重要。因此需要加大对新能源领域的投入，重点关注新能源的开发技术，进而降低单位成本，促进新能源在市场上更广泛地使用，同时企业也会更多地采用新能源，实现能源结构的调整。

（3）从国家层面，国家应完善能源科技创新体系，建立技术创新平台，加大对技术人才的培养，加快科技成果转化，突破能源重点项目的技术瓶颈。

（4）从企业角度，企业应引进人才和先进设备技术，加强自主研发等。鼓励企业走出国门，加强与国外新能源企业的交流合作，提高国内的技术、管理水平，采用高新技术替代传统工艺，促进单位能耗的降低，将绿色安全高效的开采技术成为主流。

上述路径从四个提高技术的角度出发，改善我国以煤为主的能源结构现状，不断推动我国能源结构低碳化进程，从而影响能源消费和能源强度，减

少碳排放总量与环境污染，对全球气候保护作出贡献，促使碳达峰任务尽早完成。

6.4.1.3 调整产业结构，改善能源结构

从结构因素而言，结构因素的变动能影响能源结构与消费量，使碳排放的方式、总量等发生变化。产业结构的转型能从根本上推动能源结构的调整，减缓产业的高强度碳排放，对碳达峰的实现提供强力保障。进行产业结构调整，主要思路就是减少高碳耗产业的占比，提高绿色产业占比。一方面，工业、交通运输业对能源需求和消耗较大，是中国最主要的碳排放部门，应把工业、交通运输业作为推动中国尽早实现碳达峰的重点领域，实施较为严格的限制性措施，如限制钢铁等高耗能产业的发展，控制工业三废的排放，控制企业对化石能源的消费总量等，实现碳减排，同时促进了能源资源流向高效、高附加值、新技术领域。另一方面，为了可持续发展战略的实施，国家提倡节能减排，这一举措很大程度上能影响能源价格，促使能源成本价格的提高。在能源成本提高的冲击下，无法承受能源成本提高的行业会逐步被淘汰，而承受住压力的高耗能、重工业等部门将会缩减生产规模，对经济造成一定影响。为了维持经济的稳定增长，就需要提高高新技术产业的占比，这些行业的能耗强度低，同时又能满足经济增长的需要，使经济社会向高质量发展转型。此外，加快实现能源消费结构从煤炭为主转化为以绿色能源为主，加大绿色能源在三大产业部门的消费占比，我国以煤为主的能源消费现状得以缓解，我国能源消费结构逐步向低碳化发展，对实现碳排放达到峰值具有重要作用。

6.4.1.4 改善人口与政策，提升城镇化水平

（1）从人口因素而言，人口与能源结构密切相关。根据前面章节我国能源消费结构影响因素的相关性分析可知，随着人口的增加，能源消费高级化指数将呈现出下降的趋势，人口与能源结构密切相关。因此可以通过改变人们对能源的认知及消费习惯，大力宣传节能、绿色、低碳，有助于减少生活中二氧化碳的排放，进一步推动能源消费结构的改善，促进碳达峰目标的实现。从节能上，推广搭建节能、产能一体式的居民住宅楼，加大宣传节能产品，倡导人们在生活中节约用电、用气等，引导人们在保持品质生活的同时尽量减少对能源的消耗，降低温室气体的排放。从绿色上，推广新能源、清

洁产品、可循环利用产品等的使用，减少了对常规能源的消耗，从而减缓了对传统化石能源的依赖程度，能源结构得以改善。从低碳上，加强人们的低碳意识，鼓励低碳生活方式，如低碳出行、购买新能源汽车、低碳化办公模式等，都将改变对传统能源的使用，缓解了对化石能源的过度依赖，同时又能促进对新能源技术的开发，改善能源结构。节能、绿色、低碳的倡导，推动了碳达峰尽早实现，也进一步改善了人与自然的关系。

（2）从政策因素而言，能源政策及发展战略对能源结构有着深刻的影响。随着经济的高速发展，能源、环境、经济三者之间出现了不协调。目前我国煤炭企业众多，伴随着去产能和去库存政策的实施，也要进一步加强与减排降耗政策相结合。在能源政策及战略安排上亟须倡导低碳经济，强化节能减排责任，明确落实节能减排任务对于每个部门的责任。加快节能减排重点项目的建设，严格控制高耗能、高排放行业的增长，逐步淘汰落后产能，对能源消费总量提出明确控制要求。同时国家应出台鼓励政策，鼓励低能耗、高附加值的服务业及高新技术产业的发展，带动产业结构向高效、低能耗方向转变。

（3）提升城镇化水平，改善能源结构。目前我国农村用碳较多，城镇化水平不断提高，将会引起城镇居民增加，农村人口的减少，相应地对天然气、电能等能源需求将会增加，煤炭需求将会减少，进而改善能源消费结构。因此需要不断推动城镇化进程，推进专业化人才、企业向城镇集中，实现资源的合理配置及技术进步，也有利于劳动者素质和人口质量的提升，促进劳动生产率的提高，使能源浪费减少，能源消费强度降低。城镇化的推进将逐步改变以化石能源为主较为单一的能源结构，各种资源合理利用，能源消耗呈现下降趋势，加快碳达峰目标的完成。

以上探索出三条碳达峰路径，即宣传节能、绿色、低碳，出台能源政策，推动城镇化水平，将对传统化石能源的消费生产起到重要影响，有利于能源、环境、经济的协调发展，并为碳达峰的实现提供保障。

6.4.1.5 优化能源结构，降低碳排放

前面章节对我国能源供需进行了预测，以下将分别从煤炭、石油、天然气、电力的预测结果出发，以求改善我国以煤为主的能源结构现状，解决能源供应和需求之间的矛盾，加强国家能源安全，为碳达峰的实现打好基础。

（1）促进煤炭在供需两端的减少。通过前文对煤炭的预测分析，我国较

长时间内的主要能源仍是煤炭,这意味着煤炭在国民经济中仍具有重要作用。从供给端出发,减缓煤炭的开采进程,不仅能存储资源也能保护环境。煤炭供给的减少,将会提高煤炭价格,促使企业减少对煤炭等非化石能源的消费。我国对煤炭的消费导致我国碳排放量巨大,因此煤炭消费的降低,将促进碳排放量的降低。通过国家加大节能减排、低碳经济等政策影响,低碳理念在百姓生活中更加普遍,洁净煤及绿色能源的使用更加广泛,煤炭的需求将逐步减缓,达到峰值后将会下降,煤炭供给量又会根据需求量相调整,进而煤炭供给量趋势会与需求量趋势大致相同,未来碳排放量也将呈现出先达峰后下降的趋势。

(2) 降低石油的对外依存度。通过对石油的预测可知,石油供需差越来越大,随着越来越高的对外依存度,我国能源安全问题也更加凸显。而煤炭一直属于我国的优势资源,有充足的煤炭作为保障,可以减少对石油的进口依赖。应充分发挥我国煤炭资源优势,创新技术提高煤炭的利用效率,鼓励清洁煤的使用,大力发展电力与绿色能源,从而代替进口石油,减少对外依存度,同时提高我国石油开采技术,保证石油的供应,进一步加强国家能源安全性。

(3) 加强天然气供给。通过对天然气的预测可知,天然气供需失衡问题也在加剧,需求量增长迅速,供给量增长较慢。由于天然气与煤炭相比具有明显的清洁优势,增加天然气的供给,积极发展低成本且高效的天然气动力技术,能进一步优化能源结构,满足天然气需求,进而减少对煤炭的需要,减少碳排放量,促进碳达峰的达成。

(4) 推动绿色发电。通过对我国电力供给需求变化趋势的预测发现,我国电力供需差额虽逐年增大,但差额规模不大,电力的供给能大致满足需求。因此可以积极发展水电,安全发展核电,加快发展风电,高效清洁发展煤电,加强天然气发电,实现电力的供需平衡,进而优化能源结构,减轻能源供需矛盾,保障碳达峰的实现。

6.4.2 绿色能源发展与碳达峰路径

目前,我国绿色能源的开发取得不小成就,甚至有些方面已走在世界前列。环境污染、能源供需差大等问题都需要通过发展绿色能源来解决,因此绿色能源的发展是未来发展的大势所趋。我国绿色能源的发展还存在较多问题，如生产技术落后、开发利用成本高导致价格昂贵、缺乏保障绿色能源发展的法律政策等问题。现阶段绿色能源处于起步阶段，其开发潜力巨大。大力发展绿色能源，进而改变以煤为主的能源结构现状，减少大气污染，是实现碳达峰关键性举措。

6.4.2.1 构建绿色能源发展体系

大力发展绿色能源是中国实现可持续发展的战略选择，应积极发展水电、风电、太阳能，安全发展核电，积极开发利用生物质能、地热能等绿色新能源，构建一个完整高效的绿色能源体系。我国要形成绿色低碳、清洁环保、循环利用为特点，减少碳排放及能源消耗为目标的绿色能源发展体系，必须明确绿色能源的战略地位，注重绿色能源发展的顶层设计，对现有能源体系进行调整和重构，加快绿色可再生能源对煤炭、石油等化石能源的替代，推进生态环境与经济社会的和谐发展，为碳达峰的实现提供重要保障。

（1）水电是我国目前技术最成熟的绿色能源，也是绿色能源发展体系的优先发展对象。我国水电资源禀赋优秀，可大规模开发利用使之成为我国主体清洁能源，进一步协调资源紧缺、经济发展、生态保护三者之间的矛盾。

（2）我国海上风电资源蕴藏丰富，具有绿色低碳的特征。我国风电的优势体现在海上风资源集中、风速大，可驱动大容量海上风电，风电质量可媲美发水电，是未来最具开发潜力并成为沿海地区使用的主体清洁能源。风电未来面临着巨大的发展空间，因此需要加快技术创新，将风电发展成为替代煤电、可大规模开发的新型清洁绿色能源，并实现风电的规模化经济开发。

（3）我国太阳能资源丰富，根据清华大学能源互联网创新研究院在《2035年全民光伏发展研究报告》中的测算，在基本开发强度下，基于我国已开发国土的光伏装机资源，到2030年可达31.65亿千瓦发电量，光伏发电可基本满足我国能源供应需求。因此，以光伏为典型的绿色能源将是成本下降最快、经济效益提高最显著的能源类型。未来，可采用大规模连片开发和分布式开发两种方式，突破光伏发电材料限制，不断提高太阳能的利用率及发电质量。

（4）核电具有清洁低碳、能量密度大、供给可靠性高等优势，目前我国核电采用最严格的安全标准，核应急能力达到世界最高水平，但我国核电占比较低。积极推动对核聚变的研究，突破现有技术瓶颈，安全有序发展核电，是缓解水电、风电、光伏等绿色能源供应压力、代替煤炭、石油等一次性能源的关键，在碳达峰目标实现的过程中将发挥重要作用。

6.4.2.2 健全绿色能源政策制度体系

我国应出台与绿色能源发展相适应的政策制度，制定完善的绿色能源法律法规，为绿色能源的开发提供重要的资金支持，进而激励绿色能源并为其发展提供保障。

（1）出台绿色能源发展相适应的政策制度。根据市场需求与社会经济发展方向，创新我国绿色能源制度，健全我国绿色能源的政策体系。

（2）加强对绿色能源的监管。加大对绿色能源开发的监管力度，完善监管制度，避免绿色能源开发对环境造成破坏，同时建立严格的责任追究制。

（3）为绿色能源发展提供资金支持。绿色能源发展的重要制约因素是资金，缺乏资金支持的绿色能源企业很难走得长远。因此持续推进有效的资金激励政策，主要包括投入资金与政策补贴，如政府绿色采购、政府补贴、无息或低息贷款等。一方面将给予现存的绿色能源企业更好的发展机遇，另一方面，引导更多的资金流入绿色能源行业，提高绿色能源产业的吸引力。

（4）实施逆向限制政策。如环境税，增加对传统高能耗、高污染企业的处罚力度，有利于限制二氧化碳等温室气体的排放，将所得税收用于支持绿色能源产业，进一步鼓励绿色能源的开发利用。绿色能源发展在相关政策制度的保障下，将加速推动碳达峰这一目标的实现。

6.4.2.3 推动绿色能源价格市场化

创新价格机制，科学推动绿色能源产业的发展。价格是反映市场供求关系的信号灯，而合理的绿色能源定价能提高绿色能源在能源市场上的竞争。我国仍需要完善绿色能源定价机制，灵活使用"基本定价＋浮动电价"机制，更能符合市场规律。

推动绿色能源价格市场化。非化石能源在能源结构中占比较小，涉及领域所需的科技水平较高，能源价格市场化首先就应从水电、风电、核电等绿色能源出发，进而推动绿色电力市场化。（1）通过基于配额制的强制绿电交易市场以及推动可再生能源消纳的各项政策形成稳定的绿色电力需求。（2）完善绿色电力交易规则和电价机制。（3）绿色金融支持绿电市场化。（4）统筹优化绿色相关政策，可再生能源补贴逐步退出市场。

随着绿色能源定价更加合理、绿色能源价格市场化，进一步实现资源的合理配置，体现绿色能源的发展优势，化石能源的消耗需求受限，碳达峰的实现能更近一步。

6.4.2.4 优化发展绿色能源产业

（1）优化绿色能源产业，需要政策制度保障。我国国家级各机关在近几年出台了大量政策文件，激发了绿色能源产业发展的活力，但目前我国绿色能源相关政策执行效果欠缺，新能源产业缺乏好的发展机制，企业缺乏良好的生存空间。绿色能源产业的发展仍处于起步阶段，各项创新政策还在探索中。因此从优化绿色能源产业出发，创新与绿色能源产业相适应的政策，为绿色能源产业的稳定发展提供制度保障，推动能源结构的调整并实现战略转型。创新绿色能源产业政策，首先提高政策的可行性、可操作性，增强创新政策的透明度，并根据区域特色及现状，制定出切实可行的指导意见，同时增强政策与政策之间的协调性，以期达到最佳效果。其次，创新政策、鼓励政策不单一，且要具有灵活性、多样性、有效性，保证政策能充分落实到绿色能源产业，为企业的发展提供更广的空间，增加企业的活力，如加大对绿色能源企业的政策鼓励，实现所得税减免，对企业的绿色贡献予以合理补偿。

（2）优化绿色能源产业，需要推进绿色能源市场化进程，以突破现有技术为目标，降低绿色能源相关的研发成本，使绿色能源产品符合市场预期；增强对公众绿色能源宣传，获取消费者信任，以此巩固其市场地位。另外，完善绿色能源产业链，形成上中下游多维度梯次利用的合理架构，上游从整体布局出发，提出发展方向，并为各项研发做出评估；中游需负责上层技术与下游配套服务的衔接；下游主要进攻核心配件的生产。最后，加强对我国核心优势的培育，建设绿色能源人才基地，培养技术性、创新型人才，推进各国绿色能源人才的交流，是实现绿色能源技术革新的必要选择，可为绿色能源产业的发展提供智力支持。

优化绿色能源产业，实现对传统能源产业结构的调整，加速能源产业绿色低碳化进程，给予绿色能源企业更多的发展空间，绿色能源产业快速发展为碳达峰的实现提供保障。

6.4.2.5 加强绿色能源国际合作

绿色能源作为化石能源的替代，具有清洁环保的特点，开发前景十分广阔。世界各国都在大力发展绿色低碳能源，很多国家的绿色能源发展成果较为突出。我国应从绿色能源发展典型国家中吸取经验,比如实行财税政策支持引导绿色能源产业化发展,推动绿色能源的开发与当地特色产业相结合,共同促进经济发展。

加强我国与国际的绿色能源合作。一方面,参与全球气候治理,向世界宣传习近平生态文明思想,向世界分享我国绿色发展实践经验,贡献中国智慧和中国方案,共同建设清洁美丽世界;另一方面,我国通过发展绿色能源产业,推广我国绿色能源技术的全面运用,并吸引国外资本的投入;另外,加强与国外的绿色能源合作,尤其是加强"一带一路"建设,带动"一带一路"相关国家的绿色能源发展,实现产业绿色转型、能源结构优化,推动"一带一路"经济甚至全球经济的可持续发展,推动全球绿色命运共同体的建立,为世界碳减排活动做出贡献。

6.4.2.6 创新绿色能源技术

绿色能源作为煤炭、石油等化石能源的替代,可以减少人类对化石能源的依赖,同时又具有清洁环保的特点,协调了经济增长与人类生活与保护环境这三者的关系。但绿色能源正面临着开发成本高、利用不成熟等问题,这都将阻碍绿色能源的发展。绿色能源技术创新是促进绿色能源快速发展的主要动力,为了突破现有瓶颈,因此要加快推动绿色能源技术革命,大幅度降低其开发成本,甚至做到低于化石能源总成本。据能源转型委员会报告,由于电网储能的电池成本大幅下降,据估计到 2030 年其成本可能进一步下降 50%~60%。绿色能源成本的大幅下降将会增加人们对绿色能源的消费,减少煤炭的使用。此外构建以市场为导向、产学研相结合的绿色能源开发技术体系,对掌握较为成熟的技术应向更加安全高效清洁方向发展。同时建立技术互补机制、能源共生机制,使绿色能源之间相互补充,各绿色能源产业之间相互促进,保证绿色能源开发的可持续性。绿色能源技术革命的推动及技术体系的形成,将实现我国从传统能源结构到绿色能源结构的转型,中国在 2030 年前实现碳达峰这一任务安排能够得到保障。

6.4.2.7 建立绿色能源融资体系

绿色能源开发项目的特点一般表现为资金需求大、开发周期长、收益率低等。而绿色能源开发项目的资金需求主要依靠传统融资渠道及政府资金支持得到满足。因此可以建立绿色能源产业引导基金,带动资金支持绿色能源产业的发展；创新融资模式，如绿色低碳金融债的发行、绿色金融产品的研发等，吸收社会闲散资本；降低社会资本进入绿色能源产业的门槛，实现资源的合理配置。建立多层次绿色能源融资体系，扩展绿色能源融资渠道，实现对高耗能、高污染产业的投资转移，限制高耗能、高污染产业的规模扩张，二氧化碳的增长速度被遏制，碳达峰的实现也会尽快到来。

6.4.3 碳达峰其他实现路径探究

习近平总书记关于"碳达峰、碳中和"系列的重要部署，为中国如何参与全球气候治理与可持续发展指明了方向。我国积极应对气候变化、努力构建人类命运共同体，彰显出我国有责任有担当的大国形象。随着经济的发展，我国能源消费总量也在不断增加，环境问题也越加凸显。作为世界碳排放大国，实现能源结构的转型，实现碳达峰、碳中和目标，推动经济稳定增长的道路仍然比较艰难。因此立足国情，调整能源结构，大力发展绿色低碳能源，是可持续发展的必然要求，是"双碳目标"下能源转型发展的关键，也是实现碳达峰的必然选择。前面两节从能源结构调整和绿色能源发展出发，探索了碳达峰路径，而此节重点从现代能源体系建设出发，以落实碳达峰行动方案及相关补充充分探索出碳达峰路径。

6.4.3.1 现代能源体系建设

实现碳达峰这一目标，将会引起我国能源结构和经济结构的深刻变革。中国是以煤炭为主要消费能源的大国，我国要在新一轮能源革命中把握住机会，加快构建清洁低碳、安全高效的现代能源体系对实现碳达峰具有重要意义。

将清洁低碳、安全高效的现代能源体系建设明确为碳达峰目标下我国能源转型方向之一。基于当前能源发展面临的困难和挑战，顺应国际能源转型大趋势，构建一个以清洁低碳为基础、以安全高效为核心的现代能源体系。（1）加快实现煤炭、石油等传统化石能源的清洁化利用；（2）通过大力发展绿色能源对化石能源的替代实现能源低碳化转型；（3）通过加快对可再生能源核心技术的突破，完善能源供给侧的多元化结构，减低化石能源的对外依赖，实现能源的安全保障；（4）通过发展智能电网、储能装置和电能替代等提高能源的高效性。将建设清洁低碳、安全高效的能源体系作为碳达峰目标下能源发展的重要方向,不断推动能源结构调整,大力发展绿色清洁能源,控制煤炭等化石能源的开发,实现能源结构低碳化;引导能源产业实现绿色转型与升级,鼓励绿色能源企业发展,限制高耗能、高排放企业规模的扩大,实现能源产业结构的低碳化。

6.4.3.2 落实 2030 年前碳达峰行动方案

我国是世界上最大的碳排放国,碳达峰行动的落实,是解决我国长期以来经济发展中环境约束的重要途径,是国家履行承诺,向世界彰显负责任大国形象的基本举措。

(1) 落实碳达峰行动方案,需要加强统筹协调,党中央对碳达峰工作统一领导。碳达峰工作领导小组、小组成员单位、小组办公室,分别进行整体布局、系统推进、制定重大政策,扎实推进碳达峰相关工作,定期对地区及重点领域、行业的工作进展情况进行调度,督促目标任务的落实。要严格监督考核,建立碳达峰工作评估体系,对碳达峰工作成效突出的给予鼓励,对未完成任务的进行批评与问责。各地区各部门要认识碳达峰工作的重要性、紧迫性,按照政策方案落实各项工作,切实扛起自身责任,确保政策、措施、效果到位。各相关单位、团体、社会组织积极发挥自身作用,推动绿色低碳的发展。

(2) 落实产业碳达峰方案。我国碳达峰任务目标的实现要与优化产业结构紧密结合,大力发展低能耗的绿色能源产业、高新技术产业及现代服务业。我国工业、交通行业等是产生碳排放量最多的行业,对中国实现碳达峰具有重要影响。推动工业、建筑、钢铁、有色金属等行业碳达峰,从优化产业结构出发,严格执行产能置换,加快淘汰落后产能,坚决遏制两高项目盲目发展,加快对传统产业的绿色低碳改造,大力发展高兴产业,不断推动清洁能源的高效利用,促进相关行业向能源消费低碳化转型和高质量发展,力争率先实现碳达峰。加快交通运输绿色低碳转型,确保交通运输行业的碳排放增长保持在合理范围。大力推广电力、天然气、生物燃料等新能源在交通运输领域的使用,积极扩大新能源汽车在汽车市场的占比,逐步代替传统燃油汽车的使用。确保到 2030 年新增新能源、清洁能源动力的交通工具比例达到 40% 左右。推动绿色低碳交通运输体系的形成,一方面铁路实现全面电气化,机场运行实现电动化智能化,保证提高运输效率的同时做到节能减碳;另一方面普及城市轨道交通,发展智能交通,保证居民出行方便的同时做到绿色低碳出行。

（3）落实各地区碳达峰工作，上下联动推进各地方因地制宜，出台与地区特色相适应的碳达峰方案，提出符合实际且可行的碳达峰时间表、路线图，充分体现兼顾、协调的基本原则。始终坚持全国一盘棋，有条件的地方可率先实现碳达峰，在巩固减排成果的基础上进一步减少碳排放，示范性带领其他地方共同实现这一目标。我国可优先支持部分高收入地区率先达到碳排放峰值。如北京已尽早将碳达峰作为目标，并在2020年底开展评估，力争率先实现人均碳排放量达峰。随着其他省市地区收入水平的不断提高，可提出强制性达峰要求，并带动较低收入地区的碳达峰实现。此外，产业结构、能源结构较为优势的地区坚持绿色低碳发展，争取率先实现碳达峰。产业结构、能源结构较弱，碳排放较高的地区要把节能减排放在首要，从优化产业结构、调整能源结构出发，实现碳排放增长与经济增长脱钩，紧跟国家全面实现碳达峰步伐。

6.4.3.3 推动能源技术革命

大力推动能源技术革命，建设碳达峰关键技术研究项目与示范点，开展绿色能源关键核心技术攻关，不断提升自主创新能力，突破绿色能源技术瓶颈，提高绿色能源的开发及利用效率，把握住未来能源发展先机，使绿色能源成为推动经济增长的新动能。加大企业对能源技术创新投入，持续提高企业研发能力，使企业在未来能源市场中能抢占优势，同时达成企业节能减排的任务目标。加强人才培养，创新人才培养模式，深化产教融合，引导企业、学校、科研单位共建国家绿色低碳产业创新中心，为能源技术革命不断提供智力支持。推广先进成熟的低碳技术，开展示范性应用，使能源技术创新惠及全社会。不断推动能源技术革命，将会改变中国以煤炭为主能源结构现状，对碳排放的减少具有突出作用，是中国尽早实现碳达峰的关键。

6.4.3.4 加快碳市场体系建设

我国应加快建设全国性及地方性碳市场体系，进一步完善配套制度，使碳排放交易市场发挥应有作用。能源密集型企业既是碳排放主体也是减排主体，强制命令企业进入碳排放交易市场，并降低进入碳市场的门槛，将会刺激市场交易数量规模的扩大并提升碳价，实现碳价格市场化。据《2021年中国碳价调查》预期，2030年之前或将进一步实现全国碳市场平均碳价达到

139元/吨。碳市场体系的建设、碳交易市场机制的有效发挥将对实现碳达峰具有重要作用。

6.4.3.5 逐步实施征收碳税

为了我国"双碳"目标、碳减排承诺的实现，有必要支持碳税政策，使碳税成为新的税种，并将所得税收专门用于节能减排项目的实施以及对绿色能源企业的资金支持。可以实施差别碳税和差级税率，鼓励企业进行碳交易以低碳额度，对绿色能源企业实行所得税减免政策，鼓励绿色能源企业的发展。碳税的存在可以倒逼行业绿色转型，减少二氧化碳等温室气体的排放，使绿色能源与煤炭等化石燃料相比更具成本优势，推动绿色能源的使用，促进碳达峰能尽早实现。

6.4.3.6 提升碳汇能力

我国自然生态系统碳汇功能有限，受到诸多因素限制，目前碳汇能力有很大的提升空间。因此从系统观念出发，进一步推进山水林田湖草沙一体化保护和修复，增强生态系统的稳定性，提高生态系统碳汇增量。首先巩固生态系统固碳能力，建立以国家公园为主体的自然保护体系，稳定森林、海洋、草原、土壤等的固碳能力。其次提升生态系统碳汇能力，大力推动生态保护修复工程的实施。推进国土绿化行动，扩大林草资源总量；保护森林资源，提高森林质量及稳定性；修复草原生态，增加草原综合植的覆盖范围；加强对河湖、湿地、海洋保护修复，加强红树林、盐沼等的固碳能力，减少水土流失、土地退化。争取到2030年全国森林覆盖率达25%。最后加强生态系统碳汇的基础支撑，健全生态保护补偿机制，加强对陆地、海洋生态系统碳汇基础理论及前沿技术研究，建立生态系统碳汇监测核算体系。生态系统碳汇能力的提升，将吸收大气中的二氧化碳，减少二氧化碳在大气中的浓度，促使碳达峰目标能够尽快实现。

6.4.3.7 倡导全民绿色低碳行动

倡导全民绿色低碳行动，不断增强绿色低碳、节能环保意识，使人们生活方式向绿色低碳、文明健康转变。加快推动经济社会发展全面绿色转型已形成高度共识，绿色低碳、节能减排、保护环境不仅是国家政策的强制要求，更是每个人应有的责任。加强对公众生态环境保护教育，充分利用现代科技传播方式普及碳达峰碳中和相关知识，将绿色低碳教育融入生活各方面，如开展绿色低碳理念艺术作品比赛、开展全国低碳日等主题的宣讲活动，使绿色低碳理念深入人心。加强宣传绿色低碳生活，倡导全社会节约用能，拒绝铺张浪费，为社会营造绿色氛围。加强对绿色低碳产品的推广，使人们更加青睐于低能耗的清洁产品，让广大群众切实体会到绿色发展带来的好处，大幅度降低化石能源消费。强化企业环境责任意识，引导企业主动向绿色低碳方向发展，推动企业减少能源使用，提升企业绿色创新水平，推进减排目标的实现。全社会、全人民都要树立绿色低碳意识，从小事做起，在每个人的努力下，环境将会有所改善，中国2030年前一定会实现碳达峰。

6.5 本章小结

首先，本章以我国碳排放现状为基础，分析目前我国实现碳排放达峰存在的问题，发现在我国目前的碳达峰工作中还存在着碳达峰政策法规标准体系建设不完全、能源转型困难、产业结构调整困难、碳达峰工作过渡期短、自然生态系统碳汇功能有限等问题。

其次，基于样本期间中国能源消费结构高级化指数以及影响因素中遴选的17个指标的历史数据，构造了一个多输入、单输出的多因素动态支持向量机模型，对能源消费结构高级化指数进行预测并分析碳达峰趋势。根据能源消费结构高级化指数的支持向量机预测模型预测可知，我国非化石能源消费占比在2025年将达到20%以上，实现了《2030年前碳达峰行动方案》要求2025年非化石能源消费比重达到20%左右的目标。那么以碳达峰路径为保障、碳排放预测分析作为支撑，确保了我国在2030年前实现碳达峰目标是可行的。

最后，为了解决我国目前碳达峰工作中存在的相应问题，本章节基于能源结构影响因素以及能源预测结果，提出了以调整能源结构、发展绿色能源为主要方向的碳达峰路径，来确保经济社会平稳发展的同时尽快实现经济发展与碳排放脱钩。除了以上两个方向，还提出了一些补充路径以落实2030年前碳达峰行动方案，保障碳达峰目标的实现。

第 7 章

我国"碳中和"路径分析

目前全球极端天气频发,气候持续变暖迫使各国采取减碳行动。作为世界上最大的能源消费国和碳排放国,中国采取了一系列的政策措施,并提出2060年实现碳中和的目标。因此,在以煤炭、石油等高碳能源为主导的能源消费结构下,中国迫切需要进行能源系统的低碳和清洁化转型,以应对气候变化和环境污染带来问题、保障社会经济的健康稳定和可持续发展。本章以第5章中提到的影响因素为基础,继续对2030~2060年能源消费结构高级化指数进行预测,同时从能源消费量和能源消费结构两个方面分析我国碳中和的趋势,结合预测出来的碳中和趋势,提出建设节能减排体系、提升碳汇与固碳能力等能源技术路径来实现我国"碳中和"目标。

7.1 "碳中和"概述与相关理论

7.1.1 "碳中和"概述

7.1.1.1 "碳中和"提出背景

全球气候变化加剧。人类出现以前,火山爆发、天体撞击地球、海洋生物变化等灾难性事件引起大气中 CO_2 浓度发生突变,产生大气温室效应,发生全球性海平面变化、生物大灭绝等连锁效应。如今 CO_2 的大气浓度的极度攀升导致海平面升高,全球变暖等一系列环境问题,从而影响人类的正常活动。根据联合国政府间气候变化专门委员会的相关研究,综合考虑不同的排放情景，如若未来不采取有效措施控制，预估地球未来20年的整体升温将达到或甚至超过1.5℃。综合来看，绿色低碳转型已成为全球经济发展的必然选择。

进入工业化时代后，全球大气CO_2平均浓度达到近百万年来的最高水平，气温不断上升地球生态系统和人类社会发展受到严重威胁。据统计，从工业化开始至今，在2015年CO_2浓度突破$400×10^{-6}$，2019年突破了$410×10^{-6}$。过去70年，大气中CO_2天然气工业浓度的增长率是末次冰期结束时的100倍左右，1960大气年底CO_2年均浓度增长率为$0.7×10^{-6}$，2005~2019年间CO_2年均浓度增长率达到$2×10^{-6}$，全年全球平均温度也高于工业化1.1℃。未来，人类将面临全球气温上升、极端天气事件增加、海平面上升一系列日益上升和破坏海洋和陆地生态系统气候变化严重及其连锁反应。

碳排放对环境的影响渐增。当前人类活动产生的碳排放对环境的影响越发明显。工业革命以后，人们焚烧化石燃料，产生大量的二氧化碳等温室气体，对来自太阳辐射的可见光具有高度透过性，而对地球放射出来的长波辐射具有高度吸收性，导致地球温度上升，即温室效应。联合国政府间气候变化专门委员会（IPCC）的报告显示，目前全球平均气温已经比工业革命前上升1度。如果按现有速度发展，今后每10年全球平均气温将上升0.2度，威胁人类生存。社会发展离不开能源的使用，随着全球人口数量的增加和经济社会的发展，生活和生产用能需求的上升是必然趋势。因此，解决发展与排放之间的矛盾、平衡二者的关系就成了关键。

在第75届联合国大会上，中国声明将碳排放争取在2030年前达到峰值，并且在2060年前实现碳中和。"双碳"目标的提出将倒逼国家经济和产业结构的优化升级，有效刺激产生出绿色发展新动能，加速推进能源结构改变的进程，可见中国彰显出担当和勇气来应对全球气候变化的挑战。中国实现既定的目标，能使全球平均温度到21世纪末降低0.2℃，此举对全球气候变化至关重要，但同时对中国亦是挑战，因为如果要如期达成"双碳"目标，要求中国实行"双碳"政策力度要高于其他已实现碳达峰的国家。

7.1.1.2 "碳中和"发展历程

"碳中和"概念的出现和传播经历了一个长期的过程。"碳中和"从一个生态学意义的概念，逐步演变和传播，上升为全球或国家目标，日益深入人心。"碳中和"发展历程如图7.1所示。

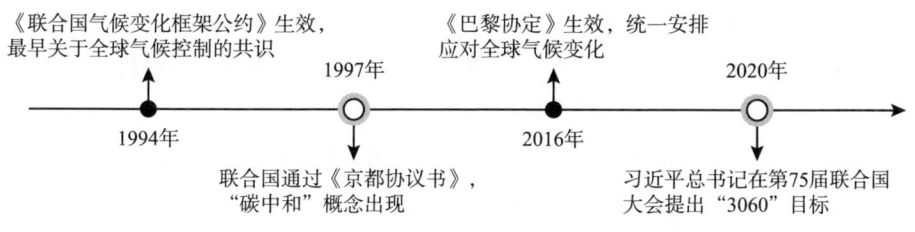

```
《联合国气候变化框架公约》生效，        《巴黎协定》生效，统一安排
最早关于全球气候控制的共识            应对全球气候变化
                    1997年                              2020年
────●────────○────────────●────────○────────→
  1994年                            2016年
            联合国通过《京都协议书》，          习近平总书记在第75届联合国
            "碳中和"概念出现                  大会提出"3060"目标
```

图7.1 碳中和发展历程

第一阶段，生物碳循环。碳循环包括地球化学循环和生物循环。地球化学大循环非常缓慢，而碳的生物循环则比较活跃。绿色植物从空气中获得二氧化碳，经过光合作用转化为葡萄糖，再综合成为植物体的碳水化合物，经过食物链的传递，成为动物体的碳化合物。植物和动物的呼吸作用把摄入体内的一部分碳水化合物转化为二氧化碳释放入大气，另一部分则构成生物的机体或在机体内储存。动植物死后，残体中的碳，通过微生物的分解作用也成为二氧化碳最终排入大气。所以，动植物所含的碳在这个循环过程中是中性的。

第二阶段，碳抵消的概念产生。为了应对气候变化，国际社会于1992年达成了《联合国气候变化框架公约》（UNFCCC），该公约于1994年生效，1995年召开第一届气候公约缔约方大会。1997年，第三届气候公约缔约方大会达成了《京都议定书》，在为发达国家和转轨经济国家制定定量减排目标的同时，引入排放交易（ET）、联合履约（JI）和清洁发展机制（CDM）三个基于市场的灵活机制，出现了碳交易和碳抵消的概念。此后，在英国多个碳相关咨询服务公司应运而生，为有环保需求的企业和家庭核算碳足迹，并通过代客种树提供碳抵消服务。例如，1997年在英国伦敦成立的未来森林公司最早注册"碳中和"商标。

第三阶段，"碳中和"理念进一步传播。在此阶段，促进碳中和概念的传播，大型赛事发挥了重要作用。例如，联合国环境规划署发布环境评估报告，2006年都灵冬奥会产生超过10万吨二氧化碳当量的排放，其中近70%的排放已被抵消，抵消措施包括在意大利投资节能和可再生能源项目、在肯尼亚植树造林等。2008年，中国作为发展中国家，虽然在气候公约下并没有承担定量减排义务，但积极提出了北京2008年奥运会的碳中和目标，以主办绿色奥运会为契机引入碳中和理念，不仅提升奥运的节能减排工作，还为国内减排项目引入资金，塑造了良好国际形象，提升了公众保护环境的意识。2022年北京冬奥会也承诺了碳中和目标。作为中国承诺"双碳"目标后首个世界级体育盛会，秉持"绿色、共享、开放、廉洁"的冬奥理念，通过建设低碳场馆，全面使用低碳能源，构建低碳交通体系等措施，并积极拓展碳抵消渠道，确保全面实现碳中和目标。

经过上述三个发展阶段，碳中和借助媒体、影视、产品和大型赛事活动进入公众视野，代表了绿色环保的新时尚，从一个专业的学术概念逐渐在全球范围得到广泛传播和认可，但它的普及程度还远没有上升到全球或国家层面。

7.1.1.3 "碳中和"概念界定

《巴黎气候协议》（2016）第四条第一项表明，缔约方旨在尽快达到温室气体排放的全球峰值后，在21世纪下半叶实现温室气体源的人为排放与清除之间的平衡，这里提到的平衡就是碳中和。从狭义上讲，碳中和是通过自然、人工、地质等方面抵消企业或个人的排放的二氧化碳，以实现温室气体的净零排放。肯·吉林汉姆认为碳中和等于净零碳，这意味着对于产生的每一笔碳都应当采取措施从大气中去除与之对应数量的碳。从广义上讲，碳中和是指人类资源利用排放和自然自身的碳排放与地球的碳溶解、碳吸收等碳汇集间形成的动态平衡。而邹（Zou，2021）认为广义上碳中和是碳排放系统之间的动态平衡，人类活动产生的碳通过地球上的碳循环系统，溶解在海洋，封存在生物圈。狭义上碳中和是指一个组织、团体或个人在一段时间内产生的二氧化碳排放，通过森林碳汇、人工转化、地质封存等方式予以抵消，实现"净零排放"。

根据联合国政府间气候变化专门委员会（IPCC）提供的定义，碳中和，即净零二氧化碳排放，是指在特定时期内全球人为二氧化碳排放量等于二氧化碳消除量。用公式可表示为：碳排放-植物碳汇-人工碳汇=0（见图7.2）。

图7.2 碳中和原理示意图

因此，要想实现碳中和，一是碳抵消。通过投资开发可再生能源和低碳清洁技术，减少一个行业的二氧化碳排放量来抵消另一个行业的排放量；二是碳封存。从技术层面出发，需要各行业通过技术改造、升级或创新尽量减少碳排放，利用CCUS（碳捕捉、应用与储存）技术进行人工碳汇。

"碳中和"的物理意义在于，自工业革命以来，种种证据表明，以二氧化碳为主的温室气体排放导致全球气候变暖，以及人类工业化过程中所附带的一系列极端天气、自然灾害，甚至军事冲突等恶果，都对人类文明的存续造成了严重影响。减少温室气体排放，已经成为各国共同的义务和责任。但完全降至零排放并不能达成，多余的部分会通过林业和生物固碳来抵消，大气中的温室气体含量会通过"碳中和"来达到相对稳定。而"碳中和"概念的社会经济意义，则是将全球气候变化问题进一步从环保、资源利用等问题上升到经济发展模式与质量层面。过去，污染排放的外部成本一直得不到充分重视，以至于世界各国和人民不得不正视气候变化造成的损失。应对气候变化，本质上需要应对工业化过程中落后的生产方式，只有提高资源利用效率和生产效率，减少污染量和排放量，全球气候环境问题才能得到根本改善。

综上所述，本节结合前人的研究和有关资料，本节认为"碳中和"是指：国家、企业、产品、活动或个人在一定时间内直接或间接产生的二氧化碳或温室气体排放总量，通过植树造林、节能减排等形式，以抵消自身产生的二氧化碳或温室气体排放量，实现正负抵消，达到相对"零排放"。

7.1.2 "碳中和"相关理论

7.1.2.1 可持续发展理论

可持续发展理论是指在不损害子孙后代的生存和生产条件的前提下，实现其发展目标，并以公平性、持续性、共同性为三大基本原则。简单来说，就是既满足当代人的需要，又不对后代人满足其需要的能力构成危害的发展。生态专家卡森（1962）在《寂静的春天》一书中，首次引出可持续发展思想，引发人们对于人与自然和谐共处的思考，以及在利用资源获取利益的同时避免对人类健康的危害。1990年世界环境与发展委员会阐明了可持续发展的本质：满足当代的需要和不戕害后代人的需要。可持续发展是人类长期发展的必要条件，它既能维持生态环境的稳定，又能为人类的经济和社会发展提供长期的保障。它所期望的结果是，在不损害生态系统完整性和稳定性的前提下，能够不断地满足人们的需求。可持续发展理念在社会、经济、生态等多个层面上得到广泛地运用，人们对于可持续发展理念的认识和运用，是一个伴随着经济、社会，甚至是文化发展的过程。

7.1.2.2 低碳经济理论

低碳经济理论是指以可持续发展为目标，通过技术创新、制度创新、产业转型、新能源开发等方式，最大限度地降低高碳能源的消耗，降低二氧化碳排放量，实现经济发展和生态环境保护双赢。低碳经济的本质是提高资源利用效率，推动区域清洁发展，促进产品的低碳发展，维护生态平衡。钟水映（2005）认为该理论是碳减排和经济可持续发展思想的结合体，本质上是通过能源技术的革新达到碳减排目的的经济形态，是一种由高碳能源到低碳能源发展的新的经济发展方式。低碳经济既是经济发展的思想，又是经济发展的一种方式，而发展低碳经济是一场涉及生产模式、生活方式、价值观念、民族利益等方面的变革。低碳经济可以利用科技进步来提高能源的效率，并减少二氧化碳等温室气体的排放量。例如，碳中和技术可通过技术手段来掩埋或封存已存在的二氧化碳从而达到减少二氧化碳排向大气的目的。低碳经济的目的是使大气中的温室气体浓度维持在一个相对稳定的水平，从而避免因气候变暖而影响到人类的生存与发展，从而达到人与自然的和谐发展。

7.2 我国"碳中和"现状及存在的问题

7.2.1 我国"碳中和"现状

从各省市"碳中和"目标及规划来看，地方积极推进低碳发展规划，为国家低碳发展工作的开展奠定了基础。我国在2060年前实现"碳中和"目标已经明确，基于国家战略规划和各部委"碳中和"政策，地方也相继制定"碳中和"发展目标。"碳中和"目标在不同类型地区实现的难易程度和进度并不相同，各地区因地制宜，差异化研究设计了"碳中和"实现的路线图和时间表。随着各省区市"十四五"规划和二〇三五年远景目标建议相继公布，多地明确表示要扎实做好"碳达峰""碳中和"各项工作,制订"双碳"行动方案,优化产业结构和能源结构,推动煤炭清洁高效利用,大力发展新能源。表7.1汇总了部分省市有关"碳中和"目标及规划,可以看出各地区纷纷提出自身的低碳方案,高碳地区、行业及企业"脱碳"成为未来发展趋势。

表7.1   部分省区市有关碳达峰、碳中和目标及规划

省区市	"十四五"发展目标与任务
北京	碳排放稳中有降,碳中和迈出坚实步伐,为应对气候变化做出北京示范
上海	坚持生态优先、绿色发展,加大环境治理力度,加快实施生态惠民工程,使绿色成为城市高质量发展最鲜明的底色
重庆	探索建立碳排放总量控制制度,实施二氧化碳排放达峰行动,采取有力措施推动实现2030年前碳达峰目标。开展低碳城市、低碳园区、低碳社区试点示范,推动低碳发展国际合作,建设一批零碳示范园区
云南	降低碳排放强度,控制温室气体排放,增加森林和生态系统碳汇,积极参与全国碳排放交易市场建设,科学谋划碳排放达峰和碳中和行动
广西	持续推进产业体系、能源体系和消费领域低碳转型,制订碳排放达峰行动方案。推进低碳城市、低碳社区、低碳园区、低碳企业等试点建设,打造北部湾海上风电基地,实施沿海清洁能源工程
江苏	大力发展绿色产业,加快推动能源革命,促进生产生活方式绿色低碳转型,力争提前实现碳达峰
浙江	推动绿色循环低碳发展,落实碳达峰、碳中和要求,大力倡导绿色低碳生产生活方式。非化石能源占一次能源比重提高到24%,煤电装机占比下降到42%
河北	制定实施碳达峰、碳中和中长期规划,支持有条件市县率先达峰。开展大规模国土绿化行动,推进自然保护地体系建设,打造塞罕坝生态文明建设示范区。强化资源高效利用,建立健全自然资源资产产权制度和生态产品价值实现机制
青海	碳达峰目标、路径基本建立。开展绿色能源革命,发展光伏、风电、光热、地热等新能源,打造具有规模优势、效率优势、市场优势的重要支柱产业,建成国家重要的新型能源产业基地
山东	打造山东半岛"氢动走廊",大力发展绿色建筑。降低碳排放强度,制订碳达峰碳中和实施方案
河南	构建低碳高效的能源支撑体系,实施电力"网源储"优化、煤炭稳产增储、油气保障能力提升、新能源提质工程,增强多元外引能力,优化省内能源结构。持续降低碳排放强度,煤炭占能源消费总量比重降低5个百分点左右
湖南	落实国家碳排放达峰行动方案,调整优化产业结构和能源结构,构建绿色低碳循环发展的经济体系,促进经济社会发展全面绿色转型

从"碳中和"相关政策体系来看,我国已初步建立起"碳中和"政策体

系。2007~2021年，我国围绕低碳发展的政策数量总计168项，形成了种类多元、覆盖全面的低碳政策体系（谭显春，2022）。2021年，各部门以国家"碳中和"战略为总纲领，相继出台相关政策（见表7.2），我国碳中和相关政策体系渐趋完善。我国碳中和相关政策体系存在以下特点：（1）在政策文本效力上，低碳政策多数以规划、政策文件、标准为主，顶层设计的法律相对欠缺，低碳发展和碳达峰、碳中和理念未充分融入相关的法律法规体系当中；（2）低碳发展政策多数采用行政命令手段，同时市场化手段越来越成为重要方向；（3）低碳科技创新的政策内容大多散布在不同的政策文本中，尚未形成较为系统的政策体系，即缺乏专门的体系化设计。

表7.2　　　　　　2021年我国关于碳中和主要政策文件梳理

时间	政策文件	主要内容/目标
2021年1月	《关于统筹和加强应对气候变化与生态环境保护相关工作的指导意见》	到2030年前，应对气候变化与生态环境保护相关工作整体合力充分发挥，生态环境治理体系与治理能力稳步提升，为实现二氧化碳排放达峰目标与碳中和愿景提供支撑，助力美丽中国建设
2021年2月	《中华人民共和国国民经济和社会发展第十四个五年规划和2035年远景目标纲要》	"十四五"期间，单位国内生产总值二氧化碳排放降低18%的目标，落实2030年应对气候变化国家自主贡献目标，锚定努力争取2060年前实现碳中和
2021年3月	《关于加快建立健全绿色低碳循环发展经济体系的指导意见》	到2025年，产业结构、能源结构、运输结构明显优化，绿色产业比重显著提升，主要污染物排放总量持续减少，碳排放强度明显降低，生态环境持续改善，市场导向的绿色技术创新体系更加完善，法律生态环境持续改善，市场导向的绿色技术创新体系更加完善，法律法规政策体系更加有效，绿色低碳循环发展的生产体系、流通体系、消费体系初步形成
2021年10月	《中共中央国务院关于完整准确全面贯彻新发展理念做好碳达峰碳中和工作的意见》	到2060年，绿色低碳循环发展的经济体系和清洁低碳安全高效的能源体系全面建立，能源利用效率达到国际先进水平，非化石能源消费比重达到80%以上，碳中和目标顺利实现，生态文明建设取得丰硕成果，开创人与自然和谐共生新境界

7.2.2　国内外"碳中和"现状比较

从各国实现碳达峰与碳中和的时间、各国能源碳排放总量及能源消费结构来看，我国提出的"双碳"目标相比其他国家更具挑战性（李晓龙，2021）；从"碳中和"战略布局来看，我国"碳中和"顶层设计仍有不足。

从各国实现碳达峰与碳中和的时间来看，我国实现"碳中和"目标时间较紧（张永生，2021；王建芳，2022）。据统计，目前全球约有127个国家和地区提出了碳中和目标，且大部分完成时间2050年。其中，苏里南（2014年）和不丹（2018年）已实现碳中和。除中国（30年）和澳大利亚（34年）外，世界主要国家碳达峰到碳中和的时间均在40~60年间。我国碳达峰到碳中和的时间最短，仅有30年。如表7.3所示，我国计划在2030年前实现碳达峰，约比欧盟实现碳达峰晚约40年，比美国晚约23年，比日韩晚约17年，然而，我国计划在2060年实现碳中和，仅比发达经济体实现碳中和晚约10年，碳中和时间较紧。

表7.3　　　　　　　　世界主要国家（地区）碳达峰碳中和时间

类型	中国	美国	加拿大	欧盟	英国	澳大利亚	日本	韩国
碳达峰	2030年	2007年	2007年	1990年	1991年	2006年	2013年	2013年
碳中和	2060年	2050年	2050年	2050年	2050年	2040年	2050年	2050年
碳达峰到碳中和时间	30年	43年	43年	60年	59年	34年	37年	37年

资料来源：文献整理所得。

从能源碳排放总量来看，我国实现"碳中和"目标的任务较重，减碳脱碳压力较大。由表7.4和图7.3可知，2011~2021年中国的能源碳排放量一直居于世界首位，其次是美国。值得注意的是，我国与其余世界主要国家的能源碳排放量相差较大，约为美国（第二位）的2倍、欧盟（第三位）的3倍。同时，我国能源碳排放量呈上升趋势，而美国、法国和日本等发达经济体均呈下降趋势，碳排放量差距逐渐拉大。如图7.4所示，2011~2021年我国能源碳排放全球占比由27.9%增加到31.2%，增加了3.3个百分点，其中，2011~2019年能源碳排放全球占比在27%~30%内，2020~2021年超过30%；2011~2021年美国能源碳排放全球占比由16.7%降低为13.9%，降低了2.8个百分点。主要原因可能是我国总体处于工业化的中期阶段，第二产业占比仍有40%，能源需求量旺盛；结合能源消费结构分析，我国能源消费仍以煤炭为主，单位热值碳排放量较高，致使能源碳排放总量较大。另外，王（Wang，2014）研究发现，中国人均二氧化碳排放量以明显的区域失衡为特征，东部地区各省份的排放量远高于中西部地区。

表 7.4　2011～2021 年世界主要国家（地区）由能源产生的二氧化碳排放量　　　　单位：百万吨

国家（地区）	2011 年	2012 年	2013 年	2014 年	2015 年	2016 年	2017 年	2018 年	2019 年	2020 年	2021 年
中国	8 885.5	9 067.4	9 310.6	9 346.4	9 316.7	9 327.1	9 543.8	9 776.1	9 963.1	10 042.4	10 587.6
美国	5 336.2	5 089.1	5 246.6	5 251.7	5 137.5	5 038.0	4 978.8	5 132.7	4 980.9	4 420.6	4 701.1
加拿大	550.2	546.5	560.7	566.4	566.2	547.5	563.7	573.5	571.3	517.3	527.4
澳大利亚	406.8	398.1	395.0	398.5	407.2	405.6	403.7	401.5	406.6	378.2	369.4
德国	763.7	773.0	797.6	751.1	755.6	770.5	760.9	733.1	680.1	600.8	628.9
法国	334.1	335.6	334.9	301.5	307.5	313.1	317.8	306.7	299.3	251.6	273.6
韩国	613.7	612.6	620.0	615.0	622.8	633.2	641.8	659.1	635.3	588.8	603.8
日本	1 207.5	1 293.8	1 282.2	1 248.7	1 209.1	1 189.3	1 182.7	1 161.5	1 121.7	1 029.5	1 053.7
欧盟	3 300.8	3 218.7	3 146.0	2 980.8	3 043.7	3 075.7	3 095.7	3 069.0	2 931.5	2 564.2	2 728.2
全球	31 904.6	32 241.1	32 710.9	32 820.2	32 837.4	33 020.6	33 426.4	34 148.5	34 095.8	32 078.5	33 884.1

资料来源：《世界能源统计年鉴（2022）》，由笔者整理所得。

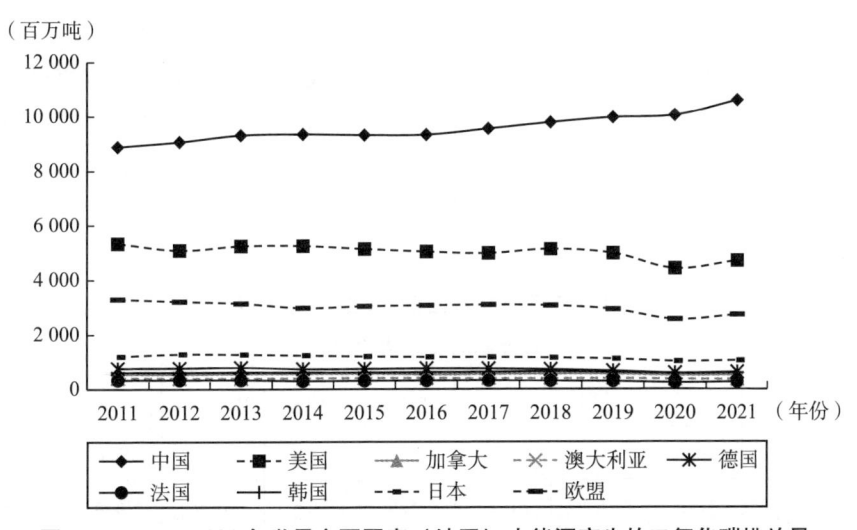

图 7.3　2011~2021 年世界主要国家（地区）由能源产生的二氧化碳排放量

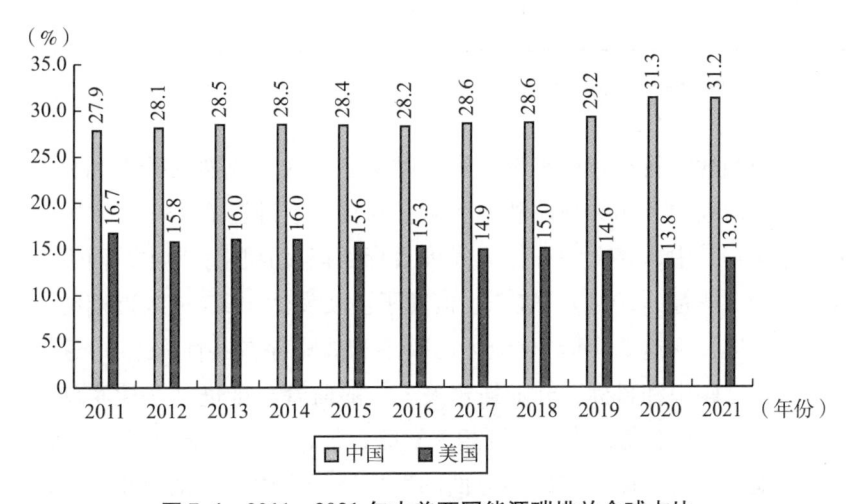

图 7.4　2011~2021 年中美两国能源碳排放全球占比

资料来源：《世界能源统计年鉴（2022）》，由作者整理所得。

从各国能源消费结构来看，我国能源结构偏煤，一次电力及其他能源占比较低。如表 7.5 所示，2020 年我国能源消费仍以化石能源消费为主（占能源消费总量的 80% 以上），其中煤炭消费最多，占比多达 56.8%，天然气消费最少，占比仅有 8.4%；非化石能源占比 15.9%。宁（Ning，2020）指出天然气将作为我国能源转型早期过渡阶段重要但暂时的能源。而美国、英国、澳大利亚、日本、韩国能源消费主要是天然气或石油；加拿大和欧盟以消费石油、一次电力及其他能源为主。表 7.5 中列出的世界国家中，英国煤炭消费最少，仅占 2.8%；加拿大一次电力及其他能源占比最多，35.4%，其次是欧盟（28.9%）。

表 7.5　　　　　　　　2020 年世界主要国家（地区）各能源
占能源消费总量的比重　　　　　　单位：%

指标	中国	美国	加拿大	欧盟	英国	澳大利亚	日本	韩国
煤炭	56.8	10.5	3.7	10.6	2.8	30.3	25.6	27.2
石油	18.9	37.1	31.2	35.9	34.6	32.9	36.4	43.9
天然气	8.4	34.1	29.7	24.5	37.8	26.4	25.6	12.7
一次电力及其他能源	15.9	18.3	35.4	28.9	24.8	10.4	12.3	16.2

资料来源：《世界能源统计年鉴》。

从碳中和战略行动布局来看，发达国家已形成了成熟的碳中和战略发展体系，而我国碳中和相关战略相对欠缺。目前，全球已有 130 多个国家提出碳中和愿景，其中，将碳中和作为发展目标的以发达国家为主，而发展中国家数量较少（李超，2021）。表 7.6 梳理了主要发达国家/地区近期的相关战略行动，可以发现这 5 个国家/地区的碳中和战略存在共性：（1）逐渐采取立法形式确定碳中和目标，并加强相关工作的监管与推进（法律实施力度尚不明确）；（2）密集发布清洁能源相关战略，加快推进氢能等新兴产业发展，同时对氢能在制备、储运和应用方面的发展路径有着不同的侧重。同时，它们的碳中和战略行动也有特性：（1）欧盟构建了顶层设计较完善的碳中和政策体系，将能源系统转型作为经济脱碳的战略重点；（2）英国围绕多行业布局具体脱碳战略，重点资助优势低碳技术的研发；（3）美国将气候纳入外交和国家安全核心，加速清洁能源技术创新发展；（4）日本和韩国重点部署碳中和整体方案，通过绿色技术着力发展低碳循环产业。

表 7.6　　　　　　　　主要发达国家/地区近年相关碳中和战略行动

	欧盟	英国	日本	美国	韩国
立法	欧洲气候法（2020年）	2008年气候变化法案（2050年目标修正案）（2019年）	全球变暖对策推进法修正案（2021年）		
综合战略	欧洲气候中和战略愿景（2018年） 欧洲绿色协议（2019年） 应对气候变化一揽子提案（2021年）	绿色工业革命10点计划（2020年）	2050年绿色增长战略（2020年） 更新2050年碳中和绿色增长战略（2021年）	关于应对国内外气候危机的行政命令（2021年）	绿色新政计划（2020年） 2050碳中和战略（2020年） 2021年碳中和实施计划（2021年）
能源/基础设施	欧洲氢能战略（2020年） 能源一体化战略（2020年） 综合能源系统2030年研发路线图（2020年）	国家基础设施战略（2020年） 能源白皮书：推动零碳未来（2020年） 英国氢能战略（2021年）	氢能基本战略（2017年）	可持续基础设施与公平清洁能源未来计划（2020年） 氢能计划（2020年） 清洁能源革命与环境正义计划（2020年） 储能大挑战路线（2020年） 清洁未来法案（2021年）	韩国氢能经济路线图（2019年） 促进氢经济和氢安全管理法（2020年）
其他领域	新工业战略（2020年） 循环经济行动计划（2020年） 2030生物多样性战略（2020年） 森林战略（2021年）	工业脱碳战略（2021年） 交通脱碳计划（2021年） 净零创新投资组合计划（2021年）	革新环境技术创新战（2020年）		碳中和科技创新推进战（2021年）

7.2.3 我国实现"碳中和"存在的问题

碳中和目标的实现是个复杂的系统工程，在各个环节都存在风险与不确定性。我国作为全球能源消费和碳排放第一大国，在碳中和发展进程中面临着碳达峰到碳中和的时间紧任务重、能源结构偏煤、能源利用效率偏低、产业结构偏重、能源转型成本高、新能源的规模发展面临挑战等一系列问题。

第一，我国碳排放总量大，从"碳达峰"到"碳中和"的时间紧、任务重。（1）我国碳排放总量大。2011年，我国能源碳排放占全球能源碳排放总量的27.9%；2012~2018年，比重稳定在28.5%左右；2019~2021年，分别占全球能源碳排放总量的29.2%、31.3%、31.2%（见图7.5）。我国是世界最大的能源生产国和消费国，2011~2021年，我国能源碳排放占全球碳排放总量的比重一直居于第一位，且有上升趋势。另外，我国能源碳排放量与第二大能源碳排放国有相差较大。以2021年为例，我国能源碳排放占全球碳排放总量的31.2%，居第一位；其次是美国，占比13.9%，高出17.4个百分点。（2）我国从碳达峰到碳中和的时间紧、任务重。截至2021年，全球约54个国家碳达峰。以第三产业为主的大部分欧洲国家于1990年左右达峰，其他欧洲国家在2008年前陆续达峰；美国、加拿大于2007年达峰，日本、韩国于2013年达峰。世界主要经济体在碳达峰后，提出了碳中和时间节点，大多为2050年。从碳达峰到碳中和，欧盟用时约60年，美国、日本用时40年左右，我国仅有30年时间（见表7.3）。

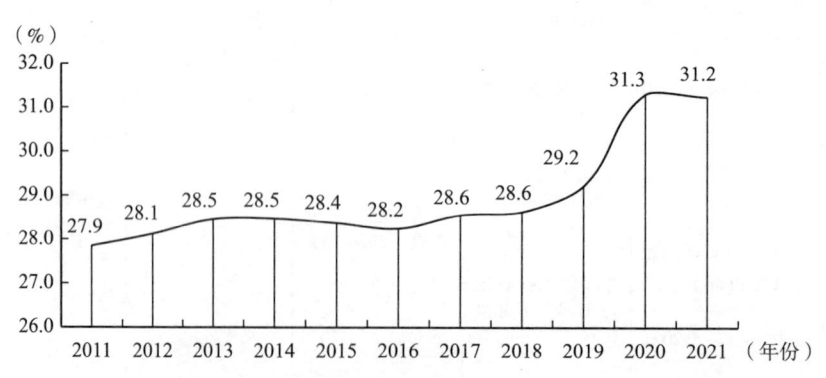

图7.5 我国2011~2021年能源碳排放占全球能源碳排放的比重

资料来源：《世界能源统计年鉴（2022）》，由笔者整理所得。

第二，能源结构偏煤，控煤减碳背景下能源安全保障压力较大。(1) 能源结构偏煤。戴厚良院士指出，基于我国的资源禀赋，能源消费结构呈煤炭占比大，石油、天然气、新能源占比小的"一大三小"格局（见图7.6）。煤炭长期在我国能源安全战略中发挥着基础性作用，是我国第一大能源。2021年我国能源消费结构如图7.5所示，一次电力及其他能源，即非化石能源，占一次能源消费比重16.6%；化石能源中，煤炭消费占比56%（高于世界平均水平近30个百分点），石油占比18.5%，天然气占比8.9%。2000年以来，我国煤炭消费在一次能源消费中的比重快速下降，2021年较2000年下降12.5个百分点，但仍高达56%，远高于全球平均27%和G7国家平均12%的水平。煤炭具有高碳属性，高碳的煤约占中国总能源消耗的58%、电力生产的66%（陈明星，2022），煤炭燃烧碳排放占我国能源相关二氧化碳排放量的79%。

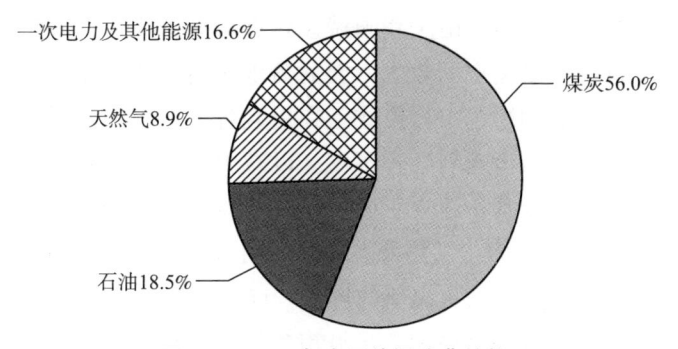

图7.6 2021年中国能源消费结构

资料来源：国家统计局。

(2) 能源安全保障压力较大。预计我国煤炭消费量将在"十四五"期间达峰，2035年前仍是我国第一大能源，其间既要控煤减碳，又要发挥好煤炭的重要作用，保障能源安全的难度较大。若"减煤"速度过快、力度过大，煤炭对能源体系安全运转的"托底保供"作用将会被削弱，短期内会引发能源安全问题，如2021年下半年，部分地区由于电煤供应不足引发的"拉闸限电"现象。虽然近些年我国能源消费增速趋缓，但增量仍然巨大，且面临长期能源需求增长保障的压力。谢彦祥（2022）认为，高比例新能源接入使得电网波动的风险和脆弱性增加，同时受西电东送格局影响，部分地区送端电网较为薄弱，一旦出现大面积、持续性、长时间的极端天气，发生电力供给中断甚至系统崩溃风险的概率增大。

第三，能源利用效率偏低，工艺、标准和综合利用等均有不足。戴厚良（2022）指出 2000 年以来，我国单位 GDP 能耗持续下降，但仍远高于全球平均水平。根据国际能源署和世界银行数据，2020 年我国每万美元 GDP 能耗为 3.4 吨标准煤，是全球平均水平的 1.5 倍、美国的 2.3 倍、德国的 2.8 倍。我国单位能耗偏高、能源利用效率偏低的原因主要有：（1）产业结构中第二产业和高耗能产业占比高；（2）部分产业工艺落后，部分地方政府仍依赖传统产业及生产模式维持经济增长；（3）我国能效标准低于发达经济体，例如欧盟和美国通过提高家电能效标准实现电力消费量下降 15%，而我国下降幅度不足 5%；（4）能源综合利用率低，据统计，我国约 50% 的工业能耗没有被利用，余热资源利用率只有 30% 左右，远低于发达国家 40%~60% 的平均水平。

第四，能源消费侧低碳转型面临挑战。（1）交通运输方面，我国交通运输业的能源消耗总量及其占全社会总量的比重呈现逐年递增的趋势，同时也是我国碳排放的重要来源。由于我国城镇化进程尚未完成，城镇化率较发达国家平均水平低，城镇化空间较大，交通需求还将呈刚性增长态势。尽管目前以公交优先为核心的绿色出行模式正在引起各大城市的广泛关注，但依然存在公共交通规划与城市规划融合不够、以减少小汽车依赖为导向的经济型需求管理政策体系尚未真正建立、慢行系统的网络建设和路权管理不到位等问题。（2）供热采暖方面，供热采暖之间的问题涉及多个环节技术操作，而供热需求的增加对供热能力提出新的挑战。首先，热负荷或成为热负荷过重，对于新增需求，需接入原有热网，虽城市整体集中供热能力充分，但难免发生区块供热不均的情况，也可能导致供热管网连接方面的问题；其次，新楼与旧楼并立、多层与中高层同在，供热环境、对象不同，供热方式也不同，但往往集中于一个供热系统，这给供热单位带来了较大困难；最后，用户系统情况复杂多元，难以把控。

第五，"碳中和"窗口期偏短，能源转型成本高。从碳达峰到实现碳中和，全球平均用时需 53 年，而我国只有 30 年时间。我国不但要完成全球最高碳排放强度降幅，还要用全球历史上最短的时间实现从碳达峰到碳中和，任务艰巨。发达国家的存量煤电资产大多已经进入集中退役期，50% 煤电机组平均服役年限在 40 年，部分煤电机组服役年限超过 60 年（王双童，2020）。而我国大量燃煤电厂建成服役时间较短，在运煤电机组平均服役时间为 12 年，约 50% 的容量在过去 10 年内投运，85% 的容量在过去 20 年内投运。按照40年的服役年限，为了实现2060年碳中和，未来新建的煤电机组将在到达寿命周期之前提前退役，搁浅资产损失巨大。同时，随着碳中和推进，化石能源需求减少、行业体量缩小、部分生产场地关停成为必然趋势，传统资源型城市转型和相关行业人员分流、再就业等问题也需要统筹考虑。

第六，零碳能源的规模发展面临挑战。在政策引领和技术进步的推动下，我国核能、水能、风能、太阳能、生物质能和地热能等非化石能源以及氢能、储能和新能源汽车产业取得长足进展，但规模化发展仍面临诸多挑战（中国科学院，2021）。（1）核电部分核心零部件、基础材料仍依赖进口，核聚变能开发利用尚处于探索阶段；水电工程施工环境复杂、生态环境脆弱，工程技术、建设管理和移民安置难度不容小觑；风能和太阳能发电具有间歇性、波动性和随机性特征，高比例新能源条件下电力系统可靠性不足；生物质能发电总装机容量依然不高，规模化发展仍需时日；地热能领域干热岩资源勘探开发技术尚处于起步阶段；氢能方面，输配和典型场景应用成本高，高压储氢设备、燃料电池与国外相比还存在较大差距（何盛宝，2020）。（2）储能方面，抽水储能发展空间有限，电化学储能成本高，尚无法满足长时储能需求，安全性也有待提高。新能源汽车所需锂、钴、镍等关键矿物资源储量不足，但消费量大，严重依赖进口，存在供应中断风险。（3）氢能方面，虽然我国制氢规模位居世界首位，并形成"制—储—运—加—用"完整产业链，但产业布局趋同、技术成本高、应用场景单一，制约了产业健康发展（胡道成，2022）。同时，由于我国90%以上氢气来自煤制氢，属于灰氢，制氢过程还会造成大量碳排放。

7.3 我国"碳中和"趋势分析

在《巴黎协定》签署后，各国都为实现控制全球温升不超过2℃，并争取控制在1.5℃加大了减排温室气体的力度，根据IPPC的相关报告可知，若要温控1.5℃目标得以实现，21世纪中叶需实现全球CO_2净零排放。为此我国制定了"2060年前实现碳中和"的目标，即能够在2060年达到CO_2净零排放。基于此标准，我国必须对能源消费总量和能源消费结构进行调整。接下来，本书将从能源消费量和能源消费结构两个方面分析我国碳中和的趋势。

7.3.1 能源消费量与"碳中和"趋势

我国是世界上最大的发展中国家,改革开放以来,我国经济保持持续高速增长状态,目前已是世界第二大经济体。未来一段时间内,中国经济将继续高速发展,而目前经济发展和能源消费还未脱钩,能源消费总量还会继续上升。能源消费量与二氧化碳排放量有着密切的联系,为了实现2060年碳中和的目标,我国必须从控制能源消费总量和优化能源结构两方面入手逐步控制二氧化碳排放量。本节将从能源消费量和二氧化碳排放量变化的角度分析碳中和的趋势。

7.3.1.1 我国能源消费量现状

2020年我国能源消费总量为498 000万吨标准煤,相比于2019年487 488万吨标准煤,上升了10 512万吨标准煤,升幅2.2%,相较于2019年升幅3.3%有所下降。

从能源消费量构成来看:2020年,由煤炭、石油和天然气组成的化石能源的消费量为418 818万吨标准煤占总消费量84.1%,与2019年412 902.3万吨标准煤相比增加了5 915.7万吨标准煤,增幅1.43%。其中,煤炭消费量282 864万吨标准煤比2019年281 280.6万吨标准煤,上升了0.6%,占比增至67.5%,在能源消费量中占据最大比重;石油消费量94 122万吨标准煤,比2019年92 622.72万吨标准煤增加了1 499.28万吨标准煤,上升了1.62%,占比增至22.5%;天然气消费量41 832万吨标准煤,比2019年38 999.04万吨标准煤增加了2 832.96万吨标准煤,上升了7.3%,上升幅度最大,占比增至9.99%。2020年一次电力及其他能源消费量79 183万吨标准煤,相比2019年74 585.7万吨标准煤增加了4 596.3万吨标准煤,上升了6.16%,在能源消费总量中占比15.9%(见图7.7、图7.8)。

从各行业能源消费总量来看:2019年我国能源消费总量487 488万吨标准煤,其中工业能源消费量为322 503万吨标准煤,是能源消费量最大的行业,在能源消费总量中占比66.2%(见图7.9)。其中,制造业能源消费量为268 426万吨标准煤,远超于采矿业与电力、热力、燃气及水生产和供应业,占工业能源消费量的83.2%;交通运输、仓储和邮政业能源消费量占比位居其次,总量为43 909万吨标准煤,占比9%;批发和零售业、住宿和餐饮业

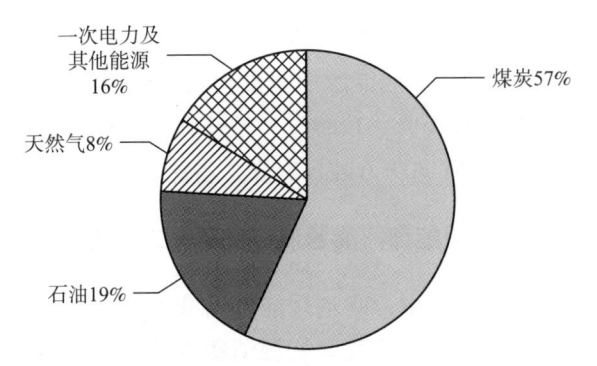

图 7.7 我国 2020 年能源消费量占比

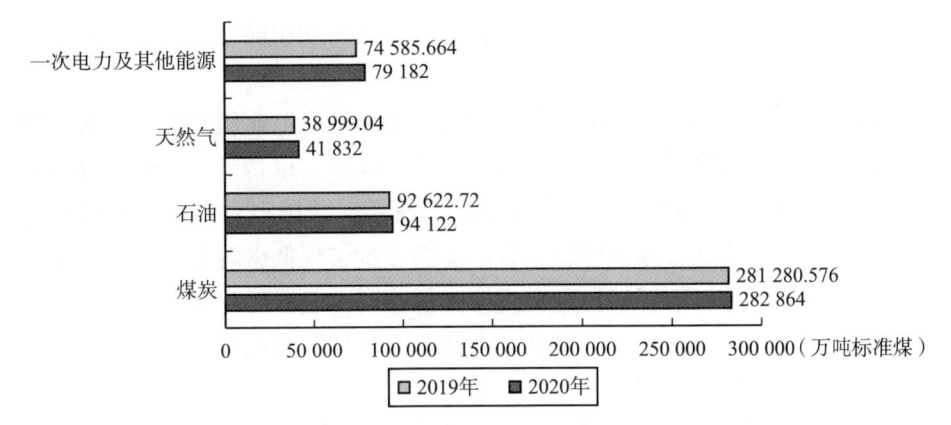

图 7.8 我国 2019 年与 2020 年能源消费量对比

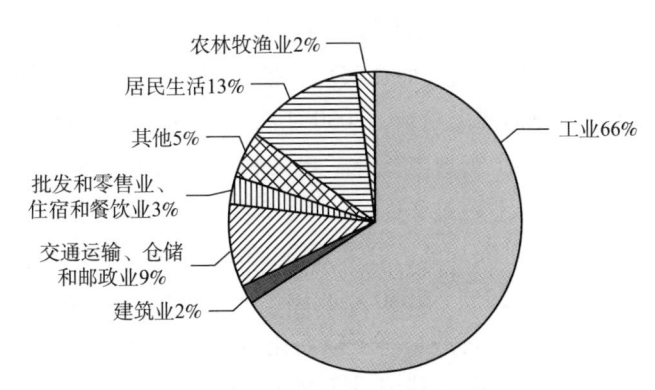

图 7.9 我国 2019 年各行业能源消费量占比

能源消费量仅次于交通运输、仓储和邮政业，总量为 13 624 万吨标准煤，占比 2.8%；农林牧渔业和建筑业能源消费量相当，分别为 9 018 万吨和 9 142 万吨标准煤，分别占比 1.85%、1.88%；另外其他行业和居民生活能源消费量分别为 27 582 万吨和 61 709 万吨标准煤，占比分别为 5.7%、12.7%。

7.3.1.2 我国终端用能部门能源消费量及其二氧化碳排放量变化趋势

在实现低碳转型的进程中，终端用能部门减少能源消耗、提高用能效率和电气化替代是重要的策略。从我国能源消费现状来看，我国主要的终端用能部门有工业、建筑和交通部门，为了促进节能提效，需对这些部门的能源需求加强管理和控制，并不断创新节能减排技术和促进产业化发展。另外，可通过用电力代替煤炭、石油等化石能源，促进终端用能电气化，以减少终端用能部门的二氧化碳排放量。

第一，工业部门的能源消费量将得到控制。目前工业部门是主要的终端用能部门，其能源消耗量占总能源消耗量的 66.2%，也是二氧化碳排放最主要的部门。在我国 2060 年实现碳中和的目标下，我国将对产业结构进行挑战，重化工业的占比会逐渐降低，各产业会逐步实现低碳转型升级，不断提高生产质量和效率，能源消耗量会逐渐降低，同时能源的利用效率会不断提高，先进制造业和高新技术的发展，会使产品价值链高端化，工业部门的能源消费量会得到有效控制。

一是我国工业部门的能源消费总量将降低。量在控制全球温升不超过 2℃的目标下，2050 年，我国工业部门的能源消费量与 2015 年相比将减少大约 26%，预计 2030 年工业部门能源消费量达到 24.7 亿吨标准煤当量，2050 年降至 16.5 亿吨标准煤当量。而在实现温控 1.5℃ 的目标下，我国 2030 年能源消费量为 20.7 亿吨标准煤当量，2050 年将降至 14.1 亿吨标准煤当量。

二是工业部门将逐步实现电气化。电力将逐步成为工业部门的主要能源产品，在控制全球温升不超过 2℃目标下，2030 年我国工业部门电气化率将达到 30%，2050 年达到 58.2%。在实现温控 1.5℃ 的目标下，2030 年我国工业部门电气化率将达到 37%，2050 年我国工业电气化率将达到 69.5%。

三是工业部门的 CO_2 排放量将下降。化石能源直接消费的减少将有效降低二氧化碳排放量，在控制全球温升不超过 2℃目标下，2030 年工业部门的二氧化碳排放量将达到 24.7 亿吨 CO_2，2050 年降至 12 亿吨。而在实现温控 1.5℃的目标下，2030 年工业部门的二氧化碳排放量将达到 27.6 亿吨 CO_2，

2050 年降至 4.6 亿吨。

四是工业过程的二氧化碳排放量也会下降。随着产业结构的调整和产品高质量化，能源消耗高的产品的需求量会下降，同时通过工业部门内部结构的优化和工艺技术的创新，工业过程的二氧化碳排放量也会呈下降趋势，在实现温控 1.5℃ 的目标下，2030 年达到 8.8 亿吨，2040 年降至 5.6 亿吨，2050 年继续降至 2.5 亿吨，与 2020 年相比较，2050 年工业过程 CO_2 排放量将下降大约 81%。如表 7.7 所示。

表 7.7　　　　　　　工业部门能源消费量与二氧化碳排放量

目标	2020 年		2030 年		2050 年	
	能源（亿吨 ce）	碳排放（亿吨 CO_2）	能源（亿吨 ce）	碳排放（亿吨 CO_2）	能源（亿吨 ce）	碳排放（亿吨 CO_2）
2℃	21.8	37.7	24.7	38.2	16.5	12.0
1.5℃	21.8	37.7	20.7	27.6	14.1	4.6

资料来源：《项目综合报告（2020）》。

第二，建筑部门的能源消费量将下降。根据《中国建筑能耗研究报告 2020》数据可知，2018 年全国建筑全寿命周期能耗总量为 21.47 亿吨标准煤，占全国能源消费总量的 46.5%；2018 年全国建筑全寿命周期碳排放总量为 49.3 亿吨 CO_2，占全国能源碳排放总量的 51.2%。随着人们生活水平的提高，对建筑的需求量增大，建筑总量会呈现上升趋势，建筑部门的能源消费量也会随之增加。为了达到碳中和的目标，需合理计划和控制全国建筑规模，在 2050 年控制建筑总规模不超过 740 亿立方米。在此目标下，会逐渐提高建筑部门节能标准，建筑供暖的方式也会逐步以节能为目的进行改进，从供热、供气、供电等各个方面进行建筑节能改造。

在控制全球温升不超过 2℃ 目标下，2050 年建筑部门能源消费量会下降至 7.13 亿吨标准煤，建筑部门的二氧化碳排放量会降至 3.06 亿吨。而在实现温控 1.5℃ 的目标下，预计 2050 年，建筑部门能源消费量会下降至 6.12 亿吨标准煤，建筑部门的二氧化碳排放量也会逐渐降至 0.81 亿吨。如表 7.8 所示。

表 7.8　　　　　　　　建筑部门能源消费量与二氧化碳排放量

目标	2020 年 能源（亿吨 ce）	2020 年 碳排放（亿吨 CO_2）	2030 年 能源（亿吨 ce）	2030 年 碳排放（亿吨 CO_2）	2050 年 能源（亿吨 ce）	2050 年 碳排放（亿吨 CO_2）
2℃	7.75	10.0	7.16	6.50	7.13	3.06
1.5℃	7.75	10.0	6.92	5.65	6.21	0.81

资料来源：《项目综合报告（2020）》。

第三，交通部门的能源消费量将下降。交通部门的能源消费量随着城市化发展保持着持续较快增长的趋势，在碳中和的目标下，我国将遵循绿色交通理念，不断优化交通运输结构，使交通运输效率得到有效提高，同时推动交通运输的电气化进程，提高清洁能源的使用比例。在控制全球温升不超过2℃目标下，2030 年交通部门的能源消费量将达到 5.83 亿吨标准煤，2050 年降至 4.02 亿吨标准煤，其二氧化碳排放量将在 2030 年前达到峰值 10.75 亿吨 CO_2，2050 年降至 5.50 亿吨，下降幅度超过 83.4%。在实现温控 1.5℃的目标下，2030 年交通部门的能源消费量将达到 5.83 亿吨标准煤，2050 年降至 3.46 亿吨标准煤，其二氧化碳排放量将在 2030 年前达到峰值 10.37 亿吨 CO_2，2050 年降至 1.72 亿吨，下降幅度超过 83.4%。如表 7.9 所示。

表 7.9　　　　　　　　交通部门能源消费量与二氧化碳排放量

目标	2020 年 能源（亿吨 ce）	2020 年 碳排放（亿吨 CO_2）	2030 年 能源（亿吨 ce）	2030 年 碳排放（亿吨 CO_2）	2050 年 能源（亿吨 ce）	2050 年 碳排放（亿吨 CO_2）
2℃	5.14	9.9	5.83	10.75	4.02	5.50
1.5℃	5.14	9.9	5.83	10.75	3.46	1.72

资料来源：《项目综合报告（2020）》。

第四，电力的需求量会上升。电力部门实现低碳化也是实现碳中和的重要环节。是随着终端用能部门逐渐利用电力代替化石能源，电气化进程逐渐加快，逐步实现深度脱碳，终端用能部门的能源消费中电力所占的比例会逐渐升高，发电所用的能源量也会增加，因此在实现碳中和的过程中，电力的需求量会呈现上升趋势。在实现温控 1.5℃ 的目标下,电力的总需求量 2030 年会增至 10.04×10^4 亿千瓦时,到 2050 年将超过 14.27×10^4 亿千瓦时。为实现电力部门低碳化,化石能源电力将逐步被新能源和可再生能源电力代替,在控制全球温升不超过 2℃ 目标下,到 2050 年非化石能源发电总装机将达到 53 亿千瓦,非化石能源电力在总电量中所占的比例将升至 90.4%。

在控制全球温升不超过 2℃ 目标下,电力部门的二氧化碳排放量的峰值将在 2025 年出现,达到 40 亿吨,之后会以较快的速度下降,2050 年降至 3 亿吨。而在实现温控 1.5℃ 的目标下,电力部门的二氧化碳排放量的峰值将在 2025 年前出现,小于 40 亿吨,之后会以很快的速度下降,2045 年会降至接近于零,2050 年基本实现净零排放。

7.3.1.3 我国能源消费总量及其二氧化碳排放量趋势

从我国能源消费总量现状来看,我国能源消费总量因工业化和城镇化的快速发展而呈现上升趋势,尤其是在 2000~2005 年时间段内,我国能源消费总量年平均增长速度达到了 12.2%,在之后的时间呈现下降趋势,2015 年降至 2000 年以来最低增速 1.3%,此后我国的能源消费总量呈现低增长状态。但在碳中和的目标下,随着我国对能源总量的控制、能源结构的不断优化和能源使用效率的持续提升,我国能源强度将逐渐下降。

在实现控制全球温升不超过 2℃ 的目标下,能源消费总量将在 2030 年左右步入平台期,达到 59.8 亿吨标准煤,峰值会出现在 2035 年左右,峰值为 60.6 亿吨标准煤;2050 年能源消费总量将降至 52 亿吨标准煤,与 2030 年相比下降了 13%。2030 年后能源消费结构的低碳化转型也将逐渐加速,煤炭和石油在消费总量中所占的比例会持续降低,天然气和非化石能源等清洁能源消费量会大量增加。煤炭的消费量 2030 年将达到 26.91 亿吨标准煤,在能源消费总量中占比达到 45%,到 2050 年,煤炭消费量降至 4.73 亿吨标准煤,在能源消费总量中仅占 9.1%,与 2030 年相比下降了 36%,几乎全部煤炭都会集中使用,并且会利用碳捕集、利用和封存技术进行脱碳处理。非化石能源消费量 2030 年将达到 14.95 吨标准煤,在能源消费总量中占比 25%,到 2050 年占比增至 73.2%,总量增至 28.1 亿吨标准煤,非化石电力在总发电量中所占比例将达到 90%。随着节能和能源替代的逐渐发展,能源消费的二氧化碳排放量也会逐渐持续下降。2030 年单位能耗的二氧化碳强度达到 1.75kgCO$_2$/kgce,到 2050 年下降到了 0.56kgCO$_2$/kgce,下降了 68%,以新能源和可再生能源为主要能源的低碳能源系统基本形成。能源消费的二氧化碳排放总量2030年达到104.6亿吨，之后呈现下降趋势，到2050年下降至29.2亿吨，2050年与2030年相比下降了72.1%，其中因控制能源消费量而导致的二氧化碳排放量减少占比约14%，因能源结构优化而减少的占比约86%。如表7.10所示。

表7.10　　我国能源消费量与二氧化碳排放量（2℃目标下）

项目		2005年	2010年	2015年	2020年	2025年	2030年	2035年	2040年	2045年	2050年
能源消费量（亿吨ce）		26.1	36.1	43.4	49.4	55.0	59.8	60.6	58.9	55.8	52.0
能源结构	煤炭（%）	72.4	69.2	64.0	57.0	51.0	45.0	36.0	28.0	19.0	9.1
	石油（%）	17.8	17.4	18.1	18.5	18.0	17.0	17.0	13.0	9.0	7.7
	天然气（%）	2.4	4.0	5.9	8.5	11.0	13.0	15.0	14.0	12.0	10.0
	非化石（%）	7.4	9.4	12.0	16.0	20.0	25.0	32.0	45.0	60.0	73.2
二氧化碳强度[（kgCO$_2$/kgce）]		2.32	2.25	2.16	2.03	1.90	1.75	1.55	1.24	0.88	0.56
二氧化碳排放量（亿吨CO$_2$）		60.6	81.3	93.8	100.3	104.6	104.6	93.8	72.9	49.3	29.2
比2005年下降幅度（%）			21.5	38.0	60.0	68.3	68.3	77.1	85.4	91.7	95.8

资料来源：《项目综合报告（2020）》。

在实现温控1.5℃的目标下，2030年前能源消费总量将以更慢的速度上升，2030年能源需求总量将从2020年的49.4亿吨上升至52.5亿吨，增加了6.28%，相比于2℃目标下增加14.17%，下降了7.89%；2030年后能源消费总量的下降速度也将更快，到2050年能源消费总量下降至50亿吨，相比于2030年下降了2.5亿吨，与2℃目标下52亿吨相比少了2亿吨。同时，二氧化碳排放量与2℃目标下相比也有较大幅度的减少，在实现温控1.5℃的目标下，二氧化碳排放量将于2030年前实现达峰，符合我国2030年实现碳达峰的目标，2030年我国二氧化碳排放量预计降至74.4亿吨CO$_2$，而2℃目标下为94.2吨CO$_2$，到2050年二氧化碳排放量降为14.7吨CO$_2$，比2℃目标下的29.2吨CO_2，减少了14.5吨CO_2。如表7.11所示。

表7.11　2℃与1.5℃目标下能源消费量与二氧化碳排放量对比

目标	2020年		2030年		2050年	
	能源（亿吨ce）	碳排放（亿吨CO_2）	能源（亿吨ce）	碳排放（亿吨CO_2）	能源（亿吨ce）	碳排放（亿吨CO_2）
2℃	49.4	100.3	56.4	94.2	52.0	29.2
1.5℃	49.4	100.3	52.5	74.4	50.0	14.7

资料来源：《项目综合报告（2020）》。

7.3.1.4　碳中和趋势分析

以上两节分析了通过控制能源消费量而实现碳减排的趋势，但仅仅依靠能源减碳的方式无法实现二氧化碳零排放，增强农林业碳汇能力、发展CCS技术和BECCS技术在实现二氧化碳净零排放的过程中也发挥着至关重要的作用。在实现温控1.5℃的目标下，2030年将实现CCS技术的规模应用，2040年BECCS技术也将实现规模应用，预计2030年农林业碳汇增汇能实现9.1亿吨，2050年实现7.8亿吨，CCS和BECCS埋存量2030年达到0.3亿吨，2050年将达到8.8亿吨。在实现温控1.5℃的目标下，我国碳中和进程如表7.12所示。

表7.12　我国碳中和进程　　　　　　　　　　　　　　单位：吨CO_2

	2020年	2030年	2050年	2060年
能源消费CO_2排放	100.3	103.1	14.7	3.5
工业过程CO_2排放	13.2	8.8	2.5	0.3
非CO_2温室气体排放	24.4	26.5	12.7	2.0
农林业增汇	-7.2	-9.1	-7.8	-4.3
CCS+BECCS埋存量	0.0	-0.3	-8.8	-1.5
净排放	130.7	129.0	13.3	0

注：2030年、2050年数据来源于《项目综合报告（2020）》，2060年数据来源于《中国碳中和的时间进程与战略路径（2021）》。

根据以上分析，我国"碳中和"进程将经历以下三个阶段：

第一，实现碳达峰的阶段（2020～2030年）。此阶段，煤炭和石油等化石能源将逐渐达到峰值，2030年后呈现下降趋势，天然气占比呈上升趋势，非化石能源占比呈现快速增长趋势，农林业碳汇发挥重要作用，二氧化碳净排放量达到峰值129亿吨。

第二，二氧化碳排放总量高速降低的阶段（2030～2050年）。煤炭和石油消费量占比大幅下降，不再是我国的主要能源；天然气消费量略微呈现下降趋势；非化石能源成为主要能源。CCS技术和BECCS技术不断发展，实现规模应用。2050年二氧化碳净排放量降至13.3亿吨，下降了115.7亿吨。

第三，二氧化碳净零排放阶段（2050～2060年）。能源消费中不再有煤炭和石油的参与；天然气利用气电技术和碳捕集、利用与封存技术促进可再生能源的发展，在能源消费量中仍占有一定比例；非化石能源作为主要能源，所占比例继续升高。在此过程中，碳汇能力会不断增强，碳捕集、利用与封存技术也会继续发展应用，"碳中和"目标将得到实现。

7.3.2 能源结构高级化指数与碳中和趋势

2020年我国能源消费总量为498 000万吨标准煤，其中煤炭的消费量占比57%，总量为282 864万吨标准煤，仍然是以煤为主的能源消费结构，在实现碳中和的过程中，逐步完成能源消费结构的低碳化转型至关重要，煤炭和石油在消费总量中所占的比例会持续降低，天然气和非化石能源等清洁能源消费量会大量增加。本节将继续以影响能源消费结构的经济因素、结构因素、技术因素、人口和政策因素为基础，建立多维动态支持向量机预测模型，对2030～2060年能源消费结构高级化指数进行预测，从能源结构的角度来分析我国碳中和趋势。

7.3.2.1 变量选取与数据描述

能源消费结构高级化指数用第4章中式（4.11）所述方法度量，通过第4章的能源消费结构相关性分析，选出了17个对能源消费结构高级化指数有显著影响的因素，包括能源价格、城镇居民人均可支配收入、农村居民人均可支配收入、产业结构、城镇恩格尔系数、农村恩格尔系数、农林牧渔能源消费比重、生活能源消费比重、能源效率、R&D经费支出、科研经费财政支出、能源强度、碳排放强度、专利申请授权数、R&D人员全时当量、总人口、市场化指数。基于 1980~2019 年间中国能源消费结构以及各种影响因素的历年数据，构造以多个输入、单输出的支持向量机模型。

7.3.2.2 模型构建

利用 1980~2019 年 17 个影响因素和能源消费结构高级化指数的数据，运用 python 软件构建模型。在训练模型前需对包含 18 个方面内容的数据进行归一化处理，使全部数据处于 [-1, 1] 之间，来提升模型准确性。然后通过 9 折交叉验证法和运用 "Linear" 核函数进行参数寻优，最终确定损失函数 $c=0.5$，$gamma=0.03125$。

选出最优参数后利用 1980~2019 年 17 个影响因素和能源消费结构高级化指数的数据对模型进行训练，得到最佳支持向量机模型，再将 1980~2019 年 17 个影响因素的数据带入模型之中，预测 1980~2019 年能源消费结构高级化指数，结果如表 7.13 所示。

表 7.13　1980~2019 年能源消费结构高级化指数真实值与预测值比较

年份	真实值	预测值	绝对误差	相对误差
1980	0.098338	0.082508	0.01583	0.16097
1981	0.100413	0.088329	0.012084	0.120343
1982	0.100407	0.088153	0.012254	0.122046
1983	0.103774	0.089046	0.014728	0.141922
1984	0.096946	0.091695	0.00525	0.054155
1985	0.093668	0.096689	-0.00302	-0.03225
1986	0.092348	0.097854	-0.00551	-0.05961
1987	0.089239	0.099325	-0.01009	-0.11303
1988	0.089239	0.102918	-0.01368	-0.15328
1989	0.090789	0.103124	-0.01233	-0.13586
1990	0.094488	0.10485	-0.01036	-0.10966
1991	0.089356	0.106895	-0.01754	-0.19628
1992	0.089828	0.106997	-0.01717	-0.19113
1993	0.095047	0.104032	-0.00899	-0.09454

续表

年份	真实值	预测值	绝对误差	相对误差
1994	0.101333	0.108162	-0.00683	-0.06739
1995	0.105898	0.110021	-0.00412	-0.03893
1996	0.106122	0.114279	-0.00816	-0.07686
1997	0.114846	0.117995	-0.00315	-0.02742
1998	0.117066	0.12153	-0.00446	-0.03813
1999	0.111898	0.125581	-0.01368	-0.12228
2000	0.124277	0.130145	-0.00587	-0.04721
2001	0.144949	0.13645	0.008499	0.058633
2002	0.142647	0.142067	0.000581	0.00407
2003	0.12894	0.144408	-0.01547	-0.11996
2004	0.132374	0.145533	-0.01316	-0.0994
2005	0.132768	0.153273	-0.0205	-0.15444
2006	0.135021	0.161792	-0.02677	-0.19827
2007	0.142053	0.17209	-0.03004	-0.21145
2008	0.162162	0.178119	-0.01596	-0.0984
2009	0.166193	0.196775	-0.03058	-0.18401
2010	0.191176	0.206813	-0.01564	-0.08179
2011	0.190058	0.221617	-0.03156	-0.16604
2012	0.211679	0.242584	-0.0309	-0.146
2013	0.22997	0.261226	-0.03126	-0.13591
2014	0.259146	0.272014	-0.01287	-0.04966
2015	0.282575	0.292814	-0.01024	-0.03623
2016	0.317742	0.305741	0.012001	0.037769
2017	0.338284	0.324022	0.014261	0.042158
2018	0.374576	0.350876	0.0237	0.063272
2019	0.403813	0.372456	0.031357	0.077651

通过对比 1980~2019 年能源消费结构高级化指数的真实值和预测值，计算得到平均绝对误差为 0.0149，预测误差较小。预测值与真实值的 R^2 =

0.8954，说明所建立的支持向量机模型预测效果优异，可作为预测我国 2030~2060 年能源消费结构高级化指数的有效方法。

7.3.2.3 能源结构高级化指数预测

模型建立好后，需利用 1980~2019 年 17 个影响因素的数据，通过时间序列模型来预测 2030~2060 年 17 个影响因素的数据，再利用这 17 个影响因素的预测值对我国 2030~2060 年能源消费结构高级化指数进行预测。17 个影响因素的预测结果如下。

（1）能源价格。

通过对 1980~2019 年能源价格的数据进行观察，发现能源价格呈下降趋势，且 2015 年后这种下降趋势明显，可以利用时间序列模型对 2030~2060 年的能源价格进行预测，趋势如图 7.10 所示。

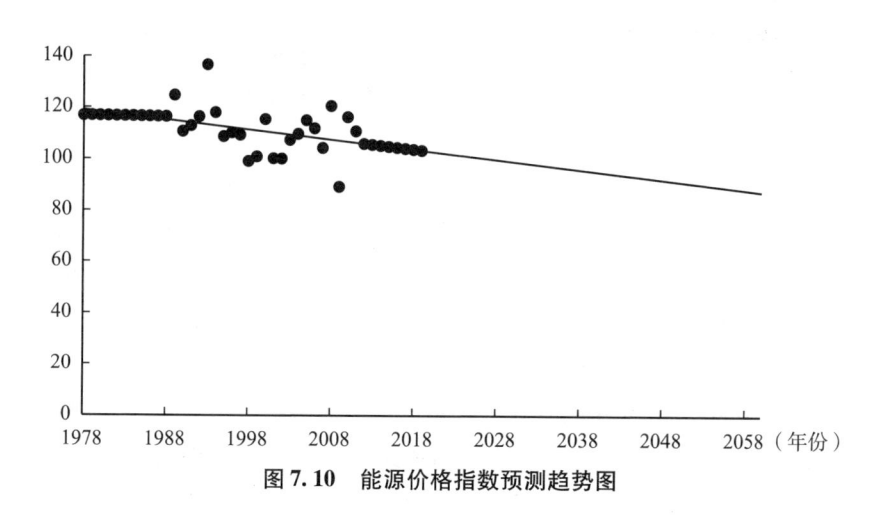

图 7.10　能源价格指数预测趋势图

利用时间序列模型对能源价格进行预测，预测的平均相对误差为 0.037，预测精度达到 96.27%，表明预测效果很好，可用来进行预测。从预测结果可以看出，2019 年后，能源价格指数呈现下降趋势，2030 年下降至 99.01，2060 年下降至 87.43，相比于 2019 年，下降幅度为 15.38%。

（2）城镇人均可支配收入。

通过对 1980~2019 年的城镇人均可支配收入数据进行观察，发现城镇人均可支配收入呈上升趋势，通过添加趋势线拟合时间序列模型，选取 2

阶多项式模型来预测 2030~2060 年城镇人均可支配收入，趋势如图 7.11 所示。

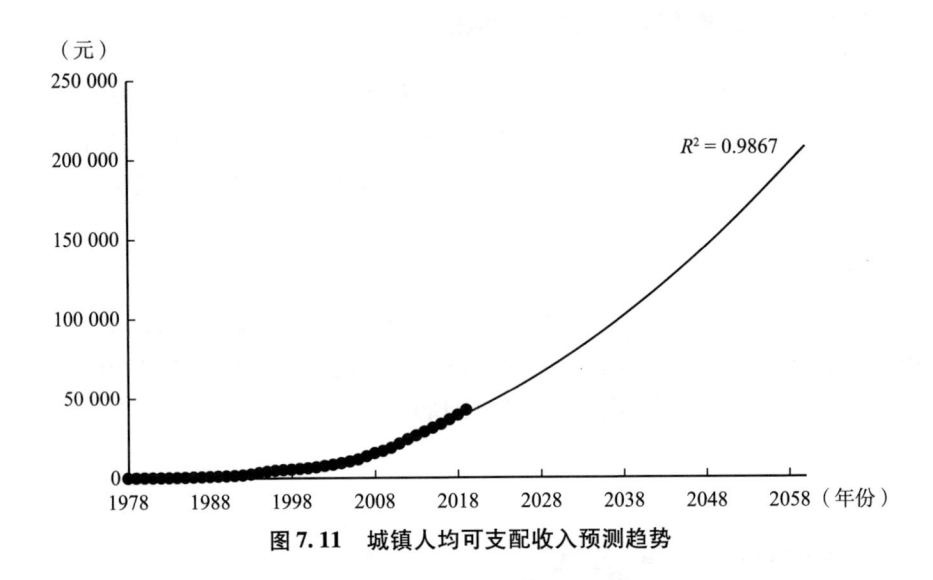

图 7.11　城镇人均可支配收入预测趋势

根据 2 阶多项式模型拟合结果可以看出，回归模型的 $R^2=0.9867$，说明预测结果良好，可用来进行预测。从预测数据可以看出，2019 年后，城镇人均可支配收入呈上升趋势，2030 年增至 72 040.53 元，2060 年增至 207 358.8 元，2019~2060 年增幅达到了 419.4%，这主要源于经济高质量发展。

（3）农村人均可支配收入。

通过对 1980~2019 年的农村人均可支配收入数据进行观察，发现农村人均可支配收入呈上升趋势，通过添加趋势线拟合时间序列模型，选取 3 阶多项式模型来预测 2030~2060 年农村人均可支配收入，趋势如图 7.12 所示。

根据 3 阶多项式模型拟合结果可以看出，回归模型的 $R^2=0.9956$，说明预测结果良好，可用来进行预测。从预测数据可以看出，2019 年后，农村人均可支配收入呈现上升趋势，2030 年增长到 37 765.27 元，2060 年增长到 183 188.44 元，2019~2060 年增幅达到了 1 043.43%。

（4）产业结构。

通过对 1980~2019 年的产业结构数据进行观察，发现产业结构基本呈上升趋势，通过添加趋势线拟合时间序列模型，选取 2 阶多项式模型来预测 2030~2060 年产业结构，趋势如图 7.13 所示。

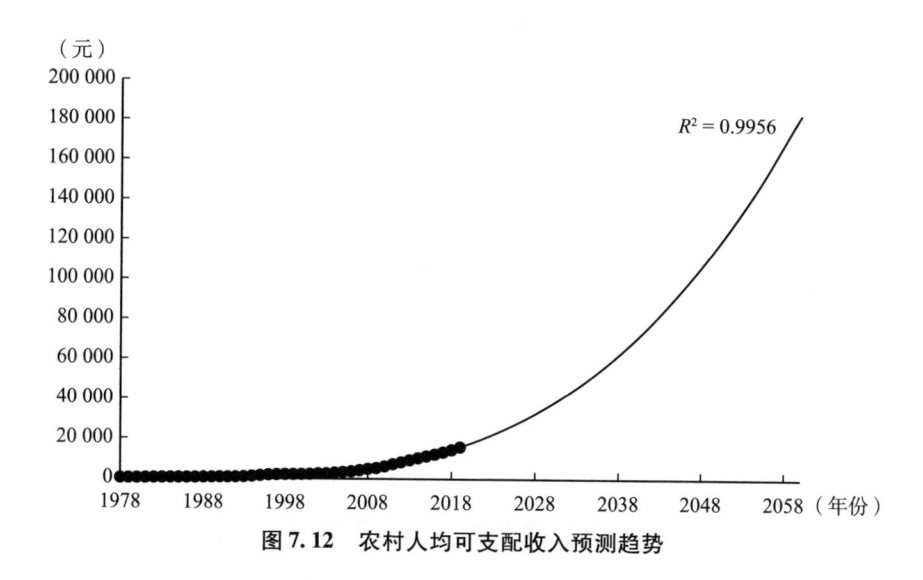

图 7.12 农村人均可支配收入预测趋势

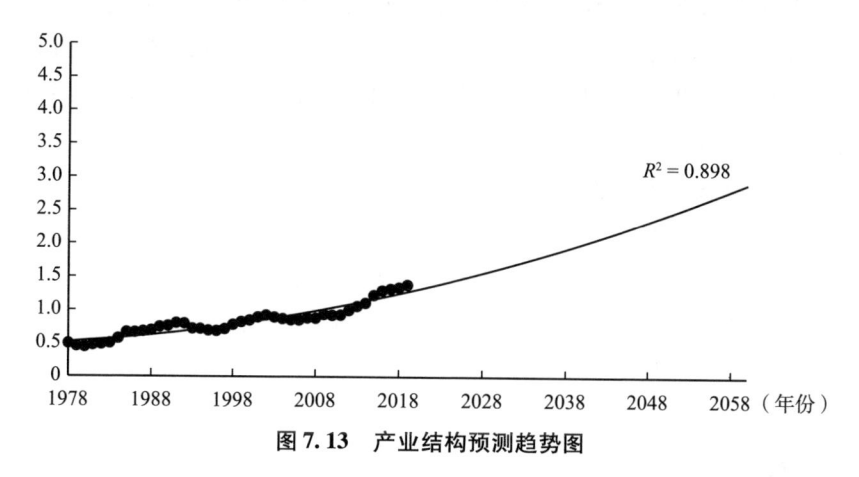

图 7.13 产业结构预测趋势图

根据2阶多项式模型拟合结果可以看出，回归模型的 $R^2 = 0.898$，说明预测结果良好，可用来进行预测。从预测数据可以看出，2019年后，产业结构呈现上升趋势，2030年升至1.7461，2060年升至3.1891，2019～2060年增幅为131.16%，相比于1990～2019年的增幅81.58%，明显增大。

（5）城镇恩格尔系数。

通过对1980～2019年的城镇恩格尔系数的数据进行观察，发现城镇恩格尔系数呈下降趋势，通过添加趋势线拟合时间序列模型，选取线性趋势线来预测2030～2060年城镇恩格尔系，趋势如图7.14所示。

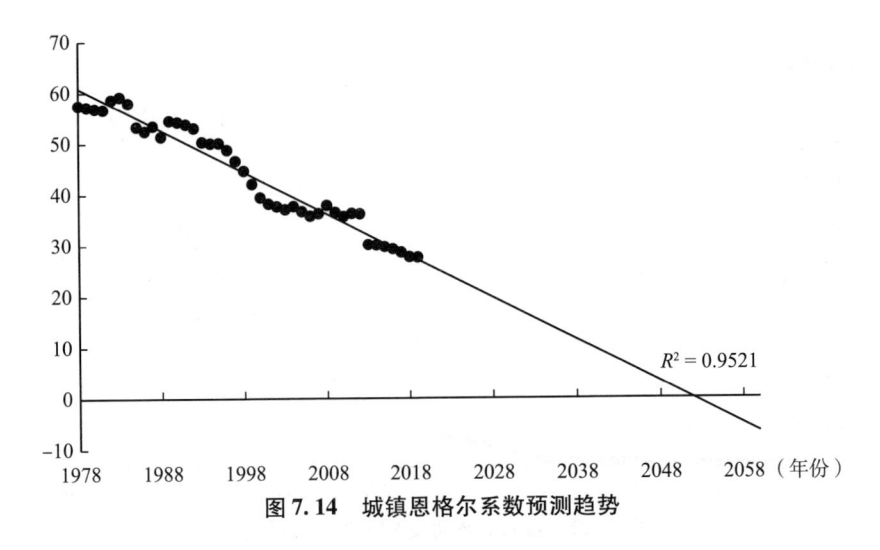

图 7.14 城镇恩格尔系数预测趋势

根据线性趋势线拟合结果可以看出，回归模型的 $R^2=0.9521$，说明预测结果良好，可用来进行预测。从预测数据可以看出，城镇恩格尔系数呈现下降趋势，食品支出总额占城镇个人消费支出总额的比重持续下降，而恩格尔系数越小，人们生活越富裕，说明城镇居民生活质量不断提升。

（6）农村恩格尔系数。

通过对 1980~2019 年的农村恩格尔系数的数据进行观察，发现农村恩格尔系数呈下降趋势，通过添加趋势线拟合时间序列模型，选取线性趋势线来预测 2030~2060 年农村恩格尔系数，趋势如图 7.15 所示。

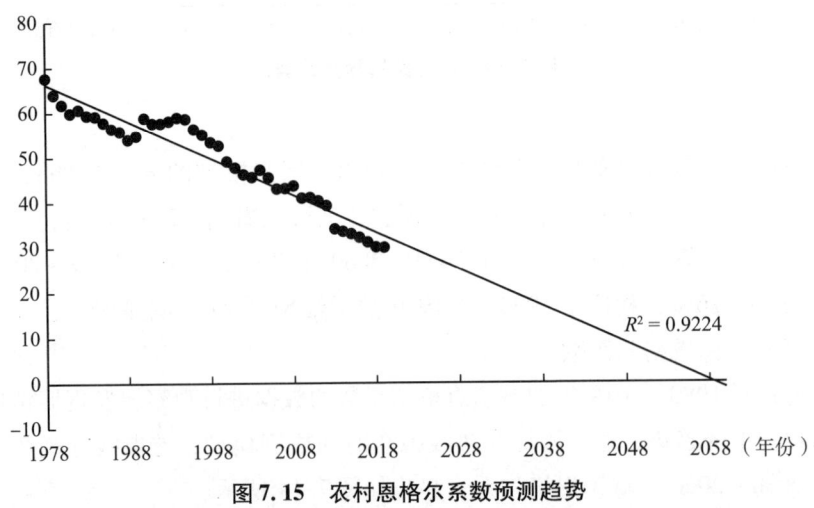

图 7.15 农村恩格尔系数预测趋势

根据线性趋势线拟合结果可以看出，回归模型的 $R^2 = 0.9224$，说明预测结果良好，可用来进行预测。从预测数据可以看出，农村恩格尔系数呈现下降趋势，食品支出总额占农村个人消费支出总额的比重持续下降，而恩格尔系数越小，人们生活越富裕，说明农村居民生活质量不断提升。

（7）农林牧渔能源消费比重。

通过对1980～2019年的农林牧渔能源消费比重的数据进行观察，发现农林牧渔能源消费比重呈下降趋势，通过添加趋势线拟合时间序列模型，选取指数趋势线来预测2030～2060年农林牧渔能源消费比重，趋势如图7.16所示。

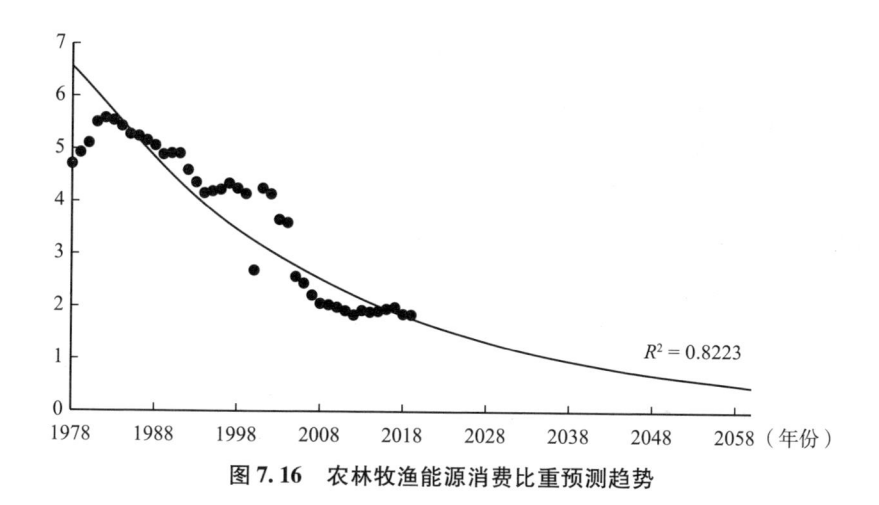

图7.16　农林牧渔能源消费比重预测趋势

根据线性趋势线拟合结果可以看出，回归模型的 $R^2 = 0.8223$，说明预测结果良好，可用来进行预测。从预测数据可以看出，农林牧渔能源消费比重呈现下降趋势，2030年降至1.24%，2060年降至0.48%，2019～2060年下降幅度达到74.05%，相比于1990～2019年的降幅有所增加。

（8）生活能源消费比重。

通过对1980～2019年的生活能源消费比重的数据进行观察，发现生活能源消费比重呈下降趋势，通过添加趋势线拟合时间序列模型，选取对数趋势线来预测2030～2060年生活能源消费比重，趋势如图7.17所示。

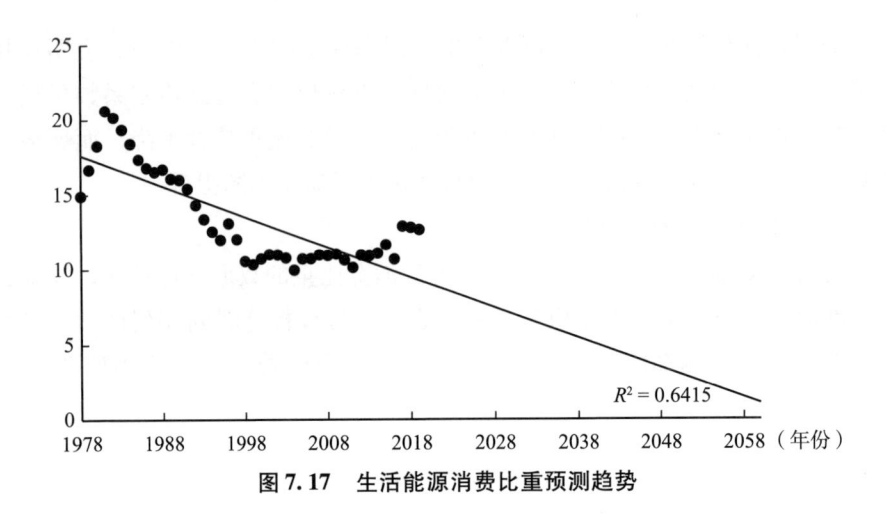

图 7.17 生活能源消费比重预测趋势

根据线性趋势线拟合结果可以看出,回归模型的 $R^2=0.6415$,说明预测结果良好,可用来进行预测。生活能源消费比重虽在 2012~2018 年略微上升,但整体呈现下降趋势,从预测数据可以看出,2019 年后继续下降,2030 年下降至 10.16%,2060 年下降至 8.90%,2019~2060 年降幅达到 29.70%。

(9) 能源效率。

通过对 1980~2019 年的能源效率的数据进行观察,发现能源效率呈上升趋势,通过添加趋势线拟合时间序列模型,选取对数趋势线来预测 2030~2060 年能源效率,趋势如图 7.18 所示。

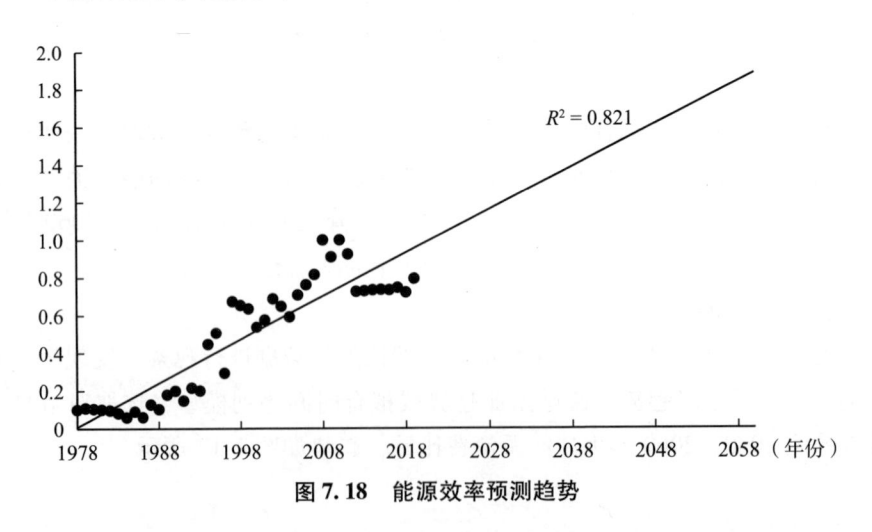

图 7.18 能源效率预测趋势

第 7 章 | 我国"碳中和"路径分析

根据线性趋势线拟合结果可以看出，回归模型的 $R^2=0.821$，说明预测结果良好，可用来进行预测。相较于世界平均水平和发达国家，中国的能源效率仍然偏低，仍有较大的提升空间。从预测数据可知，2019 年后能源效率继续呈现上升趋势，2030 年增至 0.82，2060 年增至 0.95，2019~2060 年增幅为 28%。

（10）R&D 经费支出。

通过对 1980~2019 年的 R&D 经费支出的数据进行观察，发现 R&D 经费支出呈上升趋势，通过添加趋势线拟合时间序列模型，选取 2 阶多项式来预测 2030~2060 年 R&D 经费支出，趋势如图 7.19 所示。

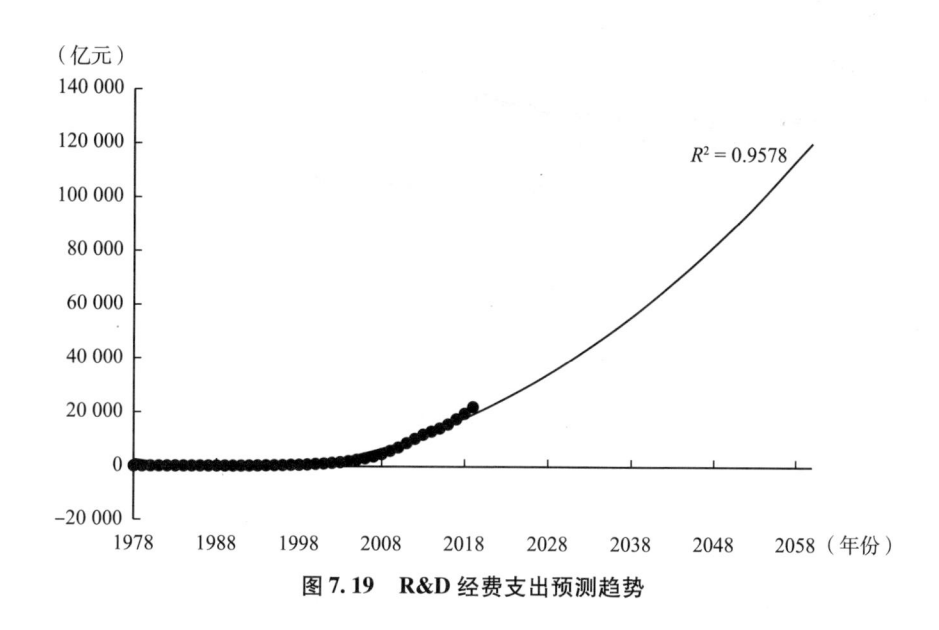

图 7.19　R&D 经费支出预测趋势

根据线性趋势线拟合结果可以看出，回归模型的 $R^2=0.9578$，说明预测结果良好，可用来进行预测。我国 R&D 经费支出与美国的差距正逐年缩小，2013 年我国 R&D 经费总量首次跃居世界第二位，当年 R&D 经费总量约为位列世界第一的美国的 40%。从预测数据可知，2019 年后 R&D 经费支出仍然呈上升趋势，2030 年上升到 38 234.13 亿元，2060 年上升到 120 395.37 亿元。

（11）科研经费财政支出。

通过对 1980~2019 年的科研经费财政支出的数据进行观察，发现科研经费财政支出呈上升趋势，通过添加趋势线拟合时间序列模型，选取 3 阶多项式模型来预测 2030~2060 年科研经费财政支出，趋势如图 7.20 所示。

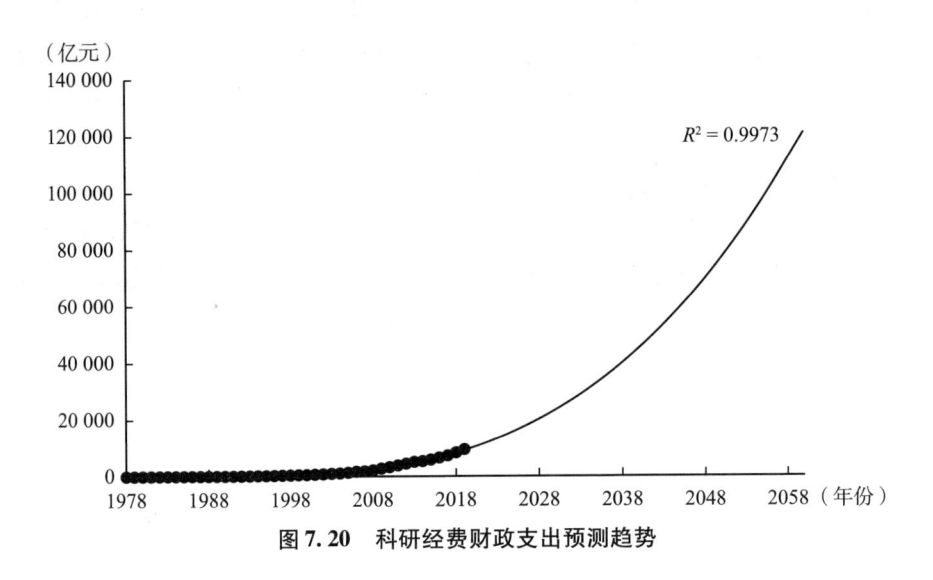

图 7.20 科研经费财政支出预测趋势

根据线性趋势线拟合结果可以看出，回归模型的 $R^2=0.9973$，说明预测结果良好，可用来进行预测。从预测数据可以看出，科研经费财政支出呈上升趋势，2030 年上升至 23 426.95 亿元，相较于 2019 年预计增加 13 956.16 亿元，2060 年上升至 121 186.80 亿元，相较于 2019 年预计上升 111 716.01 亿元。

（12）能源强度。

通过对 1980~2019 年的能源强度的数据进行观察，发现能源强度呈下降趋势，通过添加趋势线拟合时间序列模型，选取指数趋势线来预测 2030~2060 年能源强度，趋势如图 7.21 所示。

根据线性趋势线拟合结果可以看出，回归模型的 $R^2=0.9888$，说明预测结果良好，可用来进行预测。从趋势图可以看出，1978~1995 年能源强度有较大幅度的下降，其下降幅度为 86.22%，1996~2019 年下降速度相对放缓，降幅为 74.21%。从预测数据可以看出，2019 年后能源强度继续下降，2030 年下降至 0.14，2060 年下降至 0.0095。

图 7.21 能源强度预测趋势

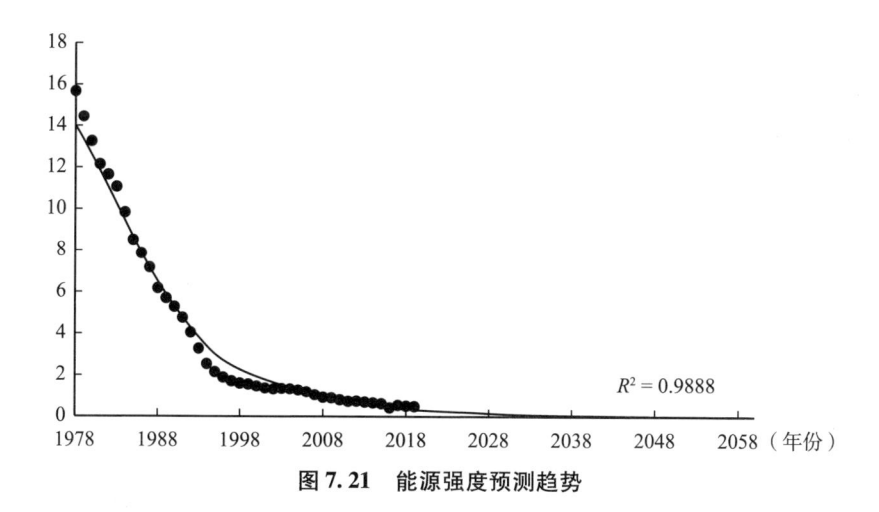

(13) 碳排放强度。

通过对 1980~2019 年的碳排放强度的数据进行观察,发现碳排放强度呈下降趋势,通过添加趋势线拟合时间序列模型,选取指数趋势线来预测 2030~2060 年碳排放强度,趋势如图 7.22 所示。

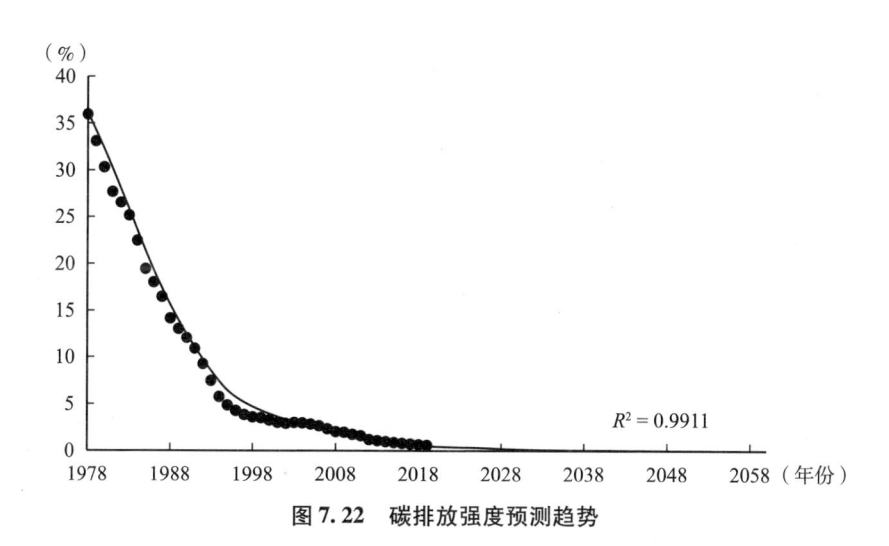

图 7.22 碳排放强度预测趋势

根据线性趋势线拟合结果可以看出,回归模型的 $R^2 = 0.9911$,说明预测结果良好,可用来进行预测。2009 年,我国提出到 2020 年单位国内生产总值二氧化碳排放比 2005 年下降 40%~45% 的目标,2020 年,中国碳排放强度比 2005 年下降 48.4%，超额完成了中国向国际社会承诺的目标。从预测数据可以看出，此后我国碳排放强度继续呈现下降趋势，2030 年下降至 0.1994，2060 年下降至 0.0099。

（14）专利申请授权数。

通过对 1980～2019 年的专利申请授权数的数据进行观察，发现专利申请授权数呈上升趋势，通过添加趋势线拟合时间序列模型，选取 3 阶多项式模型来预测 2030～2060 年专利申请授权数，趋势如图 7.23 所示。

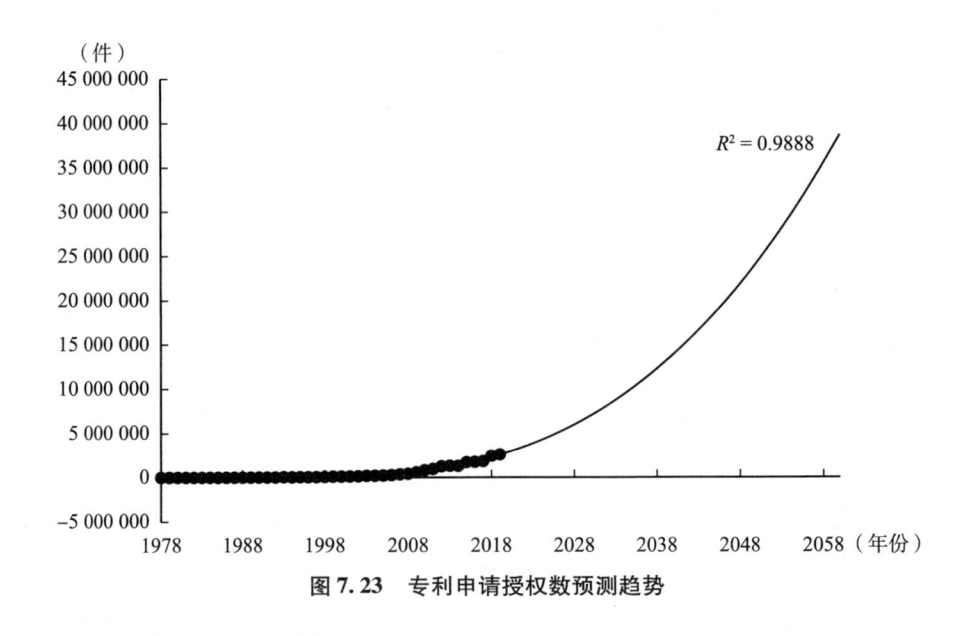

图 7.23 专利申请授权数预测趋势

根据线性趋势线拟合结果可以看出，回归模型的 $R^2 = 0.9888$，说明预测结果良好，可用来进行预测。从趋势图可以看出，1978～2019 年，专利申请授权数呈上升趋势，从 68 件增至 2 591 607 件。从预测数据可以看出，此后专利申请授权数将继续增长，到 2030 年增长至 7 005 981 件，到 2060 年增长至 38 642 952 件。

（15）R&D 人员全时当量。

通过对 1980～2019 年的 R&D 人员全时当量的数据进行观察，发现 R&D 人员全时当量呈上升趋势，通过添加趋势线拟合时间序列模型，选取 2 阶多项式模型来预测 2030～2060 年 R&D 人员全时当量，趋势如图 7.24 所示。

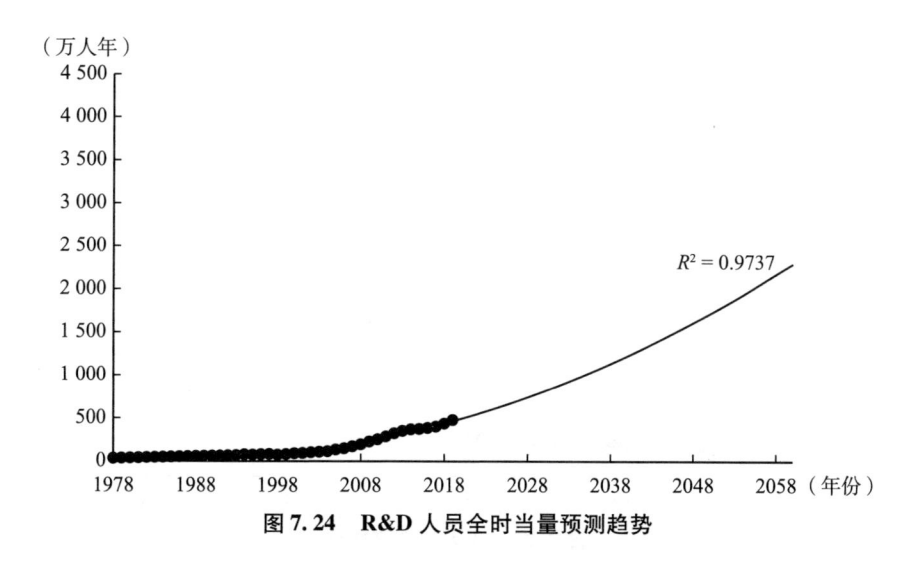

第 7 章 | 我国"碳中和"路径分析

图 7.24 R&D 人员全时当量预测趋势

根据线性趋势线拟合结果可以看出，回归模型的 $R^2 = 0.9737$，说明预测结果良好，可用来进行预测。从趋势图可以看出，1978 年至 2019 年，R&D 人员全时当量不断增加，从 34.62 万人年增长到 480.1 万人年。由预测数据可知，此后其数值将继续增加，2030 年增加到 815.53 万人年，2060 年增至 2 294.70 万人年，2019 年至 2060 年增加了 1 479.17 万人年。

（16）总人口。

通过对 1980~2019 年的总人口的数据进行观察，发现总人口呈上升趋势，通过添加趋势线拟合时间序列模型，选取 4 阶多项式模型来预测 2030~2060 年总人口，趋势如图 7.25 所示。

根据线性趋势线拟合结果可以看出，回归模型的 $R^2 = 0.9998$，说明预测结果良好，可用来进行预测。从趋势图可以看出，1978 年至 2019 年，我国总人口数呈上升趋势，从 96 259 万人上升到了 140 005 万人，增长了 43 746 万人，增幅为 45.45%。由预测数据可知，2019 年后，我国总人口会继续增长。

（17）市场化指数。

通过对 1980~2019 年的市场化指数的数据进行观察，发现市场化指数呈上升趋势，通过添加趋势线拟合时间序列模型，选取 2 阶多项式模型来预测 2030~2060 年市场化指数，趋势如图 7.26 所示。

图 7.25 总人口预测趋势

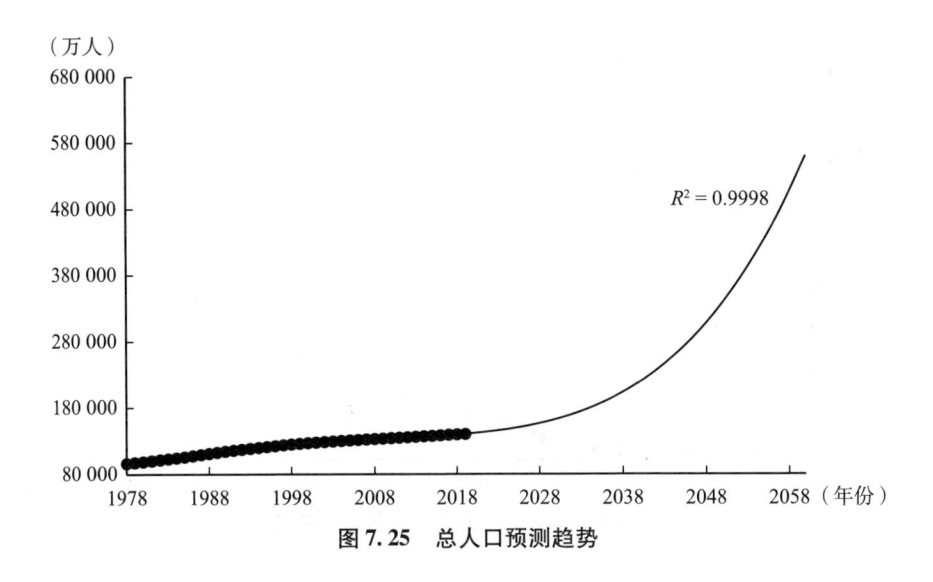

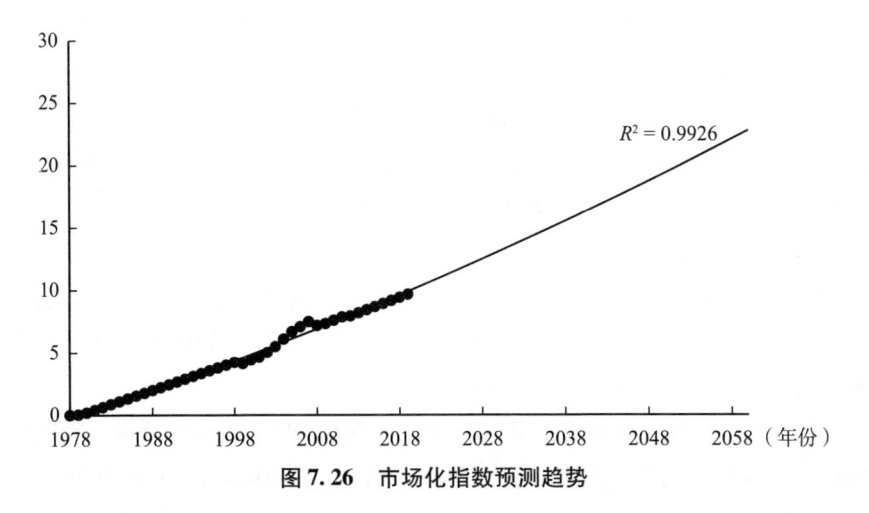

图 7.26 市场化指数预测趋势

根据线性趋势线拟合结果可以看出，回归模型的 $R^2=0.9926$，说明预测结果良好，可用来进行预测。从趋势图可以看出，1978 年至 2019 年，市场化指数呈现上升趋势，从 0.0018 上升至 9.6629，增长了 9.6611。由预测数据可知，此后市场化指数会继续增长，预计 2030 年增长至 13.0299，2060 年增长至 22.6479。

基于以上 17 影响因素的预测值，用已建立好的支持向量机模型对我国 2030~2060 年能源消费结构高级化指数进行预测，预测结果如表 7.14 所示。

表 7.14　　2030~2060 年能源消费结构高级化指数预测值

年份	预测值	年份	预测值
2030	0.659375	2046	1.406506
2031	0.694268	2047	1.467931
2032	0.730594	2048	1.531267
2033	0.768386	2049	1.596545
2034	0.807671	2050	1.663795
2035	0.848481	2051	1.733045
2036	0.890844	2052	1.804327
2037	0.934792	2053	1.877669
2038	0.980353	2054	1.953102
2039	1.027557	2055	2.030656
2040	1.076434	2056	2.11036
2041	1.127015	2057	2.192244
2042	1.179328	2058	2.276337
2043	1.233404	2059	2.362671
2044	1.289272	2060	2.451274
2045	1.346963		

将 1980~2060 年的能源消费结构化指数和以上预测数据绘制成能源消费结构高级化指数曲线，如图 7.27 所示。

从图 7.27 可以看出，我国能源消费结构高级化指数呈现上升趋势，2010 年后上升速度加快。2010~2019 年，我国能源消费结构高级化指数从 0.1912 增至 0.4038，年均增长 2.4%。从能源消费结构高级化指数预测值来看，2030 年能源消费结构高级化指数达到 0.6594，2060 年达到 2.4513，2019~2030 年，年均增长 2.3%，2030~2060 年，年均增长 5.97%。这说明我国能源消费结构正在持续不断优化，以煤为主导的能源结构将逐渐向以电力、天然气等优质能源为主导的能源结构转变，煤炭在能源消费总量中所占的比例将持续降低，而电力、天然气、可再生能源等的比重将持续升高。

图 7.27　1980～2060 年能源消费结构高级化指数变化趋势

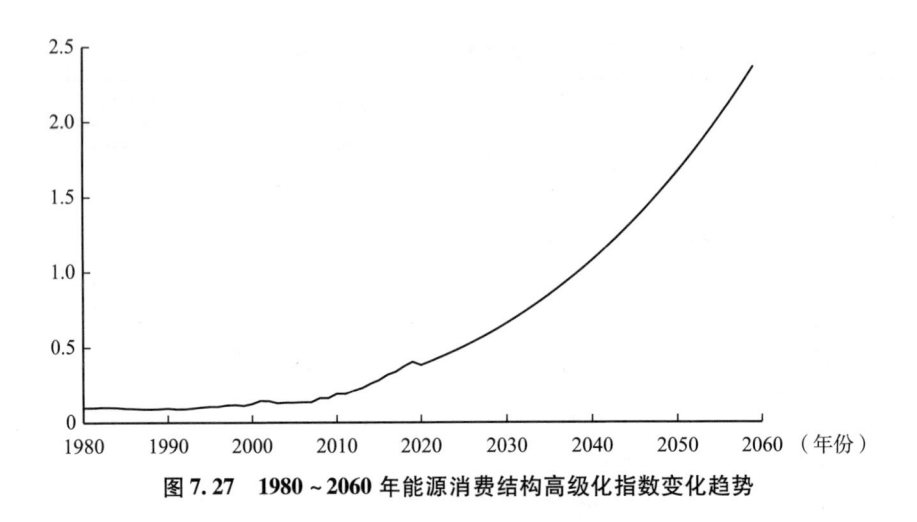

7.3.2.4　能源消费结构高级化指数与碳中和

在 2060 实现"碳中和"的目标下，2030 年后能源消费结构的低碳化转型也将逐渐加速，煤炭和石油在消费总量中所占的比例会持续降低，天然气和非化石能源等清洁能源消费量会大量增加。中共中央、国务院发布《关于完整准确全面贯彻新发展理念做好碳达峰碳中和工作的意见》明确了"十四五"时期、2030 年和 2060 年时间节点的重要目标，到 2060 年，非化石能源消费比重达到 80% 以上。2021 年国石油发布的《2060 年世界与中国能源展望》中指出：到 2060 年我国能源消费中石油占比将降至 6%，天然气占比将降至 9%。根据上节能源消费高级化指数预测结果可以推算出 2060 年煤炭消费占比为 1.29%，可以推算出到 2060 年我国非化石能源占比一次能源消费将达到 83.71%，将能够实现非化石能源消费比重达到 80% 以上的目标。因此，2060 年"碳中和"的目标是可以实现的。

根据以上对"碳中和"过程能源消费结构优化趋势的分析和上节对能源消费结构高级化指数变化趋势的分析可以发现两者的变化趋势基本相符。本文认为，能源消费结构的不断优化将会推动 2060 年"碳中和"目标的顺利实现。

7.4 "碳中和"背景下的能源技术路径

"碳中和"意味着人类活动产生的二氧化碳排放量与生态系统及各种技术所吸收的二氧化碳量大致相等,即碳源约等于碳汇。从碳源来看,主要指以生产侧和消费侧为代表的人类活动,及在此基础上形成的化石能源开发利用;从碳汇来看,主要指以生态系统为基础,捕集、封存、利用二氧化碳。本节围绕基本的碳循环流程,如图7.28所示,对节能减排、固碳和碳汇等技术进行简单的综述。

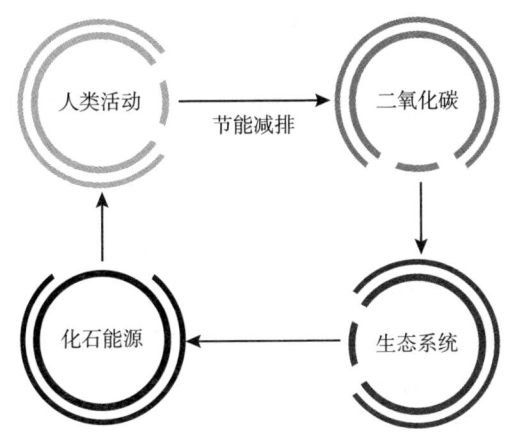

图7.28 碳循环与能源技术

7.4.1 节能减排体系建设

节能减排包括两大领域:节能、减排。所谓节能,表示在能源生产到消费的过程中采用经济合理的措施来降低能源消耗;所谓减排,表示在加强节能技术应用的同时减少废弃物和环境污染物的排放。主要路径包括重点部门节能减排、发展循环经济、重大设备节能改造。

7.4.1.1 重点部门节能减排

一是工业部门节能减排。石油、钢铁、化工、建材等工业部门用能一直居高不下,在生产时余热资源回收率偏低,仅30%左右,造成了极大的浪费，且目前技术转型存在难度，因此提高余热资源的利用率是时代的要求，其余热资源利用的基本架构是：高、中温蒸汽先用在发电或所在区域工艺，低温余热用于供热采暖等居民活动，以此完成能源的最大合理利用化。下面介绍基于能源梯级利用理论上的一种技术——工业余热资源梯级利用（RRUC）。根据 RRUC 的中心原则，余热资源单独或综合采用"回用、替代、提质、转换"四个层级规划方法来实现能源与效益的双赢（曹先常，2017），如表 7.15 所示。

表 7.15　　　　　　　　　　　工业余热资源层级规划

回用	设备在工业生产中产生的余热资源优先用于原设备
替代	经过回用层级后，若有富余热能优先应用于该设备所在工艺系统中，其次为所在工业区域内的其他工艺系统，最后为其他工业区域
提质	经过前两层级后，若还有富余热能，则利用外部高品位能源提升富余热能品味
转换	经过前三层级后，若还有富余热能，则转换为其他形式能源

除此之外，还有其他技术方法，如干熄焦余热回收与发电技术、烧结余热回收技术、热管技术、转炉余热回收系统等。虽然余热资源梯级利用是针对发电和供热行业提出的，但可以广泛应用于各类工业中，根据对能源能级的不同需求形成梯级利用关系，减少能源消耗。

二是建筑部门节能减排。我国幅员辽阔，气候呈现多样化特征，北方地区采暖需求旺盛，南方部分城市也有迫切采暖需求。而且随着我国城市不断发展，集中供暖面积有逐渐增大之趋势，这也意味着能源消耗的增多，当然不可避免地也会对环境造成一定的污染。对此，不仅要加大供暖设备的研究力度，也要从供暖前期铺设管道、后期计量等着手以防止能源的浪费。

供暖前：（1）热网设计。首先，选择保温性、抗腐蚀性、导热性较好的材料，我国一般选用聚氨酯保温材料；其次，管网设计因地制宜地选择合理的铺设方式，热网主干线力求靠近热负荷密集区；最后，发展并普及应用热网自动化控制技术以取代传统的手动控制，提高供暖精确度（胡强，2020）。（2）建筑外围保温。建筑外墙选择防火性较好的保温材料，如聚苯乙烯，有效保证建筑主体的隔热与保暖效果，防止出现热量流失。

供暖中：（1）热负荷监测。实时监测居民热网运行数据，结合运行环境参数做出热负荷可视化折线图，以便控温；(2) 用户终端调节阀。我国一直存在过量供热的问题，究其原因为用户无法自己调节室温，有时要开窗散热，造成能源浪费，应大力推广智能化技术的应用，设置终端调节阀，做到用户可自动调节建筑温度。

供暖后：在能够实现以上节能改造的基础上进行分户热计量改革，即"每户一阀"，根据各户的采暖热量缴纳费用，从消费者的节约心理出发舒缓"过量供热"问题（江亿，2011）。

三是交通部门节能减排。随着工业化与城市化进程加快，交通运输行业日益繁荣，能源需求不断扩大，温室气体排放也随之增多，成为第三大二氧化碳排放源，约占全国碳排放总量的9%，因此实现此行业的转型升级是实现碳中和目标的一大抓手。结合当前形势来看，居民对于出行服务品质要求越来越高，清洁能源还未形成规模化应用，故交通领域的低碳发展路径应分阶段逐步进行。

近期目标：(1) 优先发展公共交通。宏观上，城市用地开发应有利于以公共交通为导向的低碳出行体系，精细化组织管理城市道路，加密改造公共交通网络，打造紧凑型交通布局；微观上，应用人工智能、云计算等技术完善公共交通服务系统，减少居民对私家汽车的依赖性。(2) 引导机动车零碳转型。推广应用混合电动汽车，该技术利用电驱动代替低效的内燃发动机，降低了机动车油耗；开发研制轻质材料减轻车身自重以降低燃油消耗；推广以氢能为代表的清洁能源车的使用，完善新能源车补贴政策（李家鹏，2021）。

中长期目标：大力推广并普及应用燃料替代，尤其要推动氢能的商业化应用；优化水运、航运、公路运、铁路运之间的运输协作结构，加快大宗货物及中长距离货物运输的"公—水""公—铁"等模式转换（郭继孚，2021）；逐步普及自动驾驶、共享出行等技术，提升机动车节能驾驶技术。

7.4.1.2 发展循环经济

现阶段，我国二氧化碳排放源主要为煤炭消费，而电力为煤炭主要消费行业，且鉴于我国当前能源禀赋特点及技术成本优势，燃煤发电在未来一段时期内仍是发电主要手段，故煤电产业在碳中和的目标实现中贡献潜力较大，必然要走向循环经济。循环经济是指在生产、流通和消费等过程中，进行的减量化（减少资源消耗、减少废弃物产生）、再利用（废弃物经改造作为产品使用）、资源化（废弃物作为原料再利用）活动的总称，其原则为以更少的资源获取更大的发展。下面介绍一种较为普遍的循环经济模式："资源—废弃—再生"（以煤炭为例）。

由图 7.29 中可看出，煤炭在燃烧发电时产生的废弃物经过回收处理与再应用，一部分副产品可以进行发电，这在一定程度上减少了起始发电资源的消耗量；另一部分副产品作为新的原材料供其他企业使用，由此形成了行业间的价值链交叉，在整个循环过程中，实现了煤炭价值流的增值。当然其他行业也要紧密实施循环经济模式，如钢铁厂的铁渣、制糖厂废渣废糖、塑料等的回收利用。

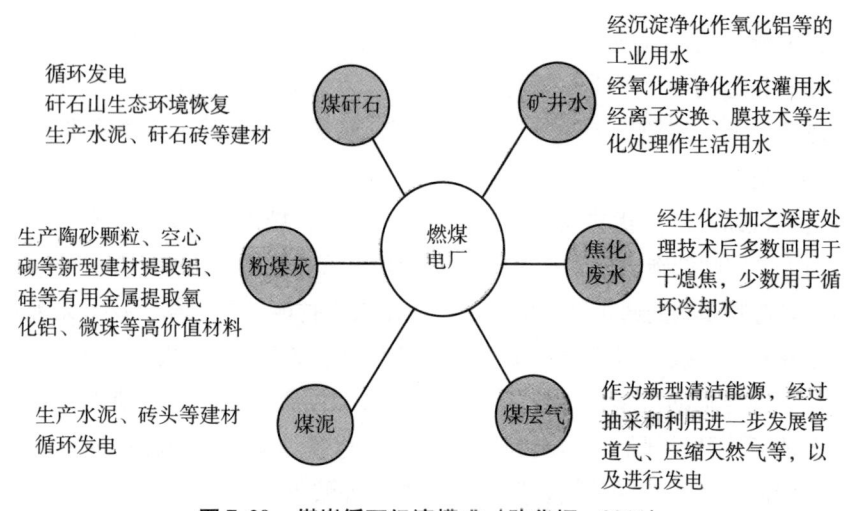

图 7.29 煤炭循环经济模式（陈华振，2011）

7.4.1.3 重大设备节能改造

工业锅炉。为实现碳中和目标所进行的能源结构调整策略中，节约能源是基础措施，许多生产企业通过设备的淘汰或优化，来实现节能减排的目标。节能设备就是在生产过程中通过应用新的节能技术及改造技术的设备，以期在相同能源消耗时达到比原来更好的效果，或是在减少能源消耗时达到与原来相同甚至更好的效果。在传统行业中，工业锅炉是不可或缺的热能动力设备，据不完全统计，其能源消耗占比超出了30%，因此锅炉进行节能优化十分具有现实意义（见表 7.16）。

表 7.16　　　　　　　　　　　　工业锅炉节能技术

可能问题	对应技术	应用效果
燃料燃烧不足	富氧空气助燃技术	将空气中的氧气分离并收集，助燃锅炉中的煤渣，提高燃烧热效率
在锅炉运行中缺少监测设备，无法对生产参数进行精确掌握，运行效率受到影响（徐火力，2010）	变频调速技术	合理调节温度、负荷等，有效控制锅炉运行状态，降低有害气体排放量
忽略辅机的能源消耗	辅机改造技术	根据实际情况优化辅机的运行状态，达到节能效果的同时提高了安全性
潜热利用率低	排烟余热回收技术	吸收烟气中的热量，既减少了热量损失，回收的热量又能另作他用
烟气污染	湿法烟气脱硫脱硝技术	运用高碱度的物质，如废电石渣作为吸收剂中和硫与硝，有效利用了废弃物、并减少了环境污染

　　这里只是简单介绍了工业锅炉节能优化的几种关键性技术，在平时的工业生产中也要注意其他设备的节能优化，如化工行业运用氢化氢气回收技术循环利用氢气、建筑行业运用智能及实时控制技术实现照明系统的节能等。

　　煤电机组。2021 年国务院印发的《2030 年前碳达峰行动方案》指出"严格控制新增煤电项目，新建机组煤耗标准达到国际先进水平，有序淘汰煤电落后产能，加快现役机组节能升级和灵活性改造。"（国发〔2021〕23号）当前煤电机组退役规划应逐步推进，对于到达使用寿命且效率较低的机组实施淘汰，对于临近使用寿命但能效较高的机组进行综合升级改造。较为典型的煤电机组有纯凝机组和热电联产机组（如表 7.17 所示）。

表 7.17　　　　　　　　　　　典型煤电机组低碳转型技术

机组	改造技术	应用效果
纯凝机组	精细化调整燃烧系统	燃烧器改造：降低原单层燃烧器功率的基础上再增加一层燃烧器，增大了煤粉气流的吸热面积，有利于机组低负荷稳燃；助燃燃烧器改造：加装富氧微油点火装置，提高燃料风氧浓度，从而提高燃烧效率（魏海姣，2020）
	抽取供热蒸汽	从机组冷段、中低压气缸、中低压连通管中抽取供热蒸汽进行储热，节约了供热能源消耗

续表

机组	改造技术	应用效果
热电联产机组	汽轮机高背压改造技术	通过提高机组运行背压，加热热网回水，降低冷源损失和发电负荷，从而提升了热电比，实现机组负荷灵活性调节
	增加储热系统	储热水罐：在机组和热网之间设置储热水罐，当机组高负荷运行时进行抽汽储热，机组低负荷运行时释热；电锅炉：将机组产生的过剩电量通过电锅炉转化为热量进行储存，为太阳能、风能发电提供进网空间。以上既降低了机组发电负荷，又满足了供热需求，实现了热电解耦（魏海姣，2020）
	低压缸微出力技术	关闭低压缸的阀门使其不进气，更多的蒸汽进入中压缸全部进行供热，降低了电负荷，减少了煤耗

我国一部分老电厂还拥有容量为300兆瓦以下的纯凝机组，其能耗相当高，在"双碳"背景下的节能市场没有竞争优势，故应淘汰这批设备；而对于其他纯凝机组，因其不涉及供暖，造成了能源浪费，故应进行供热改造，向热电联产看齐。而热电联产机组既生产电能，又利用汽轮发电机做过功的蒸汽用于供热，故其节能关键在于降低电负荷的同时提高供热能力（即热电解耦）。随着碳中和的进程加快，大中型城市应优先建设热电联产机组、顺势改造纯凝机组、加强培训及分流相关从业人员，从而减少煤电机组的转型成本。

不同行业都有与之对应较适合的碳减排技术，然行业之间存在着交叉关系，故单一地使用某种技术并不能达到理想效果，不同技术的综合应用方为上策。在大力研发各种减排技术的同时，也要有相应的政策予以配合，通过建立健全碳税制度和碳排放交易制度提高零碳市场的经济性。同时要充分调动起居民的绿色环境责任感与环境保护意愿性，做到生产侧与消费侧协同发力。

7.4.1.4 零碳能源发展

零碳能源技术是指从源头控制的无碳技术，即大力开发以无碳排放为根本特征、成本有望持续下降的清洁能源，主要技术包括风能发电、水力发电、太阳能发电、生物质燃料、核能、氢能等，以及零碳能源综合利用服务，其最终目的是完成碳密集型化石燃料向清洁能源的转变，完成零碳化。

清洁能源指不排放污染物的能源，它包括核能与可再生能源（太阳能、生物能、氢能、风能、海洋能、地热能、水能），本节主要介绍氢能，其余能源在第9章有具体介绍。氢能具有能量密度大、转化效率高、使用过程环境友好等特点，是极具发展潜力的二次清洁能源，被专家学者认为是"21世纪的理想能源"。下面从氢气的制取、储运、利用三环节阐述氢能技术路线。

第一，制取氢气。氢元素在地球上主要以化合物的形式存在于水和化石燃料中，故氢能需要通过一定的技术来提取。按照氢能生产来源和生产过程中的碳排放强度，氢气被分为灰氢、蓝氢、绿氢。灰氢指由化石燃料燃烧制得的氢气，在生产过程中伴随二氧化碳的排放，技术成熟且成本较低，约占当今全球氢气产量的96%；蓝氢指化石燃料燃烧时加注了CCUS技术制得的氢以及工业副产氢，相较灰氢的生产大幅降低了碳排放，技术较为成熟，成本略高；绿氢指由可再生能源分解水制得的氢气，生产过程中几乎没有碳排放，技术只达到了初步成熟且尚在深入研究中，目前产量极低，仅占我国氢气产量的1.5%。

绿氢是发展氢能的初衷，因此绿氢的生产才是目前的技术焦点。其制作方法——电解水制氢就是在直流电的作用下，通过电化学过程将水分子解离为氢气与氧气，分别在阴、阳两级析出。目前电解水制氢主要分为碱性电解水制氢、质子交换膜（PEM）电解水制氢、固态氧化物电解水制氢和阴离子交换膜（AEM）制氢，其技术比较如表7.18所示（雷超，2021）。

表7.18　　　　　　　　电解水制氢技术比较

项目	碱性电解水制氢	PEM电解水制氢	固态氧化物电解水制氢	AEM制氢
电解质	KOH、NaOH等碱性水溶液	质子交换膜（固体电解质）	YSZ氧离子导体	氢氧根离子交换膜
催化剂	无贵金属催化剂	需贵金属催化剂	无贵金属催化剂	无贵金属催化剂
电解效率	60%~75%	70%~90%	85%~100%	
成本	生产成本低，维护成本高	较高	较高	较低
应用程度	技术较为成熟，实现了大规模应用	开始转向商业化应用	技术不够成熟，处于初期示范阶段	技术有待突破，处于实验室研发阶段

氢气制取有多种方式，需从资源禀赋、提取成本、综合效率等方面考虑选择最佳方式。长远来看，在电解水制氢技术尚未规模化应用前，其他技术应辅之 CCUS 技术以减少碳排放，同时要将研究重点放在绿氢的制取。

第二，储运氢气。标准状况下，氢气的密度仅为空气的 1/14，汽油的 1/3 000，其质量能量密度约为 120 兆焦/千克，约为天然气的 2.7 倍，然而体积能量密度仅为天然气的 1/3，且其性质活泼，故如何保持高能量密度储氢是技术关键。一般储氢技术有物理和化学两个方向，物理方向常用的是高压气态储氢技术和低温液化储氢技术，化学方向常用的是有机液体储氢技术和金属氢化物储氢技术（徐硕，2021）。几种技术的对比如表 7.19 所示。

表 7.19　　　　　　　　　　　储氢技术对比

项目	高压气态储氢	低温液化储氢	有机液体储氢	金属氢化物储氢
原理	将氢气压缩，以高密度气态形式存在	将氢气液化储存	通过加氢反应储存氢气，脱氢反应释放氢气	利用金属或合金与氢气反应，生成金属氢化物，然后加热释放氢气
优势	成本低、耗能少、放氢速度快	质量密度高、纯度高	质量密度高、安全性高、储氢量大	体积密度高、成本低、纯度高
劣势	体积密度低、存在泄漏隐患	成本高、耗能多、易挥发	成本高、技术复杂、易有副产物	质量密度低、循环困难、有温度要求
应用程度	成熟商业化，应用较广泛	通常用于航空领域，近几年向工业方面发展	尚处于研究阶段	尚处于研究阶段

对比四种技术，物理储氢成本低。安全性高，故后期要将研究重点置于化学储氢。氢气运输方面，近距离小体量运输宜用长管拖车，长距离宜用船舶集装箱液态运输，固定线路上大体量输送宜用管网运输。

第三，利用氢气。氢能作为零碳能源，在交通、化工、建筑等行业均有广阔的应用空间。工业领域。氢气是重要的化工原料，可用于合成氨、甲醇等，应用于电子工业（氢气充当多晶硅生产的生长气）、石油化工（氢能炼钢）、冶金工业（充当金属氧化物的还原气）、食品加工行业（氢化处理天然食用油使之能稳定储存）等行业；交通领域。以氢作为燃料取代传统燃油在船舶、航空领域中的应用，发展氢燃料电池汽车使之与锂电池纯电动汽车形成互补；建筑领域，在供热管道掺氢，或通过氢燃料电池实现热电联供。

综上所述，氢能有着巨大的应用潜力，可再生能源制氢必将是未来的主流制氢方式，掌握好整个氢能技术路线（如图 7.30 所示），方能突破零碳能源发展瓶颈。

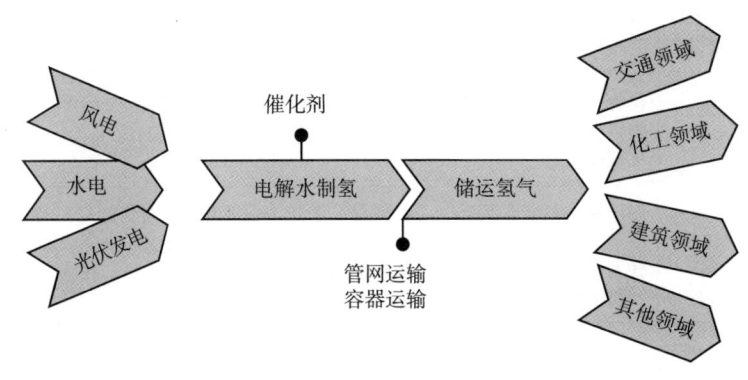

图 7.30　氢能技术路线

7.4.2　碳汇与固碳能力提升

碳中和愿景下，加强生态系统的固碳增汇能力是抵消和吸纳顽固碳源的最经济有效的途径。碳汇指通过植树造林、植被等生态系统恢复等措施，吸收大气中的二氧化碳，从而减少温室气体在大气中浓度；固碳指将人类活动产生的碳排放物通过人工或自然的方法分离出来，并将其储存到安全的碳库中。通常碳汇、固碳技术与负排放技术结合使用，故以作用侧重点方向为依据，将负排放技术分为碳汇方向与固碳方向。

7.4.2.1　碳汇技术

土地利用和管理。土地利用和管理包括陆地碳去除与封存和沿海生态系统"蓝碳"。陆地碳去除与封存指通过植树造林、森林管理变化和生态系统恢复、利用生物炭提高土壤碳储存量（沈维萍，2020），具体途径如表 7.20 所示。

表 7.20　　　　　　　土地利用和管理的碳汇路径及能力

方法	实现路径	碳汇能力
植树造林	种植树木将大气中的二氧化碳固定在生物和土壤中，一亩树林每天能吸收 67kg 二氧化碳	有较为广阔的部署空间，但农业土壤的碳吸收率有限制，而且农作物的生产以及生物多样性对土地使用形成竞争 综上，陆地碳去除与封存方法负排放能力有所限制
森林管理变化和生态系统恢复	通过人工措施，使生态系统达到能够自我维持的状态，从而减缓气候变化	
生物炭	作为一种土壤改良剂，帮助植物与农作物生长，增强农业土壤吸收和储存二氧化碳的能力	
沿海生态系统"蓝碳"	海洋和沿海生态系统中（红树林、潮汐沼泽、海草床）有机质通过光合作用捕获大气中的碳，并将其储存在海底的沉淀物下面	去碳潜力不会像陆地一样趋于饱和，且成本很低甚至为零，但一旦遭到破坏会释放出大量的存碳，故要加强对海平面上升、沿海管理的认识

生物质能碳捕集与封存（BECCS）。生物质能碳捕集与封存（BECCS）技术结合了生物质能和碳捕集与封存（CCS）技术来实现二氧化碳的负排放。其技术原理可分为去碳和释碳过程（如图 7.31 所示）——去碳：通过绿色植物的光合作用将大气中的二氧化碳转化为有机物及其衍生物，并以生物质的形式积累储存下来；释碳：然后加以利用这部分生物质，或是燃烧供能，或是通过化学反应合成高价值清洁能源，如氢气，在此过程中会释放二氧化碳。在生物质利用过程中产生的二氧化碳通过 CCS 技术捕获，经过处理与运输，注入合适的地质结构中进行储存。在此过程中，认为光合作用吸收的二氧化碳量与生物质利用中产生的二氧化碳量大致相等，而且产生的二氧化碳也进行了捕集与封存，故整体实现了二氧化碳负排放。

图 7.31　BECCS 流程

相较于其他技术，BECCS 既增加了碳汇，又减少了碳源，具有极高的潜在去碳能力，被专家认为是"有望将全球温室效应稳定在低水平的关键技术"。而目前技术成本相对较高，需要尽早攻克壁垒，起码要使 CCS 发展成熟并经济可行。

7.4.2.2 固碳技术

直接空气碳捕集（DAC）。直接空气碳捕集（DAC）指直接从大气中捕获二氧化碳，将其浓缩并注入深层地质结构中实现负排放或碳清除，也可以与氢气结合生成合成燃料或应用于其他行业。

目前从空气中捕获二氧化碳有两种方向，液体或固体处理。液体处理指将化学溶液（如氢氧化物溶液）作为吸收剂，经过一系列化学反应将空气中的碳元素生成其他碳化物，从而去除二氧化碳；固体处理指将能与二氧化碳化学结合的固体（如碱土金属碳酸盐）作为吸收剂，将其置于真空中加热，从而释放出浓缩的二氧化碳，便于收集和后续的使用。

从其能力看，DAC 有着较强的潜在去碳能力，且去除率也较其他技术高，但相对应其去除成本也高，未来的研究重点应集中在吸收剂材料的研发。

碳矿化。碳矿化指加速风化，使大气中的二氧化碳与活性矿物（如玄武岩熔岩等活性岩石）形成化学键，通过矿化实现碳的长期封存，但目前对从技术缺乏基本认识和技术经济可行性的可信研究，故还需要不断探索和予以一定的经济政策支持。

依照当前碳排放速度及"双碳"目标的进展，单一地使用某种技术很难满足时代的要求，各企业应根据各自的工业流程耦合应用能源技术，形成行业交叉与技术交叉的纵横网。随着世界各国应对碳排放技术的技术和部署，相关国际治理问题也将逐步提上日程，中国应积极引领和参与全球环境治理，尽早做好引进知识、技术、人才的准备，同时各决策部门保证各政策的及时性，尽早实现"碳中和"目标。

7.5 本章小结

首先，本章对碳中和概念及相关理论进行了介绍，并对碳中和现状及存在问题进行总结。我国实现碳中和还存在以下问题：第一，我国碳排放总量大，从碳达峰到碳中和的时间紧、任务重；第二，能源结构偏煤，控煤减碳背景下能源安全保障压力大；第三，能源利用效率偏低；第四，能源消费侧低碳转型与零碳能源的规模发展面临挑战。

其次，对碳中和趋势进行分析。本章通过预测能源结构高级化指数、终端能源消费部门的能源消费量、二氧化碳排放量的变化来分析碳中和趋势，总结了我国"碳中和"的进程，并指出我国2060年能顺利实现碳中和。从能源消费结构高级化指数预测结果可以看出，2030~2060年煤炭在能源消费总量中所占的比例将持续降低，而电力、天然气、可再生能源等的比重将持续升高。结合第5章预测结果，2017~2025年我国能源消费结构高级化指数呈不断上升趋势，能源消费结构高级化指数在2025年达到0.537，根据能源消费结构高级化指数计算出的煤炭消费占比预测值从2017年的60.86%下降到了2025年的51.77%，我国以煤为主的能源消费结构正在得到持续优化。

最后，根据以上预测，围绕基本的碳循环流程，提出了建设节能减排体系、提升碳汇与固碳能力等路径助力我国提前实现碳中和目标。

第 8 章

我国能源结构调整策略

随着我国能源消费总量的不断增长，能源短缺与生态环境问题越来越凸显。能源结构优化调整，绿色低碳能源的大力发展，降低不可再生的化石能源的比重，提高非化石能源的占比，是推进可持续发展的必然选择。

本章以我国能源结构现状中存在的问题为导向，以前面章节分析的能源结构影响因素为路径，提出我国能源结构调整的对策建议。

8.1 我国能源结构现状及存在的问题

从我国能源现状来看，我国当前主要有四种主要能源，包括煤炭、石油、天然气、一次电力及其他能源（其他能源包括核能、风能、太阳能等可再生能源），其中，煤炭资源的生产占比最高，其次是石油，再次是一次电力及其他能源，最后是天然气。本章根据我国能源结构的现状提出我国能源主要存在的问题。

8.1.1 我国能源结构的现状

能源生产方面，如表 2.1 所示，2020 年，我国能源生产总量为 407 295 万吨标准煤，其中原煤生产总量为 275 331 万吨标准煤，占比 67.6%；原油生产总量为 27 696 万吨标准煤，占比 6.8%；天然气生产总量为 24 438 万吨标准煤，占比 6%；一次性电力及其他能源生产总量为 79 830 万吨标准煤，占比 19.6%。能源消费方面，如表 2.8 所示，2020 年，中国能源消费总量为 498 314 万吨标准煤，其中煤炭消费总量为 283 541 万吨标准煤，占比

56.9%；原油消费总量为 93 683 万吨标准煤，占比 18.8%；天然气消费总量为 41 858 万吨标准煤，占比 8.4%；一次性电力及其他能源消费总量为 79 232 万吨标准煤，占比 15.9%。能源生产及消费结构分别如图 8.1、图 8.2 所示。从目前我国能源结构可以总结以下几个特点。

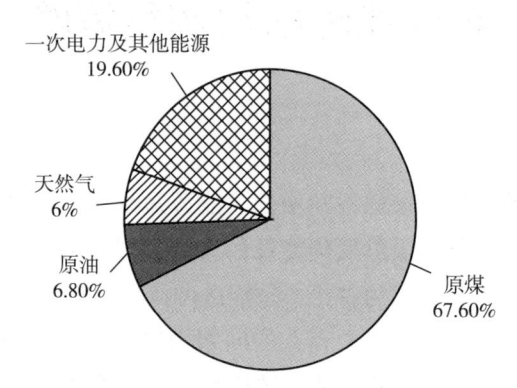

图 8.1　2020 年我国能源生产结构

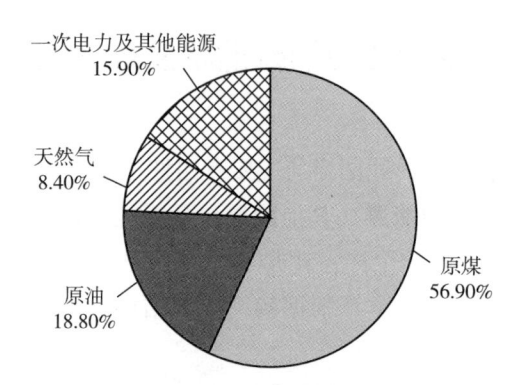

图 8.2　2020 年我国能源消费结构

8.1.1.1　我国能源结构仍以煤为主

我国"少气、贫油、富煤"的能源特点，决定了我国能源结构中煤炭优势的地位。中国已探明的煤炭储量约为 2 078.85 亿吨，仅次于美国。一方面，中国是世界上煤炭生产大国，2020 年中国煤炭产量占比世界煤炭产量超过了 51%。如表 2.2 所示，在中国能源生产结构中，2005～2020 年，煤炭生产占比一直维持在 70% 左右，2016 年煤炭生产占比为 69.6%，首次低于

70%，但是相比其他能源，其生产占比仍然很高。另一方面，中国也是世界上少数以煤为主的消费大国。如表2.14所示，煤炭在中国能源消费中的比重一直维持在60%以上，从煤炭消费占比变化趋势上来看，从2005年的72.4%下降到2020年的57%，11年时间下降了将近10%，按照这种下降速度，不难推测出在未来很长一段时间内，煤炭仍然是我国的主要消费能源。

8.1.1.2 石油生产量低，消费量高

受资源储量的影响，我国石油产量远远不能满足石油需求，石油对外依存度逐年增大。如图8.3所示，1998～2020年，1998年，我国原油产量为16 100万吨，原油消费量为17 357.31万吨，二者相差无几，但是到了2020年，我国原油消费总量为69 477.1万吨，原油产量为19 491.8万吨，此时的供需缺口达到了49 985.3万吨，超过原油消费总量的一半。从原油消费量和原油产量的变化趋势上来看，将近20年时间内，我国原油产量变化很小，但是原油消费量确实呈现每年递增的趋势，2020年的原油消费量是1998年4倍多。可见我国原油消费量需求很大，但是产量却不能满足日益增长的消费量，供需缺口很大。

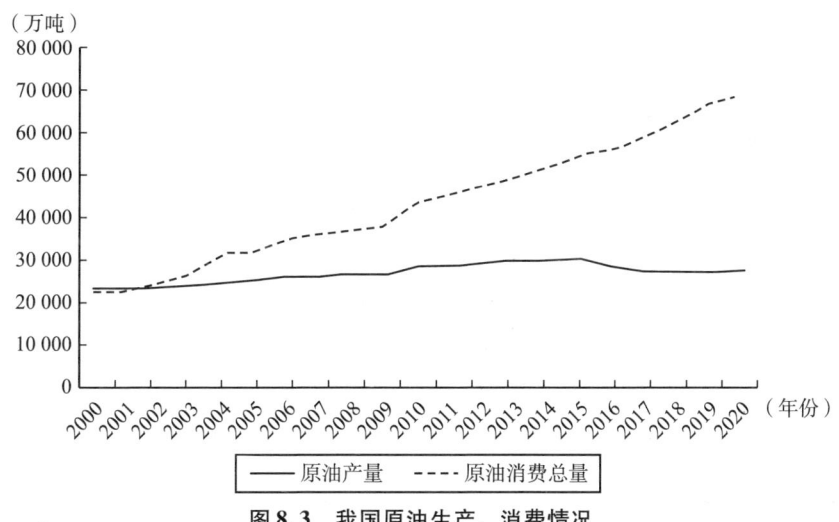

图8.3 我国原油生产、消费情况

8.1.1.3 天然气生产和消费量占比过低

2000年以来，我国天然气消费和生产的年均增速都比较高，平均增速超

过了10%，超过了煤炭和石油的增长速度。大力发展天然气是我国保障能源供应和发展低碳经济的必然选择。但是由于我国"富煤、贫油、少气"的能源禀赋特点，虽然我国天然气产业发展速度已经较快，但是从总量上来看还是不多，如表2.2、表2.15所示，我国天然气在能源生产和消费结构中的占比都不超过10%，低于发达国家天然气在能源结构中的占比。

8.1.1.4 新能源在能源结构中占比过低

我国新能源主要有风能、太阳能、生物质能、核能、地热能和海洋能。2009年，我国发电装机容量为87 410万千瓦，其中新能源为2 674万千瓦，仅占比3%，2020年，发电装机容量为220 204万千瓦，其中新能源为58 510万千瓦，占比达到26.57%，如表8.1所示。

表8.1　　　　　　2009～2020年我国发电装机容量　　　　　单位：万千瓦

发电装机容量	总量	新能源装机容量			新能源占比（%）
		核电	风电	太阳能	
2009	87 410	908	1 760	3	3.06
2010	96 641	1 082	2 958	26	4.21
2011	106 253	1 257	4 623	212	5.75
2012	114 676	1 257	6 142	341	6.77
2013	125 768	1 466	7 652	1 589	8.52
2014	137 018	2 008	9 657	2 486	10.34
2015	152 527	2 717	13 075	4 218	13.12
2016	165 051	3 364	14 747	7 631	15.60
2017	178 451	3 582	16 325	13 042	18.46
2018	190 012	4 466	18 427	17 433	21.22
2019	201 006	4 874	20 915	20 418	22.99
2020	220 204	4 989	28 165	25 356	26.57

资料来源：《中国电力年鉴》。

虽然，2020年与2009年（开始有新能源的统计数据）相比，增长近20倍，但新能源在整个能源供给中占比仍然很低。近年来，我国加大了新能源发展力度，但由于起步晚、开发进展较为缓慢，所以整体利用新能源水平还较低，与国外先进水平相比差距也挺大。为了大力发展可再生能源，我国提出了非化石能源到2020年占比能源消费总量达到15%、2030年达到20%。全球主要国家也纷纷提出2050年可再生能源发展愿景。所以新能源在我国的发展潜力很大，在今后的能源结构中，新能源的占比一定会不断上升。

8.1.2 我国能源结构存在的问题

经过对我国能源现状的分析发现，首先，我国煤炭占比过高，碳排放量逐年增加，导致了严重的环境问题；其次，我国石油进口量逐年增加，对外依存度居高不下，造成一定的能源安全问题；最后，我国的新能源虽然近年来开发力度较大，但是相比发达国家，利用率还是比较低。所以我国的能源结构存在以下几个问题。

8.1.2.1 石油短缺与能源安全

根据BP世界能源统计年鉴，2020年我国石油已探明储量占世界总量的1.5%，但是我国人口占世界总人口18%，可见，我国石油人均占有储量大幅低于世界平均水平。

自1993年成为原油净进口国以来，2002年成为世界第二大石油消费国、第七大石油进口国，2017年全年中国日均原油进口量为840桶，超过美国日均790桶的进口量，首次成为全球第一大原油进口国。如图8.4可以看出，我国原油出口量从1998年以来变化不大，呈现逐年下降的趋势，原油进口量却呈现逐年上升的趋势，1998年我国原油进口量为2 732万吨，2020年为54 238.6万吨，2020年原油进口量是1998年的19倍多。如图8.5所示，我国原油对外依存度也在不断的增大，2008年，对外依存度为49%，而到了2020年原油对外依存度达到了70.44%。石油资源匮乏带来石油对外依存的增加，严重威胁我国的能源安全，尤其是面临全球高油价时代的到来，石油安全就成为能源安全，事关国计民生和国家经济可持续发展的关键性和紧迫性问题。

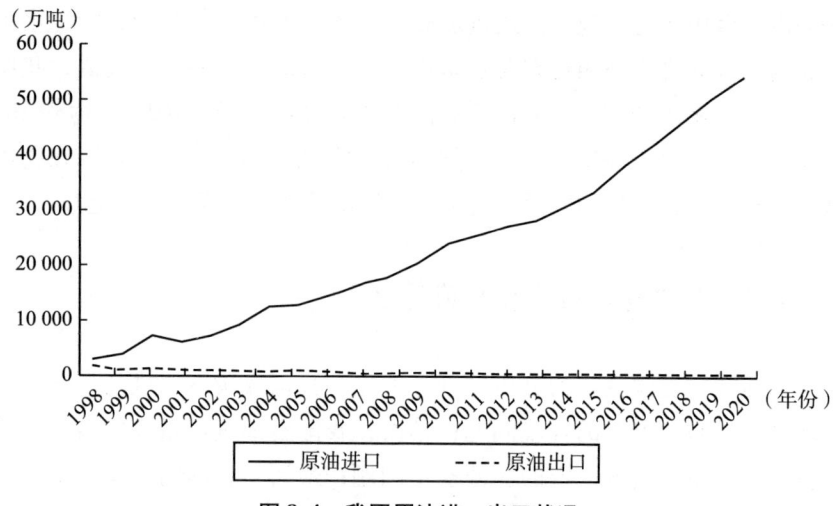

图 8.4 我国原油进、出口状况

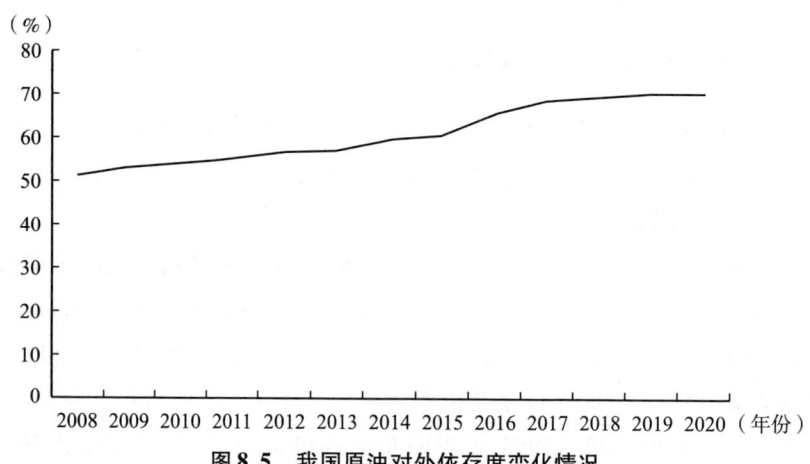

图 8.5 我国原油对外依存度变化情况

8.1.2.2 煤炭消耗与环境恶化

中国煤炭储量仅次于美国，位居世界第二位。中国不仅是世界煤炭生产第一大国，也是世界煤炭消费第一大国。2005~2020年，我国煤炭生产在能源生产结构中维持在70%上下，而煤炭消费比例也在能源消费结构中维持在60%上下，可见煤炭在我国能源结构中有着举足轻重的作用，但是煤炭的大量燃烧却导致二氧化碳排放逐年增大。世界资源研究所的最新报告显示，中国、欧盟和美国是全球温室气体排放量最大的3个国家，其温室气体排放量占全球排放总量的一半以上（土地利用、土地利用变化和林业除外）。2020年，数据显示全球碳排放累计达到了322.84亿吨，中国的碳排放总量达到了98.99亿吨，约占总量的31%，而在总碳排放量中能源行业是最大的贡献者，其中又当以煤炭为最多，2020年，中国煤炭消费了39.09亿吨。由于煤炭是一次性能源资源，它的不可再生性以及对环境带来的严重影响日益凸显，研发可再生的清洁能源受到越来越多的人的关注。

8.1.2.3 新能源开发不足，影响结构优化

中国具有丰富的新能源和可再生能源资源。据统计，我国国土面积2/3以上都有较好的太阳能开发价值和开发条件，其太阳能年日照时数在2 200小时以上、年辐照总量大于502万千焦/平方米。风能资源理论储量为32.26亿千瓦，而可开发的风能资源储量为2.53亿千瓦。地热资源的远景储量超过相当于2 000亿吨标准煤，其储存条件较好。生物质能资源非常丰富，每年农作物能产生秸秆量约7亿吨，2.8亿~3.5亿吨可用作生物质能资源。

我国新能源转化和开发空间还很大，但是对新能源的研发和开发力度也还亟待加强。

8.2 我国能源结构调整策略

以我国能源现状为基础，能源结构影响因素与能源结构指数预测为依据和路径，提出我国能源结构调整策略。具体内容有以下几个方面。

8.2.1 持续降低能源结构中煤炭占比，优化能源结构

在我国四种主要能源资源中，碳排放量最大的是消费煤炭，因此，煤炭消费的降低，碳排放量将在很大程度上予以降低。为了保证经济发展对能源消费的需求，增加水电、核电、风能、太阳能等清洁能源的使用，以填补煤炭的空缺。能源结构调整是一个循序渐进的过程，不能在短时间内把煤炭的消费比例大幅降低，否则将会对煤炭开采业的生产，以及相关产业的就业带来巨大的影响，甚至会对整个国家的经济稳定产生影响。

8.2.1.1 减少煤炭供需占比

在我国煤炭行业中国有企业居多,时值深化国企改革之机,伴随去产能、去库存的政策措施,对于产能过剩的煤炭行业来说,实施去产能和去库存政策应与减排降耗政策相结合。降低煤炭消费比例要从源头抓起,即从供给侧改革开始。减缓煤炭开采的进程,这不仅仅是保护资源,更是保护环境。只有减少煤炭的供给,让煤炭不再低廉,才能促使企业减少对煤炭的消费,从而增加对非化石能源的消费。

8.2.1.2 提高煤炭利用率

除了从源头供给上减少煤炭的消费比例外,提高煤炭利用率也能减少煤炭消费量。目前国内的煤炭效率还比较低,仍有很大的提升空间。我国在提高煤炭发电率方面潜力巨大。有数据表明,当前中国煤炭平均发电效率只有35%,效率提升空间较大,利用先进技术可以将发电效率提高到50%及以上。

8.2.2 加大对新能源技术研发投入,促进能源多元化发展

能源结构调整的效应之一是提高煤炭替代能源的供给,在能源消费品种替代的过程中,正是由于我国新能源稀缺,新能源生产技术落后,新能源使用效率不高导致新能源成本高、价格昂贵。因此,通过加大新能源领域研发投入,提升新能源开发的技术水平,降低新能源的单位成本,促进新能源的推广和使用,才能让众多企业接受新能源。

国家应该对清洁能源行业引进国外先进技术,帮助国内清洁能源生产企业提高自身技术水平。比如加强和发达国家新能源技术方面的合作,引进他们的先进技术,降低新能源生产成本。鼓励国内企业走出海外,通过收购兼并国外新能源企业,提高国内企业的技术水平和管理水平,同时也取得规模经济的效益。

8.2.3 加大高新技术产业的发展,促进经济结构转型升级

节能减排是实施可持续发展战略的关键举措,节能减排不只是短期的要

求,更是为长期的未来发展着想。在能源成本提高的推动下,部门行业间的格局将会重新洗牌,优胜劣汰。无法承受能源成本提高的行业将遭到淘汰,而顶住能源成本提高压力的行业将会获得更大的发展。为了不影响我国整体的经济发展,就需要提高高新技术产业的占比,由中国制造向中国创造转变,这也是众多发达国家走过的路线。高新技术产业主要包括计算机、通信设备、专用设备制造业、电器机械及器材制造业等。这些行业的能源强度较低,提高这些行业的产值比重,既满足经济增长的需要,又达到节能减排的效果。

在能源成本的冲击下,煤炭工业部门、金属冶炼部门等将会缩减生产规模,国家将会面临这些部门劳动力转移问题。高新技术产业比重的提升,既可以提升劳动力的整体素质,又有助于劳动力从能源密集型行业转向高新技术行业。但是劳动力的转移不是轻而易举的,高新技术行业需要劳动者具备较高的素质。因此,各项技能培训制度需要完善,成立结构性失业培训基金,加大职业技能教育投资的力度,对从事相关工作的劳动者进行知识技能的培养。产业结构的转型对能源结构的调整以及节能减排起到根本性的推动作用。

8.2.4 逐步推进能源价格市场化进程,改善能源结构

市场想要在资源配置中起到决定性作用,价格必须是市场化的。只有能源价格市场化,能源成本的传递效应才是有效的,才能真实地反映企业生产成本的变化,能源成本的提高才起到逼迫企业改进生产技术的作用,如果能源价格不能反映市场信息,就会存在大量僵尸企业,不利于去产能化。

8.2.5 提高石油供应保障能力,防范能源安全风险

(1) 加强石油天然气资源勘查与调查评价工作,开发自身生产能力提升石油天然气供应保障能力。进一步加强东部老油区地质综合研究,以便发现新的储油气地区和层系,增加天然气石油探明储量。油气资源比较丰富的西部地区,更为丰富的资源是天然气,继续努力寻找大中型油气田,尤其是挖掘大中型气田,为石油寻找替代能源,实现能源工业的战略接替。继续坚持南方地区油气资源勘探评价工作,争取尽早有所突破。南海、渤海和东海等主要海域地区的石油天然气勘探工作要继续推进,争取找到大中型油气田,

探明石油天然气新的储量。

（2）建立多元化石油供应体系。为了解决突出的石油供需矛盾问题，必须充分利用国内和国外两个市场和资源，强化国内开发和加大对外开放，与世界上石油资源丰富的国家积极展开交流与合作，拓展多渠道石油供应体系。利用我国原油期货市场，努力提升规避市场风险和把握国际市场变化的能力，建立可靠、稳定、多元的石油战略储备和供应保障体系，维护我国能源安全。

8.2.6 加强低碳宣传，促进能源结构改善

人口因素在能源消费结构高级化指数中存在显著的负相关，即随着人口的增长，能源消费高级化指数呈现下降趋势。因此改变人们的能源消费习惯和意识，有助于改善能源结构。加强人们在衣、食、住、行、用等方面的节能低碳宣传，增强人们的低碳节能而更多使用绿色能源的习惯和意识。

第一，居民生活低碳化宣传，促进能源结构改善。居民生活低碳化，主要从新能源使用、节气、节电和回收三个方面展开。居民住宅楼建成以节能、产能一体的楼房，减少常规能源的使用，增加新能源的消费。改变人们生活方式的细节，如少用一度电、少开一天车、少用一个塑料袋以及正在推行的垃圾分类，加强人们的低碳意识。要让人们认识到低碳生活并不遥远，低碳生活是从每一天的生活细节开始的，低碳生活也并不会降低人们现有生活水平，协调低碳生活与居民生活水平之间的相关关系，鼓励人们在维持高标准生活的同时尽量减少使用消费能源多的产品、降低二氧化碳等温室气体排放以及加强资源回收利用，这样不仅会使原有的生活质量有所改善，也会降低对化石能源的消耗速度，改变对化石能源资源的依赖程度，从而促进能源结构的改善。

第二，交通出行低碳化宣传，促进能源结构改善。交通出行低碳化即在出行中，主动选择以降低二氧化碳等温室气体排放为目标的低能耗、低排放的交通运输方式，其着重点在于改变人们对日常交通出行方式的选择。在满足人们出行需求的条件下，鼓励人们积极响应政府推行的相关环保政策与低碳出行路线，多选乘地铁、公共汽车等公共交通工具，以及环保驾车、合作乘车，或者骑自行车、步行等对环境影响较小的出行方式，鼓励人们在进行个人交通工具购买时把目光由传统动力汽车转向新能源汽车等环保型交通工具。传统的动力汽车和出行方式，对化石能源依赖性大、环境污染度高，改

变传统出行方式，推行交通出行低碳化，缓解了对化石能源的使用和依赖，促进了对新能源的利用与开发，在推进现有能源结构改善的同时也促进了环境质量和人们生活质量的提升。

第三，商业办公低碳化宣传，促进能源结构改善。商业办公低碳化是指在办公场地、活动中使用节约资源，减少污染物产生与排放，利用可回收的产品。商业办公楼建成以节能、产能一体的多功能楼房，减少常规能源的使用，增加新能源的消费。商业办公倡导人们在办公期间减少诸如纸张、电量、空调的使用，多使用MSN、QQ等各种即时通信工具，少用打印机和传真机，使办公方式尽量朝着电子化、无纸化的方向发展，最大限度利用现有资源，减少浪费；鼓励人们在上班时，采用步行、骑单车、公交或地铁等方式出行，减少私家车出行，这样在减少二氧化碳排放的同时还缓解了城市的交通压力；建议公司减少不必要的出差，多应用现代科技手段，如通过电话或者网络视频会议解决出差事宜，这样既减少了出行，也减少了城市二氧化碳的排放，同时还提高了工作效率。

第 9 章

绿色能源的替代效应

绿色能源是以生态环境与社会经济和谐发展理念作为指导，以清洁环保、循环利用、低排放、低能耗为主要特征，以温室气体减排技术、能源清洁技术等为基本手段，以减少二氧化碳排放和化石燃料的消耗等为目标的能源消费和生产体系。根据现有技术，绿色能源主要有水电、风电、太阳能、海洋能、生物质能、地热能等，鉴于核能的安全问题，暂不考虑将其纳入研究范围。由于现有绿色能源主要以水电为主，且数据可获得，因此，替代效应仅将水电作为绿色能源的代表进行分析。

9.1 我国绿色能源现状

9.1.1 水电

我国是水能资源最丰富的国家，能源资源绝对数量较大。根据调查结果显示，我国水能资源理论蕴藏量为 694 400 兆瓦（张启军，2007；朱辉，2009），水能资源技术可开发量超过 5.4 亿千瓦，相当于年发电量 60 829 亿千瓦时，相应年发电量为 24 740 亿千瓦时；经济可开发装机容量为 401 795 兆瓦，相应的年发电量为 17 534 亿千瓦时。其可开发量和理论蕴藏量均居世界首位，我国的西北、中南和西南地区是主要分布地。

近几年来，我国水电事业发展成效卓著。2016 年，我国水电装机容量达到 3.3 亿千瓦，占比装机总容量的 20.2%，其中基建新增发电设备容量 1 174 万千瓦。我国水电发电量和装机容量，从中华人民共和国成立初期排名世界第25位上升到位居第1位。其中小水电建设的发展，从调查资料统计结果来看，小水电资源的蕴藏量约为1.6亿千瓦，相应的年电能约为13 000亿千瓦时，可开发的装机容量约为70 000兆瓦，年发电量为2 000亿~2 500亿千瓦时，解决了我国近3亿无电人口的用电问题。目前，无论是已开发的小水电资源占可开发资源的比例还是小水电开发量占可开发量的比例都仅有20%左右，因此小水电发展仍具有很大的潜力。预计2020~2030年期间，我国将基本完成小水电资源的开发，届时装机容量可以达到1亿千瓦，占比电力装机总容量约10%。

我国水电能资源丰富，又属可再生能源，经济效益高、发电成本低，自被开发以来得到了广泛利用。水电资源输出功率增减变化快，起停灵活且高效，可变幅度大。2008年底，三峡工程全部26台70万千瓦发电机组投产运行，达到1 820万千瓦的总装机容量，标志中国水电开发项目进入新阶段。

水电资源的开发给人们带来福利的同时，也有一些不利的影响：一是带来对所在流域的生物、水土流失、地质环境、水文变化等生态环境的影响；二是对涉及移民搬迁的居民的影响，这是我们在进行水电资源开发时需要重点考虑的。

9.1.2 风电

我国幅员辽阔，海岸线长，风能资源丰富。2010年国家能源局对陆上、海上风电资源重新修订，中国气象局根据收集的数据，利用数值模拟评估系统，针对风功率密度大于300瓦/平方米、高度为50米的地区，测算出了中国海上风电和陆地的潜在开发量分别为2亿千瓦和23.8亿千瓦（海上风电测算的风能资源是水深2~25米）。我国的风能资源分布广泛，其中东南沿海及附近岛屿以及北部（西北、华北、东北）地区是资源较为丰富主要集中的地区，内陆风能丰富区域较少。此外，风能资源在近海也非常丰富（李孟刚，2012）。

我国风电产业的发展经历了四个阶段。

第一阶段为1956~1985年。该阶段是我国风电发展的研制和试验阶段。1950年代后期开始，以小型风电机组研究为主，由于受技术经济条件的限制，试验小型机组因受挫而停顿。1978年国家将风电项目纳入重点研发以后，促进了研发速度，先后研制了1~200千瓦和微型风电机组。

第二阶段为1986~1995年。该阶段是我国并网风电项目的探索和示范阶段。该阶段特点是，利用国外赠款及贷款，建设小型示范电场；政府的作用主要是资金扶持，以用于项目建设及设备研制。1995年，全国并网型风电场有5座已建成，36兆瓦的总装机容量，500千瓦为其最大单机容量。

第三阶段为1996~2003年。该阶段是我国风电产业化建设阶段。在实施了"双加工程"和"乘风计划"后，风电场建设逐渐进入商业期。但由于存在技术等方面的问题，中国风电发展举步维艰，每年新增装机容量不超过100兆瓦。到2003年底，全国风电装机容量仅545.9兆瓦（张钦，2013）。

第四阶段为2004年至今。该阶段为风电规模化和国产化阶段。自《可再生能源法》颁布后，中国风电产业快速发展。2010年我国新增安装风电机组12 904台，装机容量18 927.99兆瓦，年同比增长37.1%；累计安装风电机组34 485台，装机容量44 733.29兆瓦，年同比增长73.3%。2010年，风力发电的利用中国已位居世界第一，累计风电装机容量、新增风电装机容量均居全球第一位（李孟刚，2012）。

经过多年的国家扶持，我国的风电产业取得了长足的发展，基本形成了完整的产业链。但我国风电产业还是存在很多问题，主要表现为：

一是风电技术落后。我国风电配套能力与设备生产不足，风电设备核心技术的国产化率低，关键设备部件的供应缺口较大，大部分需要从国外进口。而大型风电机组的设计极为复杂，甚至需要零部件企业参与整体设计，但我国尚未掌握该技术，从而缺乏自主产权的核心技术，为未来的产业升级带来了极大的压力。

二是发电成本高。目前生产1度电，火电成本一般为0.4~0.5元，水电成本为0.2~0.3元，核电为0.3~0.4元（高凌云，2012）。而风电成本在0.6元以上，这还不包括电网成本。2011年7月五大发电集团风电业务首次出现亏损（于华鹏，2011）。

三是开发电力的不稳定性。风电的发展需要丰沛的风力，这无疑受限于自然环境条件，只有在风力充沛的季节和具有较好的地理环境，才会将巨大的风力转化为更多的电力，因此，这种发电量不稳定给电网运行造成极大的安全隐患。

四是开发政策和制度体系不完善。《可再生能源发展"十一五"规划》指出，可再生能源的太阳能、生物质能、风电等相关发展政策体系和制度还不完善，激励政策力度不高，政策的协调性和稳定性还有待改进，缺乏可再生能源持续发展机制。目前，我国新能源产业缺乏一些好的发展机制和模式，严重些讲是在畸形发展，使得企业没有一个较好的生存空间（李孟刚，2012）。

9.1.3 太阳能

20世纪70年代初，全球出现开发利用太阳能浪潮，对我国影响非常大。1975年，"全国第一次太阳能利用经验交流大会"在我国河南安阳召开，我国太阳能开发发展正式启动，将太阳能推广和研发列入国家计划，安排物资和专项经费的支持。进入80年代，世界太阳能的开发利用走入低谷，我国太阳能的发展也随之步入低潮。1992年，中国制定了《中国21世纪议程》，太阳能作为重点发展项目进一步得到明确。1995年，中国制定了《新能源和可再生能源发展纲要》，提出了未来五年可再生能源和新能源明确的发展任务、目标以及相应的措施和对策。这些文件的制定和实施，为发展我国太阳能事业起到了重要作用（冯飞，2011）。

我国有丰富的太阳能蕴藏资源，每年陆地接受与2.5万亿吨标准煤相当的太阳辐射能量。年日照小时数在2 200小时以上的国土面积占全国2/3，超过6 000兆焦/平方米的太阳能年辐射量，其中太阳能资源世界最丰富的地区之一的西藏西北地区，能够达到8 400兆焦/平方米的太阳能年辐射量（邱罡，2010）。

进入21世纪之后，我国太阳能产业得到了空前的开发利用。我国比较成熟的太阳能利用技术主要有两项：光热转换和光电转换。光热转换主要用于太阳能热水器。目前，我国太阳能热水器生产位居世界第一，生产太阳能热水器的企业全国超过2 800家，同时我国利用太阳能热水器数量也最多。截至2010年底，太阳能热水器安装使用总量接近1.6亿平方米，替代化石能源约3 000万吨标准煤，总销售额达到578.5亿元，对外出口超过12亿元（史立山，2011）。同时，太阳能热发电行业也发展较快，2010年7月，北京市延庆太阳能热发电站开工建设——规模亚洲第一，达到270万度的年发电量，实现1.5兆瓦装机容量，与1 100余吨标准煤产生的电量相当，可减排氮氧化合物35吨、二氧化硫21吨、二氧化碳2 300多吨（姚岩峰，2010）。

另外，我国太阳能光伏产业也取得了快速的发展。据国家能源局统计数据可知，2017年前11个月，我国太阳能光伏发电量同比增长72%，达到

1 069 亿千瓦时，占比全部发电量的比例同比增加 0.7 个百分点，年发电量第一次超过 1 000 亿千瓦时。我国太阳能光伏电池生产位居世界第一。《电力发展"十三五"规划》明确提出，太阳能发电装机到 2020 年达到 110 吉瓦以上，其中光热发电 5 吉瓦、分布式光伏 60 吉瓦以上。《太阳能发展"十三五"规划》中提出，100 个分布式光伏应用示范区到 2020 年建成，园区内新建建筑屋顶的 80%、已有建筑屋顶的 50% 将安装光伏发电，项目产值估算约万亿。为响应国家发展光伏产业的号召，分布式光伏市场上新业态、新模式、新产品层出不穷。

看到取得的成绩的同时，也要发现自身问题。虽然，我国太阳能产业发展迅猛，但由于存在以下一些问题，限制了其替代能源的作用。

一是选材困难。电池片是太阳能光伏发电系统的主要成本，约占总成本的 70%，因此太阳能利用的成本直接受到电池片的技术研究和选材的影响。目前，市场上可供选择的材料有两种，一种是晶体硅，光转换率较高，供不应求，价格昂贵；另一种合金薄膜，价格便宜，但光转换率不高。因此，新技术和新材料的研发就显得尤为重要。

二是成本高，经济性不强。由于安装太阳能发电设备成本太高，相关设备价格昂贵，使其太阳能发电成本比水电、风电要高很多。

三是开发条件受限。气候和季节变化对太阳能的影响较大，日照充沛的季节，太阳能产量大，而地势低或是阴天，太阳能产量低，这致使太阳能开发极不稳定。

9.1.4 海洋能

海洋能指蕴藏于海水中的各种可再生能源，主要包括潮汐能、波浪能、海流能、温差能和盐差能等。更广义的海洋能源还包括海洋上空的风能、海洋表面的太阳能以及海洋生物质能等。

潮汐能是指海水潮涨和潮落形成的水势能，其利用原理和水力发电相似。东海沿岸是中国潮汐能资源主要集中地，其中沿岸最多又数浙江、福建两省，合计 19.25 吉瓦的装机容量，55.1 亿千瓦时的年发电量。在浙江、福建两省资源分布主要集中在几个大海湾内，1 000 兆瓦以上装机容量的电站，浙江有三门湾、钱塘江口，福建有福清湾、湄州湾、三都澳和兴化湾（施伟勇，2011）。江夏电站是中国最大的潮汐电站，目前已正常运行 20 余年，单机容量从 500~700 千瓦，先后安装了 6 台机组，为世界第三大潮汐电站，但未能达到原设计的发电水平。2016 年 1 月，在浙江岱山县世界首台 LHD－L－1000 林东模块化大型潮汐能风电机组安装下海，其装机容量为 3.4 兆瓦，2017 年 8 月正式被应用于商业化。

波浪能是指海洋表面波浪所具有的动能和势能。我国海洋资源丰富，波浪能有 7 000 万千瓦左右的理论存储量，每米 2~7 千瓦的波浪能能流密度。在能流密度高的地方，海岸线外波浪的能流提供照明 20 个家庭/米。波浪能开发潜力巨大。我国是波浪能开发最早的国家之一，从 1980 年以来研究技术获得突破性发展。四面环海的台湾地区是中国波浪能资源最丰富的省份，发电功率达 429 万千瓦，占据波浪能资源全国总量的 1/3，浙江、广东、福建、山东等省份的沿海地区紧随其后，占比全国总量的 55%。

海流能是指海水流动产生的动能，主要是指海峡和海底水道中由于潮汐致使海水有规律地流动而产生的能量。浙江省海洋沿岸是中国潮流能资源分布最多的省份，水道有 37 个，有 7.09×10^6 千瓦的平均功率理论值，占全国潮流能总量的 41.9%；其他省区沿岸分布则较少，其中沿岸最少的是广西，只有 23 兆瓦。东海沿岸有 95 个水道，10.96 吉瓦的理论平均功率，占比全国总量的 78.6%，是各海区沿岸分布最多的；有 12 个水道的北黄海沿岸次之，2.30 吉瓦的理论平均功率，占比全国总量的 16.5%；有 23 个水道的南海沿岸为最少，仅有 680 兆瓦的理论平均功率，仅占比全国总量的 4.9%（施伟勇，2011）。

温差能是指海洋表层海水和深层海水之间水温之差的热能。20 世纪 80 年代初，温差能发电研究在我国广州、青岛和天津等地先后开展。1989 年，通过实验室模拟研究开放式温差能装置，中国科学院广州能源研究所成功将雾滴提升 42 米。分别建造了 10 瓦和 60 瓦容量的两座试验台。2004~2005 年，天津大学进行了 200 瓦氨饱和蒸汽透平小型化试验，完成了利用混合式海洋温差能系统的理论研究。重点开展利用海洋温差能研究的当属国家海洋局第一海洋研究所，开展了闭式循环海洋温差能的理论研究，设计了小型温差能 250 瓦的发电利用装置方案，有助于后期大型机组的开发。哈尔滨发电设备集团对高效透平也有所研究（高艳波，2011）。

盐差能是指淡水和含盐海水之间或两种不同含盐度的海水之间的化学电位差能，河海交界处是其主要存在地。同时，淡水丰富地区的盐湖和地下盐矿也可以利用盐差能。鉴于海水的含盐度和入海的淡水量决定了盐差能资源储量，导致盐差能资源的分布取决于入海水量的分布。全国盐差能资源主要分布在长江口及其以南大江河入海口沿岸。盐差能最多的是长江口，7 022 兆瓦的可开发装机容量，占比全国总量约 62%；珠江口为 2 203 兆瓦，占比全国总量约 19%（施伟勇，2011）。

9.1.5 生物质能

生物质就是土地、水、大气、生物等通过利用光合作用而产生的各种有机体。生物质能是指太阳能贮存在生物质中的化学能量形式，即载体为生物质的能量。生物质能主要有城市固体废物、生活污水、林业生物质资源、畜禽粪便、农业生物质资源和工业有机废水等。

目前，我国的生物质能开发利用技术主要存在以下几种：

一是沼气发酵技术。该技术就是在一定厌氧、酸碱度、湿度和温度条件下，有机物质进行沼气菌群消化的过程（胡亚范，2007）。沼气由其发酵而来，可以被当作能源，同时又有机废物被处理以保护环境，经发酵后产生的沼气液、沼渣是优化的有机肥料（赵丽霞，2008）。早在 20 世纪 20 年代，沼气的生产与应用就已在我国开始。经过数十年的改进，在沼气工程建设、厌氧发酵、厌氧消化技术等方面，我国已取得了长足的进步。截至 2008 年底，我国使用沼气的农户已有 3 049 万户，各种类型沼气工程共建成 3.98 万处，502 万立方米的池容总量（李景明，2010）；截至 2009 年底，我国农村沼气利用量 140 亿立方米。

二是燃料乙醇技术。该技术主要是以纤维素、淀粉和糖类为原料经过发酵工艺而形成燃料乙醇。2005 年，车用乙醇替代汽油已在我国 9 个省的部分地区基本实现，生物乙醇燃料约 150 万吨/年（李景明，2010）。截至 2009 年底，我国可以达到 165 万吨燃料乙醇产量。但由于粮食资源限制了其产量，高成本，大规模生产难以形成，其资源制约应用价廉丰富的原料来替代。以欧美经验为鉴，我国研究人员因地制宜，提出非粮原料制乙醇的思路，重点利用甜高粱、红薯、木薯、纤维素等原材料，因此，大力发展这些非粮制乙醇原料的作物是大规模制燃料乙醇的关键。

三是生物柴油。生物柴油就是以油料作物、废食用油、动物油脂以及植物油等为原料，在催化剂乙醇或甲醇的作用下，加热到 230~250 摄氏度温度下进行酯化反应，这就是生物柴油生成的过程（王亮，2009）。随着生物柴油的研发和产业化的推进,我国掌握了以米糠下脚料、大豆油、菜籽油等为原料制作生物柴油的技术。2009 年我国生物柴油产量仅有 50 万吨,2018 年我国生物柴油有约 110 万吨的产量,有超过 40 家厂商年产在 5 000 吨,有大规模发展趋势。

四是生物质固化成型技术。该技术是将生物质中木质素在高温高压或高压下塑化黏合,制成密度极高的高品质成型燃料,以便高效率燃烧和储运的技术(刘石彩,2007)。20 世纪 80 年代,我国才开始研发生物质成型技术,利用林业生物质资源、农产品加工剩余物、农作物秸秆等原材料用于生物质成型燃料(田宜水,2009)。其中,秸秆是固体成型燃料原料的主要来源。我国农作物秸秆数量大、种类多、分布广,每年秸秆理论资源约为 8.2 亿吨,约折合 4.1 亿吨标准煤(崔明,2008)。为实现到 2020 年使该燃料成为一种优质而普遍使用燃料的目标,加大开发力度且合理、高效地利用生物质能是必然措施。

五是生物质发电技术。该技术就是利用生物质所具有的能量产生电能的技术。2006 年我国颁布了《可再生能源法》,以促进生物质发电技术的发展,对产生的电力上网价格推行相关激励配套措施,推动生物质发电快速发展。截至 2008 年底,我国生物质发电共生产了 26 亿千瓦时,有生物发电厂 15 家,而在资源消耗上,生物质能耗费资源位列能源消耗资源的第四位,仅次于煤炭、石油、天然气(邱罡,2010)。《可再生能源"十一五"规划》提出,2020 年,将达到 3.0×10^7 千瓦的生物质发电总装机容量,超过 6 万吨标准煤的化石能源将被替代(刘平,2005)。

2018 年,生产 906 亿千瓦时的生物质发电量,同比增长 14%,新增生物质发电装机容量 305 万千瓦,生物质发电装机容量累计达到 1 781 万千瓦。可见,生物质发电将在未来的电力产业扮演重要的角色。

9.1.6 地热能

地热能是指储存地球内部的热能,一般包括由接收太阳能地球浅层而产生的热能和由地球本身放射性元素在地球深层衰变产生的热能两部分。我国有相对丰富的地热资源,世界五大地热带中与我国有关的有三个,我国可采储地热能量是探明可采储煤炭量的 2.5 倍,其中储藏距地表 2 000 米内的地热能与标准煤 2 500 亿吨的热量相当,可开采地热资源为 68 亿立方米/年,为973万亿千焦的地热量（国土资源部，2007）。我国遍布全国是以中低温为主的地热资源，适用于养殖种植、保健疗养、建筑采暖和工业加热等。高温地热适用于发电的资源较少，以滇西、川西、藏南为主要分布区域，有600万千瓦的可装机潜力。初步估算，全国可采地热资源量约为33亿吨标准煤的热量（国家发改委，2007）。

目前，我国主要是直接利用地热和地热发电，其中矿泉水生产、农业温室种植、医疗保健和地热供暖等方面直接利用地热。

多数情况下地热发电成本比核电、火电、水电要低，一般投资建厂都比水电站低，且季节变化和降雨不会对发电产生影响，设备的利用时间长，发电较稳定，环境污染还可以大大减少。我国羊八井电站于1977年建成，郎久和那曲地热电站又分别于1983年和1993年建设，约为25千瓦的总装机容量，其中高温蒸汽地热田是羊八井电站，腾冲热海和羊八井的地热系统有100吉瓦的发电潜力（Wan，2005）。西藏拥有我国88%的地热发电装机容量，截至2017年底，我国地源热泵装机容量排名世界第一位，达20吉瓦，浅层地热能利用折合 $1\,900\times10^4$ 吨标准煤/年。近10年来，我国水热型地热能以年均10%速度增长。我国《地热能开发利用"十三五"规划》作出表述，"十三五"时期，新增500兆瓦地热发电装机容量，新增 11×10^8 平方米地热能供暖面积。到2020年，达530兆瓦的地热发电装机容量，累计达到 16×10^8 平方米的地热供暖面积，利用供暖能量 $4\,000\times10^4$ 吨标准煤/年，利用能量 $7\,000\times10^4$ 吨标准煤/年。

地热供暖既可以用于生活，也可以加工食品、干燥谷物和给工厂供热，作为制糖、酿酒、纺织、造纸、制革、木材与硅藻土生产等生产过程的热源等。我国的地热产业才刚刚起步，因此在发展的过程也出现不少的问题。比如我国对地热产业发展的不够重视，没有将其摆在应有的位置，地热产业国际竞争力较低；地热利用技术发展严重失衡，与国际相比还有很大的差距。在地热发电方面，现在羊八井的热力发电系统可利用150～170摄氏度的地热资源，而ZK4001进口温度高达200摄氏度左右，必须降温降压才能发电，这样导致只能利用浅层资源，而优质资源无法利用，造成资源浪费。另外，对地热资源的勘查程度不高，以及对地热资源蕴藏的预测准确度也很低，因此在技术层面上还有待发展；地热开发利用对生态环境具有破坏作用。由于技术的落后，使得对地热尾水排放不当，对环境造成污染；地热利用过程中存在结垢和腐蚀的问题；同时还无法很好地解决回灌问题；人力资源缺乏、研究力量薄弱。目前,我国地热人才面临青黄不接的困境,特别缺乏既懂地面技术又懂地下勘探的高层次、复合型的地热人才。

从以上的现状分析可以看出,我国的绿色能源在开发过程都存在各自的技术不足等问题,但是其开发的潜力巨大。同时,我国以煤为主的能源消费结构,是导致大气污染的主要原因。调整我国能源消费结构,大力发展绿色替代能源是其关键性举措,而水电是一种可再生的绿色能源,它是重要的替代煤炭的绿色能源之一,在现有绿色能源中,水电占比最大。严奇等(2006)建立多变量向量自回归模型(vector autoregression,VAR),通过脉冲响应函数(impulse response function,IRF)分析了我国电力、煤炭、石油和天然气四种能源之间的替代性,发现电力与煤炭之间存在显著的替代性,而其余能源之间不具有显著的替代性,由此建议可用煤炭缓解电力的不足。本章与严奇等不同的是除了运用多变量向量自回归模型的脉冲响应函数,还建立了两变量的向量自回归模型的脉冲响应函数,严奇等用煤炭替代电力,其用意在于用煤炭消费缓解电力的不足,而实质上我国电力消费中80%来自煤炭消耗的火电,用更多的煤炭增加较多的电力供应是显而易见的。

本章旨在研究用水电对其他能源的替代性,从而研究其替代效应。本章运用两变量向量自回归模型的脉冲响应函数研究水电对煤炭、水电对石油及水电对天然气的替代性,以及建立水电、煤炭、石油与天然气的多变量向量自回归模型的脉冲响应函数研究四种能源之间的替代性。其替代性表示的是水电消费量的变化如何引起煤炭(或者其他能源的消费量)消费量的变化;反之,煤炭消费量(或者其他能源的消费量)的变化如何引起水电消费量的变化。

9.2 替代效应模型构建

替代效应是一个经济学概念,以商品 A 和商品 B 为例,假设消费者能够消费的商品总量是一定的,如果多消费了商品 A,必然减少商品 B 的消费量,反之亦然;那么,商品 A 和商品 B 之间就存在着替代效应。本书所指的替代效应与一般经济学中的替代效应还有所不同,简而言之,本章的替代效应就是用水电替代煤炭(或者说是用水电替代火电)或者替代其他能源所带来的效应。

9.2.1 ADF 检验

在进行 VAR 模型分析以前，必须对相关数据列进行平稳性检验，只有具有同阶平稳性的数据列，才能进行 VAR 模型分析。检查平稳性的方法就是单位根检验，本书选取增广迪基—福勒检验（augmented dickey-fuller test，ADF）检验。ADF 检验方法通过在回归方程右边加上因变量 y_t 的滞后差分项来控制高阶序列相关。其模型有如下三种形式：

$$\Delta y_t = \gamma y_{t-1} + \sum_{i=1}^{p} \beta_i \Delta y_{t-i} + u_t, \ t = 1, 2, \cdots, T \quad (9.1)$$

$$\Delta y_t = \gamma y_{t-1} + a + \sum_{i=1}^{p} \beta_i \Delta y_{t-i} + u_t, \ t = 1, 2, \cdots, T \quad (9.2)$$

$$\Delta y_t = \gamma y_{t-1} + a + \delta t + \sum_{i=1}^{p} \beta_i \Delta y_{t-i} + u_t, \ t = 1, 2, \cdots, T \quad (9.3)$$

扩展定义将检验

$$H_0: \gamma = 0, \ H_1: \gamma < 0 \quad (9.4)$$

也就是说原假设为：序列存在一个单位根；备选假设为：不存在一个单位根序列 y_t 可能还包含常数项和时间趋势项。判断 γ 的估计值 $\hat{\gamma}$ 是接受原假设或者接受备选假设，进而判断一个高阶自相关序列 AR（p）过程是否存在单位根。通过模拟可以得出在不同回归模型及不同样本容量下检验 $\hat{\gamma}$ 在设定显著性水平下的 t 统计量的临界值。这使我们能够很方便地在设定的显著性水平下判断高阶自相关序列是否存在单位根。

9.2.2 VAR 模型的一般表示

VAR（p）模型的数学表达式是

$$y_t = A_1 y_{t-1} + \cdots + A_p y_{t-p} + B x_t + \varepsilon_t \quad (9.5)$$

其中，$t = 1, 2, \cdots, T$，y_t 是 k 维内生变量向量，x_t 是 d 维外生变量向量，p 是滞后阶数，T 是样本个数。$k \times k$ 维矩阵 $A_1, \cdots, A_p$ 和 $k \times d$ 维矩阵 B 是要被估计的系数矩阵。ε_t 是 k 维扰动向量，它们相互之间可以同期相关，但不与自己的滞后值相关及不与等式右边的变量相关，假设 $\sum$ 是 ε_t 的协方差矩阵，是一个 $k \times k$ 的正定矩阵。式（9.5）可以用矩阵表示为

$$\begin{bmatrix} y_{1t} \\ y_{2t} \\ \vdots \\ y_{kt} \end{bmatrix} = A_1 \begin{bmatrix} y_{1t-1} \\ y_{2t-1} \\ \vdots \\ y_{kt-1} \end{bmatrix} + A_2 \begin{bmatrix} y_{1t-2} \\ y_{2t-2} \\ \vdots \\ y_{kt-2} \end{bmatrix} + \cdots B \begin{bmatrix} x_{1t} \\ x_{2t} \\ \vdots \\ x_{dt} \end{bmatrix} + \begin{bmatrix} \varepsilon_{1t} \\ \varepsilon_{2t} \\ \vdots \\ \varepsilon_{kt} \end{bmatrix} \quad (9.6)$$

其中，$t=1, 2, \cdots, T$。式（9.6）含有 k 个时间序列变量的 VAR（p）模型由 k 个方程组成。还可以将式（9.6）简单变换，表示为

$$\hat{y}_t = A_1 \hat{y}_{t-1} + \cdots + A_p \hat{y}_{t-p} + \hat{\varepsilon}_t \quad (9.7)$$

其中 $\tilde{y}_t$ 是 y_t 关于外生变量 x_t 回归的残差。式（9.7）可以简写为

$$A(L)\hat{y}_t = \hat{\varepsilon}_t \quad (9.8)$$

其中，$A(L) = I_k - A_1 L - A_2 L^2 \cdots - A_p L^p$，是滞后算子 L 的 $k \times k$ 的参数矩阵，一般称式（9.8）为非限制向量自回归模型（unrestricted VAR）。冲击向量 ε_t 是白噪声向量，因为 ε_t 没有结构性的含义，被称为简化形式的冲击向量。

9.2.3 脉冲响应函数的基本思想

在分析 VAR 模型时，往往不分析一个变量的变化对另一个变量的影响如何，而是分析当一个误差项发生变化，或者说模型受到某种冲击对系统的动态影响，这种分析方法就是脉冲响应函数方法（IRF）。

用时间序列模型来分析影响关系的一种思路，是考虑扰动项的影响是如何传播到各变量的。下面根据两变量的 VAR（2）模型式（9.9）来说明脉冲响应函数的思想。

$$\begin{aligned} x_t &= a_1 x_{t-1} + a_2 x_{t-2} + b_1 z_{t-1} + b_2 z_{t-2} + \varepsilon_{1t} \\ z_t &= c_1 x_{t-1} + c_2 x_{t-2} + d_1 z_{t-1} + d_2 z_{t-2} + \varepsilon_{2t} \end{aligned} \quad (9.9)$$

其中，$t=1, 2, \cdots, T$，a_i，b_i，c_i，d_i 是参数，扰动项 $\varepsilon_t = (\varepsilon_{1t}, \varepsilon_{2t})'$，假定是具有下面这样性质的白噪声向量：

$$\begin{cases} E(\varepsilon_{it}) = 0 \text{ 对于 } \forall t \; i = 1, 2 \\ \text{var}(\varepsilon_t) = E(\varepsilon_t \varepsilon_t') = \sum = \{\sigma_{ij}\}, \text{ 对于 } \forall t \\ E(\varepsilon_{it} \varepsilon_{is}) = 0, \text{ 对于 } \forall t \neq s \; i = 1, 2 \end{cases} \quad (9.10)$$

假定上述系统从 0 期开始活动，且设 $x_{-1} = x_{-2} = z_{-1} = z_{-2} = 0$，又设于第 0 期给定了扰动项 $\varepsilon_{10} = 1$，$\varepsilon_{20} = 0$，并且其后均为 0，即 $\varepsilon_{1t} = \varepsilon_{2t} = 0$（$t=1$, 2，$\cdots$），称此为第 0 期给 x 以脉冲，下面讨论 x_t 与 z_t 的响应，$t=0$ 时：$x_0 =$

1，$z_0 = 0$。将其结果代入式（9.9），$t = 1$ 时：$x_1 = a_1$，$z_1 = c_1$。再把其结果代入式（9.9），$t = 2$ 时：
$$x_2 = a_1^2 + a_2 + b_1 c_1, \quad z_2 = c_1 a_1 + c_2 + d_1 c_1$$
继续这样计算下去，设求得结果为：
$$x_0, x_1, x_2, x_3, x_4, \cdots$$
称为由 x 的脉冲引起的 x 的响应函数。同样所求得
$$z_0, z_1, z_2, z_3, z_4, \cdots$$
称为由 x 的脉冲引起的 z 的响应函数。

当然，第 0 期的脉冲反过来，从 $\varepsilon_{10} = 0$，$\varepsilon_{20} = 1$ 出发，可以求出由 z 的脉冲引起的 x 的响应函数和 z 的响应函数。以上这样的脉冲响应函数明显地捕捉到冲击的效果。

9.2.4 多变量 VAR 模型的脉冲响应函数介绍

将上一节讨论推广到多变量的 VAR（p）模型上去。考虑不含外生变量的非限制向量自回归模型，如下式：
$$y_t = A_1 y_{t-1} + \cdots + A_p y_{t-p} + \varepsilon_t \text{ 或 } A(L) y_t = \varepsilon_t \quad (9.11)$$
则可得
$$y_t = (I_k - A_1 L - \cdots - A_p L^p)^{-1} \varepsilon_t = (I_k + C_1 L + C_2 L^2 + \cdots) \varepsilon_t \quad (9.12)$$
其中，$t = 1, 2, \cdots, T$。如果行列式 $\det[A(L)]$ 的根都在单位圆外，则式（9.12）满足可逆性条件，可以将其表示为无穷阶的向量动平均（VMA(∞)）形式
$$\psi_1 = \psi_2 = \cdots = 0 \quad (9.13)$$
其中
$$C(L) = A(L)^{-1}, \quad C(L) = C_0 + C_1 L + C_2 L^2 + \cdots, \quad C_0 = I_k$$
VMA(∞) 表达式的系数可按下面的方式给出。由于 VAR 的系数矩阵 A_i 和 VMA 的系数矩阵 C_i 必须满足下面的关系：
$$(I - A_1 L - \cdots - A_p L^p)(I_k + C_1 L + C_2 L^2 + \cdots) = I_k \quad (9.14)$$
$$I_k + \psi_1 L + \psi_2 L^2 + \cdots = I_k \quad (9.15)$$
其中，$\psi_1 = \psi_2 = \cdots = 0$。关于 ψ_q 的条件递归定义了 MA 系数：

$$\begin{cases} C_1 = A_1 \\ C_2 = A_1 C_1 + A_2 \\ \cdots \\ C_q = A_1 C_{q-1} + A_2 C_{q-2} + \cdots + A_p C_{q-p}, \\ \text{若 } q-p=0,\ \diamondsuit\ C_{q-p} = A_k;\ q-p<0,\ \diamondsuit\ C_{q-p} = O_k \end{cases} \quad (9.16)$$

其中，$q = 1, 2, \cdots$

考虑 VMA(∞) 的表达式

$$y_t = (I_k + C_1 L + C_2 L^2 + \cdots)\varepsilon_t,\ t = 1, 2, \cdots, T \quad (9.17)$$

y_i 的第 i 个变量 y_{it} 可以写成：

$$y_{it} = \sum_{j=1}^{k} (c_{ij}^{(0)} \varepsilon_{jt} + c_{ij}^{(1)} \varepsilon_{jt-1} + c_{ij}^{(2)} \varepsilon_{jt-2} + c_{ij}^{(3)} \varepsilon_{jt-3} + \cdots),\ t = 1, 2, \cdots, T$$

$$(9.18)$$

其中 k 是变量个数。

现在假定在基期给 y_1 一个单位的脉冲，即 $\varepsilon_{1t} = \begin{cases} 1, & t=0 \\ 0, & \text{其他} \end{cases}$，$\varepsilon_{2t} = 0,\ t = 0, 1, 2, \cdots$

则由 y_1 的脉冲引起的 y_2 的响应函数为

$$t = 0,\ y_{20} = c_{21}^{(0)}$$
$$t = 1,\ y_{21} = c_{21}^{(1)}$$
$$t = 2,\ y_{22} = c_{21}^{(2)}$$
$$\vdots$$

因此，一般地，由 y_j 的脉冲引起的 y_i 的响应函数可以求出如下：

$$c_{ij}^{(0)},\ c_{ij}^{(1)},\ c_{ij}^{(2)},\ c_{ij}^{(3)},\ c_{ij}^{(4)},\ \cdots$$

且由 y_j 的脉冲引起的 y_i 的累积（accumulate）响应函数可表示为 $\sum_{q=0}^{\infty} c_{ij}^{(q)}$。

C_q 的第 i 行、第 j 列元素可以表示为：

$$c_{ij}^{(q)} = \frac{\partial y_{i,t+q}}{\partial \varepsilon_{jt}},\ q = 0, 1, 2, \cdots,\ t = 1, 2, \cdots, T \quad (9.19)$$

作为 q 的函数，它描述了在时期 t，其他变量和早期变量不变的情况下 $y_{i,t+q}$ 对 y_{jt} 的一个冲击的反应，我们把它称为脉冲——响应函数。也可以用矩阵的形式表示为：

$$C_q = \frac{\partial y_{t+q}}{\partial \varepsilon_t'}$$

即 C_q 的第 i 行第 j 列元素等于时期 t 第 j 个变量的扰动项增加一个单位，而其他时期的扰动项为常数，对时期 $t+q$ 的第 i 个变量值的影响。

9.3 实证分析

本章数据选取 1978~2019 年我国水电消费、煤炭消费、石油消费与天然气消费总量历史数据，资料来源于历年《中国统计年鉴》《中国能源统计年鉴》及中经网产业数据库。没有选取区域能源消费数据，其原因有二：一是我们运用 VAR 模型的脉冲响应函数，主要是分析水电与煤炭、石油及天然气之间的可替代性，而选用全国数据并不会改变这种既定关系；二是由于我国特定的国情，能源的消费与分配不仅仅局限于某一区域，而是服从于国家的整体调配，因此，选取全国数据才更能说明它们之间的关系。

为了消除数据的异方差性，对数据取自然对数，然后运用模型式（9.3）对进行自然对数处理的数据作 ADF 单位根检验，其结果见表 9.1。其中用 L、P、G、E 分别表示进行自然对数处理的煤炭消费总量、石油消费总量、天然气消费总量、水电消费总量。

表 9.1　中国 1980~2019 年煤炭、石油、天然气、水电消费的 ADF 单位根检验结果

序列	ADF 检验值	10% 显著水平	5% 显著水平	1% 显著水平	是否平稳
L	-1.79566	-3.202445	-3.540328	-4.234972	否
L 一阶差分	-2.444161	-3.207094	-3.54849	-4.252879	否
L 二阶差分	-12.2592	-3.207094	-3.54849	-4.252879	是
P	-1.891135	-3.202445	-3.540328	-4.234972	否
P 一阶差分	-4.09657	-3.204699	-3.544284	-4.243644	是
P 二阶差分	-10.08994	-3.207094	-3.54849	-4.252879	是

续表

序列	ADF 检验值	10%显著水平	5%显著水平	1%显著水平	是否平稳
G	0.109311	-3.202445	-3.540328	-4.234972	否
G 一阶差分	-5.845572	-3.204699	-3.544284	-4.243644	是
G 二阶差分	-8.871795	-3.207094	-3.54849	-4.252879	是
E	-2.835416	-3.202445	-3.540328	-4.234972	否
E 一阶差分	-5.90256	-3.204699	-3.544284	-4.243644	是
E 二阶差分	-5.805059	-3.212361	-3.557759	-4.273277	是

注：本书所给出的10%、5%、1%显著水平的临界值是MacKinnon协整检验单位根的临界值。

从表9.1可以看出，进行自然对数处理的煤炭消费总量、石油消费总量、天然气消费总量、水电消费总量均具有二阶平稳性，也就是说，可以进行下一步分析。

9.3.1 两变量VAR模型的脉冲响应函数分析

为了能够比较清楚地知道水电消费与其他三种能源消费之间的冲击响应，本节选用两变量的VAR模型进行脉冲响应函数分析。其结果如图9.1、表9.2所示。

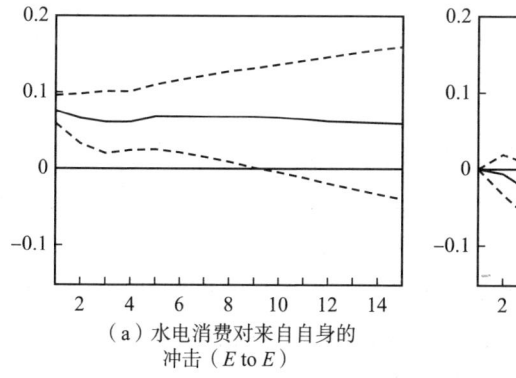

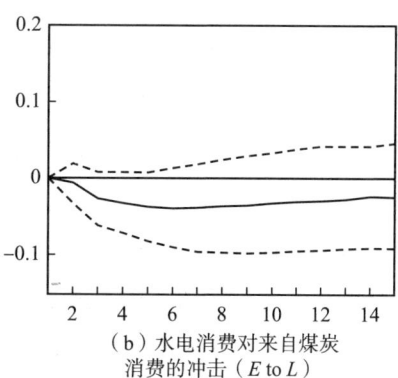

(a) 水电消费对来自自身的冲击（E to E）

(b) 水电消费对来自煤炭消费的冲击（E to L）

（c）煤炭消费对来自水电
消费的冲击（L to E）

（d）煤炭消费对来自自身的
冲击（L to L）

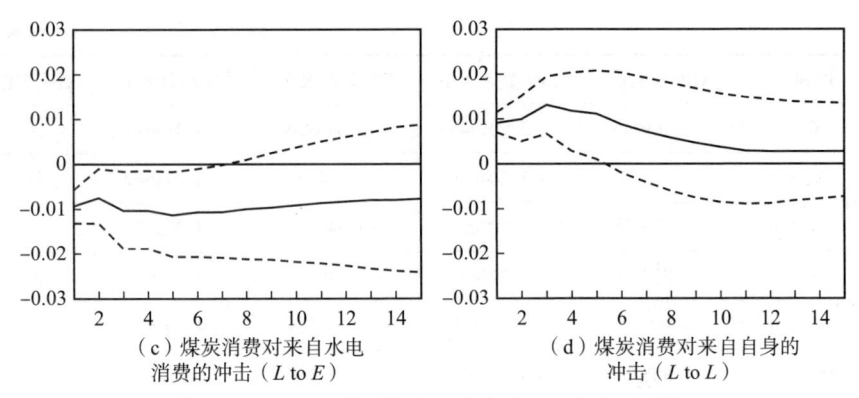

图 9.1　水电消费与煤炭消费的脉冲响应函数冲击

表 9.2　水电消费（E）与煤炭消费（L）的脉冲响应函数结果

	$E(-1)$	$E(-2)$	$E(-3)$	$L(-1)$	$L(-2)$	$L(-3)$	C
E	0.759932	-0.131154	0.228314	-0.714309	-1.696931	1.490991	4.243434
	(0.26800)	(0.35872)	(0.23534)	(1.48985)	(2.12531)	(1.26255)	(2.99999)
	(2.83559)	(-0.36561)	(0.97016)	(-0.47945)	(-0.79844)	(1.18093)	(1.41448)
L	0.033660	-0.024690	-0.026508	1.094550	0.258726	-0.492259	0.623179
	(0.04495)	(0.06017)	(0.03947)	(0.24988)	(0.35646)	(0.21176)	(0.50317)
	(0.74884)	(-0.41036)	(-0.66903)	(4.38025)	(-0.72581)	(-2.32461)	(1.23851)

调整后 $R^2 = 0.902442$，AIC $= -5.651678$，SC $= -5.337428$

注：C 表示常数；AIC 表示赤池信息准则；SC 表示施瓦茨准则。

9.3.1.1　水电消费与煤炭消费

水电消费（E）与煤炭消费（L）的脉冲响应函数分析结果见表 9.2，脉冲响应函数冲击如图 9.1 所示。图 9.1 中实线表示脉冲响应函数曲线，虚线表示正负两倍标准离差偏离带，横轴表示时间，纵轴表示累积效应。

从图 9.1 可以看出，在考虑水电消费与煤炭消费之间的脉冲响应函数冲击效应情况下，水电消费、煤炭消费对来自自身的冲击，以及水电消费对来自煤炭消费的冲击与煤炭消费对来自水电消费的冲击，都有显著的反应。当给水电消费本身一个冲击时，水电消费具有正向作用，当期达到最大响应，随后呈现出一种平稳下降的趋势，第 14 期后趋于稳定。当给煤炭消费一个正的冲击时，煤炭消费初期反应较大，在第 3 期就到达响应的最高点后，影响快速下降，第 10 期后趋于平稳。水电消费对来自煤炭消费的冲击，始终是呈现负向的反应，第 7 期达到最小值，随后略微上升，并趋于平稳。而煤炭消费对来自水电消费的冲击也始终是负响应，并且初期呈现小幅波动，第 1~3 期水电消费对煤炭消费呈现先升后降的走势，并在第 5 期达到最小值，其后也小幅上升并趋于平稳。这表明，水电消费与煤炭消费相互之间具有很强的影响，它们相互之间具有可替代性。

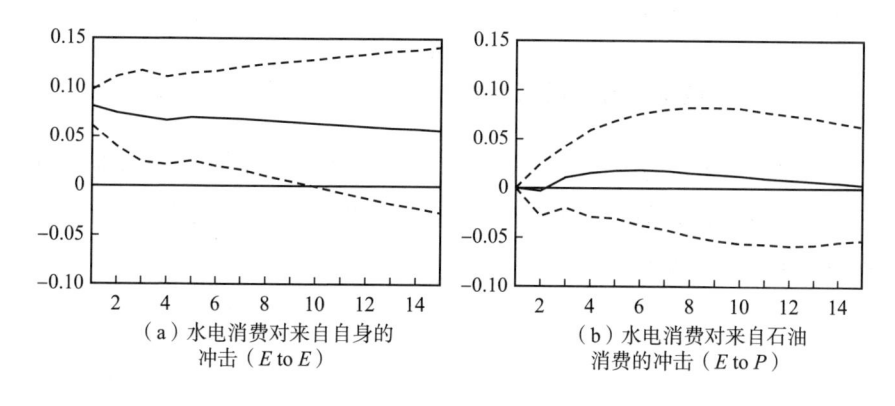

9.3.1.2 水电消费与石油消费

水电消费（E）与石油消费（P）的脉冲响应函数分析结果见表 9.3，脉冲响应函数冲击见图 9.2。图 9.2 中实线表示响应函数曲线，虚线表示正负两倍标准离差偏离带。

表 9.3　水电消费（E）与石油消费（P）的脉冲响应函数结果

	$E(-1)$	$E(-2)$	$E(-3)$	$P(-1)$	$P(-2)$	$P(-3)$	C
E	0.92146	0.003505	0.056835	-0.079527	0.523787	-0.397401	-0.066476
	(0.19296)	(0.26402)	(0.19568)	(0.41937)	(0.63992)	(0.38858)	(0.49716)
	(4.7754)	(0.01328)	(0.29045)	(-0.18963)	(0.81852)	(-1.02271)	(-0.13371)
P	-0.083744	0.20345	-0.128014	1.149369	0.009263	-0.321861	0.487285
	(0.07898)	(0.10807)	(0.0801)	(0.17166)	(0.26193)	(0.15905)	(0.2035)
	(-1.0603)	(1.88263)	(-1.59827)	(6.69577)	(0.03536)	(-2.02364)	(2.39457)

调整后 $R^2 = 0.855019$，AIC $= -3.786305$，SC $= -3.472054$

（a）水电消费对来自自身的冲击（E to E）

（b）水电消费对来自石油消费的冲击（E to P）

(c) 石油消费对来自水电
消费的冲击（P to E）

(d) 石油消费对来自自身的
冲击（P to P）

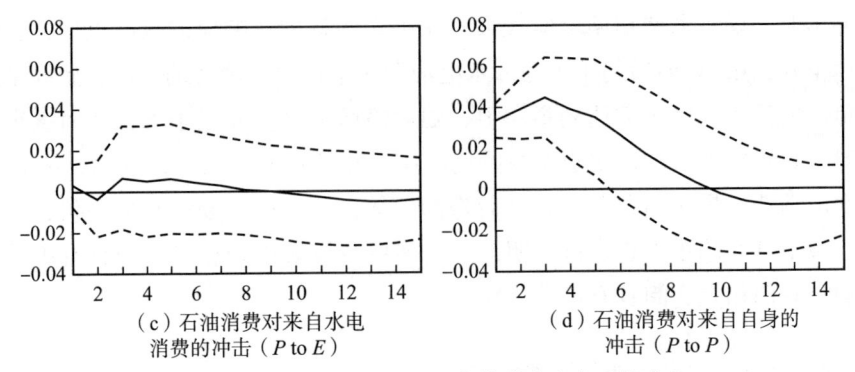

图 9.2　水电消费与石油消费的脉冲响应函数冲击

从图 9.2 可以看出，在考虑水电消费与石油消费之间的脉冲响应函数冲击效应情况，水电消费、石油消费对来自自身的冲击，以及水电消费对来自石油消费的冲击与石油消费对来自水电消费的冲击，都有显著的反应。当给水电消费本身一个正的冲击时，水电消费始终具有正向作用，当期达到最大响应，第 4~5 期小幅上升，随后呈现出一种平稳下降的趋势。石油消费对来自自身冲击，响应曲线呈现 N 形，期初有较大的正向响应，并在第 3 期达到最大值，随后快速下降，在第 10 期下降至 0，降为负值后的第 13 期开始趋于平稳。水电消费对来自石油消费的冲击反应，当期并未呈现任何强烈的响应，在第 2 期略有负响应，随后有个快速上升趋势，第 5 期达到最大值，然后平缓下降，并保持较小的正效应。而石油消费对来自水电消费的冲击呈现先减后增再减的趋势，当期有个较小的正响应，在第 2 期降为负值，第 3 期快速升至最大值，随后开始逐步下降，第 8 期降至 0，降至负值后的第 13 期开始平稳。这表明，石油消费对来自水电消费的冲击呈现出促进作用，而水电消费对来自石油消费则具有替代效应。

9.3.1.3　水电消费与天然气消费

水电消费（E）与天然气消费（G）的脉冲响应函数分析结果见表 9.4，脉冲响应函数冲击如图 9.3 所示。图 9.3 中实线表示脉冲响应函数曲线，虚线表示正负两倍标准离差偏离带。

表9.4　水电消费（E）与天然气消费（G）的脉冲响应函数结果

	$E(-1)$	$E(-2)$	$E(-3)$	$G(-1)$	$G(-2)$	$G(-3)$	C
E	0.707735	0.089806	-0.010677	0.537851	-0.114167	-0.362242	0.356089
	(0.18814)	(0.23093)	(0.1702)	(0.26349)	(0.40171)	(0.26776)	(0.14331)
	(3.76174)	(0.38889)	(-0.06273)	(2.04126)	(-0.2842)	(-1.35288)	(2.48468)
G	0.044896	-0.173055	0.297098	1.119736	-0.076012	-0.059487	-0.266888
	(0.12298)	(0.15095)	(0.11125)	(0.17223)	(0.26258)	(0.17502)	(0.09368)
	(0.36507)	(-1.14647)	(2.67045)	(6.50136)	(-0.28948)	(-0.33989)	(-2.84902)

调整后 $R^2 = 0.978777$，AIC $= -3.087388$，SC $= -2.773138$

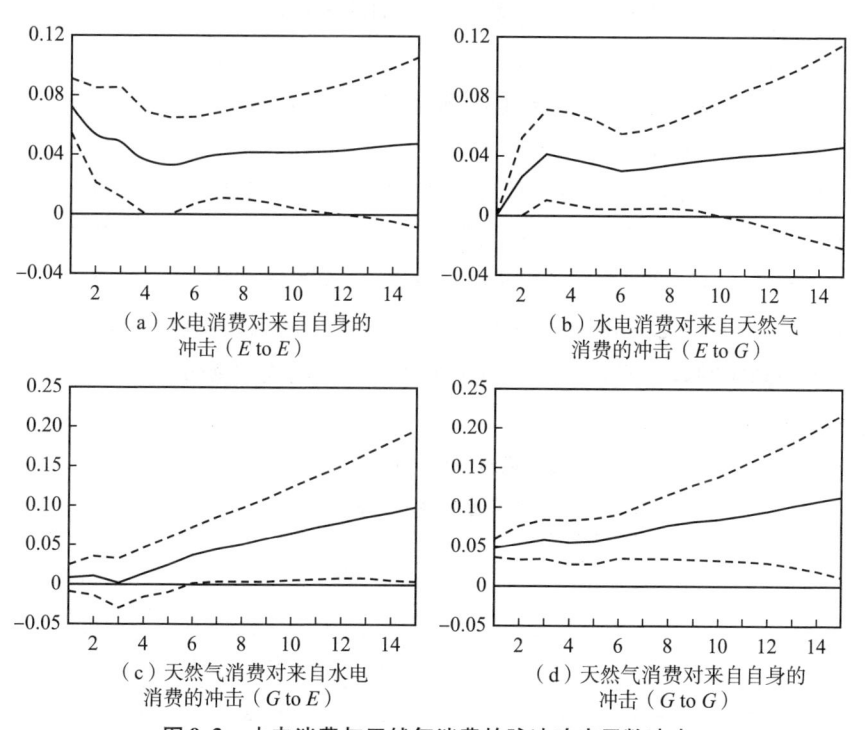

图9.3　水电消费与天然气消费的脉冲响应函数冲击

（a）水电消费对来自自身的冲击（E to E）

（b）水电消费对来自天然气消费的冲击（E to G）

（c）天然气消费对来自水电消费的冲击（G to E）

（d）天然气消费对来自自身的冲击（G to G）

从图9.3可以看出，在考虑水电消费与天然气消费之间的脉冲响应函数冲击效应情况，水电消费、天然气消费对来自自身的冲击，以及水电消费对来自天然气消费的冲击与天然气消费对来自水电消费的冲击，始终呈现显著的正响应。水电消费自身冲击的响应曲线呈现 U 形，当期达到最大值，在第 5 期达到最小值之前一直下降，随后呈现平稳增长趋势。天然气消费自身冲击的曲线呈现平稳增长的趋势。水电消费对来自天然气消费的冲击反应，期初具有较大波动，在第 3 期前快速上升，随后到第 6 期有个缓慢的下降，第 6 期过后呈现稳定上升趋势。而天然气消费对来自水电消费的冲击反应，在第 3 期小幅下降至 0 后，随后逐期呈现显著的正响应，且作用越来越明显。这表明，水电消费与天然气消费呈现互相促进的作用。

综上所述，水电消费与天然气消费互相促进，水电消费拉动天然气的消费，同样天然气的消费拉动水电的消费。而水电消费与煤炭消费之间、水电消费与石油消费之间具有互相替代作用，其中水电的消费对煤炭消费长期保持负向拉动作用，表明水电对煤炭具有长期的替代作用。

9.3.2 多变量 VAR 模型的脉冲响应函数分析

前面讨论了水电消费与其他能源消费每两个变量之间的互相冲击反应，现在把水电消费、煤炭消费、石油消费与天然气消费纳入分析，顺序为水电消费（E）、煤炭消费（L）、石油消费（P）、天然气消费（G）。其分析结果见表 9.5，响应函数冲击图如图 9.4～图 9.10 所示。图 9.4～图 9.10 中实线表示脉冲响应函数曲线，虚线表示正负两倍标准离差偏离带。

表 9.5　　水电消费、煤炭消费、石油消费与天然气消费的脉冲响应函数结果

	$E(-1)$	$E(-2)$	$E(-3)$	$L(-1)$	$L(-2)$	$L(-3)$	C
E	1.170527	-0.095137	-0.509579	5.820962	-2.400595	-6.290527	15.10501
	0.94773	1.49289	1.0016	9.21018	14.6485	10.4832	35.5463
	1.23508	-0.06373	-0.50877	0.63201	-0.16388	-0.60006	0.42494
L	-0.047298	0.130614	-0.084899	0.086893	1.912891	-1.096919	0.366012
	0.18011	0.28371	0.19034	1.75031	2.78382	1.99224	6.75526
	-0.26261	0.46038	-0.44603	0.04964	0.68715	-0.5506	0.05418

续表

	$E(-1)$	$E(-2)$	$E(-3)$	$L(-1)$	$L(-2)$	$L(-3)$	C
P	0.156582	-0.413525	0.256555	1.889311	-6.253718	4.191489	1.464331
	0.43929	0.69197	0.46425	4.26904	6.78978	4.85911	16.4762
	0.35645	-0.5976	0.55262	0.44256	-0.92105	0.86261	0.08888
G	0.508856	-0.919303	1.222494	4.455756	-6.965271	10.29678	-41.20854
	0.63098	0.99394	0.66684	6.13195	9.75269	6.97951	23.666
	0.80645	-0.92491	1.83325	0.72665	-0.71419	1.47529	-1.74126

	$P(-1)$	$P(-2)$	$P(-3)$	$G(-1)$	$G(-2)$	$G(-3)$
E	1.763214	-0.390322	-2.049211	0.820599	-0.24494	-0.593169
	2.58187	4.07009	2.86408	0.43545	0.70477	0.52687
	0.68292	-0.0959	-0.71549	1.8845	-0.34755	-1.12584
L	-0.289975	0.488744	-0.179243	-0.056535	0.033832	0.014154
	0.49066	0.77348	0.54429	0.08275	0.13393	0.10013
	-0.59099	0.63187	-0.32931	-0.68318	0.2526	0.14136
P	1.597112	-1.742882	0.913188	-0.079721	-0.020761	0.044386
	1.19673	1.88654	1.32754	0.20184	0.32667	0.24421
	1.33456	-0.92385	0.68788	-0.39498	-0.06355	0.18175
G	1.409857	-1.941686	2.61013	1.189571	-0.173153	0.369413
	1.71896	2.70978	1.90685	0.28991	0.46922	0.35078
	0.82018	-0.71655	1.36882	4.10322	-0.36902	1.05313

调整后 $R^2 = 0.977015$，AIC = -18.46017，SC = -16.12573

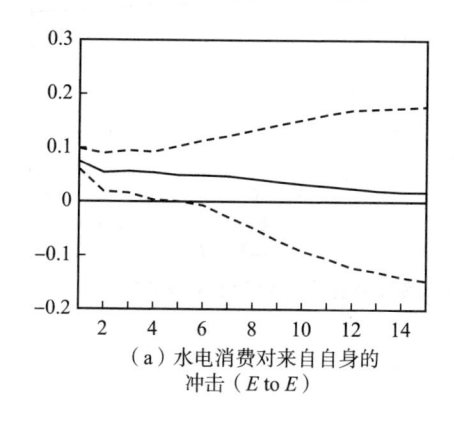

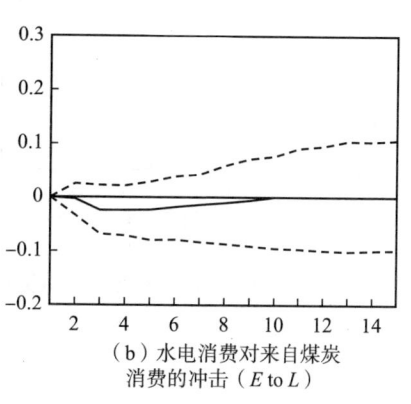

(a) 水电消费对来自自身的冲击（E to E）

(b) 水电消费对来自煤炭消费的冲击（E to L）

(c)煤炭消费对来自水电消费的冲击（L to E）

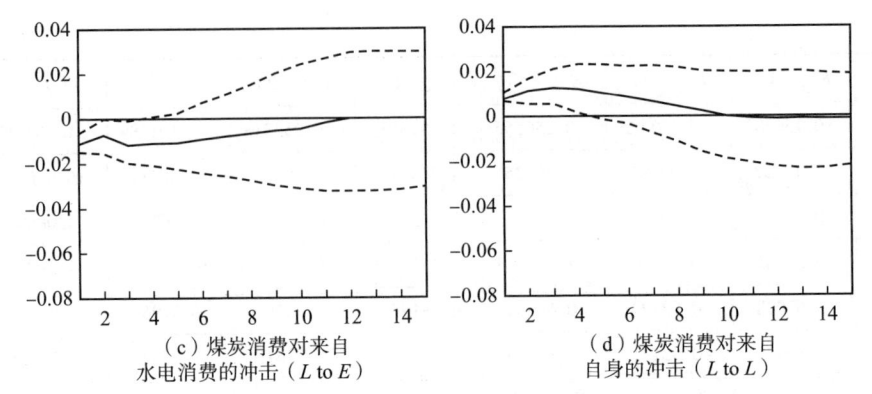

(d)煤炭消费对来自自身的冲击（L to L）

图 9.4　多变量 VAR 模型下水电消费与煤炭消费的脉冲响应函数冲击

(a)水电消费对来自石油消费的冲击（E to P）

(b)水电消费对来自天然气消费的冲击（E to G）

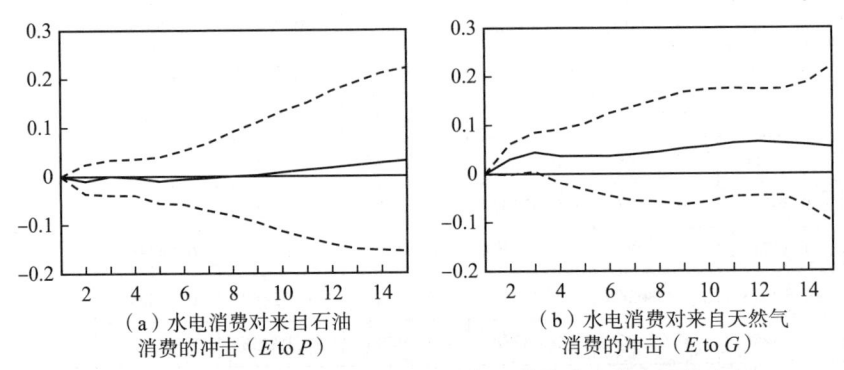

图 9.5　水电消费与石油消费和天然气消费的脉冲响应函数冲击

(a)煤炭消费对来自石油消费的冲击（L to P）

(b)煤炭消费对来自天然气消费的冲击（L to G）

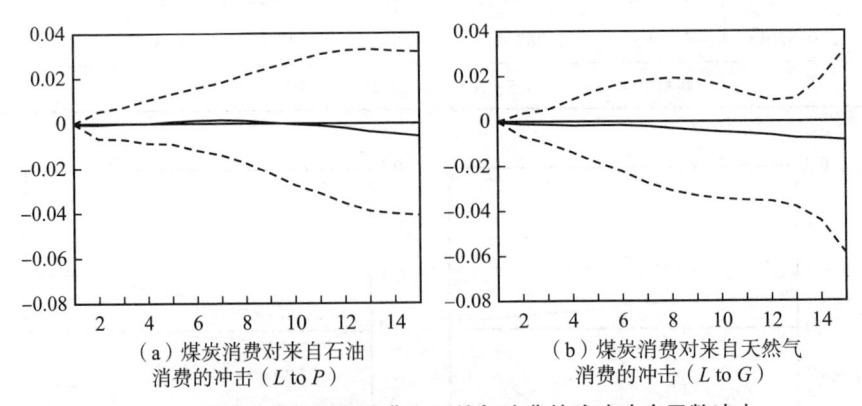

图 9.6　煤炭消费与石油消费和天然气消费的脉冲响应函数冲击

第 9 章 | 绿色能源的替代效应

(a) 石油消费对来自水电
消费的冲击（P to E）

(b) 石油消费对来自煤炭
消费的冲击（P to L）

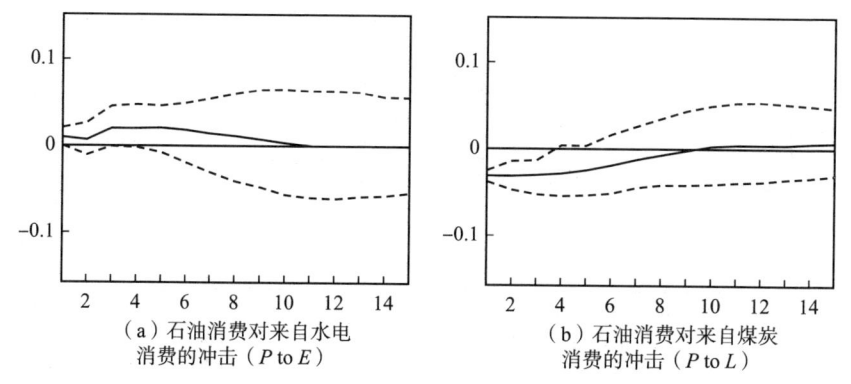

图 9.7　石油消费与水电消费和煤炭消费的脉冲响应函数冲击

(a) 石油消费对来自自身
的冲击（P to P）

(b) 石油消费对来自天然气
消费的冲击（P to G）

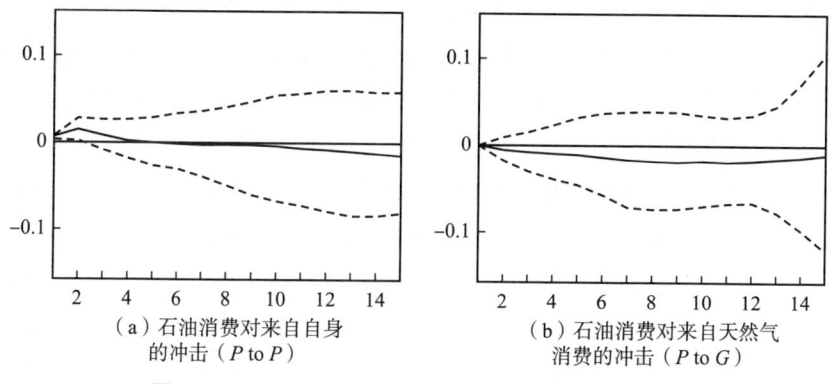

图 9.8　石油消费与天然气消费的脉冲响应函数冲击

(a) 天然气消费对来自水电
消费的冲击（G to E）

(b) 天然气消费对来自煤炭
消费的冲击（G to L）

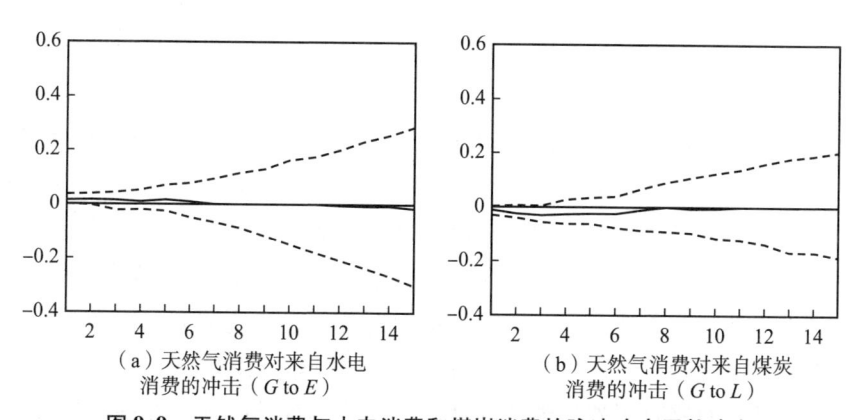

图 9.9　天然气消费与水电消费和煤炭消费的脉冲响应函数冲击

(a) 天然气消费对来自石油消费的冲击（G to P）

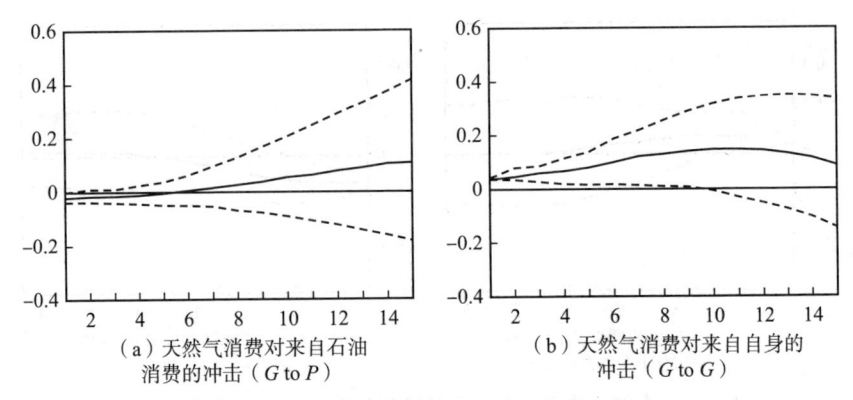

(b) 天然气消费对来自自身的冲击（G to G）

图 9.10　天然气消费与石油消费的脉冲响应函数冲击

从图 9.4～图 9.10 可知，水电消费同其他三种能源消费之间的相互脉冲响应趋势，与单独考虑水电消费同其他三种能源消费两两之间的相互脉冲响应趋势大致相同，只是水电消费与天然气消费之间并没有呈现显著的相互促进作用。在同时考虑四个变量时，水电消费对来自天然气消费的冲击，始终为正响应，但响应曲线呈现平稳趋势；天然气消费对来自水电消费的冲击，并没有什么显著的反应，响应曲线仅呈现正负微小的波动。

煤炭消费对来自石油消费的冲击，在前 12 期前基本没什么反应，随后呈现向下的负的拉动趋势，但作用并不明显；石油消费对来自煤炭消费的冲击，当期为负响应，随后逐渐呈现增长趋势，并在第 10 期升至 0，同时拉动作用也消失，响应曲线趋于平稳。这表明煤炭消费对来自石油消费的冲击，与石油消费对来自煤炭消费的冲击相比较，反应期明显滞后。在短期内，煤炭对石油的冲击具有较强的替代作用，而在长期内，石油对煤炭的冲击则更有替代性。

煤炭消费对来自天然气消费的冲击，在前 6 期基本没什么反应，但随后呈现向下的负的拉动趋势，并且在 13 期以前有加大的趋势，随后趋于平稳；天然气消费对来自煤炭消费的冲击，在第 7 期前有略微负响应，随后基本没有任何反应。这表明加大煤炭的消费并不会对天然气的消费造成任何影响，相反增加天然气的消费，在短期对煤炭的消费不会产生响应，但在第 6 期以后就有明显的负响应，产生替代作用，并在长期都会具有替代性。

石油消费对来自天然气消费的冲击，始终呈现负响应，在前 2 期没有任何反应，随后平稳下降，在第 7 期达到最小值，并持续到第 12 期，又平稳上升，在第 14 期后达到稳定；天然气消费对来自石油消费的冲击，在第 5 前呈现微弱的负响应，第 5~8 期的冲击曲线具有微弱波动性，随后呈逐期增长趋势。这表明石油消费对来自天然气消费的冲击，增加天然气的消费会明显地减少石油的消费；而石油消费对天然气的冲击，在短期内具有一定的替代作用，但在长期中具有促进作用。

9.4 本章小结

本章对我国绿色能源的现状进行分析，从中选取水电作为对象，对现有主要能源构建 VAR 模型进行替代效应研究。从分析可知，水电消费与煤炭消费之间具有很强的替代性，水电消费对石油消费也具有替代性，且水电的消费对煤炭消费具有明显的负向拉动作用，表明水电对煤炭的替代作用强于对石油的替代性；而水电消费与天然气消费之间也具有相互促进作用，且水电的消费对天然气消费的正向拉动作用十分显著；煤炭对石油的冲击在短期内具有较强的替代作用，而石油对煤炭的冲击则在长期内更有替代性；而石油消费对天然气的冲击，在短期内具有一定的替代作用，但在长期中具有促进作用。本研究基于水电对其他能源的替代效应分析，同时也是针对三种能源的替代分析。

第 10 章

绿色能源开发机制分析

绿色能源主要包括水能、风能、太阳能、海洋能、生物质能、地热能等。全球随着可再生能源的开发利用不断扩大规模，使其利用成本快速下降，可再生能源的发展已成为众多国家应对气候变化的重要途径和推进能源结构调整的核心内容，也是我国推进能源消费和生产革命、能源结构调整的重要措施。

为实现 2020 年和 2030 年非化石能源占比目标，我国必须促进能源结构的调整和转型，加快推动绿色能源产业的发展。

10.1 水能开发机制分析

水能是我国重要的可再生能源，早已形成产业化和规模化，但开发潜力有待进一步挖掘。

10.1.1 水电开发发展态势

中国水能资源全球第一，水电开发已有百年历史，许多水电站坐落在中国广袤大地上。中国的水力资源分布不均衡，大体呈"西多东少"的分布。目前我国规划的大中型水电站已经基本开发完毕，开发潜力和热潮正在向小水电转移，水电开发已取得了很多成绩，但是存在的问题也很多。

10.1.1.1 我国水能开发现状

第一，中国水电开发快速发展，拥有多个全球第一水电站。1958 年 9

月,中国首座"百万千瓦级"大型水电站——刘家峡水电站开工兴建,最后于1974年底竣工。1971年开建、1988年全部完工的葛洲坝水电站是长江干流上兴建的第一座大型水利枢纽,也是世界上最大的径流式、低水头大流量水电站。三峡水利枢纽正式开工的装机总量达2.25×10^{10}瓦,截至2017年是全球第一大水电站。2018年在建的惠州抽水蓄能水电站装机容量为3.6×10^9瓦,建成后将比目前装机容量最大的美国的巴斯康蒂抽水蓄能站多出5.93×10^8瓦。随着国家十三大水电基地的建设落地,未来的水电发展将迎来新的机遇。

第二,大型水电基地建设不断推进。我国的水力分布不均,主要集中在长江、黄河等大江大河上。近年,我国提出了建设十三大水电基地,具体包括:金沙江、雅砻江大渡河、乌江、长江上游、南盘江和红水河、澜沧江干流、黄河上游、黄河中游、湘西、闽浙赣、东北、怒江水电基地。十三大水电基地规划内容涵盖中国1/2以上的水电资源,计划投入两万亿元以上的资金,整合我国水力资源、提高其利用效率。水电发展"十三五"规划提出,到2020年,基本建成长江上游、大渡河、雅砻江、乌江、南盘江红水河、黄河上游六大水电基地,规模总量超过1亿千瓦。

第三,我国水电发展近几年规模扩张明显。"十二五"期间,我国水电发展总量超预期,但是在水电结构不均衡问题也很突出,例如,抽水蓄能规模亟待增加。通过对比"十二五"和"十三五"时期的水电发展主要指标,有助于我们直观理清我国近年来水电发展取得的成果和未来的发展脉络。对我国"十二五"规划(2011~2015)和"十三五"规划(2016~2020)进行整理,如表10.1所示。

表10.1 "十二五"和"十三五"水电发展主要指标

项目	"十二五"水电发展				2020年目标规模		
	2010年装机(万千瓦)	2015年预期(万千瓦)	2015年实际(万千瓦)	年均增长率(%)	新增投产规模(万千瓦)	装机容量(万千瓦)	年发电量(亿千瓦时)
一、常规水电站	19 915	26 000	29 651	8.3	4 349	34 000	12 500
1. 大中型水电	14 075	19 200	22 151	9.5	3 849	26 000	10 000
2. 小水电	5 840	6 800	7 500	5.1	500	8 000	2 500

续表

项目	"十二五"水电发展				2020年目标规模		
	2010年装机（万千瓦）	2015年预期（万千瓦）	2015年实际（万千瓦）	年均增长率（%）	新增投产规模（万千瓦）	装机容量（万千瓦）	年发电量（亿千瓦时）
二、抽水蓄能电站	1 691	3 000	2 303	6.4	1 697	4 000	—
合计	21 606	29 000	31 954	8.1	6 046	38 000	12 500

资料来源：国家能源局. 水电发展"十三五"规划（2016~2020年）。

国家能源局统计数据显示，"十二五"期间（2011~2015年），我国水电装机占全国发电总装机容量的20.9%，新增水电投产装机容量10 348万千瓦，年均增长8.1%。约占水电总装机容量的1/3，为促进国民经济和社会可持续发展提供了重要能源保障。到2020年底，全国水电装机为37 016万千瓦，其中常规水电3.4亿千瓦，抽水蓄能4 000万千瓦，年发电量1.25万亿千瓦时，折合标煤约3.75亿吨，在非化石能源消费中的比重保持在50%以上。

第四，我国水电技术装备水平显著提升。截至2015年，我国管理和施工运行水电能力以及大型水电设计已逐渐成熟，自主研发了混流式水轮发电机组且单机容量为80万千瓦，掌握了35万千瓦级抽水蓄能机组和500米级水头的成套设备制造技术。

10.1.1.2 水电开发的困境

虽然取得显著成果，但仍然存在着生态环保压力不断加大，水电开发经济性逐渐下降、抽水蓄能规模亟待增加等问题。水电弃水问题突出，电力市场化改革有待加强。

第一，水电发展受到现有的电力运行机制的限制。其中可再生能源的并网运行受限于以传统能源为主的电力系统。价格与电力市场机制不够完善，电力系统缺乏比较灵活的机制，可再生能源并网电力协调发展还需建立相应的技术管理体系，大规模电力并网技术还不成熟，电力产能过剩现象出现，电力消纳困难加大，全额保障性收购的可再生能源电力政策有效落实有难度，弃光、弃风、弃水现象严重。

第二，煤电占比电力供给比例居高不下，水电发展遇阻。2020年、2021

年我国火电占比全国电力供应分别为 68.5%、68%，同期水电仅分别占比 17.4%、15.7%。短期内，由于相关体制原因，减少煤电阻力较大，这必然影响对水电的大力发展，因为电力有过剩的现象。

10.1.2 国外水电开发经验借鉴

10.1.2.1 美国

20 世纪三四十年代，美国水电高速发展，70 年代以后平稳发展。

美国对水电的开发利用，制定了一系列的法律、制度和政策措施，促进了水电行业快速有效地发展。在法律方面，早在 1901 年，美国为规范对水资源保护和利用，颁布了第一部联邦水法。1933 年，为了防洪、植被恢复、改善航运、土地耕种，罗斯福总统签署了田纳西河开发法案（TVA），开设化工厂，销售剩余能源，促进该流域内农业和工业发展，并建立了一系列的大坝，加速了水电的开发利用（贾金生，2010）。但随后的发展中，美国颁布了一系列环境保护的法律，如《清洁河流法》《濒危物种保护法》等。

在制度方面，水电项目许可证是美国实行的水电开发制度。在国家环境政策法案框架下，美国以满足地区电力需求制定电力项目建设规划，防止项目对水运交通、水文生物或环境产生不利影响，保护利益相关者的合法权益，要求项目开发或经营者采取措施避免不利影响的发生（樊新中，2008）。

在政策方面，美国联邦政府为了鼓励水电发展，出台了税收抵免（PTC）的优惠政策等，以促进较好发展水电技术，无论是现代化的设备管理技术，还是将发电坝转为 NPD 以及水动力与输水管道调度技术。

10.1.2.2 挪威

挪威是水能资源极其丰富的国家。水电工作主要以开发小水电和抽水蓄能、大坝安全管理和更新改造已建工程等方面为主。通过颁布国家水资源法，确保生态环境不被破坏。自 1971 始，逐步建立边际电价销售的电力市场机制。1990 年 6 月通过新的能源法，决定进行电力市场改革，特别是要求向所有的市场参与者开放输电网络，进而促进用电市场和发电市场的有效竞争（陈广娟，2007）。

10.1.2.3 瑞士

瑞士水能资源开发利用程度高达91%。20世纪70年代初，水电量已几乎占到国内发电总量的90%。此后这一数字逐年下降。此后随着核电站的投入运行，水电量的比重逐年下降。然而蓄能能力较强是水电的显著特性，因此，在欧洲电网的电力供应中瑞士的作用不可小觑。

瑞士的水电开发也兼顾环保。瑞士联邦研究院（EAWAG）于1996年，出台绿色水电标准，以作为标准化的科学认证和绿色水电站的基本法则。该标准包括两个部分：第一部分是基本要求，是每个水电站必须履行的，基本要求满足以后，开发者与同当地利益相关者一同制定有关基金的使用计划，认证才能被获得通过；第二部分是义务要求，即投资改善当地生态环境是义务。从发电产生中提取0.5欧分/千瓦时投入专门设立的基金，用于改善对地方带来的影响。"绿色水电"的认证管理办法得到广泛的认可，指导了行业的有序发展以及电站设置位置和环境的责任管理，强化了水电建设者的环境优化意识。

10.1.3 水电开发机制分析

"机制"是一个系统内各构成要素之间相互联系和作用的关系。从而"协调机制"是系统内两个或者两个以上的构成要素之间，为实现系统总体的演进目标，相互联系、相互作用而形成的一种良性循环态势。

水电开发的协调机制就是为了实现系统内的演进目标——经济、环境与社会的可持续发展，三个主体要素水电开发者、生态环境与移民，三者之间的相互联系、相互作用。水电开发者、生态环境与移民三者呈现相互博弈而又相互依存的关系，本项目旨在研究它们之间的博弈关系，并且由于生态环境与移民与水电开发者相比，同处于弱势状态，所以没对它们之间的博弈进行研究。在水电开发者与生态环境的博弈中，水电开发者处于强势，而在水电开发过程中或多或少会对生态环境造成一定的破坏性，同样，在水电开发过程中，如果出现移民，那么移民必将遭受到一定的损失。因此，为了经济、环境与社会的和谐与可持续发展，必须对生态环境与移民进行补偿，其实现路径如图10.1所示。

第 10 章 | 绿色能源开发机制分析

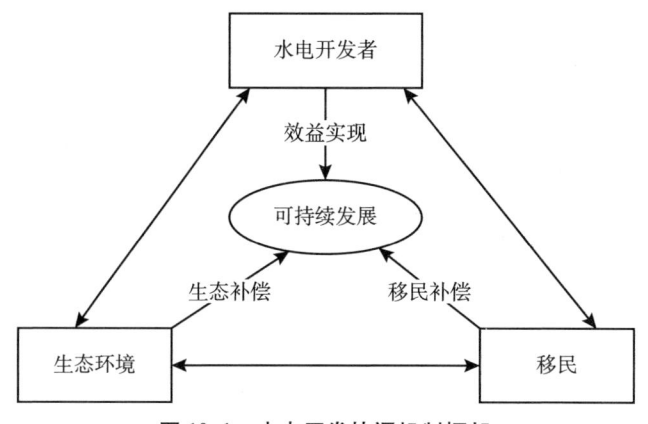

图 10.1　水电开发协调机制框架

在图 10.1 中，对生态环境、移民实施补偿，同时水电开发者的经济效益得到实现，便完成了在水电开发过程中经济、环境与社会的可持续发展。

10.1.3.1　水电开发过程中的三方进化博弈分析

构建水电开发三方博弈模型，并利用复制动态方程的求解，得到博弈的稳定策略。

（1）模型的参与主体。

水电开发者主体是指水电开发商或者政府代表，生态环境作为另一博弈的主体，虽然这一主体不是有意识的博弈方，但它会对水电开发者主体做出的决策以一种客观的现实发生进行回应（当然环境的影响会有一个时滞，这里假定暂不考虑时滞问题）。水电开发项目能够顺利实施，其中对项目所涉及的移民顺利迁出是一个关键。如移民要求迁出成本过高，这将影响水电开发者是否开发，如水电开发者对移民补偿过低，移民不愿迁出，这势必造成水电开发的社会问题，引起水电开发者与移民的不和谐。水电开发者在进行水电开发时，总是希望获得较多的收益而对移民搬迁付出较低的补偿。

（2）参与主体的行动策略。

在三方博弈的过程中，每个群体都将面临两种不同策略选择。在本书模型的策略选择中，水电开发者可以选择的方案是：成功开发和放弃开发。移民可以采取的方案为：自愿搬迁和非自愿搬迁。生态环境可以采取的反应：环境恶化和环境良好。根据上述分析，图 10.2 具体展现了三方博弈的过程。

```
                                        恶化 → 成功开发、自愿搬迁、环境恶化
                              自愿搬迁 → 环境
                                        良好 → 成功开发、自愿搬迁、环境良好
                         移民
                                        恶化 → 成功开发、非自愿搬迁、环境恶化
                 成功开发    非自愿搬迁 → 环境
                                        良好 → 成功开发、非自愿搬迁、环境良好
  水电
  开发者
                                        恶化 → 放弃开发、自愿搬迁、环境恶化
                              自愿搬迁 → 环境
                                        良好 → 放弃开发、自愿搬迁、环境良好
                 未成功开发
                         移民
                                        恶化 → 放弃开发、非自愿搬迁、环境恶化
                              非自愿搬迁 → 环境
                                        良好 → 放弃开发、非自愿搬迁、环境良好
```

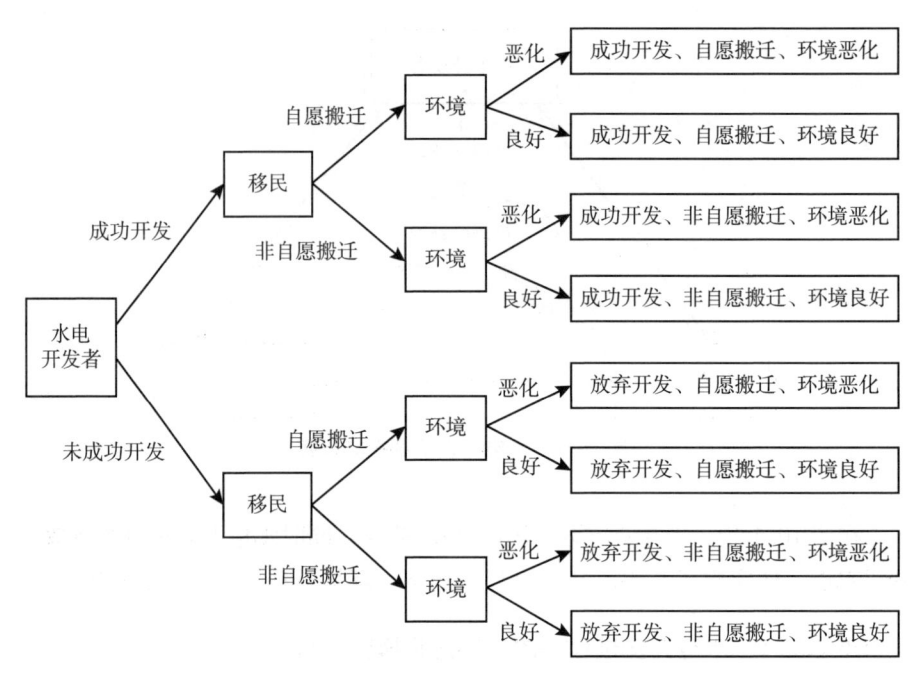

图 10.2　水电开发过程三方行动策略

根据图 10.2，可将水电开发者，移民和生态环境之间的博弈结果分为八个策略结果，用 $St(t=1,2,3,\cdots,8)$ 表示策略结果，有如下策略结果：$S1$ =（成功开发，自愿搬迁，环境恶化）；$S2$ =（成功开发，自愿搬迁，环境良好）；$S3$ =（成功开发，非自愿搬迁，环境恶化）；$S4$ =（成功开发，非自愿搬迁，环境良好）；$S5$ =（放弃开发，自愿搬迁，环境恶化）；$S6$ =（放弃开发，自愿搬迁，环境良好）；$S7$ =（放弃开发，非自愿搬迁，环境恶化）；$S8$ =（放弃开发，非自愿搬迁，环境良好）。

（3）模型中的变量设定与基本假设。

模型假定水电开发者成功开发的概率为 x，该 x 表征了水电项目开发的可行性，若 x 越大则项目成功的概率越高，水电开发者放弃开发的概率为 $1-x$；移民选择自愿搬迁的概率为 y，移民非自愿搬迁的概率为 $1-y$；生态环境恶化的概率为 z，z 值表征了生态环境的脆弱性，即若生态环境越脆弱，z 值越大，则环境恶化的概率越高，环境良好的概率为 $1-z$。

水电开发者开发成功的收益为 A，移民从水电开发项目中获得补偿为 B，该补偿来自水电开发者。当移民自愿搬迁时需承担的成本为 C，当移民非自

愿搬迁时此成本转嫁给水电开发者，且移民搬迁后将损失原居住环境带来的经济效益 D。水电项目开发成功但环境恶化时，水电开发者要承担 E 成本的环境维护费用，环境则受到 F 的伤害，若此时环境良好，环境受到的伤害为 0，且水电开发者也无须对其承担责任。若水电开发者放弃开发，会为开发者节省下来时间成本，投资于其他项目，产生的收益相当于节省下来的时间价值 G，若环境良好水电开发者无须支付环境额外成本，且由于水资源未被开发，环境获得 H 的收益。若环境恶化则水电开发者需支付环境的维护成本为 I，环境受到的损失为 J。移民与生态环境的博弈为，若移民自愿搬迁，且生态环境良好，则移民会获得生态环境带来的正效益 K，且生态环境由于受到移民自愿搬迁的善待获得 L 的正补偿；当生态环境恶化时，移民将不会得到生态环境带来的正效益，且生态环境也无法获得移民带来的生态补偿 L。当移民非自愿搬迁时，移民将不会获得环境带来的正效益，且当环境恶化时依然受到 J 的损害。

（4）模型参与主体的支付矩阵与期望效用分析。

根据上述参数设定与假设，可得到三方博弈的支付矩阵，如表 10.2 所示。

表 10.2　　水电开发者、移民和生态环境三方支付矩阵

策略组合	水电开发者	移民	生态环境
x, y, z	$A-B-E$	$B-C-D$	$-F$
$x, y, 1-z$	$A-B$	$B-C-D+K$	L
$x, 1-y, z$	$A-B-C-E$	$B-D$	$-F$
$x, 1-y, 1-z$	$A-B-C$	$B-D$	0
$1-x, y, z$	$G-B-I$	$B-C-D$	$-J$
$1-x, y, 1-z$	$G-B$	$B-C-D+K$	$H+L$
$1-x, 1-y, z$	$G-B-C-I$	$B-D$	$-J$
$1-x, 1-y, 1-z$	$G-B-C$	$B-D$	H

对于水电开发者，水电开发者开发成功的期望收益函数为 U_{11}，水电开发者放弃开发的期望收益函数为 U_{12}，则水电开发的平均期望收益为 $\overline{U}_1$。根据上述支付矩阵可得：

$$U_{11} = yz(A-B-E) + y(1-z)(A-B) + z(1-y)(A-B-C-E)$$
$$+ (1-y)(1-z)(A-B-C) \tag{10.1}$$

$$U_{12} = yz(G-B-I) + y(1-z)(G-B) + z(1-y)(G-B-C-I)$$
$$+ (1-y)(1-z)(G-B-C) \tag{10.2}$$

$$\overline{U}_1 = xU_{11} + (1-x)U_{12} \tag{10.3}$$

对于移民，移民自愿搬迁的期望收益函数为 U_{21}，移民非自愿搬迁的期望收益函数为 U_{22}，则移民的平均期望收益为 $\overline{U}_2$。根据上述支付矩阵可得：

$$U_{21} = xz(B-C-D) + x(1-z)(B-C-D+K) + z(1-x)(B-C-D)$$
$$+ (1-x)(1-z)(B-C-D+K) \tag{10.4}$$

$$U_{22} = xz(B-D) + x(1-z)(B-D) + z(1-x)(B-D)$$
$$+ (1-x)(1-z)(B-D) \tag{10.5}$$

$$\overline{U}_2 = yU_{21} + (1-y)U_{22} \tag{10.6}$$

对于生态环境，环境恶化的期望收益函数为 U_{31}，生态环境良好的期望收益函数为 U_{31}，则移民的平均期望收益为 $\overline{U}_3$。根据上述支付矩阵可得：

$$U_{31} = xy(-F) + x(1-y)(-F) + y(1-x)(-J) + (1-x)(1-y)(-J) \tag{10.7}$$

$$U_{32} = xy \cdot L + x(1-y) \cdot 0 + y(1-x) \cdot (H+L) + (1-x)(1-y) \cdot H \tag{10.8}$$

$$\overline{U}_3 = zU_{31} + (1-z)U_{32} \tag{10.9}$$

（5）三方博弈的复制动态与稳定性分析。

水电开发者选择成功开发的复制动态方程为：

$$F(x) = \frac{dx}{dt} = x(U_{11} - \overline{U}_1) = x(1-x)[A-G+z(I-E)] \tag{10.10}$$

由式（10.10），当 $z = \frac{G-A}{I-E}$ 时，$F(x) = \frac{dx}{dt} = 0$，这时所有的 x 都是稳定状态。当 $z \neq \frac{G-A}{I-E}$ 时，令 $F(x) = \frac{dx}{dt} = 0$，得到两个可能的平衡点 $x=0$，$x=1$。进化稳定策略（ESS）要求 $F(x)$ 在稳定点处的倒数为负，现对 $F(x)$ 求导，可得：

第 10 章 | 绿色能源开发机制分析

$$\frac{dF(x)}{dt} = (1-2x)[A-G+z(I-E)] \qquad (10.11)$$

由式（11），当 $[A-G+z(I-E)]>0$，即 $z=\frac{G-A}{I-E}$（由于 E 表征了水电项目开发对环境的破坏程度，会大于水电项目未开发对环境的破坏程度 I，因此 $I-E<0$）时，$F'(0)>0$，$F'(1)<0$，则 $x=1$ 是进化稳定策略（ESS）；

当 $[A-G+z(I-E)]<0$，即 $z>\frac{G-A}{I-E}$ 时，$F'(0)<0$，$F'(1)>0$，则 $x=0$ 是进化稳定策略（ESS）。

由于 $\frac{G-A}{I-E}$ 的取值范围会对进化稳定策略的结果造成影响，因此还需进一步分析其取值范围对结论的影响。当 $0<\frac{G-A}{I-E}<1$ 时，对上述结论不会产生影响；当 $\frac{G-A}{I-E}<0$ 时，由于 $z\geq 0$，因此在这种情况下只有 $x=0$ 是进化稳定策略（ESS）；当 $\frac{G-A}{I-E}>1$ 时，由于 $z\leq 1$，因此在这种情况下只有 $x=1$ 是进化稳定策略（ESS）。

由此根据上述分析可得水电开发者在 z 与 $\frac{G-A}{I-E}$ 不同取值时的动态趋势和稳定性相位图（见图 10.3 ~ 图 10.5）。

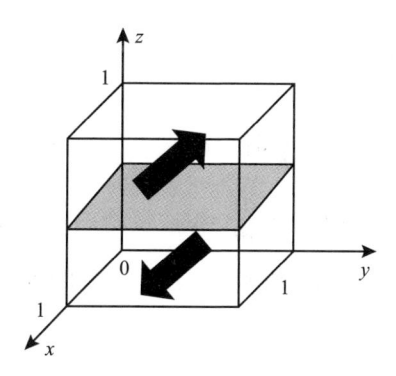

图 10.3　水电开发者动态趋势相位图，当 $0<\frac{G-A}{I-E}<1$

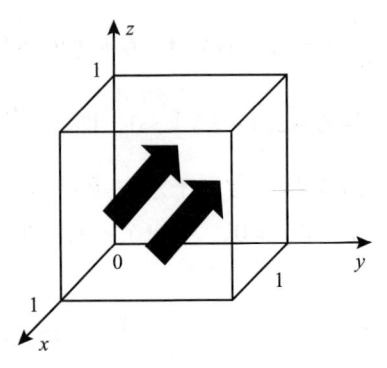

图 10.4　水电开发者动态趋势相位图，当 $\dfrac{G-A}{I-E}<0$

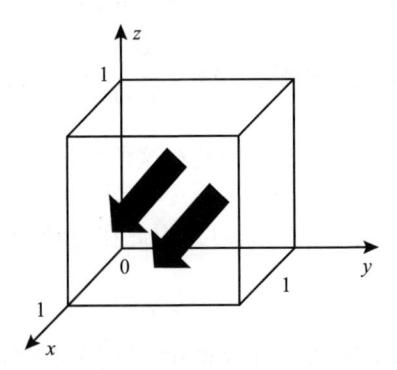

图 10.5　水电开发者动态趋势相位图，当 $\dfrac{G-A}{I-E}>1$

移民选择自愿搬迁的复制动态方程为：

$$F(y)=\frac{\mathrm{d}y}{\mathrm{d}t}=y(U_{21}-\overline{U}_2)=y(1-y)[(1-z)K-C] \quad (10.12)$$

由式（10.12），当 $z=1-\dfrac{C}{K}$ 时，$F(y)=\dfrac{\mathrm{d}y}{\mathrm{d}t}=0$，这时所有的 y 都是稳定状态。当 $z\neq 1-\dfrac{C}{K}$ 时，令 $F(y)=\dfrac{\mathrm{d}y}{\mathrm{d}t}=0$，得到两个可能的平衡点 $y=0$，$y=1$。进化稳定策略（ESS）要求 $F(y)$ 在稳定点处的倒数为负，现对 $F(y)$ 求导，可得：

$$\frac{\mathrm{d}F(y)}{\mathrm{d}t}=y(1-2y)[(1-z)K-C] \quad (10.13)$$

由式（10.13），当 $[(1-z)K-C]>0$，即 $z<1-\dfrac{C}{K}$ 时，$F'(0)>0$，

$F'(1)<0$,则 $y=1$ 是进化稳定策略(ESS);

当 $[(1-z)K-C]<0$,即 $z>1-\dfrac{C}{K}$ 时,$F'(0)<0$,$F'(1)>0$,则 $y=0$ 是进化稳定策略(ESS)。

由于 $1-\dfrac{C}{K}$ 的取值同样会对进化稳定策略的结果造成影响,因此需要分析其取值对结论的影响。当 $0<1-\dfrac{C}{K}<1$ 时,上述结论的结果不会发生变化;当 $1-\dfrac{C}{K}<0$ 时,由于 $z\geqslant 0$,因此 $y=0$ 是进化稳定策略(ESS);当 $1-\dfrac{C}{K}>1$ 时,由于 $z\leqslant 1$,因此 $y=1$ 是进化稳定策略(ESS)。

根据上述分析可得移民的动态趋势和稳定性相位图,如图 10.6~图 10.8 所示。

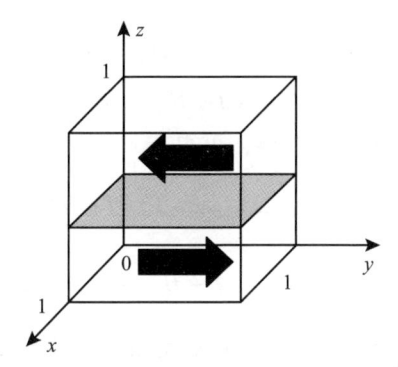

图 10.6 移民动态趋势相位图,当 $0<1-\dfrac{C}{K}<1$

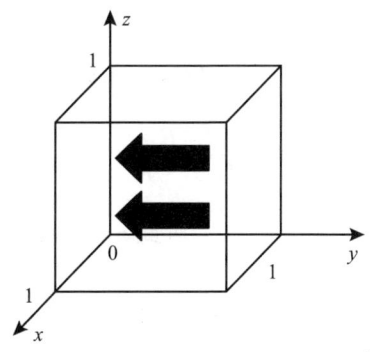

图 10.7 移民动态趋势相位图,当 $1-\dfrac{C}{K}<0$

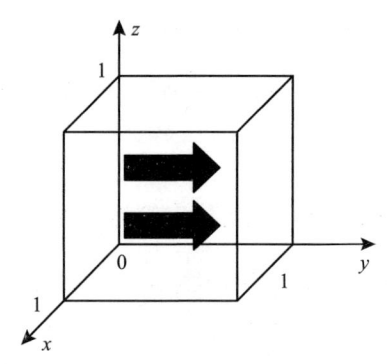

图 10.8　移民动态趋势相位图，当 $1-\dfrac{C}{K}>1$

生态环境恶化的复制动态方程为：

$$F(z)=\frac{\mathrm{d}z}{\mathrm{d}t}=z(U_{31}-\overline{U}_3)=z(1-z)[(x-1)(J+H)-xF] \quad (10.14)$$

由（10.14）可得，当 $[(x-1)(J+H)-xF]=0$ 时，$F(z)=0$，这时所有的 z 都是稳定状态。当 $[(x-1)(J+H)-xF]\neq 0$ 时，得到两个可能的平衡点 $z=0$，$z=1$。现对 $F(z)$ 求导，可得：

$$\frac{\mathrm{d}F(z)}{\mathrm{d}t}=(1-2z)[(x-1)(J+H)-xF] \quad (10.15)$$

由式（10.15），当 $[(x-1)(J+H)-xF]>0$ 时，即 $x>\dfrac{J+H}{J+H-F}$，$F'(0)>0$，$F'(1)<0$，则 $z=1$ 是进化稳定策略（ESS）；

当 $[(x-1)(J+H)-xF]<0$ 时，即 $x<\dfrac{J+H}{J+H-F}$，$F'(0)<0$，$F'(1)>0$，则 $z=0$ 是进化稳定策略（ESS）。

由于 $\dfrac{J+H}{J+H-F}$ 的取值同样会对进化稳定策略的结果造成影响，因此需要分析其取值对结论的影响。当 $0<\dfrac{J+H}{J+H-F}<1$ 时，上述结论的结果不会发生变化；当 $\dfrac{J+H}{J+H-F}<0$ 时，由于 $x\geqslant 0$，因此 $z=1$ 是进化稳定策略（ESS）；当 $\dfrac{J+H}{J+H-F}>1$ 时，由于 $x\leqslant 1$，因此 $z=0$ 是进化稳定策略（ESS）。

根据上述分析可得生态环境在 x 以及 $\dfrac{J+H}{J+H-F}$ 不同取值范围内的动态趋

势和稳定性相位图，如图 10.9 ~ 图 10.11 所示。

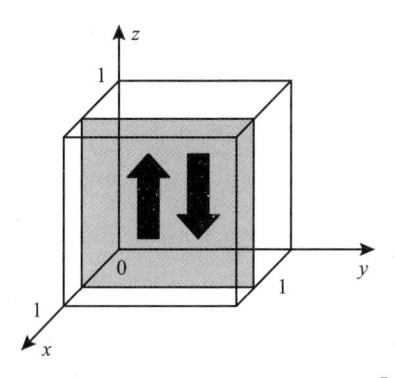

图 10.9　生态环境动态趋势相位图，当 $0<\dfrac{J+H}{J+H-F}<1$

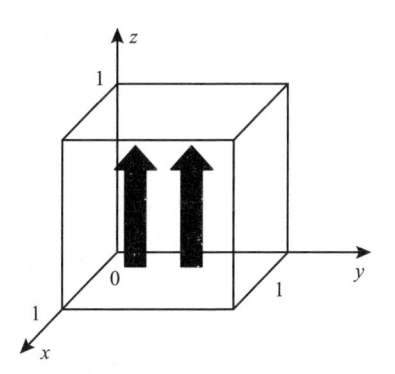

图 10.10　生态环境动态趋势相位图，当 $\dfrac{J+H}{J+H-F}<0$

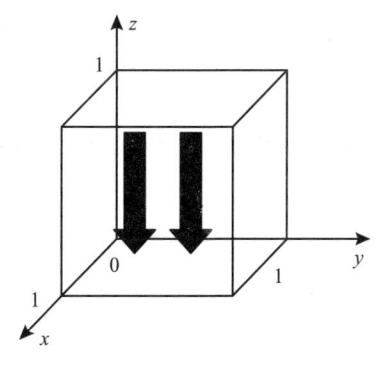

图 10.11　生态环境动态趋势相位图，当 $\dfrac{J+H}{J+H-F}>1$

在分别讨论了水电开发者、移民和生态环境的复制动态方程之后,分析整个系统的博弈均衡状态。根据参数初始状态的不同,水电开发者、移民和生态环境的进化博弈系统策略比例变化的复制动态趋势和稳定性如图10.12所示。

（1）

$0<\dfrac{G-A}{I-E}<1, 0<1-\dfrac{C}{K}<1, \dfrac{J+H}{J+H-F}<0$

均衡点：（0, 0, 1）

（2）

$0<\dfrac{G-A}{I-E}<1, 0<1-\dfrac{C}{K}<1, \dfrac{J+H}{J+H-F}>0$

均衡点：（1, 1, 0）

（3）

$\dfrac{G-A}{I-E}<0, 1-\dfrac{C}{K}<0, \dfrac{J+H}{J+H-F}<0$

均衡点：（0, 0, 1）

（4）

$\dfrac{G-A}{I-E}<0, 1-\dfrac{C}{K}<0, \dfrac{J+H}{J+H-F}>1$

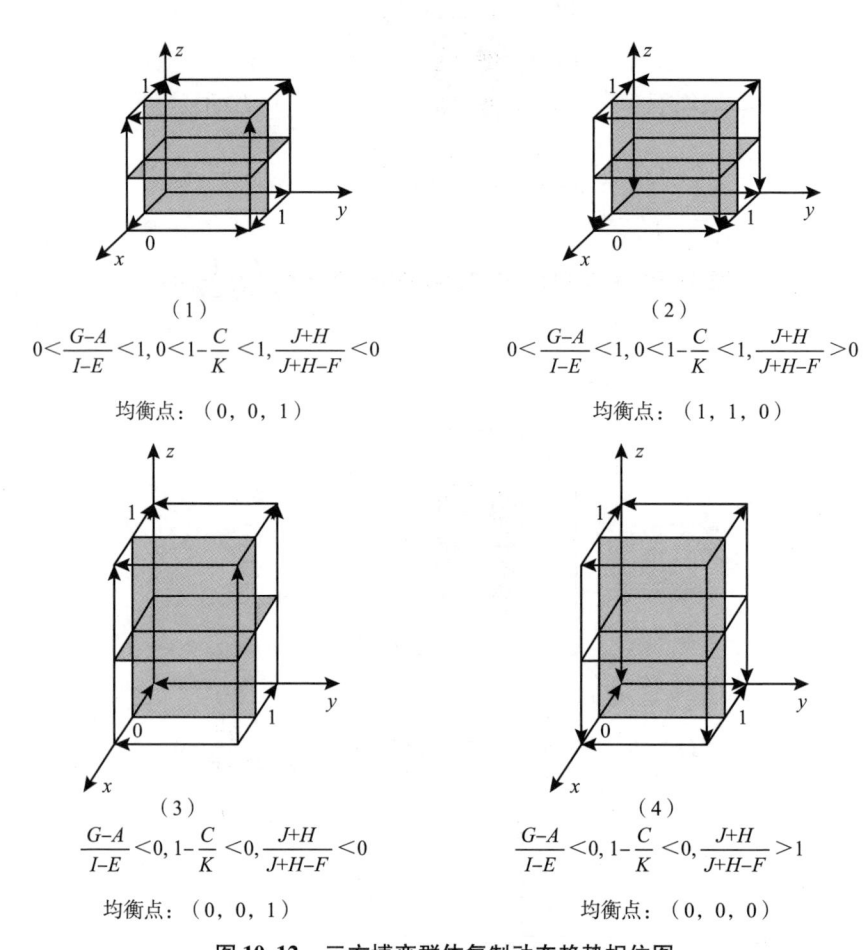

均衡点：（0, 0, 0）

图10.12 三方博弈群体复制动态趋势相位图

根据图10.12分析该三方进化博弈系统,当三个箭头指向同一点时,三方博弈系统达到均衡稳定状态。由此可以得到三种均衡状态下的进化稳定策略（ESS）：当$\dfrac{G-A}{I-E}<1$, $1-\dfrac{C}{K}<1$,且$\dfrac{J+H}{J+H-F}<0$时,即$A-G<E-I$,表明水电开发企业开发项目的超额收益不足以弥补水电开发过程中对环境恶化

的补偿，这时水电开发企业会放弃开发该水电项目；$K>0$ 且 $K<C$，表明移民自愿搬迁可以获得环境的补偿，但环境的补偿不足以弥补移民搬迁的成本，这时移民对于搬迁的态度是非自愿搬迁；$J+H<F$，表明环境受到的综合收益不足以弥补环境因水电开发受到的破坏，环境会因此受到破坏而导致环境恶化。因此，(0, 0, 1) 是该进化博弈系统的进化稳定策略（ESS），运动轨迹如图 10.12 的（1）、（3）所示，即（放弃开发，非自愿搬迁，环境恶化）是水电开发者、移民和生态环境博弈群体中所有参与者的最终选择。

当 $0<\dfrac{G-A}{I-E}<1$，$0<1-\dfrac{C}{K}<1$ 且 $\dfrac{J+H}{J+H-F}>1$ 时，即 $A>G$，表明水电开发企业会因为水电开发项目而获得超额的收益，因此水电开发企业会选择开发该水电项目；$K>C$，表明移民自愿搬迁获得的环境补偿大于自愿搬迁所付出的成本，因此移民对于搬迁的态度为自愿搬迁；$J+H>F$，表明生态环境收到的综合收益可以弥补生态环境受到的破坏，由于水电开发企业可以弥补环境造成的破坏，因此生态环境会保持良好。因此 (1, 1, 0) 是该进化博弈系统的进化稳定策略（ESS），运动轨迹如图 10.12 的（2）所示，即（成功开发，自愿搬迁，环境良好）是水电开发者、移民和生态环境博弈群体中所有参与者的最终选择。

当 $\dfrac{G-A}{I-E}<0$，$1-\dfrac{C}{K}<0$ 且 $\dfrac{J+H}{J+H-F}>1$ 时，即 $G>A$，表明水电开发企业开发该项目的机会成本高于开发水电项目的收益，水电开发企业会因开发该项目而受到损失，因此水电开发者不会进行该水电项目的开发；$C>K$，表明移民自愿搬迁获得的环境补偿大于移民搬迁的成本，因此移民对于搬迁的态度为非自愿搬迁；$J+H>F$，表明环境受到的综合收益大于环境受到的破坏，因此生态环境将会保持良好。(0, 0, 0) 是该进化博弈系统的进化稳定策略（ESS），运动轨迹如图 10.12 的（4）所示，即（放弃开发，非自愿搬迁，环境良好）是水电开发者、移民和生态环境博弈群体中所有参与者的最终选择。

通过水电开发者、移民和生态环境在水电开发过程中的进化博弈模型结果，可以得出如下结论。

（1）水电开发企业决定是否决定开发水电项目，一方面取决于该项水电项目能否带来超额的收益，即投入水电项目资金的收益是否大于资金的机会成本；另一方面，水电开发企业是否开发水电项目也取决于补偿环境的成本，即使存在超额收益，如果该收益不足以弥补对环境的补偿，那么水电开发者仍然不会选择开发该项目。

（2）对于移民而言，由于移民自愿搬迁需要自行承担搬迁成本，因此若没有环境的补偿，移民不会选择自愿搬迁。环境对移民的补偿一方面来自移民新搬迁的环境经济效益优于原居住地的环境经济效益，会给移民带来环境正的经济效益；另一方面由于移民的搬迁保护了当地的生态环境，移民因此可以从以后的生活中获得到良好环境带来正的效应。

（3）生态环境是否会恶化，取决于环境变坏的大小能否由水电开发企业对其补偿，当企业对环境的补偿大于其受到的破坏时，生态环境将会保持良好；若水电开发企业对生态环境的补偿不足，则生态环境将会变恶化，从而影响水电项目的开发和下游居民的生活。

10.1.3.2 机制分析

通过水电开发者、移民和生态环境在水电开发过程中的三方进化博弈分析，水电开发可持续发展机制应包括生态补偿机制、移民补偿机制、开发资金保障机制等。

（1）生态补偿机制。

由于水电开发过程不可避免会对环境造成一定的负面影响，当对生态环境的破坏程度大于对其的补偿时，环境状况将会变得恶化。因此，一方面水电开发企业要降低水电开发对生态环境的破坏，而降低对环境的破坏就必须要先对水电开发建设和运行过程进行监督，加强环境监督；另一方面当水电开发对环境造成影响时，及时进行项目改善和生态环境补偿，以稳定当地生态环境，最大限度地降低水电开发对环境造成的破坏。

水电开发以流域为载体，生态补偿主要是关于流域的生态补偿。水电开发商或者政府就水电开发对该流域所带来的生态环境变坏而给予的补偿，或者对该流域的自然生态环境的自我调节、自我恢复与保护进行补偿。

水电开发的生态补偿属于流域生态补偿问题。从外部性原理来看，水电开发者对河流进行水电开发，有可能会产生外部负效应，诸如水库淤积、河流水文条件的改变、生物多样性的消失等生态环境的变坏，作为这一事件的主要受益者——水电开发者，那么就应该对其外部负效应进行补偿。而自然环境并非一个自然人，要想自然环境因其水电开发带来的损坏补偿达到实现，这必须通过政府才能得以解决。因此，让生态补偿走向有法可依，有规可循，建立流域生态补偿机制是必然的选择。

通过上述分析,为了解决流域生态补偿中的一些问题,给出以下几点建议。

第一,明确流域生态补偿机制的主要三个要素构成。一是生态补偿的主体。流域水资源生态补偿制度应根据具体情况确定补偿主体。以利益最大化为自身追求目标,导致流域水资源的输入地区、水环境污染者、开发者带来对经济外部性的不利影响,因此,作为其开发的受益主体,理当承担来自生态环境补偿的相应义务和责任。从长远看,对流域地区进行生态建设活动有助于当地水资源环境的改善,流域相关者是生态环境建设的最终受益者。流域生态补偿制度应确立自我补偿的主体是受补偿地区。

二是生态补偿的对象。流域生态保护的经济效应具有很强的外部性,如果对"搭便车"行为视而不见,就会导致严重的供给不足。市场经济条件下,只有给予经济上的补偿,生态环境保护才有可能持续。因此,流域生态补偿环境补偿制度应对以下两类对象进行补偿:一类是流域生态环境的建设者。这类是投入了大量的经济和精力用于流域生态环境保护和建设,以至于以牺牲经济发展为代价,为流域的生态环境保护作出了贡献。另一类是流域生态环境破坏和污染的受害者。

三是生态补偿的方式。①政策补偿,指来自上级政府给予的机会和权力补偿。在给予授权的权限范围内,受损地方政府利用制定流域开发管理的优惠和优先权待遇,出台系列创新性政策,有利于流域资源的保护、合理利用和开发。②资金补偿,指以间接或直接的方式向生态环境受损区域提供资金支持。③实物补偿,指以土地、劳力和物质等对受损区域进行补偿,为受损者和受损区域提供部分生活和生产要素,以改善其生活状况,提高流域生态环境建设和保护能力。④智力补偿,指为受损对象提供智力服务,补偿者无偿向受损者开展技术指导和咨询,培养管理和技术人才,提高受损区域组织管理水平。

第二,完善生态补偿机制。要注重对流域内因保护流域生态环境而遭受损失、丧失发展机会的人们和地方给予政策、经济等方面的补偿,对流域带来污染而造成损害的人们和地方给予赔偿。一是政策制度,需要建立起配套、稳定、规范的长效生态补偿制度体系,主要包括建立生态补偿金的筹集、分配和资金管理等制度,另外还需要强化促进其制度能够顺利实施的"动力源",即包括水电开发者、地方和中央政府等利益相关的积极参与监督和推动制度运行的个体和组织;二是资金支持,主要是建立水电开发后续生态补偿基金，专项用于水电开发后造成周围环境污染，保障生态环境安全项目，或因生态污染造成的经济损失，经权威部门鉴定，应给予补偿的项目等。生态补偿基金为生态补偿长效机制提供了重要保障，支撑着生态补偿覆盖水电工程项目全周期。

第三，生态补偿法治化。目前，中国缺乏明确支持流域生态补偿机制的法律框架，因此，有待于建立相应的生态补偿法律制度。生态补偿法律制度是以法律法规为依据而建立，调整与生态补偿有关的各种规范制度的总和。它是指为了增进、维持生态环境容量，延缓、减少自然资源的破坏和消耗，对生态环境进行治理和恢复，对利益受损者和生态建设贡献者给予政策优惠和补偿，以维护持续发挥生态效益和生态环境的自我调节的法律制度。我国虽然在生态补偿管理方面还没有形成一套有针对性的具体法律制度，但已开始相关工作。借鉴国外成功经验，结合我国的实际情况，政府通过制定法律和政策，规制或引导环境的相关行为，把对环境保护和自身经济利益统一起来，这是必需的也是能实施的。

第四，建立科学的生态补偿评价体系。为了生态补偿的顺利实施，必须建立可操作性的生态环境评估体系以及补偿体系。由于一些生态指标的评价与选取的较难，以至于很难建立一个比较科学的生态补偿评价标准。比如缺乏科学、简洁又操作性强的方法适合计算水土流失的泥沙量、恢复减少的森林植被，为生态服务购买者计算出能从中获取利益的多少。以定量评价替代定性评价建立生态补偿评估体系，运用现代数理和经济学分析方法，与生态环境质量相结合构建指标体系以确定生态补偿的标准。

（2）移民补偿机制。

第一，进一步完善移民政策。水电开发应积极探索移民与政府分享水电开发利益的机制，把实现移民脱贫致富与当地社会经济发展作为一个重要目标，切实维护移民群众的利益，使水电开发成为移民脱贫致富、区域城镇化建设与经济发展的重要机遇，共享水电开发带来的成果。

创新移民安置方式。进行移民安置多渠道方式的研究和试点工作的推进，落实并制定具体政策措施，探索货币化一次性安置、逐年货币补偿安置以及征地补偿费用入股电站建设等多渠道的方式安置移民，形成水电工程与移民共同发展、相互促进的局面。

加强移民政策研究。加强研究与移民安置相关的先移民后建设政策、社会保障政策、移民补偿费用动态管理政策、结合城镇化安置农村移民的政策、移民区和移民安置区后续发展政策、征地补偿和国有土地上征收房屋补偿政策等。同时，强化研究移民政策的队伍建设，提高研究移民政策力量，打造完善的水电移民研究体系。

第二，移民就业服务与能力再造。随着社会的不断进步，人民生活水平的不断提高，只是解决水库移民者最基本的居住温饱问题已经满足不了现实要求，更重要的是为移民提供改善生活品质的能力，例如通过技能培训、就业服务的方法提高移民的就业能力，让移民有稳定的收入，早日实现奔小康的目标。在技能培训方面，政府应结合当地的产业结构以及移民的意愿，走访就业单位，联系技能培训学校，然后制定出具有针对性、实效性的技能培训科目，让移民在完成技能培训并取得合格证书后能够顺利就业。在就业服务方面，应多开展就业指导、多收集相关就业信息，积极组织招聘会，为移民提供更多更好的就业岗位。与当地大中小型企业展开合作，安排移民现场参观工厂车间，对各项工作有更深入的了解。在企业招聘，机关和事业单位考试中，对出身自移民家庭的大中专毕业生给予一定的政策倾斜，适当地降低面试录用分数，优先安排，让他们有更多的机会，切身感受到移民的好处。

此外，在安置区选择上应合情合理，对移民给予一定优化选择的权利。一个合适的安置点无论是对移民、对当地居民而言，都具有举足轻重的地位。安置区的选择与移民的社会融合和适应，生产生活恢复以及安置点的社会关系网络构建等密切相关。迁入地与迁出地的同质性越强，越有利于生产力的恢复发展和提升移民搬迁的积极性。以丹江口水库移民为例，当年为兴建丹江口水电站，约有超过十万的移民分批迁往河南、安徽等地。当初为了维持移民社会的融合与适应，采取了整体搬迁的原则。通过整体搬迁，移民在迁入后的经济发展水平、生产力恢复速度、文化习俗、土地资源、安置区基础设施状况等各方面均得到较快的恢复与发展，整体搬迁能更为完整地保留移民社会的文化习俗，氏族传承和耕作习惯。通过对移民搬迁满意度的调查，结果显示大部分移民对安置点的区位、环境、交通等都比较满意，并从中持续吸取移民的意见以继续强化安置区的建设。

第三，不断加强金融支持水电开发移民安置。金融作为现代经济发展的动力引擎和核心，是产业发展的血液，其他任何经济手段都不可能替代金融对水电开发移民的支持。金融支持作为水电开发移民的重要方面，其作用主要体现在以下三点：

一是对安置区域提供信贷支持。大多数涉及移民的安置区基础设施比较落后、经济发展水平都不高，金融支持企业投资安置区，有助于促进安置区社会资本的形成，带动区域经济的发展，增强区域经济增长后劲。

二是促进安置区域市场分工。对安置区域产业发展通过金融支持，有利于特色各异、产业化生产和规模化的产业发展格局的形成，促进地方市场分工明确。

三是促进金融支持移民安置市场化制度的形成。作为市场化程度很高的金融行业，为移民安置区域提供信贷支持，这需要各安置区域相关部门按照金融服务的要求，加快建设相关配套制度，才能利于提升安置区域市场化水平，形成的市场制度符合市场经济要求。因此，做好水电开发移民工作需要不断加强金融支持水电开发移民安置，完善相关金融体系。

第四，移民保险助推水电开发移民安稳致富。移民安置是水电开发工作顺利进行的一个关键环节，因此，需要合适的移民保险配套服务，为水电开发工作保驾护航。移民保险是一系列为移民生产生活提供风险保障的金融保险产品。移民保险内容可以从以下几个方面着手：

一是移民搬迁平安险。以移民搬迁过程中财务损失与人身伤害为保险责任，投保手续统一由动迁单位办理，使搬迁过程中发生的财务损失及人员伤亡能得到保险补偿。

二是"保险+扶贫"移民保险项目，主要指移民养老保险和附加医疗保险。农业安置是我国水电开发移民安置的最主要途径，但足够数量的土地和相应的生产资料是其前提条件。由于我国耕地资源较为贫乏，单一的农业安置会加剧人地紧张关系。实行医疗保险和养老保险安置可以从农业产业中转移出一部分移民来，有利于缓解耕地供需矛盾、扩大移民安置容量等。

三是"保险+信贷"的移民保险项目，分为两类：一类是移民借款人意外伤害保险，一旦移民发生意外死亡或丧失工作能力，由保险公司代为支付贷款；另一类是贷款保证保险，一旦借款人无力还款，有保险公司代为还款。这两类保险从而能够显著提升移民的信用度，有助于获得信贷支持脱贫致富。

（3）开发资金保障机制。

第一，多渠道为水电建设集资。一是纵观我国目前整体的经济状况和财政赤字，是有能力加强基础设施建设的，尤其是能源电力方面，仍应继续推进积极的财政政策，支持水电项目的开发。二是政府可运用灵活的货币金融政策，以发行水电开发项目债券的方式从资本市场筹措资金。按发行人的不同，主要可发行以下三种债券：①最常见的国库券。国库券是以中央政府信用背书而发行的，以还本付息为承诺前提而进行资金筹措的债务凭证。发行的国库券主要包括基本建设债券、国家重点建设债券、国家建设债券、保值债券、特种债券、财政债券，这些债券大多面向银行、非银行金融机构、基金、企业等定向发行。②一般意义债券。这种债券是地方政府以其信誉和收税权力做担保而发行的债券。这种债券通常来讲可靠性很高，利率较低。③公司债券，这种债券是以公司财产作为担保发行的债券。三是运用财政贴息的办法，引导社会资金大量投向水电建设项目，为水电建设项目获得更多的信贷资金支持。水电建设项目不能仅依靠国家和政府部门投入的财政预算，还应采用财政贴息的手段，逐步加大对水电项目建设的信贷规模。获得更多的社会资金。

第二，建立多层次、多元化的融资模式。同国外相比，我国在水电项目建设集资方面仍然处于渠道单一、方式落后的局面。首先我国仍是一个发展中国家，虽然已成为世界第二大经济体，但人均GDP收入还远远落后，在水电开发等国家建设项目上财力有限。因此，水电项目的开发，单靠政府财政投入这种单一的渠道远不能满足其发展需要。我国应积极学习国外水电建设项目融资的先进经验，结合我国实际情况，开发和创新适合我国国情的融资模式。TOT融资、ABS融资、BOT融资等被国外广泛运用的投融资形式，在我国水电建设项目开发领域中应用还不广泛。国家应当积极采用国际上通行的TOT、BOT、ABS以及PPP、融资租赁等多种融资模式，结合我国基本国情和实际需求，开创新的融资模式。除此以外，也可创新我国广泛采用的租赁、施工方垫资等多种融资模式。积极改善投资环境，增强水电项目建设对社会资金和外资的吸引力。

一是BOT（build-operate-transfer）即建设—经营—转让。BOT融资模式的基本思路是项目承建方被项目所属机构或所在国政府赋予了为建设和经营项目提供的一种特许权，它可以作为项目融资的基础，项目承建方据此安排融资，建设开发项目，承担风险，建成以后，在协议时间内进行项目经营以获取利润从而收回投资以及支付融资款项，经营期满，将该项目根据协议转让给当地政府机构。

二是TOT（transfer-operate-transfer），就是指将现有能够获取收益的成熟项目一定期限内的现金流量进行出售，从而获得建设新项目资金的一种融资方式。从运转过程看，TOT融资模式尤其适合于周期长、收益稳定的基础设施建设项目的融资，它有别于融资租赁，也不同于传统方式的融资方式。水电建设项目的特点是建设周期长、投资回收期长以及投资大，因此 TOT 融资模式在水电项目上具有很大的发展空间。

三是 ABS（asset-backed securities），是以项目所属资产为支撑的证券化融资模式，及资产支持证券化融资模式。以所拥有的项目资产为基础，该资产可以产生的预期现金流为条件，构建资产池，进行结构化重组，转化为证券出售而获得资金的一种项目融资方式。

四是 PPP（public-private-partnership），也称为 3P 模式，即公私合作模式。该模式以政府公共事业项目为建设目标，采取国有资本、民营资本的合作而获取项目建设资金的模式，其中以协议的方式各方每个环节的义务和权利以及需要共同承担的风险和责任，尽可能发挥国有资本、社会资本以及政府和市场的多方优势，引进民营资本，可以充分发挥民营资本市场化和资源整合上的优势，突破来自诸多的政府行政限制和干预，获得更多的建设资金支持，优于无论是公还是私进行单独建设。

第三，增强银行融资对水电项目建设的支持力度。发达国家水电项目发展的经验表明在涉及能源电力方面，例如大型水利水电基础设施建设上，政府出台了一系列经济上的优惠政策，包括低利率贷款、土地开发免税等，顺利地解决了基础设施建设中的资金不足问题。除继续对节水灌溉项目进行贷款优惠外，国家政策性银行还应扩大贷款优惠范围，比如给予水电建设项目类似的基础设施项目在贷款周期、利率与额度等给予优惠。无论大中型水电项目都应享有的长周期低利率的优惠政策，还要积极利用外国或国际金融机构的贷款。通过水电开发项目的财产作为抵押进行银行融资，并结合地方政府的财政税收作为担保，以提高大水电项目开发的融资力量。同时，进一步健全水电行业保障制度，完善信用机构，项目法人责任制的落实，提升整体的水电行业信用等级，以吸引各类银行加大对该行业的投入力度。对商业银行的贷款，还可实行财政贴息制度。以扩大对水利水电项目的贴息范围，延长贴息期限。

第四，积极鼓励民间投资，吸引民间资本进入水电项目建设。随着近年来我国经济的高速发展，民营资本也突飞猛进，能够吸引民间资本进入水电开发项目，缓解了基础设施建设过程中资金不足的压力，对加快水电项目开发具有非常重要的作用。纵观我国目前的水电开发建设，民间资本占比非常薄弱，除极少数项目有少量的民间投资，绝大多数资金还是来自国家和地方政府。而在国外，民间资本在水电项目建设中占有相当大的比重。

我国水电项目民间资本难以进入，主要表现在以下几个方面：缺乏国家政策支持力度、相关的法律法规尚不健全、民营资本投资税负过重、担保机构缺乏以及投资渠道不畅等。要想吸引民间资本的进入，可通过借鉴国外经验然后制定出符合我国国情的政策，建立健全相关的法律法规，打开民间投资渠道，降低投资要求，简化投资手续等。具体如下：

一是结合地方政府，出台相关支持民间投资的政策，例如适当降低民营企业在水电项目建设过程中的税负，提高对中小企业的补贴百分点，通过政府有效的控制和管理，让民间投资积极推动水电项目的现代化建设。

二是在可能的范围内，降低民间资金的准入门槛，简化投资手续，积极鼓励各种可能的投资方式，让民间投资进入水电项目建设更为容易。

三是充分做好国有水利水电项目的转型工作，化繁为简，将传统模式下的水电项目开发转变为适应市场经济，符合现代化建设的新型水利水电项目，将水利工程的经营权、产权下放到民间资本，满足市场需求，增加市场活力，推动市场发展。

（4）加强水电大坝的再修缮和水电开发的退役。

近年来，北美一部分水生态学家和资源管理者通过对北美水生态区保护的研究实验发现，水电大坝的再次修缮可以使河流得到重新恢复，对整个流域生态环境的改善也有极大的作用。

第一，水力发电大坝的再修缮。调查发现，在美国大约有75 000座高于5英尺的大坝阻止了美国的水道，这些大坝中仅有2 400座在发电，大部分的大坝都是受私人利益所驱使，在选址和经营方式上完全没有顾虑大坝对河流生态系统的影响，这导致了河流生态系统和生物多样性遭受了严重的破坏。整个北美有长达3 500 000英里的河流，有600 000英里位于蓄水大坝之后，其中的部分大坝亟须修缮。

在1996年因模拟洪水被广泛报道的科罗拉多河上的格兰峡谷大坝，通过影响坝下的水文和地貌来恢复河流的自然功能。在格兰峡谷实验的前几年，资源管理者、水生态学家和环境保护主义者通过联邦能源管理委员会的再次授权许可，寻求类似的操作变化，并取得显著成功。大坝管理者通过改变大坝的水流动态，从峰值的流量到更为自然的流动，可以改善水质和栖息地结构，资源管理者在这些大坝的下面已经看到自然鱼类的显著增加。

第二，水电开发的退役和大坝的拆除。无论是在北美，还是中国，抑或是世界上其他河流众多的国家地区，都存在着许许多多几十年甚至上百年前修建的蓄水大坝。以前的大坝主要是用作防洪和灌溉。20世纪以来，随着社会的演变，人口的迁徙和农业灌溉技术的日新月异，很多大坝已丧失了其原有的作用，但却依然横亘在河道中间，改变了河流原生的生态系统。这些大坝没有了价值，自然也无人管理，可以拆除。

世界上较早期和为人熟知的拆坝先例要数位于缅因州肯纳贝克河的爱德华兹大坝，于1999年实施拆除计划，从而打通了20英里的像大西洋鲑鱼和短吻鲟以及其他一些栖息地遭受破坏、无法利用鱼梯的鱼类物种主要的产卵和生长栖息地。这对于当时的人们而言是一件不可思议的事情，存在着大量的争论。但后来的事实证明，拆坝是恢复当地生态系统的唯一选择。

10.2 风电开发机制分析

风电技术比较成熟，成本不断下降，是目前应用规模最大的新能源发电方式。众多国家已将发展风电作为应对气候变化的重要途径和推进能源转型的核心内容，也是我国促进大气污染防治、深入推进能源消费和生产革命的重要手段。

10.2.1 风电开发发展态势

10.2.1.1 我国风电开发现状

第一，风电的规模化应用已在全球范围内展开。发展最快和应用最广泛的新能源风电发电技术，已大规模在全球范围内进行开发应用。截至2015年底，全球达4.32亿千瓦的累计风电装机容量，遍布一百多个地区和国家，其中，中国有1.29亿千瓦的风电并网装机，应用规模居全球之首。"十二五"时期，全球新增2.38亿千瓦风电装机容量，17%年均增长率，是新能源中装机容量增幅最大的发电技术。

第二，风电发展迅猛，已成为我国继煤电、水电之后的第三大电力能源。"十二五"期间，我国新增风电装机容量连续五年领跑全球，达到9 800万千瓦累计新增，占比我国新增装机总量同期的18%，比重在电源结构中逐年增加。截至2015年底，全国达到1 863亿千瓦时的风电年发电量，占总发电量的

3.3%，相比 2010 年提高 2.1 个百分点。继煤电、水电之后，风电已成为我国的第三大电源。

第三，风电产业技术水平显著提升。我国已基本实现风电全产业链国产化，不断增强产业集中度，全球前 10 名企业逐渐增多。"十二五"初期到末期，风电整机制造企业由原来的 80 多家逐步减少到只有 20 多家，显著提高了风电制造业集中度。风电的关键零部件设备已基本实现国产化，大型风电设备 5~6 兆瓦的装置已经开始运行，尤其是风电低风速技术取得突破性进展，在我国南方和中东部地区广泛应用，明显提升风电技术水平。冰冻、低温、高海拔等特殊环境下风电机组的并网友好性和适应性提升显著，风电开发的低风速技术经济性显著增强，全国风电技术可开发资源量显著增加。

第四，行业管理和政策体系逐步完善。"十二五"期间，我国促进风电产业发展的政策体系和行业管理制度建立基本较为完善，对于风电项目建设开发、电力并网、信息监管及运行管理等关键环节，出台了相关的技术要求和管理规定，风电建设开发管理流程进一步简化，风电技术标准体系进一步完善，风电设备关键零部件及整机型式认证已开展相关工作，风电产业评价和信息监测体系已基本建立，风电行业公平、完善、规范的政策环境已基本形成，以促进风电产业的持续健康发展。

10.2.1.2 存在的问题

中国目前是世界第一大风电装机容量国，风电发展较快。但制约风电发展的重要因素仍是经济性，我国规模化、大基地开发风电的同时弃风限电现象越发严重，相比传统化石能源生产的电力，风电发电成本居高不下，依靠政策和补贴需求较强，尤其是政策的变动对行业发展有较大影响（熊敏鹏，2016）。《风电发展"十三五"规划》明确指出我国风力发展仍然面临着：电力运行管理现有机制无法适应风电大规模并网的需要，制约风电发展的重要因素仍是经济性，支持风电发展的市场环境和政策尚需进一步改善。

10.2.2 国外风电开发经验借鉴

美国是目前仅次于中国的世界第二大风电装机容量国，丹麦是世界上最早开始发展风电的国家之一，可以追溯到 1950 年，欧洲国家特别是英国在海上风电的发展规模居全球第一。各国重要风电开发规划如表 10.3 所示。

表 10.3　　　　　　　　各国风电开发规划

国家	规划内容
中国	到 2020 年底，风电累计达到 2.1 亿千瓦以上并网装机容量，其中 500 万千瓦以上是海上风电并网装机容量；达到 4 200 亿千瓦时的风电年发电量，约占 6% 的全国总发电量。有效解决弃风问题。不断提高风电研发能力和设备制造水平，全面达到国际先进水平的设备制造企业 3～5 家，明显提升市场份额
美国	到 2030 年 20% 的用电量由风电供应
丹麦	2030 年风能发电量达到 5 500 兆瓦，其中 4 000 兆瓦来自海岸风场；把开发风电作为实现 2050 年高比例可再生能源发展目标的核心措施
英国	2020 年英国海上风电装机将达到 10 吉瓦

美国、丹麦、欧洲三个国家的风电发展经验值得我们借鉴。

10.2.2.1　美国

美国是世界上较早利用风能的国家之一。20 世纪 70 年代，风电被放在美国优先发展能源的战略地位，给予极大的财政支持和政策法规的保障，强力推进技术研发水平。《2030 年风电占 20%：提升风能对电力供应的贡献》规划报告于 2008 年 5 月发布，提出了 2030 年实现供电量中 20% 来自风电。

技术支持方面，风电技术研究方面的投资于 1973 年开始，制定了发展风电的技术路线图，美国风能计划于 1974 年开始实施。

行政法规方面，美国是最早制定鼓励发展风电法规的国家。《能源政策法案》明确规定对风电企业实行激励政策，1986 年公布的《税收改革法案》给以风电企业赋税优惠。

激励政策方面，主要包括风能投资退税（ITC）可再生能源发电配额制度、生产税抵减政策（PTC）、税收加速折旧以及财政补贴计划等。

10.2.2.2　丹麦"风之国"

风力发电大国和发电风轮生产大国，其风力发电的装机总量一直居于世界前列。在风能设备方面，每年大约超过 5 万台风力涡轮从该国出口，这接近全球总数的 50%。

丹麦风力发电的总体目标就是从能源安全保障到贸易逆差的弥补又再到

关注环境保护的发展过程。1976 年，第一阶段制定了第一个正式能源规划，主要目标为保障能源的供应安全。1981 年，第二个正式的能源规划是以解决失业问题为政策根据和贸易逆差为主要目标。20 世纪 90 年代后，以实现温室气体减排承诺和促进能源的持续开发为能源政策的重点。据丹麦政府 2007 年公布的风能发展规划，在 2025 年预计实现可再生能源供应占比 30%。在海上风电方面，预计 2030 年风能发电量达到 5 500 兆瓦，其中 4 000 兆瓦来自海岸风场。

2020 年，丹麦明确总发电量的一半将是风电发电量。2025 年，电力供应总量的 75% 将有风能提供，2030 年，能源将全部由可再生能源构成，其中 15% 的太阳能、50% 的风能、35% 生物能和其他可再生能源。

地方自治运营模式是丹麦发展的最大特点。目前，建设风电项目以社区或地方为主，占总量 81% 的都是这类项目，归私人农场主或合作社所有风电机组占比超过 80%，拥有自己的风机或风电合作社股份的丹麦家庭成果 10 多万个。除此之外，丹麦还颁布了促进风力发电的法律保障措施，主要有征收碳税、对可更新能源给予技术和税收上的优惠、实行可交易的可再生能源证书、优先购买电力的价格规定、可再生能源基金制度等，这些政府优惠支持政策为该国发展风电提供了大力支持。

10.2.2.3 英国

全球海上风电领军国当属英国，2014 年，有 370 万千瓦的海上风电总装机容量，海上风电总装机容量占比超过全球的 50%。2016 年，英国有 164 亿千瓦时海上风电发电量，占比当年英国 5.4% 的全社会总用电量，满足约 410 万户、15% 的英国家庭用电需求。截至 2016 年底，英国海域共投运了 29 个海上风电场，还有装机容量 530 万千瓦的项目正处于施工建设中。2020 年之前，英国海上风电的主力机型是 8 兆瓦以内，不低于 4 兆瓦，2020 年之后，更多的以 8 兆瓦机型为主。截至 2018 年底，海上风电为英国提供了约 7% 的电力。

2020~2029 年期间，英国海上风电的新增装机容量预计有望保持在 100 万~200 万千瓦/每年，总的新增装机将会达到 1 600 万千瓦，20% 英国家庭的用电需求可以得到满足。到 2030 年，将为英国提供 1/3 的电力。

10.2.3 风电开发机制分析

风能开发涉及生态环境协调、开发资金、技术研发、政策制度、价格机制等内外因素，风能开发机制包括生态环境机制和运行机制，其中运行机制包括资金支持机制、技术研发机制、政策制度机制和价格机制。图 10.13 所示为风能开发机制。

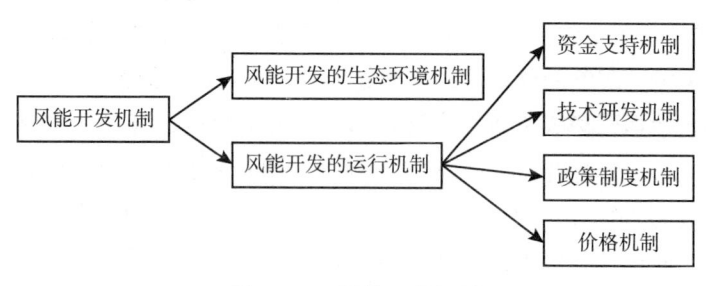

图 10.13 风能开发机制

10.2.3.1 风能开发的生态环境协调机制

风能开发必须坚持经济与环境相协调原则，在规模化开发风能资源的同时坚持重视生态环境的保护，坚持绿色低碳循环经济的发展。

风电场的选址若是不合理，风电开发项目会对周边的环境产生不利影响。例如，风电场建设会造成森林砍伐、土壤流失等对生态环境带来严重后果的影响；风电场运行会对鸟类或鱼类等生物有负面影响，不仅会有噪声和视觉干扰，还会导致它们栖息地的减少和转移。因此，在大力开发风能时，要注重风电场的合理选址，在平衡经济利益与生态环境保护时，优先考虑生态环境的保护，实施可持续发展。

10.2.3.2 风能开发的运行机制

风能开发运行机制包括资金支持、技术研发、政策制度、价格等机制，以促进风能开发顺利运行。资金支持是风能开发运行的基础。资金支持能为风能项目的开发提供资金补助，解决企业资金方面的难题，有利于企业全身心投入到风能开发中去，从而促进风能开发项目的发展。技术研发是风能开发运行的关键。风能设备中的类似风电控制系统PLC、风机叶片型设计等核心技术较多地依赖于国外进口，企业若是没有自主研发核心技术的能力，往往会成为组装零件的技术工，这不利于风能的持续开发。政策制度是风能开发运行的保障。我国风能资源具有大规模开发应用的潜力，落实到实际风能开发项目的问题，国家政府的统筹安排以及提供的制度保障能为风能开发提供切实可行的制度支撑。价格机制是风能开发运行的动力。由于风能供给会部分依赖于地理位置，而不同地区对风能的需求也不一致，因此，所制定的价格机制要能在一定程度上调节地区间的供需不平衡状态，以确保风能产业的平稳发展。

10.3　太阳能开发机制分析

太阳能行业分光伏和光热。光伏是指太阳能转化为电能，光热是指太阳能转化为热能。目前最为重要的太阳能资源利用方式就是太阳能光伏发电，成为世界各国转变能源供应的关键方式。

根据世界能源署预计，2025年光热装机容量全世界将达到22吉瓦，2050年全球总发电量中光热发电量可能占比11.3%。

由于受到地球表面位置地形的限制，无法集中接收到太阳能，因此，只有将太阳能利用装置的面积增大，才能获得足够大的功率。但随之面积的增加有会伴随制造价格的上升，同时太阳能的能量会因为天气变化、昼夜等因素的影响而变得不稳定。此外，用电负荷难以预测、谐波污染、难以控制的电压波动、孤岛效应等问题都会成为太阳能光伏发电产业发展的障碍。近年来，利用光伏发电的可再生能源的技术受到世界各国的关注，2020年，全球晶硅太阳电池片总产能达到249.4吉瓦，总产量达到163.4吉瓦。2020年我国太阳能发电量达2 611亿千瓦时，较2019年增加了371亿千瓦时，同比增长16.6%，占电力行业总发电量的比例逐年攀升，2020年达到3.42%，较2019年增长了0.37%。2020年中国太阳能发电装机容量达25 343万千瓦，较2019年增加了4 925万千瓦，同比增长24.1%，占电力行业发电装机总容量的11.52%，较2019年增长了1.36%。

随着技术的进步，逐步显现太阳能资源的经济优势，其开发利用在环境、社会、经济可持续发展中必将扮演着不可替代的重要角色。

10.3.1 太阳能开发发展态势

我国太阳能资源丰富,太阳能利用前景广阔,太阳能辐射量每年可获得 5×10^{16} 兆焦,相当于 2.4×10^4 亿吨标准煤。我国光伏发电产业发展起步于 20 世纪 70 年代,到了 90 年代中期,光伏发电产业步入稳步发展阶段。随着太阳能产业的发展,继续扩大太阳能热应用领域,在工农业生产、制冷供暖和生活热水中逐步普及。

第一,应用规模全球第一。我国《可再生能源十三五规划》明确提出,光伏装机、并网分别为 4 318 万千瓦、1.29 亿千瓦,利用太阳能热面积超过 4.0 亿平方米,应用规模位居世界第一位。

第二,技术装备水平显著提升。大幅提升光伏电池技术的创新能力,新型电池晶硅技术转换效率等多项技术创造了世界纪录。建立的光伏发电全产业链具有国际竞争力,多晶硅生产技术突破了来自国外的技术封锁,我国多晶硅产量约占 40% 全球产量,光伏组件产量约占 70% 全球产量。由于扩大生产规模和技术进步使其光伏组件价格大幅下降,超过了 60%,光伏发电的经济性显著提高。

第三,我国从事太阳能产业的主要企业。目前,从事太阳能产业的我国主要企业包括国家电网、南方电网、中核集团、华能集团、大唐集团、华电集团、国电集团、国电投集团、三峡集团、神华集团、中节能集团、中电建集团、中能建集团、中广核集团和一些地方电网企业。

第四,存在的问题。弃光限电问题是主要存在的问题。国家电网统计,2020 年全国弃光电量 52.6 亿千瓦时,弃光限电主要集中在我国西北地区,青海和西藏尤为严重,分别高达 8% 和 25.4% 的弃光率。由于我国西北地区的累计光伏并网量占全国的 40%,地面型电站装机占全国 46%,而分布式光伏只占全国 4%,装机量庞大而当地电力消纳不高,同时电缆外输容量不足,造成严重的弃光限电问题。

10.3.2 国外太阳能开发经验借鉴

日本、美国和德国等国家一直处于利用太阳能光伏的全球领先地位,并且比重占比较大,这与这些国家较早推广利用太阳能光伏技术分不开,储备了较强的相关开发技术，技术条件逐步成熟。

10.3.2.1 德国

德国的能源资源并不丰富，除了相对丰富的煤炭储量以外，天然气和石油对外依存度超过95%，能源总体上的自给率约30%。但通过可再生能源大力发展国家战略的引导，德国成了世界太阳能发电利用最多的国家。到2025年，德国联邦网络局计划将太阳能光伏发电和风能份额提升到70%可再生能源发电。到2030年，使其持续提升占比到80%~90%。

德国的成功却并非偶然，这主要是归功于有效的政策和创新的决策机制。20世纪90年代初，为了破解能源安全问题，德国实施了可再生能源发展政策。近10年，为了应对气候变化，出现可再生能源优先发展的政策导向。德国政府在政策层面，制定的优惠政策非常多，比如可再生能源法案于2000年正式立法，其中对太阳能发电、风电给予了20年的优先上网的权利以及长期合约价格。为了促进太阳能光伏产业及市场应用，德国制定了《新可再生能源法》，其中对光伏发电的上网电价做了规定。同时，德国政府还推出"市场刺激计划""光伏发电设备投资贷款计划""生态房屋计划""居住空间现代化计划"等。在研发层面，德国拥有50多个高等学校和国家顶级研究机构参与光伏领域研究。与此同时，德国政府对此给出相对丰裕的经费支持，从2010年起德国联邦环境部资助光伏研究投入2 800万欧元、2010年德国经济技术部和联邦研发部用于发展可再生能源提供了5 880万欧元。而在补贴方面，德国也明确相关领域的补贴比例，比如硅晶圆技术占比52%、聚焦光伏占比12%等。为了增加太阳能用电消费，德国政府还实施上网电价补偿政策，其依据不同类型和规模，补贴范围在0.24欧分和0.33欧分。为了解决可再生能源系统分布式接入对电网稳定性带来的冲击，近年来，能源的跨领域合作（比如电变热、电变气等）使传统发电站不断降低发电小时数。

10.3.2.2 美国

美国，最早制定光伏发电发展规划的国家。在1970年，美国政府制订了政府级阳光发电计划，旨在进一步推动国内的太阳能产业的发展。为解决太阳能研发资金问题，依托阳光发电计划，1973年美国成立了太阳能开发银行，以推动太阳能产业化和商业化。

为了推动太阳能更加深入地发展，美国针对太阳能出台了相关资助政策，其包括四个层次的主要内容：联邦政府的成本共享计划；对太阳能美国联邦政府各部门（能源部、内政部、国防部等）的政策资助；州级的补贴激励政策；地方政府和城市的激励政策。具体内容如下：（1）对太阳能的资助，美国联邦政府是最高层次的资助，主要内容包括四个方面：财政资助、担保贷款、经济激励和税收刺激。1992年，美国政府通过了能源法案，对太阳能商业化利用从税收方面安排税收激励。（2）对太阳能在商业或建筑方面的应用，在美国50个州中，超过41个州至少提供了一项资助政策。美国20个州已有政府或公共事业部门支持对太阳能系统的折扣；其他17个州，为了促进可再生能源使用量的提高，建立了可再生能源资产标准。（3）对太阳能的资助除了州政府和联邦政府以外，地方政府尤其是市政府也实施了对太阳能的进一步支持，如亚利桑那州的图森市萨克拉曼多市、加州的洛杉矶市、德州的奥斯汀市等都是比较典型鼓励使用太阳能的州市，对太阳能的支持这些州市都有自己的财政计划。（4）一些非营利组织和非政府组织的主要社会机构，对太阳能也积极进行资助，并推动太阳能等可再生能源的利用。但是，来自社会机构的资助计划目的在于促进将美国太阳能产品向国际市场推送，从而实现抢占国际市场份额。美国国内而言，基金和非营利的机构更倾向于关注政府对太阳能的国内技术研究、政策实施以及对太阳能的宣传和公共意识教育等。

10.3.2.3 日本

日本位于亚洲大陆东岸，接壤太平洋，其国土由九州、四国、本州、北海道四个大岛以及3 900多个小岛组成。在能源供给方面，不利的地理环境使得日本成为能源资源极度匮乏的国家，这也使得日本大力发展可再生能源，尤其是利用其先进的科学技术。

在太阳能利用方面，日本也是投入大量资金加强科研开发，其也是取得不俗成绩。比如，从20世纪70年代开始，各国开始不断加大太阳能开发的力度，这就带来太阳能技术专利数量呈明显的上升趋势，截止到2008年，全球太阳能专利数超过60 000多项。日本也是拥有全球大型太阳能产业企业最多的国家，其中包括京都陶瓷、夏普、佳能株式会社等比较有名企业。在强大技术支撑下，日本的太阳能产业发展也是风生水起。1992年，日本实施"新阳光计划"，2003年日本已经拥有的光伏组件是全球的一半。2000年日本拥有12×10^4千瓦太阳能发电能力，占据全球市场绝大部分份额。2005年，世界拥有太阳能发电市场能力 150×10^4 千瓦,其中日本就有 30×10^4 千瓦。

日本太阳能产业迅速发展离不开政府的支持。1994~2005年期间,对住宅的光伏发电补贴日本政府累计总额达 $1\,322\times10^8$ 日元,对光伏发电的市场需求实施了有效刺激。补贴前后相比,利用光伏发电量增长了约6倍,而从1992年到2007年,光伏发电系统的安装设备由 370×10^4 日元/瓦降到 70×10^4 日元/瓦,只有当初的1/6。到2007年,日本利用光伏发电总量是 192×10^4 千瓦,其中住宅所占比例约80%,达到了 155×10^4 千瓦。2008年10月,推出了扩张太阳能发电的合作计划,加速普及太阳能发电,实施利用形式多样化,主要是在公共领域,包括主要的社会场区、商店、学校、医院等推广普及太阳能发电机量,其中5.19吉瓦的屋顶光伏装机容量。2017年新增5.799吉瓦的光伏并网装机容量,与2016年新增6.83吉瓦相比,降低15%左右。

日本政府以2008年最大的太阳能电池利用量为基础进行推算,到2030年,利用光伏发电量是2005年的40倍。

10.3.3 太阳能开发机制分析

太阳能开发涉及资金支持、技术研发、政策制度、价格机制4个内外因素,其运行机制就是其影响因素之间相互作用而促进太阳能开发顺利运行,如图10.14所示。

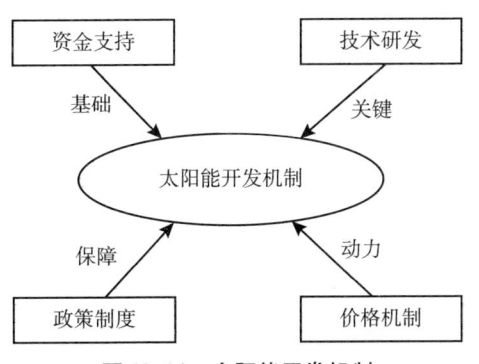

图 10.14 太阳能开发机制

资金支持是太阳能开发运行的基础。开发太阳能离不开资金的支持,尤其是光伏产业这样的新兴战略产业,资金是开启太阳能开发项目的起点,没有资金就无法启动太阳能项目，因此资金支持是开发太阳能的基石。技术研发是太阳能开发运行的关键。太阳能开发技术涉及采能、集能、储能等技术研发，技术突破能为太阳能的开发带来成本效应，是企业持续前进的活力。政策制度是太阳能开发运行的保障。政府的总量目标以及相关制度的建立完善能为太阳能开发提供良好的制度环境，也是制定光伏产业长期发展战略的制度保障。价格机制是太阳能开发运行的动力。合理的电力价格能够促进太阳能尤其是光伏产业的规模化、商业化，吸引资源投向太阳能项目开发。太阳能光伏发电价格是推动太阳能大量开发的动力，尝试探索"固定定价+浮动定价"的定价机制。

10.4 我国海洋能开发机制分析

10.4.1 海洋能开发发展态势

海洋能是一种因海水运动而产生动能的可再生能源，包含潮汐能、波浪能、海流能、温差能和盐差能。从总量上来看，我国拥有狭长的海岸线以及面积广阔的海岛，海洋能资源理论储量约为 6.1087×10^{11} 千瓦，技术可利用量约为9.81亿千瓦，蕴藏量十分丰富。我国自20世纪70年代就开始对海洋能的应用进行探索，技术发展较快。总的来说，目前潮汐能开发技术基本成熟，达到国际领先水平，潮流能、温差能等技术均取得不同程度的发展，海洋能产业也逐步向纵深推进。

10.4.1.1 潮汐能

我国潮汐能受地理因素限制，主要分布于东南沿海。据统计，我国有1.9亿千瓦总潮汐能储量，其中3 850万千瓦可开发量，870亿千瓦时的年发电量。40多年来，我国共建成400多座潮汐电站，其中长期运行的潮汐电站有8座，但与国外相比，国内电站的规模都相对较小（王燕，2017）。目前，位于浙江省温岭市的江夏潮汐试验电站是我国最大的潮汐能双向发电站。该电站以发电为主，兼具海水养殖、土地围垦、观光旅游等综合效益。该电站共配置有双向灯泡贯流式水轮式6台发电机组，3 900千瓦的总装机容量，3 200 千瓦的现装机容量，1 000 万千瓦时左右的年发电量，1.62 亿千瓦时的累计发电。

目前，我国潮汐发电技术已相对成熟，设备运用实践也发展迅速，开发利用产生的综合收益显著。但是，在其发展过程中，仍存在着许多问题。具体如下：一是我国潮汐电站的发展与当地海洋经济的其他开发方式，如水产养殖、旅游交通等存在矛盾；二是自20世纪80年代以来，我国通过对闽浙一带的潮汐电站选址进行可行性分析，选出了许多优良站址，但由于其开发成本大、建设用时跨度大、经济效益相对较低等，均未投入建设；三是我国平均潮差小，仅为世界平均潮差的1/2，而平均潮差又是衡量潮汐资源质量的重要指标，这就直接导致了我国潮汐电站的装机容量相对不足，投资建设成本大等不利开发因素，阻碍了我国潮汐电站的发展进程。

10.4.1.2　波浪能

波浪能是海洋能中最主要的能源之一，其开发和研究也是海洋能发展的重要一环。我国的波浪能资源十分可观，近海海域波浪能可开发利用量约为5.74亿千瓦。总体而言，波浪能分布南多北少；从地区来看，我国波浪能主要集中于东南沿海一带，其中又以闽浙为最，苏沪次之；从海区来看，各海区总量的45.9%分布在南海南部偏北海区与南海北部偏北海区，20.4%分布在东海海区；黄海、渤海、南海南部偏南海区最少。波浪能的分布不仅与地理位置密切相关，其季节特征也十分明显，一般是春夏波浪能功率小，秋冬相对较大。

目前，我国波浪能发展水平与国际先进发展水平相当，波浪能开发技术共有三种，包括振荡水珠技术、振荡体技术和越浪技术三种。我国主要研究振荡体形式，并建成了鸭式、鹰式、浮力摆式、漂浮式等多种以不同振荡体为基本形式的波浪能发电装置。2011年11月19日，在珠海万山岛完成由中科院广州能源所研制的漂浮直驱式波浪能发电系统"哪吒一号"的现场投放。该装置装机容量为20千瓦，是我国第一套利用直驱方式将波浪能转化为电能的发电系统。2013年2月，经优化研制的"哪吒二号"海洋仪器波浪能基站开始海上实测，累计发电2 050小时，最大输出功率达11.47千瓦（史宏达，2017）。

10.4.1.3 潮流能

潮流能，又称海流能，是潮水在水平运动过程中所产生的动能。我国东南沿海潮流流速快，其中，舟山群岛和浙江杭州湾海区的潮流流速可达5米/秒以上，与欧美潮流能密度最大的地区相当。这些地区潮流资源丰富，十分有利于潮流能的开发运用。

近年来，在国家专项基金的推动下，我国利用涡激振荡式、垂直轴、水平轴等潮流能水能机开发方式，潮流发电试验装置研发出了10余项成果，主要技术已全面进入海试阶段，发电装置的关键部件和核心技术也基本实现了国有化。2015年6月，中国海洋大学研制的轴流式潮流能发电装置"海川号"，在青岛斋堂岛水道安装运行。现场检测结果显示，机组叶轮能量捕获系数Cp达到43.3%，机组效率达到35.2%，启动流速约为0.5米/秒。装机功率为20千瓦，实现了跨年度正常运行（史宏达，2017）。

10.4.1.4 温差能

温差能属于海洋热能，是由海洋表层海水和深层海水之间的温差产生的。我国南海受太阳辐射时间长，常年维持在25摄氏度以上的表层水温，在5摄氏度以下的深层水温，有20摄氏度以上的温差，温差资源蕴藏丰富。但是，由于南海东南部远离陆地，不适合近期试验开发，而南海中、南、北部海区由于距离陆地近，可作为未来进一步发展的基石，开发优势明显。在工程实践中，海洋温差能转换装置在成本核算和海上建设方面还面临诸多问题，这需要不断试验和实践来研究解决。

10.4.1.5 盐差能

盐差能是由于海水和淡水之间含盐浓度不同而以化学能形态出现的海洋能，主要海河交界处，我国青海省的许多内陆盐湖也可加以利用。目前，盐差能发电主要有机械—化学法、反电渗析电池法、蒸汽压力差法和渗透压法等。由于开发难度大，技术水平要求高，对盐差能的研究进程十分缓慢。我国盐差能研究历史较短，目前尚处于试验摸索阶段，离理论形成还有很长的距离。

10.4.2 国外海洋能开发经验借鉴

10.4.2.1 海洋能开发现状

近年来,欧美海洋强国逐步加强了对海洋能的资金投入和开发力度,大型能源公司和能源相关公司也开始重视海洋能研发工作,国际海洋能开发技术取得了一系列重大突破。

(1) 潮汐能。

据欧盟联合研究中心(JRC)报告,国际潮流能技术以水平轴式为主(占七成以上),大多数涡轮机组具有可变速传动系统,且采用海底刚性结构安装。2015 年以前,国际上并网测试主要是针对海洋能试验场进行,如加拿大 FORCE、英国 EMEC 等,并网运行针对潮流能机组进行的信息十分有限。而今,国际上已有多个单机兆瓦级机组实现并网发电,从技术层面来看,小装机容量潮流能技术适用于浅水海域,可有效降低开发成本和风险,促进技术累积和工程经验的获取,为下一步开发大功率机组奠定基础。但总体来看,随着兆瓦级潮流能技术的商业化进程加快,潮流能发电成本下降至有竞争力的水平将很快实现。同时,以荷兰 Torcado 公司、英国 Atlantis 公司、美国 GE 公司等为代表的水平轴式运行技术和以法国 DCNS 公司为代表的空心贯流式技术的成功并网,也进一步推动了潮流能技术的商业化进程,促进了国际潮流能技术的进一步发展。

(2) 波浪能。

近年来,国际波浪能技术发展迅速,但尚未形成统一的技术理论。国际社会对波浪能发电装置进行了长期海试,但在应对环境变化的情况下,发电装置长期工作的可靠性、转换的可操作性等关键技术还有待进一步突破。例如,2004 年实现在 EMEC 实现并网的英国 Pelamis Wave Power 公司研制的 Pelamis 波浪能装置,由于其技术无法实现商业化,导致公司在 2015 年进入破产清算。但 Pelamis 在海试中积累了大量的经验,对其他公司波浪能装置的研发有十分重要的借鉴意义。目前,EMEC 在苏格兰波浪能计划(WES)支持下,开始继续对 Pelamis 的部件性能进行测试。同时,以西班牙 Mutriku 为代表的小功率波浪能发电技术逐步实现并网运行,将为其大功率进行并网运行积累丰富的经验,推动国际波浪能技术的长足发展。

（3）潮流能。

随着海洋能技术运用的不断升温，潮流能技术的发展也引发了广泛关注。目前，英美等国已在进行大规模项目的海试，未来几年，在基金项目以及政府专项资金的支持下，潮流能利用装置不断被开发升级，其装机容量也在逐渐增加。2008 年，英国 MCT 公司研制的 1.2 兆瓦"SeaGen"潮流能水轮机投入运行，成为国际社会第一个潮流能商业化电站；2012 年，其与 RWEn-power renewables 公司合作建成了 10.5 兆瓦的电站项目，为潮流能技术的发展积累了丰富的经验。

（4）温差能。

近年来，美国、英国等国建造起百千瓦级温差能发电站，运行效果，为兆瓦级电站建造积累了重要经验，芬兰、韩国等国也已启动了兆瓦级温差能电站建设，温差能技术运用范围进一步扩大。2014 年，装机容量达 750 千瓦的英国 Pelamis Wave Power 公司运用漂浮式技术在 EMEC 实现并网，同年，以岸基摆式为主的以色列 EWP 公司实现并网，装机容量 10 千瓦；2015 年，Aquamarine Power 公司以海底固定式技术实现并网，装机容量 800 千瓦。总的来看，国际温差能技术仍处于核心开发阶段，其热力循环技术、整体集成技术等方面还需要进一步改进。

（5）盐差能。

盐差能发电主要有渗透压法、蒸汽压力差法、反电渗析电池法和机械—化学法等。近年来，随着可再生能源开发需求的增大以及各国政府的重视，美国、以色列和瑞典等国都对盐差能进行了研究，但总体上，对新能源盐差能的研究还处于原理性研究和实验室实验研究阶段，要想进行示范或应用还需继续努力。

10.4.2.2 国外海洋能开发特点

目前，海洋能总体发展较为迅速，但由于所处环境差异，各类海洋能的发展进程也不尽相同。通过对国际社会海洋能发展现状进行分析，海洋能的发展主要有以下特点：

一是潮汐能、波浪能和潮流能发展速度快，目前已步入商业化阶段，其中又以潮流能为最。究其原因，主要是国际社会对可再生能源的需求日益增加、政府设立的专项资金以及社会各项基金的支持，同时，大型能源相关公司也积极参与，共同推动了海洋能技术的研发和进步。

二是温差能开发研究力度加强，低纬度国家对其的重视程度明显提高，美国、日本等国都设立了专项资金对其进行研究，温差能发电也逐步迈入了核心发展阶段。

三是海洋能开发的产业化进程加快，由于环境等因素的影响，海洋能开发成本巨大，随着产业化进程的加快，多个国家的海洋装置可以在同一个平台上进行研究，同时，实验基地也会为海洋能发电装置的研究提供性能评估等多项服务，极大地节约了发电装置的前期投入成本，加强了技术之间的相互交流，又进一步推动了海洋能开发技术的产业化进程。

10.4.3 海洋能开发机制分析

海洋能开发涉及生态环境、开发资金、技术研发、政策制度4个内外因素，海洋能开发机制主要从生态环境平衡机制和运行机制进行分析，运行机制包括资金支持机制、技术研发机制、政策制度机制。海洋能开发机制如图10.15所示。

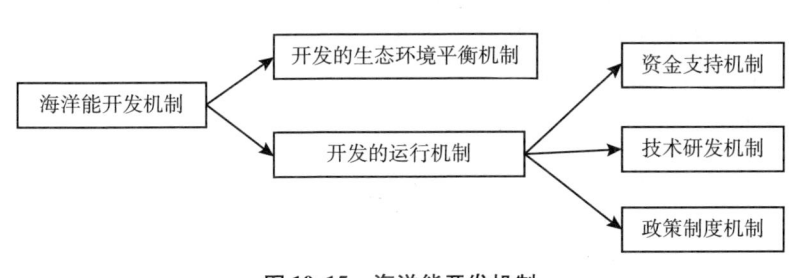

图 10.15 海洋能开发机制

10.4.3.1 海洋能开发的生态环境平衡机制

海洋能不仅是绿色低碳能源，还是环境友好型能源，本身对环境没有任何的影响，但海洋能开发设备所产生的噪声以及对海洋物理环境的改变会影响海洋生物的正常生活，过度开发还会导致临近海域丧失开发的可能性，引起局部海洋领域的"荒漠化"。因此，加强对海洋能开发过程中环境的保护力度刻不容缓。为了实现海洋能开发的可持续发展，在开发利用海洋能资源时要充分考虑经济效益和环境效益的平衡，制定长期有效的海洋能生态保护政策措施。

10.4.3.2 海洋能开发的运行机制

资金支持是海洋能开发运行的基础。资金不到位，会降低企业对海洋能开发的热情，难以开启海洋能的开发，难以实现海洋能开发的产业化。因此，海洋能资源的开发利用需要相关激励政策予以资金和融资需求支持，资金支持是海洋能开发运行的基本条件。技术研发是海洋能开发运行的关键。由于海上作业时常面临风暴、激流、巨浪等恶劣的环境，对设备的防腐蚀、防渗漏、防高压等性能提出了更高的要求，这就要求海洋能开发利用需要成熟稳定的开发技术。技术不过关是目前很多海洋能资源未被利用的原因之一。技术的创新和突破不仅能够加快海洋能开发技术的发展，拥有自主核心研发技术，还能加快海洋产业的结构调整，促进沿海地区的经济增长。政策制度是海洋能开发运行的保障。科学合理地制定海洋能开发利用规划以及海洋能资源开发总量目标能为海洋能的开发提供制度保证，有利于地方政府合理开发海洋能资源。价格机制是海洋能开发运行的动力。海洋能开发成本高、经济效益低是目前很多海洋能资源未被利用的另一个原因。制定怎样的价格制度既能保证经济效益，又能给企业带去开发海洋能的信心和热情，是值得思考的问题。价格机制涉及经济利益与成本之间的平衡，合理的价格机制是推动海洋能开发运行的源源不断的动力。

10.5 我国生物质能开发机制分析

10.5.1 生物质能开发发展态势

作为可再生能源，生物质能发展潜力巨大，面对全球能源危机，它是有效替代能源，已成为继化石能源煤、油、气之后的第四大能源，具有十分广阔的开发前景。生物柴油和燃料乙醇是第一代生物质能的代表，粮食供应量决定了其储量的多少，大量使用可能会导致粮食危机；第二、三代生物质能分别以秸秆等农林废弃物和微藻为主要原料，属于非粮生物燃料，规避了粮食危机等风险，但其提炼成本高、技术难度大，很多开发技术还处于试验阶段，投入使用的项目极其有限。

国际能源发展潮流推动了能源供给的多元化、清洁化、低碳化与优质化。能源变革的核心推动力就是大力发展绿色低碳能源，其中生物质能作为绿色低碳能源的重要组成部分，在能源变革中发挥了重要作用。生物质能主要包括生物燃料和生物电能，其最广泛利用的三种转换形式分别是生物质发电、燃料乙醇及生物柴油（莫神星，2017）。就生物质发电运用而言，2016年底全球约为110吉瓦的生物质发电装机容量，其中利用生物质能源占主导地位的典型区域是北欧地区（赵巧良，2018）。就生物燃料而言，《BP世界能源统计年鉴2017》上的资料显示，2016年，世界有82 306千吨油当量的生物燃料产量，同比增长2.6%，其中美洲是主产地，世界生物燃料产量的66%在巴西和美国。而同时，国际上主要地区和国家都在积极地建立可再生的生物质能认证体系，规范利用生物质能的开发行为，推动国际生物质能快速可持续发展。

我国生物质能蕴藏量十分丰富，2015年，我国仅农作物秸秆可利用率就高达3.4×10^8吨。发展生物质能发电不仅能推动发展绿色经济，还能实现绿色生产和环境保护。我国在《生物质能发展"十三五"规划》中，明确了生物质能的重要性。2020年，我国生物质能将基本实现商业化和规模化，约5.8×10^7吨标准煤的年利用，装机容量达到15吉瓦，年发电量时达到90 000吉瓦时，其中直燃发电7 000兆瓦，垃圾发电7.5吉瓦，沼气发电0.5吉瓦；8×10^9立方米年利用量是生物天然气；6×10^6吨年利用量生物液体燃料；3×10^7吨年利用量生物质成型燃料（赵巧良，2018）。

目前，生物柴油、燃料乙醇、生物质、沼气发电和直接燃烧是我国生物质能应用的主要方式。其中，直接燃烧是最原始的方法，主要存在于广大农村地区，发展较为成熟，直接燃烧农作物秸秆等在工业领域也得到了大力推广。我国的沼气开发技术位居世界前列，其运用已进入商业化阶段。生物质发电、燃料乙醇和生物柴油的开发利用也得到了政府的大力支持，发展潜力巨大。2020年，全国生物质发电新增装机543万千瓦，累计装机达到2 952万千瓦，同比增长22.6%；2020年生物质发电量1 326亿千瓦时，同比增长19.4%，继续保持稳步增长势头。累计装机排名前五位的省份是山东、广东、江苏、浙江和安徽，分别为365.5万千瓦、282.4万千瓦、242.0万千瓦、240.1万千瓦和213.8万千瓦。

10.5.2 国外生物质能开发经验借鉴

伴随着生物质能的快速发展，国际社会广泛关注生物质能的可持续发展和开发利用技术的创新，本部分选取几个有代表性的国家，对其生物质能的发展历程进行归纳总结，为发展我国生物质能的发展提供借鉴。

10.5.2.1 美国

美国对生物质能的开发利用主要包括燃料乙醇、生物柴油和生物质发电三个方面。发达的农业经济和高素质人才储备使得美国在能源品种范围、项目投资方面都处于国际领先地位。为了实现生物质能的可持续发展，美国制定了一系列促进其发展的宏观政策和规划，并于2003年在《生物质技术路线图》中提出到2020年，实现生物燃油占全国燃油总消费量的10%，到2050年实现生物质能消耗占总能耗的50%的设想。同时，美国还出台了一系列生物质能发展相关的法律法规并提供相应的政策支持，如美国可再生燃料进口商须按照环保部关于可再生燃料身份码的指导，所有生产燃料的原料须符合政策要求（康利平，2013）。通过财税政策来扶持本国生物质能的发展，包括关税减免、贷款优惠等。

10.5.2.2 欧盟

20世纪70年代，欧盟就开始开发生物质能，早在2001年，欧盟消费生物质能总量就超过了可再生能源消费总量的50%。在发展生物质能的过程中，欧盟各成员国都积极参与，共同制定了行动规划和法律法规，如2005年的《欧盟生物质行动计划》《2010欧洲交通政策白皮书》《欧盟可再生能源发电令》等，在对生物质能发展提供方向指导的同时，也提供了资金支持。欧盟的财税政策同样对生物质能的发展有所倾斜，补贴形式多样。例如，欧盟对生物质液体燃料免征燃料税，直接提升了生物柴油在国际市场上的竞争力。最重要的是，欧盟成员国十分重视对生物质能技术的开发研究，政府和企业都设立了专门的研发中心，为未来进行技术储备，极大地拉动了生物质能产业的发展。

10.5.2.3 日本

日本的生物质能蕴藏量极其稀少，但由于政府和社会各界对新能源开发的高度关注，日本的生物质能开发利用技术遥遥领先于世界其他国家，其在生物质经济发展中也处于领导地位。日本政府在发展生物质能的过程中，一方面，制定了一系列的生物质能发展计划及综合发展战略，以多产业综合发展、政策支持、财税优惠等各种方式促进其开发利用；另一方面，积极研发生物质能的创新技术，有效提高生物质能原料的利用效率，创新发展生物质能方式，极力促进可持续生物质能发展。

10.5.2.4 印度

农业大国的印度，有着非常丰富生物质能资源，其中农业废物和木材废料是最常见的生物质能原材料。在生物质能的开发利用过程中，印度政府不仅对生物质能源技术倡导大力发展，还制定了许多激励生物质能的发电措施，还设有专门的生物质能源委员会，以项目示范促进生物质能的发展。此外，印度将生物质能的发展与商业和传统资源的能源结构结合起来，利用财税优惠等政府激励机制，极大地提高了非常规能源的发电量，推动了生物质能的商业化发展进程。

10.5.3 生物质能开发机制分析

生物质能开发涉及开发资金、技术研发、政策制度、产品价格4个内外因素，其运行机制就是其影响因素之间相互作用而促进生物质能开发顺利运行，如图10.16所示。

资金支持是生物质能开发运行的基础。生物质能作为一项新兴产业，时常会出现资金投入、融资渠道窄、政府补贴优惠等不到位的情况，缺乏足够的资金支持生物质能的开发研究，这是生物质能开发利用中的一大束缚。因此，资金支持是生物质能开发运行的基石。技术研发是生物质能开发运行的关键。未来生物质能原材料具有多元化开发利用的趋势，如何有效提高生物质的转化利用率也是难点。这些都需要突破生物质能传统技术的壁垒，所以技术研发是生物质能开发运行的关键。政策制度是生物质能开发运行的保障。尽管国家在大力倡导生物质能的开发利用，但由于缺乏政府出台的制度机制保障，国内未形成生物质能商业化的模式，因此，政府有必要制定完善有关生物质能的政策来正确引导生物质能产业的有序良好健康发展。价格机制是生物质能开发运行的动力。由于生物质能产品的原材料分布和运输成本存在差异，导致不同地区存在发电价差，国家可考虑引入"基准电价+配额制"的浮动电价机制，使生物质能发电价格随常规电力的市场变化而浮动，以此保证生物质能发电项目的回报率。

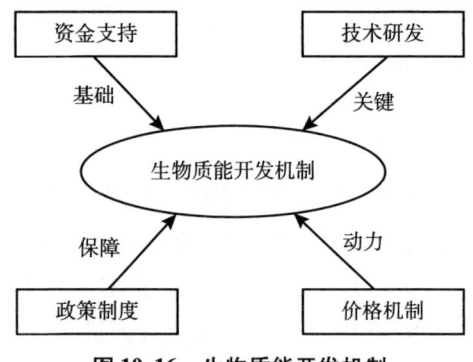

图 10.16 生物质能开发机制

10.6 我国地热能开发机制分析

10.6.1 地热能开发发展态势

地热能是来自地球内部的，以热力形式存在的，由地壳抽取的天然热能。地热能储量巨大，且相比于化石能源而言，具有天然可持续的优势。但是，由于板块运动，导致地热能分布不均，多分布于火山地震带附近。世界地热带主要有大西洋中脊地热带、红海—亚丁湾—东非裂谷地热带、地中海—喜马拉雅地热带和环太平洋地热带 4 个大带，其中环太平洋地热带又包括东南太平洋缝合地热亚带、西太平洋岛弧地热亚带和东太平洋中脊地热亚带 3 个地热亚带。

我国地热能资源比较丰富，发展潜力巨大，主要有地热供暖、水产养殖、医疗保健、温室种植、旅游等开发形式，这不仅可以加快发展地热能不仅能调整能源发展结构、改善生态环境，还能发展新产业，推动地区经济的发展。国家三部委联合印发了《地热能开发利用"十三五"规划》，明确提出在"十三五"时期，新增 500 兆瓦的地热发电装机容量，新增 11 亿平方米的地热能供暖或制冷面积。到 2020 年，实现 7 000 万吨标准煤的地热能年利用量，4 000 万吨标准煤的地热能供暖年利用量（任虎俊，2018）。2020 年，中国地热直接利用装机容量达 40.6 吉瓦，占全球 38%，连续多年位居世界首位。其中，地热供暖装机容量 7.0 吉瓦，地热热泵装机容量 26.5 吉瓦，分别比 2015 年增长 138%、125%。

10.6.2 国外地热能开发经验借鉴

国际地热能储量丰富，开发使用历史悠久，在利用地热的过程中，也积累起不少经验，本书将选取几个代表性国家或地区，探索其利用地热的方式，为我国地热能的发展提供借鉴。

10.6.2.1 欧盟

欧盟拥有丰富的地热资源，其利用方式主要分为地热发电、直接利用和地源热泵三类。欧盟在开发利用地热能的过程中，一方面，各国政府根据本国发展的实际情况，实施多元化的财政政策。如由于欧洲地热能的直接利用和地源热泵技术已经较为成熟，欧盟多数国家的财政支持逐步发展为投资补助为主，但法国等少数国家仍实行多种财政支持政策，除投资补助外、在减税和碳排放税减免等方面都有支持。另一方面，欧盟积极推进地热能的商业化发展，由于地热开发前期投入十分大，阻碍了地热相关技术的发展，因此各国政府和大型能源公司积极引进一些创新性的融资工具，以此推动地热能资源的进一步发展。如能源服务公司（ESCO）对地源热泵消耗的电力给予折扣。

10.6.2.2 冰岛

欧洲第二大岛国——冰岛，地处美洲板块与亚欧板块交界处，独特的地形地貌，使冰岛成为世界上拥有最丰富的地热资源国家之一，冰岛利用地热资源也非常广泛。2015 年，冰岛的电力系统中地热发电占比 26.6%，拥有 67 万千瓦的地热发电装机量，50 亿千瓦时的年发电量。在全国的终端用热中，地热达到96%。地热能除了发电和供暖，还在旅游服务、洗浴、融雪、工厂烘干、温室种植养殖业等诸多产业中广泛应用。在长期对地热资源开发利用过程中，摸索出一套科学高效的梯级利用技术。从地热井中抽出蒸汽和高温热水，将高温蒸汽分离后用于发电，利用高温热水将地表低温水（一般为湖水）加热至约80摄氏度后输入市区，供居民游泳池、住宅等采暖使用；地热水含有对人体有益的大量矿物质，通过热交换器冷却以后，则可供洗浴保健等温泉疗养区使用；此后的地热水依然有较高的温度，有大量的热源可以利用，经处理以后可以用于养殖业、绿色温室种植的供热。与此同时，冰岛为实现地热可持续发展，相继制定了多部法律，如《能源法》《自然资源保护法》《环境影响评估法》《地下资源研究和使用法》等，对其利用开发的各环节做了明文规定。

10.6.2.3 美国

美国之所以地热发电能迅速增长，并成为全球地热利用发电最多的国家，而且在相关设备容量和利用低温地热方面全球第一，有如下主要原因：

一是地热法律法规的出台；二是财税政策对地热产业的刺激；三是大量的资金投入；四是提供担保贷款，出台的《地热能源研究、开发与示范法》中明确规定，有利于推进开发利用地热资源以至于产业化或商业化，对于实施地热产业的投资行为美国政府按投资项目对贷款给予一定比例的担保；五是通过加速折旧刺激技术进步，加快产品的更新换代，促进地热开发技术的发展。

10.6.2.4 日本

日本地处环太平洋火山地热带，中高温地热资源非常丰富。日本政府为促进建设地热发电站，实施了系列积极扶持政策。

一是制定了地热发电长期规划目标，2020年达到120×10^4千瓦、2030年190×10^4千瓦。二是给予财政补贴。2009年，《新能源利用特别措施（RPS）法》中明确规定，日本政府财政提供对新建地热发电站30%的补贴。三是日本经济省牵头，成立了由相关学者、电力公司负责人组成研究会，在技术上对地热发电给予支持。2009年4月，对前期投资地热电站的给予资金支持。四是增加开发地热资源建设发电设备的相关补助。2012年，政府补助20%的地热发电项目开发费用，而且还在研究将这一比例提高到30%。

10.6.3 地热能开发机制分析

地热能开发涉及生态环境平衡、开发资金、技术研发、政策制度、能源价格5个内外影响因素,地热能开发机制主要从生态环境机制和运行机制进行分析,运行机制包括资金支持机制、技术研发机制、政策制度机制和价格机制。地热能开发机制如图10.17所示。

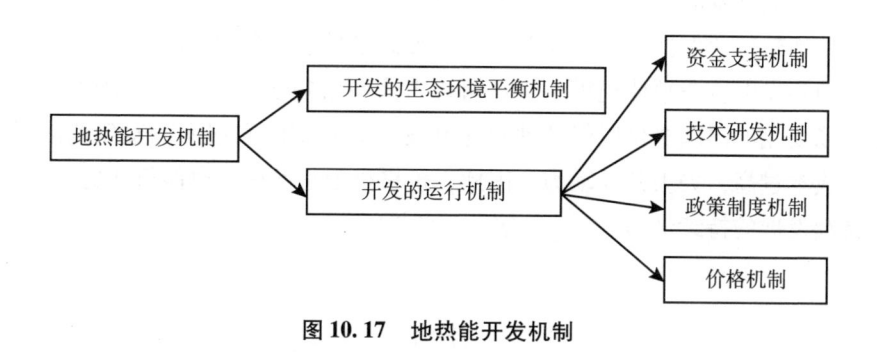

图 10.17 地热能开发机制

10.6.3.1 地热能开发的生态环境平衡机制

在提高对地热能开发利用效率时,要注重对生态环境的保护,要考虑生态环境的平衡,尽可能做到可持续开发。研究表明:地热能的开发利用不仅会对地下水的水质和水温造成污染,地热水中含 H_2S、CO_2 等气体排放到大气中会造成大气污染,而且地热水中含有的高浓度矿化度会使土壤溶液浓度增高,导致植物根系吸水困难,影响农作物产出,严重的还会造成土壤盐渍化;此外,地热开发利用过程中会产生各种施工机械、车辆运输的噪声污染等。目前,对地热能的开发已经陆续出现这些现象,对区域生态环境造成了不良影响,对地热能产业的可持续发展造成不利的影响。因此,在提倡经济高质量发展的时代,对地热能的开发要遵循可持续发展的原则,着重保护生态环境,杜绝以牺牲生态环境为代价来提升经济水平的做法。

10.6.3.2 地热能开发的运行机制

资金支持是地热能开发运行的基础。地热能作为可再生的绿色低碳能源,在前期开发过程中投入成本较高,容易出现资金不足问题。因此,资金支持机制能吸引更多的企业和投资者进入地热产业，推动地热能项目的顺利进行，从而加速地热产业在我国的发展。技术研发是地热能开发运行的关键。单井换热、回灌、梯级利用等技术攻关能为地热能的开发利用提供核心技术竞争力，没有技术研发，地热能的开发寸步难行，因此，技术研发是地热能开发运行的关键。政策制度是地热能开发运行的保障。良好的市场秩序需要依托政策制度，正确的政府引导能有效促进地热能的持续发展。因此，建立有效的政策机制不仅能避免多头重复、无序的管理模式，还能简化审批流程，加强对地热能开发的后续监督。价格机制是地热能开发运行的动力。合理的定价能使地热行业保持一定的营利性，促使地热能行业持久稳定地发展。由于我国地热发电行业总体规模不大，可以考虑在常规发电价格的基础上，制定随市场变化的浮动电价以保证地热能开发具有一定的回报率，避免地热行业开发成本过高，失去开发动力。因此，价格机制是促进地热能行业健康稳定、可持续发展的持续动力。

10.7　本章小结

本章从对绿色能源的开发出发，分析了国内外发展现状以及典型国家的发展经验，进一步明确了我国绿色能源的现行开发机制以及存在的问题。分析发现，可再生能源的发展是未来社会发展的大势所趋。当今世界出现能源需求、环境污染等问题都需要通过发展可再生能源来解决。目前，我国在对可再生能源进行开发的过程中，也取得了不小的进步，甚至在某些方面走在了世界的前列。当然，由于可再生能源的形成机制不同，地区分布特征明显，加之各地区政府的执政理念和发展规划的差异，对可再生能源的支持力度和开发方式也存在差异，导致同类可再生能源在区域之间发展水平不同，但这并不阻碍地区实现可再生能源产业的持续发展。在实践过程中，我国应吸取国外典型国家的发展经验，如实行财税政策支持、引导可再生能源的产业化发展，推动可再生能源的开发与当地经济产业的综合发展等，同时，建立健全能源开发激励机制、市场机制和市场退出机制等，推动我国可再生能源的发展。

第 11 章

绿色能源发展对策建议

当前我国是绿色能源开发利用大国，但并不是开发利用强国，在单位国土面积、人均、占国内能源的比重等指标方面，我国均无优势可言。以绿色能源开发机制分析为基础，为应对当前绿色能源开发利用中存在的困难和问题，只有进一步在技术研发、政策制度、价格机制、资金支持、基础设施建设等多方面下大力气，我国才能实现从绿色能源大国向绿色能源强国转变。

11.1 绿色能源开发体系

从能源供给侧着手推进绿色能源，树立绿色发展理念，推动我国能源向清洁型、绿色低碳型、环境友好型转变，加强国际合作，这是我国绿色能源的发展战略。

绿色能源开发应考虑生态环境，重视顶层设计，制定绿色能源发展蓝图，建立宏观—中观—微观的绿色能源规划体系，确定开发战略。任何一种绿色能源的获取不应以牺牲现有生态环境为代价，尊重自然、爱护环境是开发的前提和基础，顶层设计、合理规划是关键。明确绿色能源的战略地位，在全社会培育绿色、环保经济理念，树立科学、循环的能源利用观。

宏观层面给予开发保障，中央政府应出台有关绿色能源的法律法规、界定标准、资金支持、政策保障制度等，为绿色能源的开发利用打造良好的经济社会大环境和提供保障。中观层面提供开发支撑，国家部委、地方政府和行业协会为绿色低碳能源相关行业制定行业发展计划、定价机制以及行业法律法规，促进绿色能源利用产业协同化，为绿色能源行业发展提供有序环境，不断推进产业化发展；微观层面具有开发能力，绿色能源企业重点关注企业核心开发技术、绿色项目融资需求，为企业的稳定发展创造持久的动力。最后形成绿色能源开发协调机制以及项目的后评价机制。绿色能源开发体系框架如图 11.1 所示。

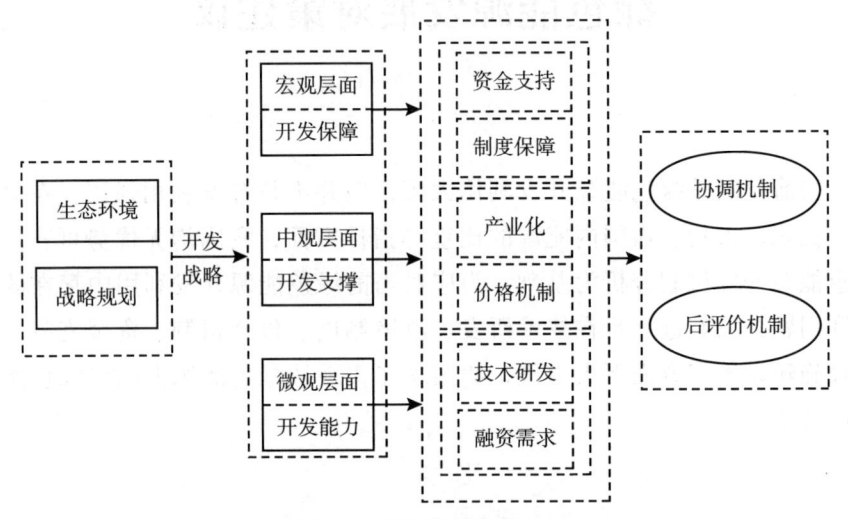

图 11.1 绿色能源开发体系

从绿色能源规划体系出发，详细对我国绿色能源的开发利用进行规划，要着力于以下五点：第一，要把绿色能源放在一个战略地位，明确绿色能源是实现可持续发展的重要手段，国家层面从观念上树立绿色节能的发展理念；第二，要做好绿色能源产业发展规划，促进绿色能源利用产业协同，加快绿色能源的普及利用；第三，要加强绿色能源的技术研发；第四，要加大对绿色能源产业的资金支持；第五，要创新现有能源体制，全面深化绿色能源的制度创新。我国能源资源主要是以煤炭为主，原有的体制、机制模式也都是基于煤炭资源设计，如果要推广应用绿色能源，那么必须从基础设施开发程序到管理体制等方面改变，创新机制模式。明确绿色能源的战略定位，要在重视程度、开发技术上予以重视，将我国能源转换从高碳走向到低碳，进而走向无碳，向高能效、低排放的绿色经济转型，推动我国能源向节约、清洁、可再生方向发展，构建绿色循环经济社会。

11.2 绿色能源开发策略

绿色能源的开发利用是解决能源短缺和结构调整最环保的方式。在分析开发机制的基础上，本节将基于宏观—中观—微观三个视角探索绿色能源的开发策略，为绿色能源提供合理有效的制度保障、资金支持、技术创新，进行能源供给侧改革，推动我国绿色能源的开发利用以及能源供应的多元化发展。

11.2.1 宏观视角下的绿色能源开发策略

就宏观层面而言，政府要把握绿色能源整体发展战略，培育绿色低碳发展理念和生态环境保护意识。着重绿色能源发展的顶层设计，制定完善的绿色能源的法律法规，提供发展绿色能源的资金支持，为绿色能源的发展提供政策制度保障和激励机制。

11.2.1.1 基于政策制度机制保障的开发策略

政策制度机制保障主要是对绿色能源的发展提供政策方面的法律保障，良好的制度环境能加强政府各部门之间的组织协调，更加明确自身责任，是促进绿色能源发展的制度保障。

第一，法律法规为绿色能源的发展提供法律保障。加强绿色能源相关的立法，健全我国绿色能源的法律政策体系，实现我国绿色能源制度的创新。在制定实施促进绿色能源发展的法律法规时，不能凭空想象，应以市场需求和社会发展为导向，政府参与调节。

第二，制定能源经济与法律政策互补的绿色能源发展政策。引导更多资金流向绿色能源产业，使绿色能源产业更具吸引力，促进绿色能源市场形成良性竞争。

第三，在对绿色能源的开发过程中，加大监管力度，完善监管制度，实行严格约束机制。在绿色能源开发利用过程中涉及诸多环保问题，为了避免对生态环境造成破坏，政府应健全监管制度，建立严格的责任追究制，在执法过程中要严格遵守相关制度，对违法者予以责任追究。

11.2.1.2 基于资金支持的开发策略

资金是制约绿色能源发展的一大瓶颈，资金支持在绿色能源的开发过程中是至关重要的，应持续推进有效的资金激励政策来吸引更多企业进行绿色能源开发。实施正向激励政策与逆向限制政策相结合的策略。

第一，正向激励政策主要包括加大资金投入力度和财政补贴，完善税收优惠政策和补贴制度，健全专项扶持基金制度。可推行"绿色政府采购"，优先采购绿色能源产品，通过财政部门向供应商付款的方式间接对绿色能源进行资金支持。正向激励政策是在资金方面加大力度从而鼓励对水电、太阳能、风电、生物质能、地热能、海洋能等绿色能源的合理有效的开发，诸如政府补贴、无息或低息贷款等。逆向限制政策正好相反，它是通过提高开发利用能源的成本以及污染破坏环境的代价间接限制对能源的开发利用。

第二，通过征收类似环境税，运用逆向限制政策。逆向限制政策的对象一般是传统的高碳能源，由于我国的财税政策重激励、轻惩罚，导致我国对高耗能、污染环境企业的处罚力度不够。通过向高污染高排放企业征收相应的税收，从而限制高污染高排放，也同时获取为绿色环保开发的资金。

第三，实行绿色税制，借鉴西方国家的解决方式，提高传统能源的开发使用成本，从而间接鼓励开发利用绿色能源。

11.2.2 中观视角下的绿色能源开发策略

中观层面而言，国家应制定绿色能源的行业规划，为绿色能源发展提供良好的行业背景，吸引更多的投资商，促进绿色能源产业化发展。各级政府部门要按照总体规划落实好地区的绿色能源的发展计划，一方面要建设绿色能源的产业化体系，另一方面进行价格机制创新。

11.2.2.1 基于产业化的开发策略

产业化是指以行业需求为导向，实现效益为目标，通过专业化的管理形成产业链。绿色能源的产业化能使绿色能源得到更有效率的开发利用，与市场流通更有效地结合起来。我国建设绿色低碳产业体系的重点在于两条路径：第一，加快传统产业结构调整步伐，加快绿色能源的产业化进程。这就要求进一步优化我国能源产业结构，加快发展以绿色化、低碳化的开发技术产业，推进绿色低碳经济的发展；第二，实施工业节能减排，加快淘汰高碳能源的利用，控制高耗能、高排放能源行业的过快增长，促使能源产业不断走向绿色低碳方向。

11.2.2.2 基于价格机制的开发策略

价格是市场经济中最有效的调节机制，通过价格信号来反映出市场的供求关系。因此，定价问题是亟待解决的关键问题，要合理对绿色能源进行定价，不但要使绿色能源的发电价格比传统能源的发电价格有竞争优势，从而促进绿色能源的发展，而且要使得定价符合市场经济规律，达到合理配置资源的目的。

目前，世界主要国家的电价制度主要有固定制度电价、竞争性招标制度、浮动电价制、配额制以及各种制度的相互配合使用。我国对不同的绿色能源采用的价格机制不一样，不同的电价制度有其优势也有其缺点。固定制度电价的优势在于价格信号明确，能有效保护投资者利益，太阳能定价机制就适合固定电价制度，但其缺点也在于此，价格太固定，不合适规模化的风电定价机制要求。相反，能为风电能源市场提供更为公平竞争环境的竞争性招标制度更适合风电定价机制，由于风电资源具有地理位置的局限性，要满足不同地区的风电发电需求可配合采取配额制的定价机制。此外，浮动电价机制可以使发电价格随常规电力市场的变化而浮动，可以在一定程度上保证能源的回报率，比较适合规模不是太大、对核心开发技术掌握不够的生物质能和地热能。

我国还需完善绿色能源的定价制度，以其更加科学、可行的电价机制来推动绿色能源产业的发展，可改清洁能源上网的"政府补贴电价"为灵活运用"基本电价+浮动电价"机制。

11.2.3 微观视角下的绿色能源开发策略

微观层面而言，企业应着重关注绿色能源的开发技术创新，技术创新是发展绿色能源的动力源泉。发展低碳能源，核心就是技术创新。一方面积极开展核心开发技术，在借鉴吸收国外先进技术的基础上，进一步创新技术，为绿色能源的开发提供更高效的技术支撑，逐渐建立以市场为导向、产学研相结合的开发技术创新体系；另一方面建立多层次多维度的绿色能源融资体系,促进技术研发。

11.2.3.1 基于技术研发创新的开发策略

核心技术的研发创新,强化自主研发力度,降低项目开发成本,不仅企业要有规划和制度安排,政府也应对自主研发企业实施政策补贴以及加大政府贷款金额等措施,激励更多企业投入到绿色能源开发技术的创新中去。

第一,对于开发技术较为成熟的水能、太阳能光伏产业等能源项目,除了探索更加高效合理的开发技术外,还要做好建设示范性项目,使能源逐步规模化、产业化,稳步推进其持续发展。

第二,对于综合技术的运用,坚持统筹规划的原则,建立多能互补系统技术研发机制,尤其是太阳能、风电和海洋能的多能互补技术以及制造淡水和制造氢技术的集成技术研发。

第三,实施多能互补技术研发策略。例如,风能与其他形式能源的协调利用,针对海洋区域风浪较大,可以充分利用风能和海洋能的优势,技术互补,最大化开发利用资源。这样建立的互补机制,不仅能够使得各绿色能源之间的互相补充、相得益彰,还能通过构建合适的能源共生机制,相互促进各自产业的发展,保证能源开发的可持续性。

11.2.3.2 基于融资需求的开发策略

探索低碳能源发展的融资模式。绿色能源开发项目一般资金需求大、开发周期长、收益率低且投资回收期长,除了政策性资金支持和传统融资方式以外,还需拓宽融资渠道,建立多层次融资体系。

第一,建立绿色能源产业引导基金。各级政府都非常重视发展绿色能源产业,建立相应的引导基金,将带动更多的资金支持该产业的发展,开放融资、风险共担。

第二,吸引社会资本参与。降低资金进入门槛,吸纳更多的社会资本参与绿色低碳产业项目的建设,一方面使得资源配置效率提高,另一方面将获得更多的资金支持。

第三,创新融资新模式。例如,发行绿色低碳金融债,吸收社会闲散资金;组建循环经济产业投资基金,面向社会筹集资金;运用PPP(public-private-partnership)模式,ABS(资产支持证券化)模式,PPP + ABS模式等;开发绿色低碳金融创新产品融资。

11.2.3.3 倡导绿色消费和生态文明理念，促进绿色能源的使用和推广

绿色能源建设是关乎人民百姓得实惠的实事，要使发展绿色能源的理念深入普及于广大居民，让广大群众能够真正认识到使用、推广绿色能源带来的长期效益，就必须加大宣传力度，通过规范制度、管理等一系列环节巩固绿色能源理念，促进绿色能源的使用和推广。

第一，加强宣传和培训，充分利用现代科技传播手段将绿色能源理念植根于广大居民心中，并在有优势的地区进行重点推广。从各级政府机构带头，到全民素质的提高，倡导适合中国国情的"健康的物质消费、丰富的精神追求"的消费方式、生活方式，加强与生态文明相应的精神和文化建设，使"两型社会"建设落到实处。各地区应选取骨干作为科技推广人才进行培养，争取每个地区都有掌握绿色能源知识的领军人物，在当地形成传、帮、带的作用，使绿色能源的推广传播队伍壮大起来。

第二，要在制度和管理上下功夫。政府积极引导，以市场需求和环境要求作为绿色能源技术研发的出发点，注重各地区实际情况，找出符合本地区能源优势的应用方式，重点抓好示范项目中能源节约与资源利用的有机融合，使绿色能源技术具有提高能源效益的实际功能，让广大群众切实感受到绿色能源发展给社会带来的好处。

绿色能源的开发将随着技术的不断进步和发展而发展，未来一定会产生一些新的可大力开发的绿色能源，比如核能随着安全性的提高而将纳入其中，成为重要的绿色能源；绿色能源开发是一个庞大的体现，涉及内容宽广，还有许多方面需要考虑和研讨，有待进一步研究。

参考文献

[1] Bentzen, J., Engsted, T. Short-and long-run elasticities inenergy demand: a cointegration approach [J]. Energy Economics, 1993, 15 (1): 9-16.

[2] Bhide, Anjali, Monroy, Carlos Rodriguez, etc. Energy poverty: A special focus on energy poverty in India and renewable energy technologies [J]. Renewable & Sustainable Energy Reviews, 2011, 15 (2): 1057-1066.

[3] D. I. Stern. A Multivariate Cointegration Analysis of the Role of Energy in the US macroeconomy [J]. Energy Economics, 2000, 22 (2): 267-283.

[4] Jonathan S. Coley, David J. Hess. Green energy laws and Republican legislators in the United States [J]. Energy Policy, 2012, 48 (9): 576-583.

[5] Kraft, J. Kraft, A. On the Relationship between Energy and GNP [J]. Journal of Energyand Development, 1978, 3 (2): 401-403.

[6] Lee, C. C. Energy consumption and gdp in developing countries: a cointegrated panel analysis [J]. Energy Economics, 2005, 27 (3): 415-427.

[7] Ning Zhao, Fengqi You. Can renewable generation, energy storage and energy efficient technologies enable carbon neutral energy transition? [J]. Applied Energy, 2020 (279): 10-16.

[8] Oh, W. & Lee, K. Causal relationship between energy consumption and gdp revisited: the case of korea 1970-1999 [J]. Energy Economics, 2004, 26 (1): 51-59.

[9] R. Tol. Carbon Dioxide Emission Scenarios for the USA [J]. Energy Policy, 2007, 35 (11): 5310-5326.

[10] Shaojian Wang, Chuanglin Fang, Xingliang Guan, Bo Pang, Haitao Ma. Urbanisation, energy consumption, and carbon dioxide emissions in China: A panel data analysis of China's provinces [J]. Applied Energy, 2014 (136): 738-749.

[11] Taiwen Feng, Linyan Sun, Ying Zhang. The relationship between energy consumption structure, economic structure and energy intensity in China [J]. Energy Policy, 2009, 37 (12): 5475-5483.

[12] Zeng Sheng, Su Bin, Zhang Minglong, Gao Yuan, Liu Jun, Luo Song, Tao Qingmei. Analysis and forecast of China's energy consumption structure [J]. Energy Policy, 2021, 159.

[13] Zou C, Xue H, Xiong B. et al. Connotation, innovation and vision of "carbon neutrality" [J]. Natural Gas Industry B, 2021, 8 (5): 523-537.

[14] 蔡博峰, 等. 中国碳中和目标下的二氧化碳排放路径 [J]. 中国人口·资源与环境, 2021, 31 (1): 7-14.

[15] 曹先常. 工业余热资源梯级利用（RRUC）方法研究 [J]. 上海节能, 2017 (8): 464-468.

[16] 柴建, 郭菊娥, 卢虎, 张利霞. 基于Bayes误差修正的我国能源消费需求组合预测研究 [J]. 中国人口·资源与环境, 2008, 18 (4): 50-55.

[17] 常春华. 中国能源消费收敛性特征分析 [J]. 统计与决策, 2018 (5): 116-118.

[18] 陈桂生. 低碳能源的发展系统: 政府与市场 [J]. 云南行政学院学报, 2012, 14 (2): 101-104.

[19] 陈华振, 张朝晖. 义煤集团发展循环经济的模式与思考 [J]. 煤炭经济管理新论, 2011 (00): 164-168.

[20] 陈凯. 中国能源消费与经济增长关联关系的实证研究 [D]. 太原: 山西财经大学硕士论文, 2010.

[21] 陈明, 张凤荣, 肖茜文. 基于灰色系统神经网络的中国低碳能源供需形势分析 [J]. 生态经济, 2017, 33 (2): 14-18, 27.

[22] 陈明星, 等. 碳中和的缘起、实现路径与关键科学问题: 气候变化与可持续城市化 [J]. 自然资源学报, 2022, 37 (5): 1233-1246.

[23] 陈首丽, 马立平. 产业结构变动对我国能源消费的影响——基于因素分解的统计分析 [J]. 中国统计, 2009 (11): 52-53.

[24] 陈迎. 碳中和概念再辨析 [J]. 中国人口·资源与环境, 2022, 32 (4): 1-12.

[25] 陈振国. 国际原油价格与我国新能源公司股票价格的相关关系研究 [D]. 重庆: 重庆工商大学硕士论文, 2018.

[26] 陈峥. 能源禀赋、政府干预与中国能源效率研究 [D]. 武汉：中南财经政法大学博士论文, 2017.

[27] 陈宗器. 水电资源的现状与未来 [J]. 华通技术, 2006, 25 (2): 21-31, 34.

[28] 程怡. 国内能源相对价格对我国碳排放量的作用效应研究 [D]. 徐州：中国矿业大学硕士论文, 2015.

[29] 揣小伟, 黄贤金, 等. 基于信息熵的中国能源消费动态及其影响因素分析 [J]. 资源科学, 2009, 31 (8): 1280-1285.

[30] 崔庆安. 基于主成分分析与支持向量机的能源需求预测方法 [J]. 统计与决策, 2013 (17): 70-72.

[31] 邓志茹. 我国能源供求预测研究 [D]. 哈尔滨：哈尔滨工程大学博士论文, 2011.

[32] 丁咏梅, 拓明辉, 赵喜林. 基于向量自回归模型的能源消费结构影响因素分析 [J]. 能源研究与管理, 2017 (3): 23-28.

[33] 段海峰, 王立杰. 我国能源消费结构变化趋势及对西部能源资源开发的影响 [J]. 中国矿业, 2007, 16 (1): 14-16.

[34] 樊杰, 孙威, 任东明. 基于可再生能源配额制的东部沿海地区能源结构优化问题探讨 [J]. 自然资源学报, 2003, 18 (4): 402-411.

[35] 范仙梅, 陶伦康. 浅议我国低碳能源开发的财政激励政策 [J]. 中国证券期货, 2011 (2): 87-88.

[36] 方虹. 国外发展绿色能源的做法及启示 [J]. 中国科技投资, 2007 (11): 35-37.

[37] 冯飞, 张蕾. 新能源技术与应用概论 [M]. 北京：化学工业出版社, 2011.

[38] 傅月泉, 吴俐. 应用 MEDEE-S 模型对江西中长期能源需求的初步预测 [J]. 江西能源, 1994 (2): 7-14.

[39] 干春晖, 郑若谷, 余典范. 中国产业结构变迁对经济增长和波动的影响 [J]. 经济研究, 2011 (5): 4-16, 31.

[40] 高新宇. 北京市可再生能源综合规划模型与政策研究 [D]. 北京：北京工业大学博士论文, 2011.

[41] 高艳波, 柴玉萍, 李慧清, 陈绍艳. 海洋可再生能源技术发展现状及对策建议 [J]. 可再生能源, 2011, 29 (2): 152-156.

[42] 郭朝先, 沈云昌. 我国绿色能源开发利用状况的思考 [J]. 中国国情国力, 2014 (8): 47-48.

[43] 郭继孚. 推动城市交通碳达峰、碳中和的对策与建议 [J]. 可持续发展经济导刊, 2021 (3): 22-23.

[44] 郭菊娥, 柴建, 吕振东. 我国能源消费需求影响因素及其影响机理分析 [J]. 管理学报, 2008, 5 (5): 651-654.

[45] 国涓, 王玲, 孙平. 中国区域能源消费强度的影响因素分析 [J]. 资源科学, 2009, 31 (2): 205-213.

[46] 韩中合, 祁超, 刘明浩. "十三五"规划"节能减排"目标实现路径研究 [J]. 干旱区资源与环境, 2018, 32 (3): 23-27.

[47] 郝新东. 中美能源消费结构问题研究 [D]. 武汉: 武汉大学博士论文, 2013.

[48] 何盛宝, 李庆勋, 王奕然, 等. 世界氢能产业与技术发展现状及趋势分析 [J]. 石油科技论坛, 2020, 3 (3): 17-24.

[49] 何姚. 金融因素对我国煤炭价格的影响研究 [D]. 重庆: 重庆工商大学硕士论文, 2018.

[50] 胡鞍钢. 中国实现2030年前碳达峰目标及主要途径 [J]. 北京工业大学学报 (社会科学版), 2021, 21 (3): 1-15.

[51] 胡波. 居民消费结构变动对经济增长的影响研究 [J]. 现代经济信息, 2014 (11): 165-165.

[52] 胡强. 基于城市建筑集中供热采暖节能技术应用分析 [J]. 城市道桥与防洪, 2020 (1): 214-215, 220, 26.

[53] 胡亚范, 马予芳, 张永贵. 生物质能及其利用技术 [J]. 节能技术, 2007, 25 (4): 344-346.

[54] 黄飞. 能源消费与国民经济发展的灰色关联分析 [J]. 热能动力工程, 2001, 16 (1): 89-90, 112.

[55] 黄梦华. 中国可再生能源政策研究——借鉴欧盟的可再生能源政策经验 [D]. 青岛: 青岛大学硕士论文, 2011.

[56] 黄王麗, 张博茹, 张瀚月. 硅谷绿色能源经济发展及启示 [J]. 科技进步与对策, 2017, 34 (3): 37-43.

[57] 黄维和, 等. "碳中和"下我国油气行业转型对策研究 [J]. 油气与新能源, 2021 (2): 1-5.

[58] 江亿. 北方采暖地区既有建筑节能改造问题研究 [J]. 中国能源, 2011, 33 (9): 6-13, 35.

[59] 姜巍, 张雷. 中国能源消费变化过程及其时空效应分析 [J]. 辽宁工程技术大学学报, 2005, 24 (4): 612-615.

[60] 靳敏, 等. 北京发展低碳能源的财税政策——基于欧盟低碳能源财税政策的建议 [J]. 环境保护, 2013, 41 (12): 70-71.

[61] 经戈. 四川省石油需求预测与开发战略研究 [D]. 成都: 西南交通大学硕士论文, 2007.

[62] 康利平, Robert Earley, 安锋, 等. 美国可再生燃料标准实施机制与市场跟踪 [J]. 生物工程学报, 2013 (3): 265-273.

[63] 雷超, 李韬. 碳中和背景下氢能利用关键技术及发展现状 [J]. 发电技术, 2021, 42 (2): 207-217.

[64] 雷栋, 摆念宗. 我国风电发展中存在的问题及未来发展模式探讨 [J]. 水电与新能源, 2019, 33 (5): 74-78.

[65] 李慧明, 杨娜. 低碳经济及碳排放评价方法探究 [J]. 学术交流, 2010 (4): 85-88.

[66] 李家鹏. 道路交通节能减排途径与潜力分析 [J]. 能源与节能, 2021 (10): 86-87.

[67] 李玲玲, 张耀辉. 收入差距视角下居民消费行为对能源消耗的影响 [J]. 经济管理, 2013 (4): 1-10.

[68] 李美莹. 我国能源供给结构低碳化评价与优化研究 [D]. 哈尔滨: 哈尔滨工程大学博士论文, 2014.

[69] 李孟刚. 中国新能源产业发展与安全报告 (2011~2012) [M]. 北京: 社会科学文献出版社, 2012.

[70] 李强, 魏巍, 徐康宁. 技术进步和结构调整对能源消费回弹效应的估算 [J]. 中国人口·资源与环境, 2014, 24 (10): 64-67.

[71] 李淑华, 王继业. 中国水电发展概况 [J]. 水电站机电技术, 2009 (3): 105-107.

[72] 李爽, 曹文敬, 陆彬. 低碳目标约束下我国能源消费结构优化研究 [J]. 山西大学学报 (哲学社会科学版), 2015, 38 (4): 108-115.

[73] 李霞. 国外发展绿色电力的经验 [J]. 环境保护, 2004 (1): 58-61.

[74] 林伯强，李江龙．环境治理约束下的中国能源结构转变——基于煤炭和二氧化碳峰值的分析［J］．中国社会科学，2015（9）：84－107，205．

[75] 林伯强，姚昕，等．节能和碳排放约束下的中国能源结构战略调整［J］．中国社会科学，2010（1）：58－71．

[76] 林伯强．结构变化、效率改进与能源需求预测——以中国电力行业为例［J］．经济研究，2003（5）．

[77] 林涛．天津市能源消耗碳足迹影响因素研究［D］．天津：天津大学博士论文，2013．

[78] 林智钦，林宏赡．2011 中国能源环境发展研究——绿色能源：引领未来［J］．中国软科学，2011（S1）：49－60．

[79] 刘冰，孙作人，孙华臣．消费总量控制下的能源空间配置路径及优化策略［J］．中国人口·资源与环境，2019，29（1）：96－106．

[80] 刘朝明．四川省能源需求预测与可持续发展战略［J］．学术动态，2008（3）：15－19．

[81] 刘纪平，王惠英．上海绿色电力之路的思考［J］．上海电力，2007（3）：290－293．

[82] 刘萍，等．碳中和目标下的减排技术研究进展［J］．现代化工，2021，41（6）：6－10．

[83] 刘强，王恰，洪倩倩．"碳中和"情景下能源转型的选择与路径［J］．中国能源，2021，43（4）：19－26．

[84] 刘亭立，傅秋园．绿色能源产业创新政策的量化评价与优化路径探究［J］．中国科技论坛，2018（10）：82－92．

[85] 刘晓龙，等．碳中和目标下中国能源高质量发展路径研究［J］．北京工业大学学报（社会科学版），2021，23（3）：1－8．

[86] 刘毅．沿海地区能源供需保障与解决途径研究［J］．地理学报，1999，54（6）：509－517．

[87] 刘影，王建民，范玉环．"碳达峰"目标与经济增长约束下我国能源结构调整测算［J］．枣庄学院学报，2022，39（2）：75－83．

[88] 刘增明．基于价格因素的中国居民能源消费相关问题研究［D］．天津：天津大学博士论文，2015．

[89] 柳亚琴，赵国浩．节能减排约束下中国能源消费结构演变分析［J］．经济问题，2015（1）：27－33．

[90] 龙菲平,迟庆雷.微藻生物固碳技术研究和应用情况 [J].智能建筑与智慧城市,2022 (4):126-129.

[91] 卢纯.开启我国能源体系重大变革和清洁可再生能源创新发展新时代——深刻理解碳达峰、碳中和目标的重大历史意义 [J].人民论坛·学术前沿,2021 (14):28-41.

[92] 路正南.产业结构调整对我国能源消费影响的实证分析 [J].数量经济技术经济研究,1999 (12):53-55.

[93] 麻常雷,等.国际海洋能技术进展综述 [J].海洋技术学报,2017 (4):70-75.

[94] 马丽梅,史丹,裴庆冰.中国能源低碳转型 (2015—2050):可再生能源发展与可行路径 [J].中国人口·资源与环境,2018,28 (2):8-18.

[95] 马伟东.金属矿产资源安全与发展战略研究 [D].长沙:中南大学博士论文,2008.

[96] 孟凡生,邹韵.基于 SPA-TOPSIS 方法的能源结构优化程度评价 [J].运筹与管理,2018,27 (11):122-130.

[97] 莫神星.促进生物质能源产业持续健康发展的路径 [J].电力与能源,2017,38 (2):162-166.

[98] 莫神星.应对气候变化下发展低碳能源科技的路径 [J].中国能源,2018,40 (3):32-36.

[99] 欧玲,徐伟,董月娥,徐辉奋,杜敏.海洋能开发利用的环境影响研究进展 [J].海洋开发与管理,2016,33 (6):65-71.

[100] 潘家华.中国碳中和的时间进程与战略路径 [J].财经智库,2021,6 (4):42-66,141.

[101] 曲建升,等.国际碳中和战略行动与科技布局分析及对我国的启示建议 [J].中国科学院院刊,2022,37 (4):444-458.

[102] 任虎俊.谋划产业布局 跻身地热能开发新领域 [N].中煤地质报,2018-01-01 (2).

[103] 沈维萍,陈迎.气候行动之负排放技术:经济评估问题与中国应对建议 [J].中国科技论坛,2020 (11):153-161,170.

[104] 施伟勇,王传崑,沈家法.中国的海洋能资源及其开发前景展望 [J].太阳能学报,2011,32 (6):913-923.

[105] 时希杰.全面把握绿色低碳发展机遇 为碳达峰碳中和贡献基建

力量 [J]. 节能与环保, 2022 (6): 30 - 31.

[106] 时云. 用科学发展观分析我国水电开发的利弊 [D]. 成都: 成都理工大学硕士论文, 2008.

[107] 史丹, 董丽, 等. 中国各地能源效率与节能潜力及影响因素分析 [J]. 天然气技术, 2007 (2): 5 - 8.

[108] 史丹. 产业结构变动对能源消费需求的影响 [J]. 数量经济技术经济研究, 1999 (12): 50 - 52.

[109] 史丹. 结构变动是影响我国能源消费的主要因素 [J]. 中国工业经济, 1999 (11).

[110] 史宏达, 王传崑. 我国海洋能技术的进展与展望 [J]. 太阳能, 2017 (3): 35 - 36.

[111] 苏健, 等. 碳中和目标下我国能源发展战略探讨 [J]. 中国科学院院刊, 2021, 36 (9): 1001 - 1009.

[112] 苏文松, 等. 中国城市能源消费碳排放的区域差异、空间溢出效应及影响因素分析（英文）[J]. Journal of Geographical Sciences, 2018, 28 (4): 495 - 513.

[113] 苏小龙, 沈满洪. 能源结构调整促进二氧化碳减排的机制分析 [J]. 鄱阳湖学刊, 2012 (1): 13 - 23.

[114] 索瑞霞, 王福林. 组合预测模型在能源消费预测中的应用 [J]. 数学实践与认识, 2010, 40 (18): 81 - 86.

[115] 谭显春, 等. 碳达峰、碳中和政策框架与技术创新政策研究 [J]. 中国科学院院刊, 2022, 37 (4): 435 - 443.

[116] 唐伟, 李俊峰. 农村能源消费现状与"碳中和"能力分析 [J]. 中国能源, 2021, 43 (5): 60 - 65.

[117] 童光毅. 基于双碳目标的智慧能源体系构建 [J]. 智慧电力, 2021, 49 (5): 1 - 6.

[118] 王灿, 张雅欣. 碳中和愿景的实现路径与政策体系 [J]. 中国环境管理, 2020, 12 (6): 58 - 64.

[119] 王风云, 苏烨琴. 京津冀能源消费结构变化及其影响因素 [J]. 城市问题, 2018 (8): 59 - 67.

[120] 王建芳, 等. 主要经济体碳中和战略取向、政策举措及启示 [J]. 中国科学院院刊, 2022, 37 (4): 479 - 489.

[121] 王将. 我国新型城市化对能源消费强度的影响效应研究 [D]. 徐州：中国矿业大学硕士论文，2015.

[122] 王凯，李娟，唐宇凌，等. 中国服务业能源消费碳排放量核算及影响因素分析 [J]. 中国人口·资源与环境，2013，23（5）：21-28.

[123] 王蕾，魏后凯. 中国城镇化对能源消费影响的实证研究 [J]. 资源科学，2014，36（6）：1235-1243.

[124] 王韶华. 基于低碳经济的能源结构和产业结构协调度评价研究 [J]. 工业技术经济，2013，32（10）：55-63.

[125] 王韶华. 基于低碳经济的我国能源结构优化研究 [D]. 哈尔滨：哈尔滨工业大学博士论文，2013.

[126] 王少洪. 碳达峰目标下我国能源转型的现状、挑战与突破 [J]. 价格理论与实践，2021（8）：82-86，172.

[127] 王晓娜，等. 低碳背景下煤电机组转型技术方案研究 [J]. 机电信息，2022（3）：86-88.

[128] 王燕，刘邦凡，赵天航. 论我国海洋能的研究与发展 [J]. 生态经济，2017，33（4）：102-106.

[129] 韦宁. 2030年碳排放峰值约束对中国能源结构调整的效应研究 [D]. 杭州：浙江工业大学，2016.

[130] 魏楚. 中国能源效率问题研究 [D]. 杭州：浙江大学博士学位论文，2009.

[131] 魏海姣，等. 燃煤机组灵活性调节技术研究现状及展望 [J]. 华电技术，2020，42（4）：57-63.

[132] 魏伟，等. 生物质能开发利用的概况及展望 [J]. 农机化研究，2013（3）：7-11.

[133] 魏一鸣，等. 中国碳达峰碳中和路径优化方法 [J]. 北京理工大学学报（社会科学版），2022，24（4）：3-12.

[134] 魏一鸣，等. 中国碳达峰碳中和时间表与路线图研究 [J]. 北京理工大学学报（社会科学版），2022，24（4）：13-26.

[135] 吴嘉睿. 中国与"一带一路"沿线国家绿色能源合作效应研究 [D]. 济南：山东财经大学硕士学位论文，2022.

[136] 向其凤，王文举. 中国能源结构调整及其节能减排潜力评估 [J]. 济南：经济与管理研究，2014（7）：13-22.

[137] 项目综合报告编写组.《中国长期低碳发展战略与转型路径研究》综合报告 [J]. 中国人口·资源与环境, 2020, 30 (11): 1-25.

[138] 徐博. 全球能源发展趋势与中国能源结构调整的现实选择 [J]. 煤炭经济研究, 2013 (10): 5-9.

[139] 徐火力. 推进燃煤工业锅炉节能减排的建议及措施 [J]. 能源与环境, 2010 (2): 20-22.

[140] 徐康宁, 王剑. 自然资源、制度安排与经济增长 [A]. 中共江苏省委宣传部、江苏省哲学社会科学界联合会. 2006年江苏省哲学社会科学界学术大会论文集 (上) [C]. 中共江苏省委宣传部、江苏省哲学社会科学界联合会, 2006: 9.

[141] 徐硕, 余碧莹. 中国氢能技术发展现状与未来展望 [J]. 北京理工大学学报 (社会科学版), 2021, 23 (6): 1-12.

[142] 徐文文. 绿色电力与绿色能源的法学范畴 [J]. 金卡工程, 2011 (4): 5-6.

[143] 许士春, 刘沅涛, 龙如银. 2002-2012年江苏省化石能源消耗的影响因素 [J]. 资源科学, 2016, 38 (2): 333-343.

[144] 薛宇泽. 地热资源开发利用中的主要环境问题分析 [J]. 环境与发展, 2018, 30 (5): 206, 210.

[145] 闫文杰, 刘永强, 肖俊龙. BIM与RFID集成技术在水利工程施工作业安全管理中的应用 [J]. 水电能源科学, 2018, 36 (5): 117-121.

[146] 严奇, 何建敏, 郭建平. 我国竞争性能源之间替代效应分析 [J]. 动力工程, 2006, 26 (4): 592-595.

[147] 杨春桃. 制度创新、结构调整和电力低碳发展 [J]. 经济与管理研究, 2016, 37 (7): 37-46.

[148] 杨帆. 中国区域能源消费及其影响因素比较研究 [D]. 成都: 西南财经大学硕士论文, 2008.

[149] 杨晓伟, 郝志峰. 支持向量机的算法设计与分析 [M]. 北京: 科学出版社, 2013.

[150] 杨振. 中国能源消费碳排放影响因素分析 [J]. 环境科学与管理, 2010, 35 (11): 38-40, 61.

[151] 易文德. 基于Copula理论的金融风险相依结构模型及应用 [M]. 北京: 中国经济出版社, 2011.

[152] 尤伟静，刘延锋，郭明晶. 地热资源开发利用过程中的主要环境问题 [J]. 安全与环境工程，2013，20（2）：24-28，34.

[153] 于贵瑞，郝天象，朱剑兴. 中国碳达峰、碳中和行动方略之探讨 [J]. 中国科学院院刊，2022，37（4）：423-434.

[154] 于洪丽. 长江经济带省域绿色能源效率水平的测度 [J]. 统计与决策，2017（8）：59-62.

[155] 于立. 对我国能源需求的研究 [J]. 统计研究，1993（1）：27-31.

[156] 余建辉，等. 国际贸易"碳中和"研究热点领域及其动向 [J]. 自然资源学报，2022，37（5）：1303-1320.

[157] 袁惊柱. "十四五"时期，我国能源发展趋势与挑战研究 [J]. 中国能源，2021，43（7）：34-40.

[158] 曾胜，高媛. 绿色低碳能源开发技术进展与模式研究 [J]. 世界科技研究与发展，2019，41（6）：596-609.

[159] 曾胜，黄登仕. 中国能源消费、经济增长与能源效率——基于1980~2007年的实证分析 [J]. 数量经济技术经济研究，2009（8）：17-28.

[160] 曾胜，靳景玉. 能源消费结构视角下的中国能源效率研究 [J]. 经济学动态，2013（4）：81-88.

[161] 曾胜，刘朝明，涂瑞. 我国能源消费与GDP增长的比例关系研究 [J]. 华东经济管理，2009，23（2）：45-49.

[162] 曾胜，刘朝明，涂瑞. 我国能源消耗的效率评价 [J]. 科技进步与对策，2008（11）：201-205.

[163] 曾胜，刘朝明. 基于灰色技术区域能源需求预测模型分析 [J]. 生产力研究，2008（22）：129-130，159.

[164] 曾胜，郑贤贵，饶呈祥. 我国能源消费结构与经济增长的关联关系分析 [J]. 软科学，2009，23（8）：65-68.

[165] 曾胜. 基于C-D模型分析我国能源消费结构与经济增长的关系 [J]. 中国能源，2008，30（11）：42-45.

[166] 曾胜. 基于灰色技术能源价格影响因素关系分析 [J]. 世界科技研究与发展，2013，35（4）：552-555.

[167] 曾胜. 开发者与生态环境之间的进化博弈分析——以水电项目为例 [J]. 西部论坛，2013，23（5）：72-78.

[168] 曾胜. 区域水电资源动态测算与协调机制研究 [D]. 成都: 西南交通大学博士论文, 2009.

[169] 曾胜. 我国能源消费与经济增长的关联关系研究 [D]. 成都: 西南交通大学硕士论文, 2006.

[170] 曾胜. 中国经济高质量发展、能源消费影响因素与总量控制——基于 Copula 函数的实证研究 [J]. 学术论坛, 2019 (2): 11-19.

[171] 曾胜. 中国能源消费、经济增长与能源需求预测的研究 [J]. 管理评论, 2011, 23 (2): 38-44.

[172] 曾诗鸿, 等. 面向碳达峰与碳中和目标的中国能源转型路径研究 [J]. 环境保护, 2021, 49 (16): 26-29.

[173] 张丽峰. 中国能源供求预测模型及发展对策研究 [D]. 北京: 首都经济贸易大学博士论文, 2006.

[174] 张倩倩, 李百吉. 基于路径分析法的能源结构影响因素效应分析与政策优化 [J]. 企业经济, 2017, 36 (8): 11-17.

[175] 张钦, 周德群, 张力菠. 中国新能源产业发展研究 [M]. 北京: 科学出版社, 2013: 35-36.

[176] 张伟, 朱启贵, 高辉. 产业结构升级、能源结构优化与产业体系低碳化发展 [J]. 经济研究, 2016 (12): 62-75.

[177] 张晓平. 20 世纪 90 年代以来中国能源消费的时空格局及其影响因素 [J]. 中国人口·资源与环境, 2005, 15 (2): 38-42.

[178] 张永生, 等. 中国碳中和: 引领全球气候治理和绿色转型 [J]. 国际经济评论, 2021 (3): 9-26, 4.

[179] 张跃军, 周彬, 王丽. 基于支持向量机模型的北京市能源需求预测研究 [J]. 北京理工大学学报 (社会科学版), 2013, 15 (3): 8-12.

[180] 张宗益, 吴小明, 汪锋. 能源价格上涨对中国第三产业能源效率的冲击——基于 VAR 模型的实证分析 [J]. 管理评论, 2010, 22 (6): 61-70.

[181] 章建华. 全面构建现代能源体系 推动新时代能源高质量发展 [N]. 中国电力报, 2022-05-20 (1).

[182] 赵巧良. 生物质发电发展现状及前景 [J]. 农村电气化, 2018 (3): 60-63

[183] 赵昕, 朱连磊, 丁黎黎. 能源结构调整中政府、新能源产业和传

统能源产业的演化博弈分析［J］. 武汉大学学报（哲学社会科学版），2018，71（1）：145-156.

［184］郑艳婷，徐利刚. 发达国家推动绿色能源发展的历程及启示［J］. 资源科学，2012，34（10）：1855-1863.

［185］中国能源中长期发展战略研究项目组. 中国能源中长期（2030、2050）发展战略研究［M］. 北京：科学出版社，2011.

［186］周庆元，陈海龙. 我国能源消费与产业结构的互动关系分析［J］. 统计与决策，2018，34（20）：99-102.

［187］周淑慧，王军，梁严. 碳中和背景下中国"十四五"天然气行业发展［J］. 天然气工业，2021，41（2）：171-182.

［188］周彦楠，等. 中国能源消费结构地域分布的时空分异及影响因素［J］. 资源科学，2017，39（12）：2247-2257.

［189］周原冰，等. 中国能源电力碳中和实现路径及实施关键问题［J］. 中国电力，2022，55（5）：1-11.

［190］朱守先，张雷. 北京市产业结构的节能潜力分析［J］. 资源科学，2007，29（6）：194-198.

［191］庄贵阳，窦晓铭，魏鸣昕. 碳达峰碳中和的学理阐释与路径分析［J］. 兰州大学学报（社会科学版），2022，50（1）：57-68.

［192］庄贵阳. 碳达峰目标和碳中和愿景的实现路径［J］. 上海节能，2021，（6）：550-553.

［193］邹才能，薛华庆，熊波，等. "碳中和"的内涵、创新与愿景［J］. 天然气工业，2021，41（8）：12.

［194］邹璇，王盼. 产业结构调整与能源消费结构优化［J］. 软科学，2019（5）：11-16.

后 记

改革开放四十多年来，我国经济快速发展，中国式现代化建设取得了举世瞩目的成就。但同时也出现了一些突出的矛盾和问题，如片面追求发展速度，采取高耗能、高污染、高成本、高投入的粗放式经济发展方式，造成生态环境恶化、资源过度消耗与浪费等问题。随着国际国内形势的变化，2008年金融危机以来，我国经济也正面临着"三期叠加"以及经济发展向高质量转变，并会在未来一段时期常态化。为了应对全球经济下行压力与转型要求，我们应该统一两个认识，一是第三次工业革命的本质是能源革命，二是当前气候、环境、经济危机的本质是工业文明的危机，生态文明将开启新文明时代。

每一次工业革命的动力是能源的革命。能源革命是工业革命的推进动力，其他的技术发展和突破则是工业革命所伴生的结果。第一次工业革命的标志是蒸汽机的发明，煤炭作为动力被大量使用。第二次工业革命的标志是电能和内燃机的使用，电能被广泛运用。第三次工业革命是以互联网和新能源相结合为基础，以新能源和可再生能源来取代化石能源为标志，它用一种可持续的能源体系来取代不可持续的能源体系。第三次工业革命是一种新的革命，它将会把每一幢房屋变成微型发电厂，未来数以百万计的家庭住房、办公大楼、大型商场、工业技术园区将会一物两用——既可作为住所，也可作为发电厂。能源进行分散式生产与储存，通过能源互联网实现绿色电力的共享。第三次工业革命的本质是一种能源的革命，就是用可再生新能源来取代化石能源。其他诸如信息革命、智能化网络，都是伴生的东西。

第三次工业革命的影响很深远，它将促进人类社会形态从工业文明向生态文明过渡，带来人类社会生产方式、生活方式以及发展理念和消费观念的重大变革。

当代人类所面临的资源与气候危机，不仅仅是资源与环境的危机，更是工业文明模式的危机。早期的工业经济模式并没有把环境与资源看作工业经

"双碳目标"下我国能源结构调整与绿色能源发展研究

济需要承担的成本来对待,而近代的工业化模式更是在假定资源可以无限供给、环境自身有足够净化能力的前提下建立起来的。在市场竞争决定的成本计算体系与交易机制中,由于无法对具有公共产品特性的生态环境进行定价,由此形成了工业化所造成的生态环境污染的代价无法内生为工业经济必须补偿的成本。不可再生资源的有限性与生态环境补偿的缺失成本,构成了工业经济发展不能突破的自然边界。这种把能源与环境问题看作是工业化成本之外的问题,无助于当前危机的解决。此时,人类需要从工业文明走向新文明时代——生态文明,开启新能源革命。

工业经济之所以具有成本外化的特性,其深层根源是由支持工业经济发展的化石能源的性质决定的。化石能源的特性决定了工业经济发展不能突破的两个边界:一是使用化石能源造成的污染,自然环境自净化能力不能承受的边界;二是化石能源有限性形成的能源供给无法突破的最大边界。正是这两个边界,造成了当代人类的两大危机:能源与环境危机。而新能源革命所利用的生物能、太阳能、风能等资源,则突破了化石能源的这两个边界。首先,可再生能源相对于化石能源的储量以及在未来技术进步下的可利用率而言,突破了化石能源的有限性。其次,可再生能源属于无污染的能源。这就为人类文明的可持续发展打开了全新而广阔的发展时空。

在中共十八届三中全会公告中明确提出了建设生态文明,2020 年 9 月中国向全世界宣布力争 2030 年前 CO_2 排放达到峰值、2060 年前实现碳中和的"双碳目标",这为抓住正在兴起的第三次工业革命的机会,指明了方向。我国在农耕文明的时候是领先的,但错失了第一次和第二次工业革命的机遇,现在在全球由工业文明向生态文明过渡的潮流中,如要抢占先机,打造优势,实现跨越式发展,就需要在很多领域和发达国家同步进行并合作开展。大力发展可再生能源或绿色低碳能源以及完善相关制度体系,是践行生态文明的根本举措。生态文明建设既是我国和平崛起的文明之路,也是中华民族走向复兴的创新之路。

本书以第三次工业革命就是新能源革命、工业文明正向生态文明转变为视角,以调整能源结构、发展绿色能源促进"双碳"目标的实现,践行生态文明。保持合理的经济发展速度、转变经济发展方式与调整产业结构、促进技术进步与提高能源利用率、完善能源市场机制与优化资源配置、开发清洁能源与改善能源结构、强化全民节能意识与加强公众宣传等政策选择。

后 记

本专著是集体智慧的结晶，课题项目组成员靳景玉、毛跃一、魏琪、朱沙、粟丽历、陈晓莉、张明龙、刘俊、高媛以及多位研究人员为它付出了巨大的贡献，为课题作了大量的问卷、调研和撰写工作。本专著由曾胜、靳景玉、张明龙完成统稿，具体写作为第 1 章陈晓莉、唐子涵，第 2 章赵雪姝、任桂林，第 3 章赵星琦、黎文泽，第 4 章魏琪、罗松，第 5 章曾胜、刘俊、童怡锦，第 6 章石俾瑞、黎文泽，第 7 章彭晔、任桂林，第 8 章高媛、赵雪姝，第 9 章张明龙、赵星琦，第 10 章陈晓莉、袁汶怡，第 11 章高媛、袁汶怡。

本专著成果受到国家社会科学基金重大招标项目"长江上游生态大保护政策可持续性与机制构建研究"（20&ZD095）、国家社科一般项目"我国能源结构调整与绿色能源发展研究"（15BJL045）和"我国能源消费总量控制与对策研究"（11BJY058）、重庆市社科规划项目"重庆碳排放交易定价策略研究"（2019WT52）、"重庆银行股份有限公司金融硕士研究生联合培养基地"（SJD1903）、重庆市教委社科规划项目"双碳目标下成渝地区双城经济圈碳达峰预测及差异化减排路径研究"、重庆工商大学长江上游经济研究中心项目"成渝地区双城经济圈碳达峰路径研究"（KFJJ2022045）、"重庆工商大学人口资源与环境经济学"学科团队、"重庆市智能金融研究生导师团队"、"重庆市金融科技与科技金融协调创新研究团队"、"国家一流专业建设"等项目的资助。

本书的出版与下列单位或同志的关心、帮助和指导有关：重庆市发改委能源局、重庆市发改委地区经济处、重庆市生态环保局总量与排放管理处、重庆市能源研究会，四川大学经济学院张衔教授，云南大学经济学院文传浩教授，广州大学经济与统计学院陈喜强教授，新加坡国立大学苏斌研究员，中国科学院科技战略咨询研究院姬强研究员，原四川省扶贫和移民工作局移民工程开发中心杨建成高级工程师，重庆工商大学的领导和同事们，本书所引用文献的作者以及限于篇幅而未列出的文献作者，项目结项评审的匿名评审专家，给予本书关心和帮助的所有人。在此一并致以衷心感谢！

在本书即将出版之际，我们仍感有许多问题尚未得以讨论，有待进一步深入研究，比如在"双碳"目标下以及 2025 年、2030 年、2060 年清洁能源占比的要求下，为了满足经济社会发展的需要，各个阶段能源结构占比合适为当才能促进多目标的实现等问题。虽然我们已经力求精致，但书中难免还存在不少缺点和不足，恳请大家批评和指正、不吝赐教。我们的研究工作也旨在抛砖引玉，希望能引起更多的理论和实践工作者对"双碳"目标下能源结构调整予以关注并激发其研究兴趣。在本书即将付梓之际，我们真诚地希望所有阅读本书的读者为我们提供建设性意见，以便我们下一步研究工作做得更好，更符合科学的标准和规范。

曾　胜

2022 年 9 月 30 日